金景芳先生编年事辑

吕文郁 著

中华书局

**图书在版编目(CIP)数据**

金景芳先生编年事辑/吕文郁著. —北京:中华书局,2018.4
ISBN 978-7-101-12837-6

Ⅰ.金… Ⅱ.吕… Ⅲ.金景芳(1902~2001)–年谱
Ⅳ.K825.81

中国版本图书馆 CIP 数据核字(2017)第 231233 号

| | | |
|---|---|---|
| 书　　　名 | 金景芳先生编年事辑 | |
| 著　　　者 | 吕文郁 | |
| 责任编辑 | 张荣国 | |
| 出版发行 | 中华书局 | |
| | (北京市丰台区太平桥西里 38 号　100073) | |
| | http://www.zhbc.com.cn | |
| | E-mail:zhbc@zhbc.com.cn | |
| 印　　　刷 | 北京市白帆印务有限公司 | |
| 版　　　次 | 2018 年 4 月北京第 1 版 | |
| | 2018 年 4 月北京第 1 次印刷 | |
| 规　　　格 | 开本/850×1168 毫米　1/32 | |
| | 印张 17½　插页 8　字数 400 千字 | |
| 印　　　数 | 1-2000 册 | |
| 国际书号 | ISBN 978-7-101-12837-6 | |
| 定　　　价 | 98.00 元 | |

金景芳先生在书房中接受记者采访

金景芳先生 1978 年摄于书房中

金景芳先生在书房中给博士生上课

金景芳先生20世纪90年代中期摄于书房中

金景芳先生在书房中读书

金景芳先生在书房中读书

金景芳先生20世纪90年代中期摄于书房中

李学勤教授主持金景芳先生指导的博士生学位论文答辩会

金景芳先生和甲骨学专家胡厚宣先生

金景芳先生和陈鼓应先生、余冠英先生一起聊天
（1992年在北京香山饭店）

金景芳先生和黄中业教授及"文革"后招收的第二届硕士研究生。
由左至右：黄中业、金景芳先生、孙晓春、郭守信、李元、吕文郁

金景芳先生和部分弟子及家人一起用餐

金景芳先生给《周易》研讨班学员和博士生讲授《周易》

金景芳先生在书房中和教研室的几位弟子商谈工作

本书作者和金景芳先生在一起

本书作者陪同金景芳先生游览故宫博物院(1992年)

本书作者在书房中

本书作者在书房中

夷圣之清者也，伊尹圣之任者也，柳下惠圣之和者也，孔子圣之時者也。"① 并举出"孔子之去齐，接淅而行。去鲁，曰，迟迟吾行也，去父母国之道也。可以速而速，可以久而久，可以处而处，可以仕而仕，孔子也。"① 作为孔子是圣之时的根据。这种说法对不对呢？我认为对。孟子真正抓住了孔子的特点。孔子铨述逸民伯夷、叔齐、虞仲、夷逸、朱张、柳下惠、少连，"七人之后，说："我则异于是，无可无不可。"② 这个"无可无不可"在孔子是"圣之时"的确诂。什么是"无可无不可"呢？我认为这是说可与不可从表面上看，看誉是对立的。但在一定的条件下，二者可以互相转化。即"可"变成"不可"，"不可"可以变成"可"。如孔子去齐，还是可，而去鲁，还就变成不可了。去齐时，是可，不可，

① 《孟子·万章下》 ② 《论语·微子》

果。不同的，"天地"是全称，"天"是简称。"人"、"大人"和"圣人"别是指人类社会。从"天地设位，圣人成能"，"天地变化，圣人效之"以及"大人者与天地合其德"等提法，还可以看出在天地人三材中，天地是基本的，人是从属的。说得明白些，就是作《易》者在认识自然规律之后，又把这个规律应用于人类社会。不过自就作《易》者的倾向性来说，主要的别是人类社会，而不是自然界。

现在需要说明的，就是上文所说的自然规律。它的具体内容是什么？作《易》者是怎么认识这个规律的呢？

我认为要了解这个问题，首先要了解中国古代的历法。我所说的历法不是指庞朴同志所说的"火历"，而是指《尚书·尧典》所讲述的

15

# 目　录

# 第一章　金景芳先生之家世

　　先师金景芳先生祖上为朝鲜人。世居朝鲜新义州,该地至今有金氏祖茔。后金氏一支迁居辽东,成为旗人,隶属汉军镶黄旗。据辽宁《锦县志》记载:"金氏其姓出于高丽,散处复州,清初从征有功,为内务府镶黄旗汉军人。"①"复州"辛亥革命后称复县,在辽东半岛南部,今属辽宁省瓦房店市,为金氏入辽东最早居住地。先生之高祖金朝觐在《家谱·序》中说:"高丽自清国初内附者有数姓焉,金氏其一也。他姓入旗籍,尚称高丽,满洲之金氏则世为汉军,初居盛京西南彰义站。国朝定鼎后,金氏分三支:一支随军当差,一支仍留东边外戥子街,一支住锦州。今谱中所载者,皆世居锦邑者也。""盛京西南彰义站"当即今沈阳市西南约40公里之彰驿站,为金氏迁居辽东后的居住地之一。"东边外"指清代柳条边自威远堡至凤城南段以东地区。"东边外戥子街",即今吉林省公主岭市秦家屯镇戥子街村,是金氏迁入辽东后另一支的居住地。金朝凤《金氏通谱·序》亦云金氏曾在"辽东戥子街居住。传二世金德公迁至沈城西南彰仪暂居"。"彰仪"亦即今之彰驿站。先生之祖上即属金氏三支中居于锦州的一支。

　　金氏始迁辽东的时间,约在明朝万历年间。金科点、金科兆、金科庆三兄弟在清嘉庆二十四年(1819)共同撰写的《金氏族

---

　　①王文藻监修、陆善格纂修:《锦县志》卷十六,见《中国方志丛书·东北地方·第十五号·辽宁省》,(台北)成文出版社有限公司1974年版,第857页。

谱·序》中说："我金氏自朝鲜内附,迄今已二百余年。"由清代嘉庆二十四年前推二百余年,正是明代万历时期(1573—1620)。

《锦县志》对迁居辽宁锦县的金氏家族主要人物有较为详细的记载:

> 一世名有成,例赠文林郎。五传至成华,乾隆庚午科举人,历任湖南安化、芷江等县知县,升任乾州厅同知。六传朝觐,嘉庆辛未科进士,官至四川崇庆州知州。科正、科临俱庠生,科豫乾隆癸卯科举人,官至四川杂谷厅理番同知。七传玉麟,道光戊戌科进士,历任陕西澄城、渭南等县,同治年遭回匪之变殉难,从祀陕西昭忠祠。八传锡蕃,同治乙丑科进士,历任福建晋江县知县,子宝书文庠生。①

据《金氏族谱》记载:率领族人由朝鲜迁居辽东的第一代人物是金蒲甲,始迁辽东后率族人散居于复州。第二代为金德,金德生有三子,长曰金财,次曰金柱,三曰金荣,是为迁居辽东的金氏第三代。金财之子为金有成,即清初从征有功,例赠文林郎者,始率本族迁居锦县,故称"一世"。金柱有三子,分别是金有忠、金有用、金有明;金荣之子为金小雪,是为迁居辽东的金氏第四代。《金氏族谱》注云:一至三代为朝鲜族,四代金有成清初从征,加入汉军,始为满族镶黄旗;金有忠随军进京当差,金有用加入汉民军去湖南,即为汉族。金有明下落不明。金小雪与家族走散,被蒙古殷姓收养,改为殷姓。改为满族镶黄旗之金有成为先师金景芳先生八世祖。金有成生子六人,在《金氏族谱》中被分别列为一至六门:一门金国正,二门金国用,三门金国珍,四门金国宝,五门金国玺,六门金国璧。二门金国用为先生七世祖。

---

① 王文藻监修、陆善格纂修:《锦县志》卷十六,见《中国方志丛书·东北地方·第十五号·辽宁省》,第857页。

金国用生有七子,分别为金文炳、金文炤、金文辉、金文㠛、金文煋、金文炻、金文烴。三子金文辉为先生六世祖。金文辉生子七人,分别为金钥、金清、金海、金锃、金铰、金潍、金满,第五子金铰为先生五世祖。金铰有三子,分别是金成琢、金成印、金成璞,第三子金成璞为先生四世祖。

金成璞之族兄金成华(出自六门),乾隆十五年(1750)庚午科举人,二十六(1761)年任湖南安化县知县,二十九年(1764)任湖南芷江县知县,四十四年(1779)任江苏高邮(今高邮市)州判,五十二年(1787)任江苏东台县(今东台市)知县,终官湖南乾州厅同知。

金成华之子、先生族高祖金科豫,字先立,号笠庵,肄业于沈阳书院。乾隆四十八年(1783)癸卯科举人,官四川清溪县(后并入贵州镇远县)、射洪县、高县、仁寿县、定远县(今属重庆市)、贵州桐梓县、仁怀县、湄潭县等县知县,后升任四川剑州(今剑阁县)、会理州(今会理县)和贵州开州(今贵州开阳县)等州知州。道光二年(1822)升任四川杂谷直隶厅(治所在今四川理县薛城)理番同知。道光四年(1824),金科豫镇守维州(今四川松潘一带),在战役中阵亡,年70岁。著有诗集《解脱纪行录》(未定稿),后被收入金毓黻主编的《辽海丛书》中。①

金科豫之子、先生族曾祖金玉麟(1808—1863),字石船,号素臣,少年时随父入蜀。其父阵亡时,金玉麟年仅16岁。故居远在千里之外的辽东,年少的金玉麟自此孤苦伶仃,只身流落到川北重镇阆中。饥寒交迫之时,被阆中锦屏书院山长黎献(字芹野)发现,收留于家中,视之如子,供其在书院就学,在家也与黎献的两个弟弟和子侄们一起勉力攻读。成年后,被黎献招赘为

---

① 金毓黻主编:《辽海丛书》第二册,辽沈书社1985年影印本,第1349—1353页。

女婿。金玉麟道光十二年(1832)壬辰科举人,道光十八年(1838)戊戌科进士,与赫赫有名的曾国藩同榜。时年30岁,授兵部主事,兼上谕处行走。道光二十二年(1842)充陕西乡试同考官,武会试同考官。继任陕西定边、澄城、渭南等县知县,升任与四川接界的宁羌州(辖境相当于今陕西省宁强、略阳两县)知州。同治二年癸亥(1863),太平天国起义军攻陷宁羌,金玉麟以身殉职,年55。据《宁羌州志》载,陕西巡抚刘原在给朝廷的奏章中说:

> 上年汉中府属州县遭滇发诸逆窜扰之害,文武官弁死事者多,而最著者莫如署南郑县知县周蕃寿、西乡县知县巴彦善、宁羌州知州金玉麟。至今子遗士庶犹能称颂而歌思之。周蕃寿当城困已急,先于署后穿凿一井,城破之日,尽驱其妻妾子女投入井中,自具衣冠出,堂皇为贼剖肠决胜以死。巴彦善当逆匪仓卒窜犯之际,慷慨登陴,率吏民死守孤城,历八昼夜,援绝力竭,城陷被执,大骂不屈而死。金玉麟自牧宁羌,循声卓著。城破身陨,志节凛然。死后贼(太平军)将其尸特为具棺以殓,且张伪檄于榇上,大书"此系陕西好官,该士民应将其灵柩好为照护,妥送回籍"。可见秉彝好德之良,虽逆匪亦有未尽泯灭之处。臣以该三员临难不苟免之心,想其平日修己立身与所以居官行政,亦必有异于俗吏之为者。尝檄饬汉中道府,采访该三员生平实迹,期为撰集而表彰之,迄今逾年,未据详覆,而臣旦夕卸篆,不忍听其湮没。窃维军兴以来,地方官撄城罹祸,以归忠义之林者,何可胜道?然或矢志坚贞,或事由邂逅,等为一死,而道固殊焉。该三员志节皎然,非特予表扬,无以别忠贞而激顽懦,伏乞天恩特赐褒异,敕就汉中府城建修三烈总祠,俾该三员合祠,以表忠荩而励操节,实于世教有裨。愚昧之见,

是否有当,伏乞圣鉴训示。同治四年十一月初九日。①

后经同治帝准奏,在汉中府城修建了昭忠祠,令金玉麟与其他两位殉职者合祀。该昭忠祠今已不存,不知毁于何时。

与金玉麟同时代的昆山籍诗人、画家孙兆淮(字子香),曾写诗称赞金玉麟为官的情况:

> 人间强项令,天上散花仙……
> 巨细秋毫察,精明风骨坚。
> 甘棠载处处,古樾荫芊芊。
> 律己循封鲊,驱民尽买犊。
> 爱才常吐握,校士费寻研。
> 大吏钦才干,需君治巧偐。
> 量移来赤水,爱戴颂青天。②

金玉麟无子嗣,殉职后,清廷赐云骑尉世职,先生之叔祖父金锡荣出继金玉麟。出继后金锡荣更名为金恩荫,遂赴四川巴中恩阳河新场任职。金玉麟文武兼备,是当时著名的诗人,著有《二瓦砚斋诗集》十卷存世。集中有诗 1141 首,另附《引商集》词 46 首,固始蒋湘南为之序,推为主持风会之作。著名学者、经学家洪亮吉曾为《二瓦砚斋诗集》题跋。蜀人孙桐生编的《国朝全蜀诗钞》,近代徐世昌主编的《晚晴簃诗汇》(后更名《清诗汇》),成都市文联编印的《历代诗人吟咏成都》,杨析综、刘君惠主编的《近代巴蜀诗钞》等诗集,都收有金玉麟的诗篇。金玉麟任陕西澄城知县时,与澄城进士韩亚熊修纂《澄城县志》,于咸丰元年(1851

①马毓华修、郑书香等纂《宁羌州志》,光绪十四年(1888)刊本,卷三《官师志·金玉麟传》。
②刘先澄:《金玉麟和他的诗》,载于《老 liu 的博客》,http://blog.sina.com.cn/lxc1945324。

年)刊行。同时金玉麟又是著名的武林宗师。这一方面是受其父金科豫的影响,金科豫为官一方,能文能武,在四川杂谷直隶厅任理番同知,又是镇守维州的武将,最后在战场上为国捐躯。另一方面也与金玉麟自身经历有关。金玉麟中进士后授兵部主事,兼上谕处行走。又曾多次担任武会试考官。先是道光二十三年(1843)任陕西乡试同考官;咸丰八年(1858)再次入闱阅卷。他还在京城担任过武会试同考官。表明他有军事才能,精通武功。他在陕西任职时,曾为众多弟子传授金氏武功。据传他在武林中有十二弟子。金玉麟殉职后,他的武林传人分散各地,其中有六人越海到了台湾,他们成立了金玉麟武学总馆,聚徒传授金氏之武功,台湾至今仍有金玉麟武学总馆,在武林中颇有影响。

金成华、金科豫、金玉麟在金氏宗族中的谱系可排列如下:

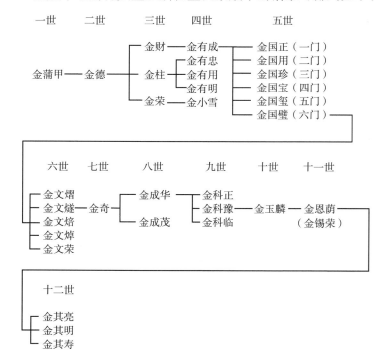

　　先生四世祖金成璞有子四人，伯曰朝觐，仲曰朝立，叔曰朝班，季曰朝盈。长子朝觐为先生之高祖。朝觐字午亭，另字锡侯，号銮坡，早年亦曾肄业于沈阳书院，是当时沈阳文坛泰斗缪公恩和著名的《红楼梦》功臣程伟元的及门弟子。缪公恩称金朝觐"天资颖迈，雄视文坛"。程伟元字小泉，时为盛京（今沈阳市）将军宗室晋昌之幕僚，兼沈阳书院教席。程伟元与沈阳书院山长王尔烈是旧交，故随盛京将军晋昌来沈阳后即在沈阳书院任教。程工诗画，尤以指画最为有名。又擅书法，与续写《红楼梦》后四十回的高鹗为好友。曾亲授朝觐书法。朝觐曾有诗追记，题曰《题程小泉先生画册》，诗前《小序》云：

　　　　辛酉壬戌，小泉程夫子居东都留守将军晋公幕府，余时肄业书院，以及门时亲笔墨。暨先生下世后，求其遗纸，如片鳞只爪不可多得。景堂二兄以旧纸嘱题，余喜得见先生手泽。因志数言于巅，时嘉庆庚辰清和月之八日。

诗云：

　　　　昔我立程门，雪吹三尺积。
　　　　挥麈细论文，临池学作字。
　　　　亦或试涂鸦，笔墨聊游戏。
　　　　吁嗟二十年，风流成往事。
　　　　片纸寄精神，恍惚闻馨欬。
　　　　展卷托长言，用以鸣相思。①

　　金朝觐于嘉庆四年（1799）应童子试，嘉庆十三年（1808）戊辰恩科举人，嘉庆十六年（1811）辛未科进士，与大名鼎鼎的林则徐同榜。先后任四川省荥经县知县，忠州知州、邛州知州，后升

①金朝觐：《三槐书屋诗钞》卷三，见金毓黻主编：《辽海丛书》第二册，第1380页。

任四川崇庆直隶州(今四川崇州市)知州。金朝觐为官一方,颇有政声。去职时崇庆籍著名将领杨遇春之子杨国桢(曾先后任河南巡抚、山西巡抚、浙江总督)为之饯行,称"治愚弟"。赠对联有"甘雨随车,仁风被野;棠阴解沮,萱闱舞衣"等语。① 金朝觐著有《三槐书屋诗钞》四卷,后由先生交金毓黻编入《辽海丛书》中。1976 年 3 月底,先生的学生胡文彬因研究《红楼梦》的相关问题,曾写信给先生,询问先生高祖金朝觐的履历等问题。先生在该年 4 月 2 日给胡文彬的回信中说:

> 文彬同志:
> 　日昨赵锡元②同志来,递到手书,庄诵三复,具悉一切。
> 　承询各节,兹答覆如下:
> 　一、我手边没有我高祖年谱。我高祖会试中试的《同年录》和信稿一束,曾在我手收藏。不幸九一八事变逃跑时,在火车上被人连同提箱一并窃走,至今不知下落。我只记忆,根据《同年录》记载,我高祖是清嘉庆辛未科进士。头一名是蒋立镛,同榜有林则徐。中进士后曾在四川省作过几任州县官。初任荥经县,后来任忠州、邛州和崇庆直隶州的知州。在崇庆任内因病请求解职。卒年大约是五十五岁。有木主在我胞兄处供奉。听说文化大革命时,已被我侄媳毁坏。不过,从《诗钞》序文推算,大约生于乾隆四十九年(1784)……

嘉庆二十四年(1819)刘鼎铭在《〈三槐书屋诗钞〉序》中对金朝觐的学识和声望颇多称颂:

> 公作秀才时,乙丑在留都迎銮献赋,与朝鲜奉使诸臣往复

---

①金景芳:《我与中国 20 世纪》,见许明主编:《中国知识分子丛书·我与中国 20 世纪》,河南人民出版社 1994 年版,第 20 页。
②赵锡元,先生同事,吉林大学历史系教授,著名先秦史专家。

最久,酬和亦多。如朴慈庵、南济卿、李学山、金清山者莫不恨相见之晚。至若宏文馆学士洪樗庵、尚书司郎高竹轩,临别赠言,有"观君之才及君之貌,绝非久留林泉下者,勉之! 勉之!"之语。然则人言岂欺我哉! 年来东人之朝于京师者,凡遇锦人,尚思问公之起居,而公亦以远不及见,言之常怏怏焉。夫气类之感不限方隅,而知遇之恩多缘文字。人生患无知己耳,而公之为东人所器重如此,此岂乡曲之誉所可同日而语耶!①

朝觐生子二人,长子讳尚声,早亡。次子讳尚裕,后更名慧麟,字海珊,即先生之曾祖。慧麟为候补知县,殁于陕西大荔。慧麟有子三人,长子讳锡禄,为先生伯祖父。次子讳锡绥,字小珊,为先生祖父。锡绥亦以诗和书法名闻于当地。因患癫痫,不能进考场,终身为塾师。季子讳锡荣,为先生叔祖父。

先生之高祖金朝觐与金玉麟之父金科豫同宗族、同辈份,早年同肄业于沈阳书院,成年后又同在四川作官,两家相互照应,来往频繁,关系非常密切。故金玉麟殉职后,金朝觐之孙、先生之叔祖父金锡荣方能过继金玉麟,荫袭金玉麟之云骑尉世职。

先生之族祖父金锡蕃,字翰卿,原字翰岑,号墨楼。同治四年(1865)乙丑科进士。同治六年(1867)任福建省永泰县知县。同治十年(1871)至光绪四年(1878)任福建省晋江县(今晋江市)知县。

金氏一族先后出了五位举人,三位进士(朝觐、玉麟、锡蕃),为此名声大振。自先生高祖金朝觐进士及第之后,金氏所居之村庄丫八石遂被称为"进士屯",这一称谓远近闻名,一直沿用至今,即今辽宁锦州凌海市翠岩镇之进士屯村,那里至今仍有许多金氏族人居住。

先生之家因其伯祖父讳锡禄挥霍败坏,家道衰落,自此日益贫困。终因在锦县县城无以维持生计,乃迁至奉天义州(今辽宁

---

① 金毓黻主编:《辽海丛书》第二册,第1359页。

义县）项家台居住。

先生之父讳宝政，字辅臣，幼时家贫，不能外出读书，只随其父读了九个月家塾，因天资聪慧，已能读懂《三国志演义》《聊斋志异》等书，书信也能写得相当通顺。其后便学习银匠手艺，为手工业工人。性善巧思，所做银器，人多宝之。母刘氏，贤明慈惠，为邻里所称道。宝政兄弟三人，无姊妹。宝政居长，二弟名宝森，字玉堂，在家务农。三弟名宝兴，也曾学银匠，但手艺未成，亦以务农为主。兄弟三人同爨共财，协力赡养全家人。生活来源一是靠宝政的银匠手艺，加工出的成品由宝森在农闲时走街串巷推销。二是耕种自己的少量土地，另租同村地主的一些土地，长期受地租和高利贷剥削，连温饱都难以维持。

综上所述，先生为金氏自朝鲜迁居辽东之始祖金蒲甲第十三世孙。先生在金氏宗族中之谱系可排列如下：

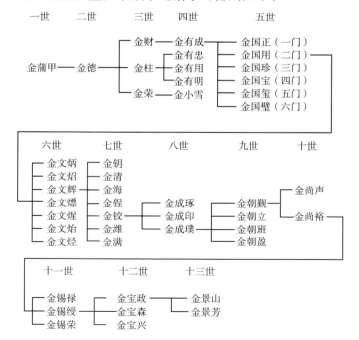

先生之家至其父亲一代,已跌落为社会最底层。但先生之父辈始终以书香门第自诩,在家境极其贫困的境况下先生能刻苦学习,其父辈也克服困难,千方百计地为先生读书创造条件,这与先生的家世有密切关系。先生后来曾回忆说:

> 当时全家十余口人,有三垧田地,估计把田地全部卖出,仅能偿还宿债。全家生活主要靠我父亲手工业生产收入来维持。因为不能脱离借贷的剥削,终岁勤劳,常愁入不敷出。我父亲因为在幼小时家已贫穷,只上过九个月学……但是还留恋往昔,念念不忘继承"书香",这就是我终于走上了读书之路的一个决定性的因素。①

①先生 1956 年写的《自传》,见吉林大学档案馆保存的先生档案 1956 年卷。

# 第二章　漫漫求学路

## 1902 年(清光绪二十八年)　1 岁

6 月 3 日(农历四月二十七日)出生于今辽宁省义县白庙子乡项家台村。先生后来曾追述说:"我降生后,母乳不足,又无解决办法,以致我体质异常虚弱。"先生晚年给孙子讲家史时说:"我哥比我大七岁,长得好,辫子很粗,人见人喜欢。我从小又瘦又小,头发黄黄的,长得不好,不招人喜欢。我妈抱着我,别人说抱个死孩子。"先生胞兄名景山,字小亭,长先生七岁。初级师范学校毕业,终身为小学教员。先生二叔父之子名景明,长先生九岁。三叔父之长子名景瑞,长先生一岁。次子名景福,三子名景润,四子名景新。

## 1908 年(清光绪三十四年)　7 岁

先生二叔之子景明年幼丧母,故景明也由先生之母抚养、照顾。三兄弟中先生排行最小,再加上长得瘦小,因此常被欺侮,家里家外,吃亏的总是先生,先生很不服气。此时先生之二兄景明、景山常在家中练习珠算,尚未入小学的先生则在一旁观看。逐渐发生兴趣,嚷着也要学习珠算。开始家人以为他是捣乱,不予理睬。但他坚持一定要学。可是家中无人教他。后来邻里韩德阳大哥见他如此好学,便自告奋勇来教他。从"九归"、"九除"开始,到"独行千里",很快都学会了。其运算速度和熟练程度远远超过其二兄,这引起家人的注意。其父亲见状,心中暗喜,对先生也另眼相看,常于客人面前呼其打算盘,矜为早慧。

## 1910 年(清宣统二年)　9 岁

入邻村白庙子初级小学堂读书。这个小学堂当时又称为五年完全科,是清廷废除科举制度后开办的新式学校,学生读书免费,老百姓称之为"洋学堂"。先生与三个哥哥景明、景山、景瑞一同入白庙子初级小学堂读书。开始先生不愿意上学。那时学堂里有个马先生,叫马现龙,他的两个孩子,一个叫马名骅,一个叫马名骝,与先生同班,马先生讲课爱提问,先生总举手,马现龙常在先生父亲面前表扬先生,说先生聪明,将来要比他家的名骅、名骝有出息。一次放学时还给了先生一块粉笔,先生很高兴,从此愿意上学了。记得初级小学一年级国文课本第一课的课文是:"张龙旗,乘长风,大风泱泱。"有浓重的大清帝国的气氛。因为两个哥哥景明、景山都读过私塾,从第二学期开始,大哥景明入工业学校学习,二哥景山入高等小学堂读书,先生与三哥景瑞继续在初小读书。

## 1911 年(清宣统三年)　10 岁

先生读初小二年级。这一年 10 月,辛亥革命爆发,维持了268 年的清王朝被推翻。民国政府将五年制的初级小学改为四年制。开始,白庙子小学二年级是一个班,后来分成甲乙两个班,先生在甲班,由教国文课的孙雨山老师负责,乙班则由教算术课的齐文宣老师负责。

## 1912 年(民国元年)　11 岁

先生读初小三年级。由于先生学习勤奋,在初小四年里,除头一学期外,每遇学期、学年考试,皆名列榜首。为此教他课程的老师都非常喜欢他。尤其是教算术的齐文宣老师,常在课堂之外给他出算术题,他常能快捷无误地算出。因此初小几年算术基础打得较好。因辛亥革命,学生所学课本内容有了较大变化。老师在课余时间常督导学生诵习《论语》等书,有时还要求背诵。回家后则在父亲的辅导下自学《大学》、《中庸》。

## 1913 年（民国二年）　12 岁

先生读初等小学四年级。当时小学教育比较宽松,每天只上六小时课,不留作业,课余时间全部自由支配。先生家中旧有一部绣像《三国志演义》,初时先生爱看书中人物图像,稍大则爱看书中打仗的部分,再后则能通读全书,最后则能背诵书中精彩段落。后来齐文宣老师又借给他《东周列国志》一书让他读,这培养了先生对历史的兴趣。

## 1914 年（民国三年）　13 岁

初小毕业之后,先生面临失学的困境。因附近没有高小,如想升学,就必须进县城。先生因家中贫困,无力负担食宿费用,只好作罢。适逢舅父家邻村张家泥河子新开办高等小学预备科,便由先生二叔父出面与舅父商议,到张家泥河子村高等小学预备科上学,在舅父家食宿。但这个高小预备科仅开办半年便停办了,先生不得已辍学回家。

## 1915 年（民国四年）　14 岁

在家务农。先生自幼因缺乏营养,身体瘦弱,加之年龄尚小,对各种田间劳作很难适应,但勉力为之。诸如种地、铲地、收割、刨粪、抬土、打柴、放牛等等,都干过,并逐渐熟悉、适应了各种农活。此时先生自知家中贫困,已对升学不抱任何奢望。

## 1916 年（民国五年）　15 岁

继续在家务农。是年夏季,先生的初小老师孙雨山从他家门前经过,见他赤腿泥脚,牵牛而归,意甚怜之,便力劝先生之父,让先生继续读书。并盛赞先生聪颖好学,如误了前程,未免太可惜。谁知这一席话恰好触动其父之痛处。其父以祖辈之荣耀,常以书香门第自诩。眼下虽家境贫穷,但子弟不能入学读书,认为是莫大憾事。况且深知其子读书勤奋,成绩突出,对其前途抱有厚望。现在辍学在家,岂不痛心。听了孙雨山老师之言,遂忧愤成疾,无心他事。先生之母亲、叔父便一起商议,觉得无论如何,还是要设法让孩子继续上学读书。适逢此时一度停办的张家泥河子高等小学又重新开办,于是仍由先生二叔父与舅父商量,让他再回到张家泥河子高等小学读书。仍在舅父家食宿,因舅父家也不宽裕,商定每年给舅父家高粱米一石,作为在舅父家食宿的补贴。就这样,先生辍学两年后再度入学,插班进入张家泥河子高等小学读书。是年年终考试,成绩列全班第二名。

## 1917 年（民国六年）　16 岁

继续在张家泥河子高等小学读书。是年学期和年终考试,成绩均列全班第一名。此后直到高小毕业,学习成绩一直名列前茅。

## 1918 年（民国七年）　17 岁

这一年的下学期,教育部门决定,要学生缴纳学费,以此充作教师薪金的一部分。但决定公布后,老师和学生都拒绝执行,学校因此停办。当时校长刘心权顾念学生学习三年将满,就给每个学生都颁发一纸毕业证书,宣布大家高小毕业。先生于是年 10 月回家,求学的门路再度中断。全家人为此大伤脑筋。父亲和叔父们商量,一致认为,哪怕借债,也要供他继续读书。

是年秋季,刚好农业大丰收,这增加了家人供先生读书的信心。经打听得知,设在锦西县高桥镇的奉天省立第四师范学校,在暑期招生时没有招满,正在招收插班生。家人以为师范学校伙食有官费,花钱较少,毕业后可以作小学教师,于是决定让他去考插班生。二叔父送他到高桥镇,晋见了师范学校校长郭恩波。郭恩波校长字作舟,奉天义州(今辽宁义县)人,先生算是小同乡。问明来意后,郭校长亲自命题,当场考试。国文试题的两道题目分别是:"温故而知新"、"过则勿惮改"。先生就在校长办公室答卷,交卷后回住处等待。第二天去学校,见牌告已挂出,先生被录取,并给予半公费,先生大喜过望,随即回住处告诉二叔父,并将行李搬进学校,插入第六班,二叔父亦高高兴兴地回家报信。

先生晚年曾回忆初进设在高桥镇省立第四初级师范学校读书时的情况:

> 学校设在偏僻小镇,建筑本不宏丽。而我以农家子睹此,却似刘姥姥进大观园,处处觉得新奇。学校伙食,早餐是高粱米干饭,炒大豆加盐水下饭。同学们多冷嘲热讽,丑诋伙食不好。而我则感到好得很,比我家里强多了,因此,学习更加勤奋,不稍懈怠。①

当时初级师范学校学制五年,一年预科,四年本科。在预科学习时,由于插班,有很多课程没有学过,因此学期和学年考试成绩都在十名以外。

---

① 金景芳:《我与中国 20 世纪》,见《金景芳全集》第九册,上海古籍出版社 2015 年版,第 4780—4781 页。

## 1919 年（民国八年）　18 岁

这一年爆发了五四运动。但这一场轰轰烈烈的反帝反封建的新文化运动对于地处偏僻小镇的初级师范学校影响不大。先生只是通过当时的媒体对这一运动略有所知。

开始进入初级师范学校本科一年级学习。最重视国文、数学和英文三门课程。平日总是晨起读英文，白天除上课外多演算数学题，晚间则自习国文。其余各门课程，则是上课注意听讲，课后不再看，待考试之前系统复习一两遍。国文、数学、英文因平时功夫下得多，考试前就不再看了。这种学习方法自以为很奏效，因此在本科学习期间除第一学期外，成绩总是名列全班第一。

## 1920 年（民国九年）　19 岁

在初级师范学校本科二年级学习。先生平时读书学习，注意劳逸结合。无论总复习还是考试期间，从来不开夜车。越是在考试前夜，越是注意充足睡眠，以保持头脑清醒。

先生虽爱好国文，但对数学亦有浓厚兴趣。因为在小学读书时受算术老师喜爱，常给先生"开小灶"，打下了很好的数学基础。进入师范学校后，喜欢做数学演算。凡数学课本上的例题、练习题，都坚持独立演算，算后则从不保留算草纸。当时有一位代数老师，讲课时面对黑板，一边讲，一边在黑板上演算，写满了就擦，擦了再接着讲、接着写。讲完课后，全班五十多名学生，没有几个人能听懂。待考试时，全班只有两个学生得满分，其余学生都不能作答。这两人中，一位即先生，另一位叫薛仲三，毕业后升入东北大学，后来留学美国，归国后在大学教统计学。这表明先生的数学成绩是很突出的。

## 1921 年（民国十年）　20 岁

在初级师范学校三年级学习。几年来受教国文课程的张老师影响最大。张老师名膺韬，字仪范，辽宁海城人，清末附生。他学识渊博，善于讲课，很受学生欢迎。对文章喜简洁，最憎说空话。先生读高小时作文常受老师表扬。谁料入师范学校学习后，写的第一篇文章竟被张老师评为"层次不清，语无伦次"。见到评语后先生十分惶惑，不知所措。及冷静下来反复检查自己的文章，又取古人文章仔细对比，始觉老师批得很对。自此以后，更加认真品味古人文章，常读《古文观止》、《古文辞类纂》等范文，渐窥作文之门径，所写文章不断得到张老师的好评。

由于受张老师影响，更加喜读中国古典名著。先生家中旧藏清人林云铭的《庄子因》、《楚辞灯》，三国韦昭注《国语》及清人王尧衢编著的《古唐诗合解》等书，课外常恣意浏览。

## 1922 年（民国十一年）　21 岁

4 月，第一次直奉战争爆发，奉系军阀张作霖惨败，被迫退出山海关。因这次战争主战场都在关内，东北地区受到的影响不大。先生曾回忆说："至奉直战争，则仅在高桥火车站看见运兵运武器的火车，至于为什么打仗，我也是茫然不知。"[①]

是年先生与农家女商桂芬结婚。商氏生于 1900 年（清光绪二十六年），长先生两岁，没上过学堂，但人很聪明，贤淑、能干，持家有方。

在初级师范学校本科四年级学习。对《老子》和《周易》二书特感兴趣。有空常反复翻阅。《老子》虽难读，尚可粗通大意。而《周易》却翻来覆去怎么也看不懂。不得已，从同学朱宗季处

---

①金景芳：《我与中国 20 世纪》，见《金景芳全集》第九册，第 4780—4781 页。

借来一部《五经味根录》,读后稍能理解一些。但此书字迹太小,读起来非常吃力。先生为了省钱,买了一部广益书局印制的《史记》。此书不但字迹小,而且用的是有光纸,读时很伤视力。一部《史记》尚未点读完,就感觉头部难受,视力下降。后来休息了一个时期,头部状况好转,但两眼的近视却未能减轻。

# 第三章　初涉世事

## 1923 年(民国十二年)　22 岁

7月,初级师范学校学习期满,即将举行毕业考试。当时省里发布新规定,凡是初级师范本科毕业生一律要到省城沈阳去参加复试。恰好那一年东北大学刚刚成立,省里宣布,凡是被东北大学新生考试录取的,可以免去复试。遂决定前往沈阳参加考试。当时报考大学有初试、复试两场。初试成绩尚可,名列第九。但复试时却出了问题。复试考英文作文和国文作文。在考试前一天先生收到家兄来信,谈到他的升学问题,先生精神上受到很大刺激,晚上一宿未能入睡。次日在场上不能正常发挥,结果成绩很不理想,未被录取。回家之后大病一场,月余不愈。

9月,正在先生万分焦急,苦于没有出路之际,突然收到原初级师范学校校长、时任镇东县(今吉林省镇莱县)县长郭恩波的来信,邀先生去镇东工作,先生喜出望外,遂前往镇东县应聘。到了镇东,方知是为郭恩波长子郭维城、次子郭连城作家庭教师,同时兼任镇东县立第一小学国文教员。

　　郭维城(1912—1995),辽宁义县人,与先生同乡,满族。时年十一岁,聪明伶俐,与其弟一起受业于先生。此后于1932年加入中国共青团,1933年转入中国共产党。1934年毕业于复旦大学政治系。同年入东北军,先后任张学良机要秘书，苏鲁战区秘书主任、政务处处长。1942年在山东参与组织东北军内主张团结抗日的官兵成立新一一一师，任副师长兼政治部主任。解放战争时期，曾任东北野战军铁道运输部队司令员、中南军区铁道运输司令员兼铁道兵团前进指挥所副司令员、衡阳铁道工程学院（现湖南高速铁路职业技术学院）首任校长。1949年指挥抢修粤汉铁路，立

郭维城

大功，获一级解放勋章。1952年参加抗美援朝，任中朝联合新建铁路指挥局局长、中国人民志愿军铁道兵指挥所司令员。获朝鲜一级自由独立勋章、二级国旗勋章。回国后，历任中国人民解放军铁道兵副司令员，中华人民共和国铁道部副部长、部长。1955年被授予少将军衔。是第六、第七届全国政协常委。

20世纪80年代初，郭维城任铁道部部长期间，得知先生在京参加学术活动，专门派人把先生接到铁道部，对先生殷勤款待，礼敬有加。临行又亲自把先生送上列车，对先生的行程作了周密安排，并嘱咐列车工作人员仔细照顾先生。

## 1924年（民国十三年）　23岁

先生除担任郭维城、郭连城兄弟二人的家庭教师外，还在镇东县立小学担任音乐课和国文课的教学。当时的镇东县是个偏僻小县，所谓县城不过就是个普通的中等村镇。县城四郊既无

山水,也无林木,到处都是沙碱土,冬日白雪皑皑,寒风凛冽,春季干旱多风,尘土飞扬,令人颇感凄凉。先生无意在这里久留。但先生讲授的课程却很受学生欢迎。

是年5月,家中来信,说父亲生病,让先生立即回家。先生只好去向郭县长辞行。临出发时,先生任教的镇东县立第一小学的学生们成群出送,送了一程又一程,最后挥泪而别。先生很受感动。

回到义县后,经同学徐芳烈介绍,到该县文昌宫小学任教。文昌宫小学俗称南学堂,是义县最有名气的学校。原只有初小、高小,新近又新增设了初中班。先生初到该校,任高小二年级国文教员。

是年9月,第二次直奉战争爆发。奉系军阀张作霖在榆关一带与直系军阀吴佩孚进行激战,在国内外各种势力的联合干预下,直系军阀吴佩孚遭到了惨败。张作霖又回到两年前不得不撤出的北平。

# 1925 年(民国十四年)　24 岁

暑假后,先生所教的班级全部升入初中。初中的国文课本应由该校的一位老先生担任,他是前清秀才,姓费名翼庭。与老秀才比较,先生在新学科、新思想方面略有所长。但在精熟四书、做旧体诗、对联等方面,先生则弗如远甚。但这个班的学生们却向校长王及时呼吁仍由先生来教他们。当时初中教师和高小教师的薪金待遇是不同的。于是校长就与先生商量,让先生转任该校初中班国文教员,但仍拿高小教师薪金,而老秀才费翼庭暂教高小国文课程,拿初中教师薪金,一年以后改正。就这样,先生开始教初中课程。

是年年底,发生郭松龄反奉事件。

郭松龄字茂宸,1883 年生于沈阳城东渔樵寨村。1905 年考入陆军小学。辛亥革命后考入北京将校研究所，一年后入北京陆军大学。毕业后先后任北京讲武堂、韶关讲武堂、奉天讲武堂教官。1919 年张学良进奉天讲武堂学习，与郭结成莫逆之交。后经张学良推荐，郭松龄任东北陆军第八混成旅旅长。遂成为东北军中最有谋略、最具指挥才能的重要将领。郭松龄反奉是奉系军阀内部政见分歧和派系矛盾逐步激化的结果。1925 年11 月 20 日，张作霖突然电召郭松龄回奉。在接到张作霖电报前，郭已接到了密电，告知张作霖在杨宇霆的怂恿下召郭回奉欲杀郭，嘱其勿回奉天。郭遂下定了提前行动的决心。1925 年 11 月 22 日，郭松龄在河北滦县通电全国，宣布倒戈反奉，将所部改称为东北国民军，回师东北。郭松龄要求张作霖下野，并提出在东北实行民主共和政治的主张。11 月 27 日，郭军进占山海关，29 日占领绥中，不久又攻克锦州、新民。郭军一路势如破竹，继续东进至巨流河（辽河）西岸，兵锋直指奉天（沈阳）。奉军死守巨流河，与郭军对峙。一度情势非常危急，张作霖、杨宇霆、王永江等已把财产全部装车，并准备了焚烧府邸的汽油，拟随时撤离奉天。后张作霖与日军签订了"日张密约"，在日本军队支持下全力反扑。日军 8000 余人乔装奉军，向郭松龄军左翼发动进攻，郭军腹背受敌，全线溃退。12 月 25 日，郭松龄兵败南逃，拟从营口乘船直奔山海关，另作图谋。结果逃亡途中被奉军俘获杀死。

郭松龄反奉是奉系军阀史乃至中华民国史上的重大历史事件。这一事件虽然仅持续一个月，但对后来的中国历史影响极大，无论是"皇姑屯事件"、"东北易帜"、"杨常事件"、"中东路事变"甚至"九一八事变"，都与郭松龄反奉有着密切的关系。

## 1926 年（民国十五年） 25 岁

先生仍在文昌宫小学初中班任国文教员。

是年秋季,文昌宫小学初中班与东关师范讲习科合并,改称辽宁义县县立师范讲习科初级中学,简称师中学校,变成独立的中学。先生和老秀才费翼庭都任师中学校国文教师,先生兼任学校训育员。在课余时间,先生虚心向老秀才和其他教师学习,并系统地阅读《诗经》、《左传》、《论语》、《孟子》、《墨子》、《荀子》、《韩非子》、《吕氏春秋》、《汉书》、《后汉书》、《昭明文选》等书,以及梁启超、胡适、谢无量、吕思勉、钱基博、黎锦熙等人的著作,学业颇有长进。

## 1927 年(民国十六年)　26 岁

这一年在中国发生了许多重大历史事件,如北伐战争、四一二大屠杀、共产党创始人之一的李大钊被害、八一南昌起义、广州起义、秋收起义等等。东北则相对比较平静。

先生之父因积劳成疾,医治无效,是年 2 月病故,享年 66 岁。先生晚年曾写《我父事略》一文,记载如下:

> 我父讳宝政,字辅臣,1861 年农历九月十九日生于锦县。大约九岁时,因家被我伯祖父讳锡禄败坏,日益贫困,在锦县城内难以生活,经祖姑义县开州何家和我祖姑的长女义县老君堡箫家劝说,迁至义县项家台(今义县白庙子乡项家台村)。详细点说,我高祖讳朝觐字午亭,清嘉庆辛未进士,在四川初任荣经县知县,最后在崇庆州知州任内去职。生子二人,长子讳尚声,次子讳尚裕,后改慧麟,字海珊,即我曾祖父。系候补知县,殁于陕西大荔。我曾祖父有子三人,长子讳锡禄,次子讳锡绶,字小珊,即我祖父。我祖父诗及书法俱佳,因患癫痫,未参加科举,终身为童子师。季子讳锡荣。同宗曾祖父讳玉麟,字石船,道光进士,在陕

西宁羌州知州任内,因回民反,①城破殉职,清廷赐云骑尉世职,我叔祖父为继承人,遂赴四川巴中县恩阳河新场任职。

我祖母杜氏,生子三人,我父居长,二叔父讳宝森,字玉堂,三叔父讳宝兴。

我父幼年从我祖父读九个月书,因天资聪慧,我亲眼看过我父能读懂《三国志演义》、《聊斋志异》,书信也能写得相当通顺。幼时患过恶疮,幸而得痊,但两耳重听,眼亦近视。因家贫,学银匠手艺。我听说过我父曾同李老聚在大凌河店子合伙开银匠铺,时值中日战争,我父常讲宋大帅(宋庆),并讲过怎样从老湘军手里换银子,大概这个银匠铺是赚几个钱。我听我父说,李老聚的小舅子见有利可图,要插手。我父预见到后果不会好,决定急流勇退,即便吃点亏,也罢了,乃结帐回家。这时,我三祖父已过继到四川去了,但我三祖母坚决不去,而且一定要过继儿子,一定要令我父做为她的儿子。当时为了息事宁人,只好听从她的意见。后来我三祖母病故,而我祖母和两位叔父的日子越来越困难。我父和我母刘氏商议:还是归伙吧,从此,我父就奉老母和两个弟弟及弟媳又同爨共财了。

我父在家自做银匠活,我二叔父在农闲时外出在附近农村去卖首饰,由于我父工艺精巧,兼之诚实不欺,为村民所信任。然而终年劳动,仅得温饱。特别是后来食指日多,益形艰窘。当我幼小的时候,我父虽未老耄,已形容憔悴,疾病缠身。②

先生继续在师中学校任教并坚持刻苦自修。

---

①据前引《宁羌州志》,金玉麟死于太平军攻破宁羌,而非"回民之乱"。
②见先师晚年写的手稿,手稿只存两页,因故未能写完,或后面部分已佚。

## 1928 年（民国十七年）　27 岁

继续在师中学校任教。是年升任师中学校训育主任。当时的训育主任兼管教务，是学校主要负责人之一。受校长委托，几乎是什么事都管。由于先生讲课受学生欢迎，教师也团结得好，所以先生把那时的师中学校治理得令行禁止，秩序井然。

这一年发生两件大事：第一件大事是张作霖在皇姑屯被炸，史称"皇姑屯事件"。1925 年年底郭松龄反奉时，张作霖危在旦夕，不得已与日军草签了"张日密约"。日本关东军旨在逼迫张作霖承认关东军在奉天乃至东北的"特殊权益"。郭松龄反奉失败后，关东军要张作霖与他们签订正式条约。张作霖拖延、敷衍，关东军则步步紧逼，不断向张作霖施加压力。1928 年 6 月 2 日，张作霖通电全国，宣布退出北平，回归东北。3 日晚，日使芳泽再次在北平逼张作霖正式签署条约，张作霖拒不接见。深夜，张作霖秘密乘火车离北平返奉。4 日晨 5 时 27 分，在奉天附近的皇姑屯，张作霖所乘专车被炸。吴俊陞等人当场死亡，张作霖身受重伤，被救回帅府后于当日 9 时 30 分死去，此即"皇姑屯事件"。

1928 年 12 月 29 日，张学良将军当天向全世界通电，毅然宣布"遵守三民主义，服从国民政府"，在东北将原北京政府的红黄蓝白黑五色旗改为南京国民政府的青天白日旗，宣布拥护国民政府的政治行动，这就是震惊中外的"东北易帜"。张学良表示接受民国中央政府的领导，中国南北得以实现形式上的统一。这是紧随发生的第二件大事。

## 1929 年（民国十八年）　28 岁

继续任教于师中学校。春，经同乡顾春阳劝说，同事师中学校训育员白蕴山介绍，加入中国国民党。当时国民党在东北地区影响并不大,活动也很少。不久,先生因考取县教育局局长,离开义县,遂与国民党组织脱离联系。

是年9月,因辽宁省原教育厅厅长病逝,张学良遂委任吴家象兼任辽宁省教育厅厅长。

> 吴家象(1891—1981),字仲贤,奉天义州(今辽宁义县)人,北京大学物理系毕业。曾参与东北大学的筹建,并曾任东北大学总务长。吴家象深得张学良赏识。东北易帜后,吴家象任东北司令长官公署机要秘书及东北政务委员会机要处处长。九一八事变后,任北平政务委员会秘书长、西北总司令部秘书长。在西安事变时曾代表张学良向全国发布公告。新中国成立后,历任政务院参事、辽宁省司法厅厅长、全国政协委员、吉林省政协副主席、民革中央委员、民革辽宁省委副主任委员、民革吉林省委副主任委员。

吴家象担任教育厅厅长后,为刷新全省教育,决定通过考试选拔县教育局长和县督学。当时规定县教育局局长的应考资格是:高等师范学校毕业者须任教一年;大学毕业者须任教三年;初级师范学校本科毕业者须任教五年。先生刚好符合上述规定的第三条,遂前往应试。考试共分三场:第一场初试,第二场复试,第三场口试。先生第一场考试名列第二,第二、第三两场考试均名列第一。结果以第一名录取,旋即于是年冬季被委任为辽宁省通辽县(今内蒙古自治区通辽市)教育局局长。

先生到通辽县履职后,自律甚严,颇能恪尽职守。县长及当地士绅都知道先生是通过考试录取的,又是第一名,都另眼看待,在县里办事极为顺利。但时间稍长,先生遂觉基层社会之污浊,官场之腐败,深感难以适应。作为一介书生,不肯曲意逢迎,又不会圆滑处世。要想洁身自好,不与他人同流合污,必遭那些卑鄙龌龊之徒的排挤和打击。

## 1930 年（民国十九年）　29 岁

继续在通辽县教育局局长任上履职。由于不肯与同事合伙控告、敲诈本县前任教育局局长，又不甘听人摆布，当傀儡局长，遂遭诬陷，有人连续向省教育厅写信告他的恶状，教育厅终于以"另有任用"为名，将先生解职。从去年冬季来通辽县赴任，到调离通辽县，先生在通辽县教育局局长任上刚好任职一年。

是年 12 月，调任辽宁省教育厅第二科第一股股长，主管全省地方教育，负责上传下达，撰写公文，处理各类档案。

## 1931 年（民国二十年）　30 岁

继续在辽宁省教育厅工作。

先生在辽宁省教育厅工作时的照片

是年 4 月，教育厅厅长吴家象调任东北边防司令长官公署秘书厅厅长，教育厅厅长由原辽宁省政府秘书长金毓黻先生接任。由于人手不足，先生在任第二科第一股股长的同时，又兼任第四科第二股股长。从此第二科和第四科的全部公文几乎全部由先生一人负责掌管、处理。受到金毓黻的重视。

金毓黻(1887—1962)，初名毓玺，字谨庵，后改名毓黻，改字静庵，别号千华山民，辽宁辽阳人。著名历史学家、文献学家、考古学家，1913年考入于北京大学国文系，受教于黄侃先生，1916年毕业。先在奉天省立第一中学堂、沈阳文学专业学校任教，后转入政界。曾任东北政务委员会秘书，辽宁省政府秘书长，教育厅厅长等职。九一八事变后被日本人

金毓黻先生①

囚禁。1936年经日本潜逃至南京，先后任行政院参议、中央大学教授、安徽省政府秘书长、重庆中央大学史学系主任、文学院院长、四川东北大学史学教授兼文科研究所主任、文学院院长。日本投降后任国史馆纂修，国史馆驻北平办事处主任，北京大学、辅仁大学教授，中国科学院历史研究所第三所研究员。著有《渤海国志长编》、《东北通史》、《宋辽金史》、《中国史》、《中国史学史》、《静晤室日记》等。编有《东北文献拾零》、《辽海丛书》、《奉天通志》、《明清内阁大库史料》(第一辑)等。

金毓黻是对先生的一生有重大影响的人物。首先，金毓黻对先生有知遇之恩。在辽宁省教育厅任职时，金毓黻非常赏识

①这幅照片引用于金毓黻先生之侄孙女诎然的《金氏家乘》，见 http://www.douban.com/people/47874655/。

先生的才学,对先生的学习和写作曾给予具体指导,并经常交给他做一些重要的工作。在此后的许多重要关头,先生都曾得到金毓黻的关照、提携或推荐,这使先生感到没齿难忘。其次,先生一生中多次与金毓黻共事,如在辽宁省教育厅、在安徽省政府办公厅、在东北大学,金毓黻长时间作为先生的上司和同事,有时甚至在一个房间里办公,耳濡目染,他的道德、人品和学问常被先生奉为学习的楷模。

金毓黻刚到教育厅上任时,先生心里惴惴不安。因为先生是前任厅长吴家象提拔上来的,旧时的官场是一朝天子一朝臣,先生担心,说不定哪一天会被革职或赶走。不料金毓黻上任不久,竟然主动招先生谈话。一见面就问:"你是教育局长考试时以第一名被录取的吗?"看来厅长对先生早有耳闻。先生回答:"是的。"金厅长又问:"你的汉文写得很好,扔下没有?"先生回答:"我写得不好。自从改做行政工作后,就扔下了。"金厅长最后叮嘱说:"不要扔下。还是大有用处的。"至此,先生忐忑之心才算放下。他完全没有想到新任厅长会对自己如此青睐,感到荣幸之至。那次谈话之后不久,适逢一所林科学校的校长掌校二十周年,要出纪念专刊,请金厅长写序。厅长指令先生来写。先生知道那时教育厅有两位专职秘书沈彭龄、刘德成,金厅长还兼任《东北丛刊》的总纂,该刊有唐兰、王永祥做编辑,沈、刘、唐、王等人都是有名的写手,为什么厅长非要自己来写? 这分明是厅长有意"考"他。他不能不写。先生写好之后呈交厅长,厅长略加修改,居然用了。先生知道厅长很满意,顺利地"考"过了这一关。先生在《自传》中说:

　　　　自此以后,我受特知于金毓黻先生。首尾近二十年,我在工作上、业务上,一直得到他的帮助。例如"九·一八"事变后,我在沈阳市第二初级中学任教,就是他的介绍。一九三六年八月,我从东北逃往关内,事前也是同他约好了的。一九三七年,金毓黻先生任安徽省政府委员兼秘书长,我作他的秘书。一九三八年二月,我到鸡公山东北中学任教,他是我的介绍人。一九四一年十一月,我由乐山复性书院调来三台东北大学任文书组主任,一九四二年转任中文系讲师,也是他的介绍。我们做学问的路子不相同,但在方法上和师友见闻等方面,他给予我的影响是很大的。①

先生本想在教育厅大展身手,孰料发生了九一八事变。日本军队迅速占领了沈阳市。金毓黻被日本人逮捕入狱,先生在事变后不得已携眷逃归义县故里。

不久,闻辽宁省政府迁至锦州恢复办公,先生乃从义县前往锦州复职。

12月,日本帝国主义占领锦州,辽宁省政府随东北军撤退北平,友人劝先生同行,先生以老母在堂,不能远离,只好以徐作后图答之,乃再次回到老家义县。

## 1932年(民国二十一年) 31岁

3月,先生潜回沈阳取留存物品,顺便探听沈阳市内情况,遇见原教育厅同事杜预如,他当时在沈阳大南关下头的市立第七小学任教。经杜预如引见,见到该校校长赵毓学。赵毓学原任辽宁省教育厅第三科科长,见面极热情,力劝先生到他的学校任教,免得去住旅馆。先生遂暂留沈阳,任沈阳市立第七小学教员。

5月间,沈阳市中学陆续开学。先是,金毓黻被保释出狱。经金毓黻介绍,到沈阳奉天省立第二初级中学任国文教员。

①金景芳:《自传》,见《中国当代社会科学家》第二辑,书目文献出版社1982年版,第248—249页。

## 1933 年（民国二十二年）　32 岁

在沈阳第二初级中学任教。沈阳被日本人统治，先生与周围人一样，终日栗栗危惧，精神上极度紧张。但当时物质生活尚好。先生每月工资 120 元，自奉有余，还可以弥补老家 30 多口人的生活需要。先生每周授课 14 个学时，课余时间比较充裕，可以到省市图书馆借书阅读。也常到金毓黻先生家去请教，有时还讨论一些学术问题，收获颇多。

## 1934 年（民国二十三年）　33 岁

继续在沈阳第二初级中学任教。九一八事变后，人心惶惧，东北大学及其他公私图书流散街头者很多，沈阳市南门外出现很多旧书摊，每个书摊门前屋后都堆满古旧书籍，价格都很便宜。先生常到那里去淘书。陆续选购了大批古旧书。如署名李慎用、书上记有听课笔记的《三礼古注》、陈奂的《诗毛氏传疏》、浦起龙的《史通通释》、王念孙的《广雅疏证》、铅印本司马光的《资治通鉴》以及木版大字《公羊传注疏》和正续《清经解》零散本若干种。自备书籍日多，使用更加方便，闲暇时间则潜心钻研。

## 1935 年（民国二十四年）　34 岁

仍在沈阳第二初级中学任教。课余时间则系统研读《诗》、《书》、《易》、《三礼》、《三传》及《国语》、《老子》、《庄子》等书。自沈阳沦陷后，先生在精神上留下很多创伤，但几年来对先秦古籍的钻研实大有收益，这为后来先生研究先秦典籍、先秦历史文化打下了坚实的基础。

# 第四章 流亡与动荡

## 1936 年（民国二十五年） 35 岁

春节刚过，先生老母不幸去世。刚刚办理完老母后事，先生又无故被任教的沈阳第二初级中学解聘，真是祸不单行。先生的教学效果一直很好，而该校又将增聘国文教师，自己却突遭解聘，先生知道必定有人从中作祟，预感可能要大祸临头。

是年 3 月至 4 月间，先生无事可做，到金毓黻先生那里协助编辑《奉天通志》。后经友人介绍，先生暂到教会办的文华中学任国文教师。

此时先生开始撰写《先秦社会要略》一书。金毓黻先生《日记》曾记载："金筱邨景芳撰《先秦社会要略》，先成一编，曰《礼俗考》，又分二目，曰婚姻，曰夫妇，首举经文，次举诸儒先之说，条理扶疏，不愧用心之作。全书甚长，目次未定，姑草数篇。余颇盼其早成，诚通经致用之书也。"①后因流亡关内，写作中断，书稿没有写完。

近几年来先生与金毓黻先生交往日益增多，金毓黻先生对先生的了解也日益加深，在《日记》中频频出现对先生的品评。如：

---

① 金毓黻：《静晤室日记》第 89 卷，辽沈书社 1993 年版，第 3781 页。

关童全、金筱邨皆为雅才，斐然有述作之志，惜童全汩于俗好，又以言语骄人，遂为世论所不容，不若小邨之恂谨自饬也。①

金小邨文极条畅，长于说理而格境不高。此不能多读古人名作之所致也。盖小邨往岁喜读近人策论文字，用笔颇能纵横排奡如己意所欲言，然其短处亦正在此。凡喜读三苏文字者，每不能免此病，然细寻三苏之格局，何尝不高！此等处只差毫厘，非细心人不易辨也。②

此时先生正协助金毓黻先生校理《元一统志》，金毓黻先生在《静晤室日记》中有如下记述：

校书如扫落叶，扫去一层，又有一层。故刊板和排字时，校阅须经二人之目，而初次校定之后，又须复阅，如此庶几少误，而又不能无误也。凡业印书商者，希望速校速印，以图牟利，决不可听从其意。盖速则必误，愈速则误愈多。余以患失眠不敢多校书，属金筱邨代校，筱邨一人理此，未经他手，故校阅甚迅速，此业印书商所最喜也。然二日之内已出二误，或付印后而误字无法改正，或因下页印就而无法删削误文，此皆求速之过。若一页而经数人之手，并经二人以上寓目，则必无此误。筱邨校书本极精细而犹不免有误，盖此事绝非一人所能独任，亦非阅一次即能必无讹误。语曰："天下事皆于忙后错了。"其此之谓欤。③

当时金毓黻先生正在编纂《辽海丛书》和《奉天通志》，希望先生能够参与其事。但先生对东北地方文献并不熟悉，觉得难

①金毓黻：《静晤室日记》第89卷，第3782页。
②金毓黻：《静晤室日记》第89卷，第3784页。
③金毓黻：《静晤室日记》第89卷，第3789页。

以插手,仅将族高祖金科豫的《解脱纪行录》(未定稿)和高祖金朝觐的《三槐书屋诗钞》进行整理、校刊,交与金毓黻先生编入《辽海丛书》中。先生在《三槐书屋诗钞·跋》中有如下记述:

> 先高祖午亭公,手写《三槐书屋诗钞》四卷。早岁为亲串萧某所假,虽先君子不知也。嗣以诸父过其家,获睹是书,归以语芳,芳惊喜,急请索回,幸未污损。岁辛未,游沈阳,藏之行箧。适缪太史东麟公自山左来,太史者,《诗钞》中缪公楳漘之曾孙也,于芳有通家之谊,因请为序,以付手民。诗卷甫投,而有九月十八日之变,芳仓猝西奔,太史亦去沈阳,非但剞劂无日,即此卷之有无亦不可知矣。逾年归询,知太史所在,具函存问,得悉此卷无恙。惟太史则以年老力衰,寄回原诗,辞不为序。
>
> 沈阳有刊行《辽海丛书》之议,芳以为言,承允刊入,属芳校其字。芳以先高祖不朽之盛事,自此乃不朽也。因忘其庸愚,欣然从事校勘。既毕,并识其始末如此,俾知撰述者,固匪易,保存者,亦不可忽云。
>
> 癸酉冬,义州金景芳谨记。①

7月,金毓黻先生编纂的《辽海丛书》和《奉天通志》竣事,即将以沈阳博物院副院长的身份赴日本考察。临行前,先生与几位好友设宴饯行。金毓黻在密室中对先生说:"你应当到关里去。"先生说:"听说关里生活很艰难。"金毓黻说:"不是这样,我们可以设法往一起凑。"

临行前,先生和几位朋友为金毓黻先生送行。席间赋诗,暗祝静庵先生东渡成功。《静晤室日记》中有如下记载:

---

① 金毓黻主编:《辽海丛书》第二册,第1394页。

送静庵先生东渡日本①

竟方赠诗云：②

> 不事王侯喜事师，升堂只惜我来迟。
>
> 重游沈水如昨日，再坐春风更几时。
>
> 东海扬帆云片片，西窗剪烛雨丝丝。
>
> 还持目笑频相视，莫比杨朱泣路歧。

又小邨赠诗云：

> 又渡东瀛访异书，车唇船背忆从初。
>
> 蓬壶草细春依旧，鼎鬵香浮裔有余。
>
> 洗盏更开高士宴，弹襟重诣众仙居。③
>
> 者番定释空回感，宝贮千华语不虚。④

两君爱我至厚，斐然有作，诚可感也。⑤

　　不久，金毓黻从日本给先生来信，略谓"日内旅行他往，归期无定"。先生明白金毓黻即将潜回关内。

　　8月14日，先生与妻侄商大和一起搭乘西行列车入关，在北

---

①此次东渡日本是金毓黻先生谋划很久的一次重大举动。名为东渡访书，实则为逃脱日本侵略者的控制。金毓黻先生到达日本后，以金蝉脱壳之计逃避日本警方的监督，在友人帮助下，于7月12日化名乘英国加拿大皇后号轮船潜回上海，终于获得了人身自由。金毓黻先生回国后写了《沈阳蒙难记》，载于《静晤室日记》中。先生知道金毓黻先生此行的真实目的，故临行前与友人设宴为金毓黻先生送行。

②王晖，字竟方，有文名。其父王助九为金毓黻先生友人。

③众仙居，先生和友人为金毓黻先生设宴送行的酒楼。

④金毓黻先生斋名静晤室，又名千华山馆，因其家乡的千山又称千华山而得名。先生曾著有《千华山诗稿》，十年内乱期间在东北文史研究所（吉林省社会科学院前身）图书馆不幸丢失。诗中先生明祝金毓黻先生的千华山馆将增添更多珍贵典籍，暗祝金毓黻先生顺利逃脱日寇魔掌。

⑤金毓黻：《静晤室日记》第89卷，第3804页。

平先住一宿,即转赴西安。西安是张学良将军驻地,东北的许多军民当时都聚居西安。先生到西安次日,便去老上司吴家象私邸谒见吴。先生在自传中对当时的情景有这样的记载:

> 我进入吴室内坐定。心想积年离别,又新自沦陷区逃出,吴见面一定充满热情,用温语抚慰。实大谬不然。吴自屋里出来后,紧绷着冷酷的面孔,竟说:"你在那里危险,在这里也危险;在那里能生活,在这里不能生活,现在还不到打回老家去的时候,我劝你不动声色地回去。"我听罢,真像在头上泼了一瓢冷水,不觉潸然泪下,不能自止。①

这是先生从东北沦陷区逃出后遭到的一次非常意外的冷遇。当时先生的心情可想而知。吴家象那时在张学良部任秘书长,先生从吴家象那里得知金毓黻已回到南京,任行政院参议,兼中央大学教授。先生在西安还见到了老同学杜锡庚,他是吴家象的外甥,时任张学良总部办公厅秘书。还有先生教过的学生郭维城,也在张学良部下任职。

9月1日,经杜锡庚和郭维城的介绍,先生到改组后的东北大学工学院工作。改组后的东北大学工学院院长金锡如,字质彬,满族,是先生的同乡。1929年以全系第一名的优异成绩毕业于沈阳东北大学机械系,被保送赴美留学,1931年获美国普渡大学机械工程硕士学位。回国后先在北平任东北大学工学院机械系教授,继任广西大学工学院院长兼机械系主任,后去广州任中山大学机械系教授。1936年应张学良邀请,任西安东北大学工学院院长。金锡如院长与先生是老相识,聘先生为东北大学工学院院长秘书。先生从东北沦陷区逃来西安,片纸未带,没有书

---

① 金景芳:《我与中国20世纪》,见许明主编:《中国知识分子丛书·我与中国20世纪》,第14页。

读,很是苦闷。适值商务印书馆特价出售《国学基本丛书简编》,先生以七折购得一套,暇时阅读,乐趣盎然。

在西安安顿下来之后,便给在南京的金毓黻先生写信汇报情况。金毓黻回信劝先生不要着急,暂在西安等待时机。

金毓黻先生从日本潜回之后,在南京写了《沈阳蒙难记》,此文对了解九一八事变后沈阳和东北局势及金毓黻先生个人经历及当时心境颇有参考价值,兹附录于后:

### 沈阳蒙难记

民国二十年九月十八日夜十时,余在沈阳小南关寓中已入睡,闻炮声大作,急揽衣起。吴仲贤以电话告余,西站日本关东军向我北郊兵营(北大营)进攻。已而知兵营已被占领,又进占商埠警察局,炮击东郊兵工厂,情形极端严重。翌晨昧爽,炮声始息。余急乘车入城,至臧主席官邸,研商善后之法,时辽省重要官员多集于此。当此之时,臧公力主死守勿去,拟由外交途径解决,亦有少数日人奔走其间。余念身任省府厅委,一旦遭逢危难,义不得委之而去,且追随臧公数年,礼意隆渥,尤不应自为身谋。于是,在臧邸三日,仅中间归寓一次,每夜宿于臧邸。二十二日午前,余在臧宅正筹挽救之术,日本宪兵忽以汽车载臧公去。余知情况不佳,以臧公太夫人年高为虑,乃在旁以言宽慰之。旋宪兵又来,以车载余,先至宪兵队部,略诘数语,即转送至商埠鲍文樾私宅楼上。臧公已先在,即由吾二人同居一室。送者告余云外间情势危险,居此可保安全。此本等于囚系,而姑饰以此辞耳。但自翌晨起,余即与臧隔室而居,不得晤面。

自九月二十二日至十二月二十日,计共九十日,余均囚于鲍宅。余居室与臧公比邻而较小,看守宪兵以锁反局之,若非便溺,则不得出室门一步。余在此期中,颇以读书自

遣,《渤海国志长编》初稿即草于是时,凡读书、著书之详情,
均按日记载綦详,但不能记载被拘之本事,防看守宪兵之时
来检阅也。在押中间,刘厅长鸣九亦被拘来,与余居室相
比,于是得以手简通消息。迨十二月十三日,臧公忽来告,
谓已获得自由,对余厚加安慰而去。又逾十余日,余亦得脱
囹圄。盖日军部向臧公言,可将金某放出,在外监视,且须
由臧公保证,必不他往乃可。

余出鲍宅后,始知臧公已被日军胁迫,出任奉天省长,
看守宪兵即以余送交臧公。时,日军部派宪兵曹长森胁男
监视臧公,每出入必紧随之,不离一步,盖防其逃脱也。其
于余则稍放宽,准余归寓住宿,但三四日内必来看视一次。
至余外出之时,常有特务尾随于后,因之余不敢外出,惟在
寓读书自遣,《渤海国志长编》之定稿亦杀青于是时。

余之初出囹圄也,日军部告臧公须予金某一要职,如不
应命即为反日,且命所派省府最高顾问金井章次力督之,其
意欲余仍任厅长或秘书长也。余告臧公,宁再入囹圄,决不
愿受职名。又数日,臧公告余,与金井折冲结果,以君为省
府参议,不必问事,且谓此系日人所硬派,不问君之受不受
也。余曰硬派由他,不作由我,日人虽横,其奈我何!

二十一年之夏,日军部派其参谋森纠来寓,问余何以不
出任事?余以无才作事,惟喜读书答之。渠乃言已将沈阳
公私收藏之图书聚集于大南门内张学良旧邸,谓之图书馆,
愿余为之整理。是盖对余有防范之意,借此以困羁之也。
从此遂移置余于张邸,派军曹西田实在侧监视之。不意金
井又窜余名于省署参事之内,余虽托臧公力拒,渠竟置之
不理。

当此之时,日军部屡以余名提出诘问臧曰:“金某何以
不肯出任职务,岂不屑为新国官吏耶?”臧公答曰:“金某一

书生耳,欲其从政,必至误事,故不之相强也。"综日军部提出凡三四次,一为营口监务署长,二为伪民政部某要职,余皆托臧公婉辞拒绝。余曰:"苟欲相强,有死而已,再入图圄,所不恤也。"臧公遂为之苦心斡旋,竟得作罢。然余已感渐臻危境,不能再居沈阳,作巫巫出脱之计矣。

余知坐守图书馆与出走有碍,乃托臧公向日军部商谓《奉天通志》(应名《辽宁通志》)未成,非金某执笔不可,命余专主其事,竟得谐愿。余遂自张邸移住于通志馆,从此亦无日人在侧监视,而余稍得自由矣。

二十四年春,余母吴太夫人年七十有九,弃养于辽阳,余假奔丧守制之理由,常往辽阳,即将所修《通志》结至清末,草草编成,而出走之计亦定于是时。

余于逻骑如织之中,何能私自出走?且出境须有凭证,否则一经察觉,则首领不保矣。适值日本东京、京都两帝大教授服部宇之吉、池田(内)宏、羽田亨等过沈,余早与之相善,乃托其向日军部商洽,谓金某研究东方学术及东北文献,为吾等所敬佩,应准其赴日留学二年,以收联系之雅。竟借其力得以无阻,遂于二十五年春间向沈阳日领馆请妥护照,四月十三日由安东出境,以达日本东京,此为余脱险之第一步。

抵日本后,凡居三阅月,经服部、池内诸博士之介绍,得在东方文库、静嘉堂文库等处读书,日日到班不懈。日人暗中监察,以为余无他去之意,遂亦相安,且于余之行止亦不甚过问。余时有长儿长佑及女儿叔君随侍,次儿长衡夫妇亦在京都,因得至各地游览,以预谋出脱之计。

是年七月,余与佑儿定计:先由佑儿购上海船票二张,一为余之假名,一为长佑名。长佑由东京登船,余转至京都,由衡儿夫妇送至大阪,与佑儿会合。余所乘船名曰加拿大皇后,由大阪径开上海,中经长崎不停。大阪岸上亦无日警盘诘,故得一跃而登,七月十四日抵上海,此为余脱险之第二步。

余挈佑儿初至上海,除乡友外识者甚少。余以与黄任之先生有旧,乃往访之。黄先生告余蔡子民先生久住是间,可往一谒,必能为君筹出路。余导其指示往见,先生甚喜,即予一札曰:"君可持此往南京见傅孟真,孟真为君之同学友,必能为君尽力也。"及余至京,得晤孟真,介余见翁秘书长文灏、罗校长家伦、段次长锡朋。旋经行政院聘余为参议,教育部亦聘余为特约编辑,罗校长又邀余为中央大学教授。诸公所以如此优礼者,以余千辛万苦由伪国逃出,借此微职以为安慰也。

在余成行之前,常有宪兵来寓盘诘,似知余有出脱之意者。每闻打门声急,即为之惊心动魄,不知命在何时,真可怜也。及余抵京不久,即闻沈阳、安东等处有教育界大惨案之发生,罹难者有伪安东教育厅长孙斗南、安东林科校长秦润甫等数十人。沈阳教育会长陈祝三等亦被捕入狱,论者谓因余出走所致,思之良用歉然。

古语有之:慷慨捐生易,从容就死难,非亲历其境者不知此语之精切也。日本宪兵残暴,最无人理:如以人倒植,而以冷水灌入鼻中,受者不堪忍受,而绝无死亡之虞;又以人饲饿犬为最惨,即以生人掷入群犬之中,而供其争噬,被噬之人极口痛号,而不能即死。前代车裂凌迟之惨刑亦不是过,使受刑者而出于此,则求死亦难矣。尔时余忝地方监司之任,当兹非常巨变,理应以死报国。然日人既未以刀锯斧钺加于余颈,余有求死不得之势。又念在日人拘羁中死状不明,耿耿此心,无以大白于天下后世,故宁受困辱,以俟时机之至。逃出之后,即到中央声报,亦足以明吾志矣。至于日人硬派余以职名,乃出于受幽囚之中,且余不肯任事,日人亦无可如何。终至任余读书修志,而不之问,而终以此得脱罗网,此即余罹难不渝其志之表现也。虽然余于罹难之日不能以死报国,而欲委曲求全,终觉外惭清议,内疚神明。兹记之作,岂无以哉!

余至南京后乃作此记,以补原有日记之缺遗,俾来者有考焉。

二十六年二月补记。①

未几,西安事变爆发,举世震动。一时间西安成为全世界瞩目的新闻中心。先生是西安事变的目击者。先生的学生郭维城时任张学良将军秘书,是共产党员。先生的内弟商亚东是张学良将军卫队营营副,事变当天曾亲自带队到临潼抓捕蒋介石。张学良将军的秘书长吴家象是先生考取教育局局长及以后调到教育厅任职时的厅长,是西安事变中的重要人物之一。而吴家象的外甥杜锡庚又是先生的同学,时任张学良将军办公厅秘书。这些人都是西安事变的参与者、亲历者。但西安事变发生之前先生却一无所知。事变发生后西安局势十分紧张,战事一触即发,全城百姓人心惶惶。先生心想,前几年在沈阳赶上九一八事变,好不容易从沈阳逃到西安,还未过上安稳日子,又遇上西安事变,说不定又要面临怎样的动荡。

## 1937 年(民国二十六年)　36 岁

西安事变发生后,中国共产党以大局为重,派周恩来等到西安进行调停。1937 年年初,西安事变和平解决,张学良将军决定亲自护送蒋介石回南京,结果在南京被扣留。为消除张学良的

①金毓黻:《静晤室日记》第 62 卷,第 2656—2660 页。

影响,国民政府教育部下令将东北大学改为国立大学,任命臧启芳为代理国立东北大学校长。臧启芳到西安接收工学院时,院长金锡如出差在北平,实际上臧启芳是从时任金锡如院长秘书的先生手中接收工学院的。

> 臧启芳(1894—1961),字哲先,号哲轩,又号蛰轩,辽宁盖平人。1902 年入私塾。1908 年入奉天省立两级师范学堂附属中学。1912 年入南京民国大学。1919 年赴美国留学,习经济学。1923 年返国,任中国大学经济系教授。1928 年任东北大学法学院院长。1930 年 10 月任天津市市长。1937 年 2 月任东北大学代理校长,1939 年 7 月任国立东北大学校长。1946 年 11 月当选为制宪国民大会代表。1947 年 10 月免东北大学校长职。1948 年任国民政府财政部顾问、教育部教育委员会委员,同时兼任中央大学教授。1949 年去台湾,1961 年 2 月病逝,终年 67 岁。著有《经济学》、《蛰轩词草》。译有《美国市政府》《经济思想史》。

臧启芳与金毓黻先生是老相识,他从南京来西安之前,金毓黻曾嘱他关照先生。臧启芳在接收东北大学工学院时对先生说:"我拟聘金毓黻作文学院院长,你如不愿在工学院,将来可去文学院。"但因局势尚不稳定,金毓黻何时能来东北大学文学院亦无确切消息,先生决定辞去工学院院长秘书职务,另谋出路。经友人介绍,先生迁居西安青年会,因那里只收饭费,住宿不要钱。

4 月,先生端居无事,独自到临潼观光,游览华清池。又与友人杜锡庚、吴家兴、窦宗汉等同游华山。

5 月,先生决定离开西安,去南京投奔金毓黻先生。遂从西安搭乘东北军转移淮阴的火车,经徐州、蚌埠南下南京,找到时任行政院参议的金毓黻先生。当时适逢东北人刘尚清新任安徽省政府主席,聘请金毓黻任安徽省政府委员兼政府秘书长。

6月初,随金毓黻迁往安庆(安庆为当时安徽省会),先生任安徽省政府秘书处秘书。每天与金毓黻秘书长同桌吃饭,对面办公。先生亲眼看见金毓黻秘书长每天开会、批改文件、接待宾客、参加宴会等等,非常忙碌,还能挤出时间来读书、作札记、写日记,心里由衷钦佩。稍有闲暇,先生常陪金毓黻秘书长散步、游憩。金毓黻先生在《日记》中记载:

> 午后,偕映阶、小邨、志先至北郊。逾公园行里许至菱湖之滨,有渔船三五,以竿击水,惊鱼使出,然后以笱罩之,往往得鱼。余见船中有鲫数尾,皆长四五寸,活跃可羡,欲购而不便持携,乃循原径归。①

未几,七七事变发生,全面抗战爆发,大约在是年12月,安徽省政府改组,省政府主席刘尚清被调往其他省。金毓黻的省政府秘书长自然也做不成了,先生只能另谋出路。先生与同事窦宗汉(原安徽省政府办公厅总收发)一起乘船,从安庆溯江西行,前往武汉。由窦宗汉接洽,在武昌湖边的懿德女中(时该校学生为逃避敌机轰炸,已经疏散)赁屋暂居。当时武汉形势危急,人心惶惶。先生找不到工作,又无法回家。每天提心吊胆,又无所事事,听到警报就得赶快躲避轰炸。这样一住就是三个多月,囊中将罄,而又借贷无门,非常焦急,只好写信向金毓黻先生求救。金毓黻当时在重庆沙坪坝任中央大学教授。经他介绍,东北中学负责人同意先生去该校任教。先生在危难之时,再次得到静庵先生的救助。

---

① 金毓黻:《静晤室日记》第94卷,第4032—4033页。

## 1938 年（民国二十七年） 37 岁

东北中学是 1931 年九一八事变后，为安置、收容流亡在北平的东北学生而建立的一所私立中学。学校主要由张学良将军捐资筹备，最初是东北学院的中学部，后因东北学院大学部迁走，恢复了东北大学，乃于 1932 年正式更名为私立东北中学校，简称东北中学。校址在北平西单皮库胡同二十四号，即现在的北京市西城区二龙路甲 14 号，今北京师范大学附属实验中学院内。东北中学是三三制完全中学，即分为初中和高中两个部，初中、高中各读三年。1935 年 7 月，因华北形势紧张，东北中学迁往鄂豫两省交界处的鸡公山。西安事变后，东北中学一度由湖北省教育厅派人接管，因接管时与学生发生冲突，学生拒绝接管，结果酿成学潮，接管未成。此时，张学良的老对手、曾鼓动郭松龄"兵谏"张作霖的齐世英见有机可乘，为彻底消除张学良的影响，便与当时的教育部长陈立夫合谋，把东北中学由私立改为公立，学校所需的全部经费由政府拨款，并聘请留日的地质学博士马廷英为校长。教导主任是王汉倬，训导主任石志洪，事务主任王庆吉。同时聘请了一批业务过硬的教师来校任教。这时的教员有吴宗函、聂恒锐、于闰彦、杨春田、郭德浩、何寿昌、吴伯威、苍多三、张兰馨、邹本林、傅茵波、曹延亭、满广信等，皆一时髦彦。这些人后来有很多都成为知名的大学教授。

据金毓黻先生民国二十七年（1938）2 月 24 日《静晤室日记》记载："金小邨函托介绍为中学教员，并作笺致齐铁生。"齐铁生，即齐世英，国民党要员，与当时的教育部长陈立夫关系密切，是东北中学的实际掌控者。

是年 2 月，先生去鸡公山东北中学报到，先任初中国文教师，同时代教两个高中班国文课，不久即转为高中国文课专任教师。是年 7 月，时值暑假，因徐州战事吃紧，东北中学从鸡公山经武汉迁往湖南省邵阳县桃花坪。

到桃花坪不久,学校发生学潮。学生们分成两派,这两派又各有后台。一派的后台是重庆的东北救亡总会,这个救亡总会多半是张学良将军的旧属,如王化一、高崇民、车向忱、阎宝航、陈先舟、于毅夫等等。他们接近共产党,或本人就是共产党员,执行共产党的政策。另一派的后台是重庆的东北协会,这个东北协会以齐世英、李锡恩、王先卿三人为首,属于国民党内的二陈派系。当时东北中学校内的两派斗得很厉害,又有三青团和国民党特务从中插手,学校里乌烟瘴气,校领导班子毫无办法,只能听之任之。整个东北中学完全陷入无政府状态。

学校领导班子正议改组,忽传长沙发生大火。这场大火是在当时国民党"焦土抗战"政策影响下发生的。大火从1938年11月13日夜开始,连续燃烧了五天五夜,全市百分之九十的房屋建筑被焚毁,有两万多市民在大火中丧生,损失极为惨重。这时大家感到学校所在的桃花坪已危在旦夕,于是决定把东北中学从湖南桃花坪迁往四川。选定的新校址是四川省威远县静宁寺。

## 1939 年(民国二十八年)　38 岁

学校西迁从上一年11月中旬开始,沿途多是乘船或乘汽车,中间只有少数几段路是步行。途经溆浦、辰溪、晃县、贵阳、重庆等地。走走停停,前后竟走了八个多月,至1939年夏才到达威远县向义镇境内的静宁寺,这里北距威远县城17公里,南距自贡市14公里,今属自贡市自流井区,故这里又称自流井。到达自流井后,先生即前往重庆中央大学金毓黻先生处拜访。金毓黻先生在6月28日《日记》中记载"朱贡如来谈,留与小邨同晚餐,薄暮乃去。"即先生到金毓黻先生处拜访时事。两日后,即6月30日,金毓黻先生在《日记》中又写道:"金小邨于朝间辞去,将赴自流井。"

搬迁后的东北中学在静宁寺大体上安顿下来,新的学校领导班子组成,由原教务主任王汉倬代理校长,李国栋为教务主任,肖楹臣为训育主任,孟以勖为事务主任。这些人基本上都是齐世英派来的爪牙。在他们的控制下,校内的矛盾未能解决,反而日益尖锐,正常的教学秩序仍无法恢复,学校乱得不可收拾。少数教师见学校前途无望,便纷纷辞职,另谋出路。这时,三位主任一同被招到重庆中央训练团受训,他们借此机会溜之大吉,谁也不想再回东北中学。代理校长王汉倬独木难支,向教育部电请辞职。但教育部不准,电令他无论如何要维持一段时间。

在迁校途中,先生从书店购得胡绳的《唯物辩证法入门》和傅子东翻译的列宁著《唯物论与经验批判论》等书,读后很受启发。特别是《唯物论与经验批判论》书后所附列宁的《谈谈辩证法问题》,对先生启发最大。先生多年来喜读《周易》。但这部书非常难懂。尽管先生过去也曾看过许多注释、解说《周易》的书,很多问题虽冥思苦想,仍不得其解。现在读了有关唯物论和辩证法的著作,感到豁然开朗。过去研读《周易》时无法解决的许多问题,顿觉涣然冰释,怡然理顺。于是利用暑假时间,写成《易通》书稿。全书分为十章。

先生在该书《自序》中说:

中国哲学综为二大宗派,而以孔、老二大哲人为开山。二哲之思想结晶,则在《周易》与《老子》。是二书也,体大思精,并为百代所祖。而尤以《周易》为最正确、最有体系。洵吾炎黄胄裔所堪自诩之宝典也……

予草此编,纯本研究态度,目的在求真理。经始之日,私立戒条,期必遵守。

一、不自欺欺人,"知之为知之,不知为不知",心有未安,辄便削稿。不强书就己,因而隐匿证据,曲解证据,以自欺欺人。

二、不枉己徇人,以真理为归,决不随俗俯仰,以要虚誉。

三、不立异,所凡论述,力求惬心当理,决不矫诬立异,以哗众取宠。

四、不炫博,征引以足证佐为度,凡离奇之说,近似之见,谬悠之谈,一概屏弃。

五、贵创。事为前人所未发,或语焉不详,而确知其为真理者,推阐务求精审,人所熟知者,则从简约;力以盲从附和、拾人牙慧为戒。

六、贵精。辨理力求简当精确,不持两可之见,而支吾其词。

七、贵平实。以取矜慎,以理之确凿有据、至当不易者为贵,不以平凡浅近为羞。

八、贵客观。纯就原书分析综合以推导条例,不以己见专辄武断。凡门户之见,新旧之争,皆不令阑入吾心。①

这部书后来成了先生的成名之作,对先生的学术生涯产生了重要影响。

先生向学心切,踏入社会以来,始终渴望能有进一步深造的机会。来到自流井之后,闻听位于乐山乌尤寺的复性书院正在招生,不需考试,但要求提交自己的作品以备审查。先生便向书院主讲马一浮先生投书,并寄上自己写的《国学研究概论》。不久,马一浮先生于 8 月 25 日回复先生。信中写道:

贤者志趣近正,寄来《国学研究概论》中,论近人研究国

---

① 金景芳:《学易四种》,吉林文史出版社 1987 年版,第 8—10 页。

学之得失一条,语多中肯。其余诸条,虽不免稍疏,亦有思致。既欲专求义理,须知此是自己本分事,要直下体认亲切。如近人用客观的整理批评方法,乃与自己身心了无干涉也。贤者若能于此点辨明,知所用力,方可来书院共学。又枯澹之业,亦须自审是否能堪。书院于贤者期望甚厚,故不觉言之剀切如此,尚希详虑抉择为幸。①

马先生在信中以"剀切"之言辞,讲明书院育人、治学之主旨,希望先生三思,审慎抉择。先生收到马先生复函后,迅即回复马先生,重申自己求学之愿望。马先生于9月10日再次回复先生:

来书陈义甚高,有以见足下之志。然孔颜乐处,正未易言。未至安仁,难为处约。记问之学,只益谀闻。闻见之知,不关德性。足下虽求道甚勇,恐择术未精。遽欲舍皋比而就北面,弃修脯而乐盐齑,或非高才所能安也。书院经始草昧,百无足称,非特远愧先贤,抑亦近惭时彦。来书乃以清华研究院相望,实为拟不同科。将恐虚劳下问之勤,无裨多闻之助,与其来而不厌,何如慎之于初,故劝足下仍其旧贯,幸勿轻辞教职,唐费光阴。在敝院不欲强人以必同,在足下亦不妨各从其所好,盖观足下见勖之言,似犹滞在见闻,于义理之学,未必骤能信入也。此实推诚相与,非有拒却之意。若不弃舍陋,则遇寒暑休假之时,一来参扣,固无不可,不必屈意来学。如此则足下可无绝学捐书之过,亦有从闻入理之期,岂非两得之道邪。专复,诸惟谅察,不具。②

①《马一浮集》第2册,浙江古籍出版社、浙江教育出版社1996年版,第928页。
②《马一浮集》第2册,第929页。

申屠炉明按：

> 先师与马先生论学，有独到见解，故马先生称其"陈义甚高"。大约信中谈及马先生所办书院培养人才时，顺便比之于清华国学研究院，当时培养国学高级人才以清华研究院为最负盛名，先师之意盖在斯焉。而马先生却指出两者不同，是从办学体制而言，前者仿照西方学制，有课程、论文、毕业文凭等项。复性书院则是按照宋元以来传统方式，是讲论学问之所，非为文凭而设。按先师提交的论文程度完全可入书院，马先生则以为先师有稳定的教职，值此抗战之际，得一工作不易，故劝他不必放弃教职，寒暑假来研讨即可。由此看出先师求学之志甚坚，为了学问宁可放弃工作；马先生以理学名家，也并非不通人情世故。

## 1940年（民国二十九年）　39岁

年初，代理校长王汉倬感到进退两难，为了摆脱困境，他多次与先生商量，想聘先生作教务主任。先生不想接这样的乱摊子，严词拒绝。后经王汉倬反复动员，先生也不忍心看学校长久地乱下去，便勉强接受了教务主任一职。先生又向王汉倬推荐新聘用的国文教师徐公振担任训育主任。徐公振是先生的旧相识，此人工作能力很强。经先生与徐公振合力整顿，学校的秩序逐渐恢复，三青团和特务分子的活动受到了严格控制。

金毓黻先生是年2月24日的《日记》中录有致先生的短函，题曰"致金小邨笺，时在威远静宁寺东北中学"。函云："小邨宗弟左右：前奉函电，疏于裁答。公振赴井，计已抵梧。微闻东中王校长（郁案：即东北中学代理校长王汉倬）颇萌去志，弟主教务，是否有临时庖代之意？学校内部是否安定？皆应考虑，异日进退，绰有余裕，乃为得也。"可见金毓黻先生当时对先生在东北中学的处境与未来之进退极为关注,殷殷嘱咐,提醒先生着眼未来,不要在矛盾旋涡中陷得太深,不能自拔。

先生曾于1928年在辽宁义县师中学校任教时加入国民党,后因考中县教育局长,离开义县,遂与国民党脱离关系。在东北中学担任教务主任后,因经常与三青团和特务分子发生冲突,为使自己处于有利地位,就与王汉倬商议,转请齐世英代为补领了国民党党证,以防被对手指认为"共党分子"。

这时,东北协会的人认为他们在东北中学的主权已经丧失,便鼓动那些三青团和特务分子联合向先生发起进攻,并向教育部、中央党部、中央团部控告先生,说先生在东北中学宣传"赤化",把东北中学办红了,等等。他们的控告果然奏效,不久,教育部电令撤先生和徐公振的职,立即离校。先生无可奈何,只好整顿行装,迅速离开东北中学。先生后来回忆说:"在这一斗争过程中,更加深了我对国民党反动派的鄙视和憎恶。"

7月,先生取道荣县,至乐山,谒见复性书院主讲马一浮先生。马先生欣承允予收留。此前先生已向马一浮主讲递交过论文,马一浮主讲对先生的文章留有深刻印象。但因先生在东北中学的教职无法脱身,不能马上到书院报到。这次见面谈妥,只待正式入院学习。

马一浮(1883—1967),名浮,字一佛,后改字一浮,号湛翁,别署蠲翁、蠲叟、蠲戏老人,汉族,浙江绍兴人。1883年生于四川成都御河街,其父马廷培曾任四川仁寿县县令。马一浮为著名国学大师。梁漱溟称其为"千年国粹,一代儒宗",周恩来称他为"中国现代唯一理学大师"。被称为中国现代新儒家"三圣"之一。少年时读书,过目能诵,时称神童。早岁应浙江乡试,与鲁迅、周作人同榜,名列榜首,一时声名大震。乡贤汤寿潜(后任民国浙江省首任都督、民国政

府交通总长)爱其才,把女儿
汤孝愍许配给他。1899 年赴
上海学习英、法、拉丁文,并
与马君武、谢无量在上海创
刊《二十世纪翻译世界》,传
播西方文化。1903 年至
1911 年,先后赴美国、德国、
西班牙、日本留学。通晓法、
英、德、日、拉丁、西班牙等六
种外文。在日期间,结识了
章太炎、鲁迅、秋瑾等人,赞
同并积极支持辛亥革命。是

马一浮先生①

中国引进马克思《资本论》德文原版的第一人。回国后,潜
心研究学术,古代哲学、古典文学、佛学,中医药学无不造诣
精深。此外,先生工诗词,喜吟哦,又精于书法、篆刻。他的
书法合章草、汉隶于一体,自成一家。蔡元培邀先生赴北京
大学任教,蒋介石许先生以官职,均不应命。抗日战争爆发
后,被迫西迁,应浙江大学校长竺可桢邀请,赴浙江大学做
特约讲座。抗战期间在四川乐山创办"复性书院",任主讲。
中华人民共和国成立后,任浙江文史研究馆馆长,中央文史
研究馆副馆长。是第二、第三届全国政协委员会特邀代表。
1967 年在杭州去世。临终前作诗曰:"乘化吾安适,虚空任
所之。形神随聚散,视听总希夷。沤灭全归海,花开正满
枝。临涯挥手罢,落日下崦嵫。"先生著述甚富,主要有《泰
和会语》、《宜山会语》、《复性书院讲录》、《尔雅台答问》、
《尔雅台答问续编》、《老子道德经注》、《马一浮篆刻》、《蠲

①照片复制于《马一浮全集》卷首,原件存浙江省文史研究馆。

杭州西湖马一浮纪念馆

戏斋佛学论著》、《蠲戏斋诗编年集》、《避寇集》、《朱子读书法》等,所著后人辑为《马一浮集》。今杭州西湖花港观鱼公园内蒋氏山庄有"马一浮纪念馆"。

　　先生告别马一浮先生后,即与徐公振同游峨眉山。又去成都与好友杜锡庚会晤。杜锡庚告诉先生:吴家象正寓居崇庆。先生说:崇庆清朝为直隶州,我高祖金朝觐曾在那里任知州多年。杜锡庚力劝先生去崇庆一游。到了崇庆,与吴家象相见,甚为欢洽,几乎无所不谈。因雨,在吴家住了五宿,又返回成都。

　　9月,先生正式入马一浮先生主讲的乐山复性书院学习。

　　复性书院是抗战时期为保存民族文化而开办的一个学术团体,由马一浮先生任主讲。七七事变后,蒋介石、孔祥熙等人认为国人多有附逆者,日寇敢于长驱直入,咎在"人心不古"。他们痛感新式教育之偏,拟办一书院,以圣贤之学匡补时弊。马一浮是朝野两界都认可的人物,当局表示愿意补助经费。书院始创于1939年,院址在四川乐山乌尤寺。书院之所以名曰"复性",

马一浮解释说:"教之为道,在复其性而已矣。""学术、人心所以纷歧,皆由溺于所习而失之,复其性则同然矣。"马一浮秉承传统书院的独立精神,建院之初即和国民政府商定,书院不列入现行教育系统,不参加任何政治活动。蒋介石、陈立夫表示将对书院"始终以宾礼相待"。马一浮亲定复性书院学规:"今为诸生指一正路,可以终身由之而不改。必适于道,只有四端:一曰主敬,二曰穷理,三曰博文,四曰笃行。主敬为涵养之要,穷理为致知之要,博文为立事之要,笃行为进德之要。四者内外交彻,体用全该,优入圣途,必从此始。"书院从 1939 年 9 月 15 日开始讲学。马一浮先后讲了群经大义,包括《论语大义》、《孝经大义》、《诗教绪论》、《礼教绪论》、《观象卮言》、《洪范约义》等六部分。执教书院的先后有讲唯识论的熊十力、讲德国哲学的张真如、讲儒道名墨杂家诸子的黄离明,及讲儒家思想与中国传统政治的钱

乌尤寺位于乐山乌尤山,该山又称离堆,四面环水,风景极佳。站在寺边溯流远眺,正是岷江、大渡河和青衣江三江交汇处,乌尤寺就在三江汇合后的岷江东岸

穆。到 1941 年 5 月 25 日停止讲学,此后,复性书院转为以刻书为主。办院之初,马一浮就提出书院"刻书与讲学并重"。他多次开导弟子:"多刻一板,多印一书,即是使天地间能多留一粒种子。"书院共刻有《群经统类》、《儒林典要》、《四书纂疏》、《系辞精义》、《春秋胡氏传》、《毛诗经筵讲义》、《延年答问》、《上蔡语录》、《太极图说》、《先圣大训》、《朱子读书法》等 26 种 38 册;刻有马一浮著作《泰和会语》、《宜山会语》、《复性书院讲录》、《避寇集》、《蠲戏斋诗编年集》、《尔雅台答问》、《檬上杂著》等 19 册。1946 年 5 月,马一浮离开了居住了六年多的乌尤山,回到杭州,复性书院也一并迁至杭州西湖葛荫山庄。1948 年秋,由于国民政府经济崩溃,复性书院也正式宣告结束,此时离书院的开始筹建,正好十年。

在"文革""清理阶级队伍"期间,先生按照当时的"军宣队"、"工宣队"的要求,写了多篇"交待材料",其中有一篇《关于复性书院的详细情况》,这篇"交待材料"对我们了解复性书院很有价值,兹摘录如下:

> 复性书院是 1939 年在四川乐山县乌尤寺成立的。主讲是马浮。马浮字一浮,浙江省绍兴人,是个研究宋明理学的学者。听说在民国初年蔡元培作教育部长时,他当过教育部秘书长。因反对废读经,反对男女合校而去职。他是浙江督办汤寿潜的女婿。他的父亲曾在四川仁寿作过知县。抗日战争时,他随浙江大学西迁江西泰和,以后又随浙大再迁广西宜山。当在宜山时,蒋介石对他重礼聘来重庆,亲自接见了他,并谈及成立复性书院之事。

> 可是,马浮的主张与蒋介石的意图并不相符。马浮主张书院一定要按照旧式书院的办法去办。即书院要成立董事会,书院的经费主要靠募集。募得的款项要买学田,作长

马一浮先生在乐山乌尤寺复性书院讲学的尔雅台①

久打算。书院在经济上要保持独立,同时办学方针也不能
随政治风向而转移。当时与马浮共事的,如熊十力、贺昌群
等都主张改书院为国立,广招生徒。钱穆、赵熙等也要到书
院去,可是都被马浮拒绝。马浮坚决主张按照他的理念去

①关于尔雅台的来历,相传因晋代郭璞注《尔雅》于此。苏辙《初发嘉州》
诗曰:"云有古郭生,此地苦笺注。区区辨虫鱼,尔雅细分缕。洗砚去残
墨,遍水如黑雾。至今江上鱼,顶有遗墨处。"苏辙在"云有古郭生"句下
用小字注有一"璞"字,以示在此注《尔雅》的即郭璞。但有的学者认为
郭璞注《尔雅》在今湖北宜昌,那里也曾有尔雅台。《宜昌府志》记载:
"尔雅台,在城西北隅所堂街,《图经》云:'晋郭璞注尔雅处。'"此事宋李
昉《太平御览》和王应麟《玉海》、乐史《太平寰宇记》、王存《元丰九域志》
等书均有记载。因而清人吴省钦和赵熙认为乌尤山之尔雅台是为纪念
"汉代郭舍人"而建。赵熙为此还在乌尤山尔雅台的正门两旁题了一副
对联:"名字谁寻景纯上,江山如画聂阳西",并在台正中墙壁上大书"汉
犍为舍人注尔雅处"九字以正视听。

办事。结果董事会成立了(寿毅成、刘百闵等作董事),款没募集到,学田也不能买,只靠十万元开办费维持局面。因办学的理念不同,后来熊十力、贺昌群等都走了。只剩下马浮一人和几个办事人员在书院里维持局面。

旷怡亭也是马一浮先生在复性书院经常讲学的重要场所

　　书院有主讲一人,由马浮担任。监院一人,初由贺昌群担任,后由沈某担任。实际是办总务的。此外有事务史一人,管事务,当时是王星贤担任。又有典学史一人,最初由乌以风担任,以后乌以风离开,由张立民担任。典学史是管理研究生的。

　　接受研究生不限资格,不限年龄,只凭作品。审查合格即收纳。收纳后有一个月或两个月考查时间,在考查期间不为正式生,只供伙食,不给膏火费。经过考查合格,收为正式生。正式生除供伙食外,每个月还发膏火费三十元。

　　正式生住房两人一间。另外有读书的大房间。初来时所读的书有《近思录》、《伊洛渊源录》等。以后细读赵顺孙的《四书纂疏》。一天限读几条,要向内体究。后来这种办法行不通,读书的范围放宽了,但仍以古书为限。每人每日都要写札记,由马浮亲自批阅。大约一个星期批阅一次。马浮有时一个星期中开讲一次,所讲的东西都先写成讲义。都是《洪范约义》、《周易观景》一类的东西。当时要求进院的人数很多,但收留的仅有十几个人。

笔者于 2013 年秋季曾再次造访复性书院旧址的尔雅台

　　我是 1939 年在报纸上看见复性书院成立的消息的。因不满意当时东北中学的混乱情况,想去复性书院学习,因而把作品寄去,并经书院审查,认为可以收留。恰值东北中学的王汉倬要我作该校教务主任,因而耽搁一个时期,我于1940 年暑假后才去复性书院读古书。

　　书院几乎是世外桃源,与外间隔绝。那里什么政治气味也闻不到，一心是读古书。我初去觉得很满意。后来由于法币贬值，不但膏火费不顶用，连饭也吃不饱。马浮死守着原来的那点开办费，不肯向当时的教育部请求增发。而当时的教育部由于马浮的做法不符合他们的要求，因而对复性书院的经费问题也不理不问。在这种情况下，我也无法在书院里继续学习下去了。遂于 1941 年 11 月离开复性书院，到东北大学任职。①

复性书院录取学生的标准相当严格。开办之初，报名应考者数百名，马一浮亲自一一审阅考生交来的论文，最后正式录取者不足 30 人。好多考生是马先生的亲朋故旧推荐来的，后经马先生审查，都被拒之门外。据先生回忆，当年在复性书院就读的有：张国铨、徐赓陶、张知白、陶元用、李大薏、鲜于季明、樊漱圃、谢思孝、邓自祥、王紫东、张德钧、王准等。其中张德钧、王准两位与先生友谊至笃。张德钧是四川西充人，曾在支那内学院从欧阳竟无学佛学，儒学也很有根底，新中国成立后任中国科学院社会科学学部（后更名为中国社会科学院）历史所研究员。王准是浙江遂安人，长于诗和书法，曾在东北大学中文系教杜诗。先生所著《易通》手稿四册，每册封面之题签皆王准所书，字体为汉隶，极见功力，并钤有王准之印章。其余能考知其姓名或下落者还有袁心灿、吴林伯、邓懋修、王紫金、刘天倪、杨焕升、樊镇、陈刚、陶瓠、杜道生、王凌云、王景逊、李奋等十几人。

是年夏季，应武汉大学之邀，钱穆先生来嘉定（今乐山）讲学。当时的复性书院与避难嘉定的武汉大学只一江之隔。马一浮先生得知这一消息，便渡江到对岸的武汉大学拜访钱穆先生，并邀请钱先生去复性书院讲学。钱穆先生在《师友杂忆》中曾详

---

① 见先生 1969 年 1 月 14 日写的"交待材料"《关于复性书院的详细情况》，节录于吉林大学档案馆保存的先生档案 1969 年卷。

细记述了马一浮先生邀他去复性书院讲学的一段趣闻,对我们了解马一浮、熊十力和复性书院的情况很有帮助:

> 马一浮复性书院设在岷江对岸山上。一日,渡江来访,邀余去书院讲演。熊十力住西湖,与一浮同居有年。及来北平,与余同居。余之知一浮,亦已有年矣。及一浮来此创办书院,十力亦同来。不知何故,龃龉离去。一浮自处甚高,与武汉大学诸教授绝少来往。武汉大学学生邀其讲演,亦见拒。又不允武大学生去书院听讲。及是,闻一浮来邀余,皆大诧怪。余告一浮,闻复性书院讲学,禁不谈政治。倘余去,拟择政治为题,不知能蒙见许否?一浮问:先生讲政治,大义云何?愿先闻一二。余告以国人竞诟中国传统政治,自秦以来二千年,皆皇帝专制。余窃欲辨其诬。一浮大喜曰:自梁任公以来,未闻此论。敬愿破例,参末座,恭聆鸿议,遂约定。

> 及讲演之日,一浮尽邀书院听讲者全部出席。武汉大学有数学生请旁听,亦不拒。一浮先发言:今日乃书院讲学以来开未有之先例,钱先生所谈乃关历史上政治问题,诸生闻所未闻,维当静默恭听,不许于讲完后发问。盖向例,讲毕必有一番讨论也。余讲演既毕,一浮遂留午餐。

> 一浮早鳏居,不续娶。闻有一姨妹,治膳绝精,常随侍左右。一浮美风姿,长髯垂腹,健谈不倦。余语一浮:君治经学,用心在《通志堂经解》,不理会《清经解》,然耶否耶?一浮许余为知言。席间纵谈,无所不及。余盛赞嘉定江山之胜。一浮告余:君偶来小住,乃觉如此。久住必思乡。即以江水论,晨起盥洗,终觉刺面。江浙水性柔和,故苏杭女性面皮皆细腻,为他处所不及。风吹亦刚柔不同。风水既

差,其他皆殊。在此终是羁旅,不堪作久居计。

一浮衣冠整肃,望之俨然。而言谈间,则名士风流,有六朝人气息。十力则起居无尺度,言谈无绳检。一饮一膳,亦惟己所嗜,以独进为快。同席感不适亦不顾。然言谈议论,则必以圣贤为归。就其成就论,一浮擅书法,能诗,十力绝不近此。十力晚年论儒,论六经,纵姿其意之所至。一浮视之,转为拘谨矣。但两人居西湖,相得甚深。殆以当年,两人内心同感寂寞,故若所语无不合。及在复性书院,相从讲学者逾百人,于是各抒己见,乃若所同不胜其所异,暌违终不能免。因念古人书院讲学,惟东林最为特殊,群龙无首,济济一堂。有其异而益显其所同。惜乎一浮、十力未能达此境也。

余与一浮谈过晡,乃送余至江边而别。自此不复再面。及今追忆当年一餐之叙,殆犹在目前也。①

是年年底,先生把《易通》书稿呈业师谢无量先生审阅。谢无量先生读后大为赞赏,在先生亲笔抄写的《易通》书稿前题辞曰:

《易》道广大,无所不包,善读者乃能观其通耳。此篇综孔、老之绪言,并合以当世新学之变,可谓得《易》之时义者。由是进而不已,《易》道不难大明于今日也。庚辰季冬,无量读。②

①钱穆:《八十忆双亲·师友杂忆》,三联书店1998年版,第237—239页。
②见先生《易通》手稿第1页。先生的《易通》手稿分订四册,用朱栏稿纸写就。"文革"期间因先生全家被强行赶往低矮潮湿的"门房"居住,很多书籍、手稿潮湿、发霉,《易通》手稿之朱栏遂因潮湿而朱色浸润,所幸墨迹并无变化。

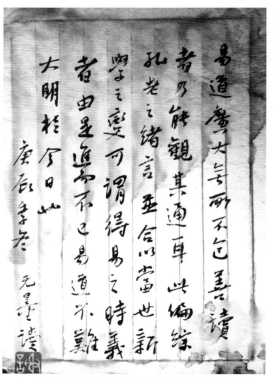

先生业师谢无量在《易通》手稿前的题辞

谢无量(1884—1964)，原名蒙，字大澄，号希范，后易名沉，字无量，别署啬庵。四川乐至人，生于安徽芜湖。近代著名学者、诗人、书法家。1898 年拜著名学者汤寿潜(马一浮之岳父)为师。1901 年与李叔同、黄炎培等同入南洋公学。民国初期在孙中山大本营任孙中山先生秘书长、参议长、黄埔军校教官等职。之后从事教育和著

谢无量

述,任国内多所大学教授。新中国成立后,历任川西博物馆馆长、中国人民大学教授、中央文史馆副馆长。在学术、诗文、书法方面都允为一代大家。谢无量一生著作甚多,有《佛学大纲》、《伦理学精义》、《老子哲学》、《中国大文学史》、《中国妇女文学史》,《平民文学之两大文豪》、《楚辞新论》、《中国哲学史》、《古代政治思想研究》、《王充哲学》、《诗学指南》、《诗经研究》、《中国古田制考》等。出版的书法集有《谢无量自写诗卷》、《谢无量书法》上、下册,诗集有《青城杂咏》。2011 年 4 月,九卷本的《谢无量文集》在中国人民大学出版社出版。

## 1941 年(民国三十年)　40 岁

先生继续在复性书院读书。书院开讲之初,对学生读书的内容和方法限制甚严。要求必须从《近思录》、《伊洛渊源录》及元人赵顺孙的《四书纂疏》读起。后来学生不断提意见,乃逐渐放松约束,待先生入院学习时,几乎什么书都可以读了。先生本

对经学有浓厚兴趣。先生在《自传》中说：

> 我自幼学习，有多方面兴趣。但是，由于家境贫困，又住在乡下，不但没有条件学新科学，并自处于"五四"新文化运动之外。我做学问是从学做文章开始的。当时的东北，桐城派古文还有广阔市场。我学文章就是从学做桐城派古文开始的。学桐城派古文不能不读唐宋八大家的文章。后来渐觉唐宋文章多空腔滑调，不如魏晋文章精严。因转而学魏晋人文章。后来渐觉魏晋人文章不如两汉人文章质实，魏晋两汉人文章又不如先秦诸子都讲学术，有内容。最后，我相信"大文章从六经得来"的说法，因肆力于经学。①

　　刚好当时书院的书架上有木刻大字本正续《清经解》，先生遂如饥似渴地读了许多清人解经的著作。在仔细研究《春秋》三传时，对《公羊传》一书有了新的看法，乃撰成《〈春秋〉释要》一文，交马先生审阅。不料颇受马先生褒奖。马先生提笔为这篇文章题辞，略谓：

> 晓邨以半年之力尽读"三传"，约其掌录以为是书。其于先儒之说，取舍颇为不苟。而据《史记》"主鲁亲周"以纠何氏"黜周王鲁"之误；谓"三世"、"内外"特以远近详略而异，不可并为一谈；皆其所自得。岂所谓"箴膏肓"、"起废疾"者耶？治经之法，亦各因其所好以自为方。异执相非，从来为甚。不观其异，亦何由以会其同？《春秋》之义，即圣人之心也。得其心斯得其义，而不疑于其言。言之微隐而难明，义之乖异而或失者，皆未有以得圣人之心耳。过此以往，引而申之，触类而长之，将有进于是者在，未可遂谓已尽其能事也。晓邨勉之！何独治《春秋》，治他经亦如是矣。

―――――――――――――

① 金景芳：《自传》，见《中国当代社会科学家》第二辑，第255页。

辛巳仲春,湛翁题。①

马先生从不轻易赞许他人文章。而对先生的一篇习作却奖掖有加,这使先生大受鼓舞。后来,这篇《〈春秋〉释要》发表于复性书院院刊《吹万集》中。这是先生有生以来公开发表的第一篇学术论文。先生在这篇文章的《叙》中说:

> 读《春秋》竟,比缉简札所记,为《〈春秋〉释要》,凡六目,曰《名义》,曰《宗指》,曰《原始》,曰《笔削》,曰《大义》,曰《微言》,都九千言,意欲疏通凝滞,上溯本原,以醇正为归,以平实为宗,义求坚确,词务简质。凡拘墟之见,吊诡之说,皮傅之谈,汗漫之辞,悉所不取。夫岂谓已绝此失哉!亦道吾之志焉尔。辛巳花朝,金景芳自志于嘉州乌尤寺。

据书院的同学讲,复性书院开讲之初,平均每人每个月的伙食标准约为法币 10 元,吃得很好。此外每人每月还发膏火费(日常生活费)30 元,有带眷属学习者,费用足够。后来法币贬值,伙食品质严重下降,大家经常食不果腹。膏火费增加到每人每月 50 元,仍不顶用。于是书院愈来愈难以维持了。先生读书非常刻苦,伙食却越来越糟,身体日益消瘦。此时,复性书院亦发布告示,通知全体学生在校学习即将终结,在校食宿最迟只能维持到该年年底。学生们不得不另谋出路。据龚晓《马一浮主持"复性书院"始末》记载:

> 书院每期均有课试,公布课试题目后,由学生在几日内答卷。马一浮对每份答卷均评阅加评语。由于种种原因,致 1941 年 6 月 25 日公告结束讲事,谢遣学人。并根据每次课试及平日札记较优者给予奖励,张德钧、金景芳等人获

---

① 见先生《〈春秋〉释要》手稿首页。此段批语另载马一浮《尔雅台答问续编》卷 3,见《马一浮集》第 1 册,第 636—637 页。

奖,编辑学生课卷及论文为《吹万集》出版。①

马一浮先生于1941年6月25日在复性书院发布告示如下:

告典学传示院内外学人知悉:

一、今后学院规制将有更改。此次讲期结束,虽不与学校毕业试验同科,诸生中读书孟晋及文理较优者,亦宜分别予以奖励。查诸生来院时日先后差殊,除中间因事辞去者外,其先至者已逾两年,后至者亦经一载。今据迭次课试及平日札记,衡其进处,张德钧、张国铨、王紫东三人,应各奖国币贰百元;金景芳、杨焕升二人,应各奖励国币壹百元;少资笔札,以为勤学者劝。原定膏火制,即于本年六月底废止。诸生散归者,不论道路远近,每人一律馈赆百元。其未能即归者,许得声请暂时留院,不予馈赆,但留院时间,延至本年十二月为止。其离院后意欲重来本院者,须先声明不受馈赆,亦得允许。其时间亦以本年十二月为止。所有留院及重来请益诸人,每月仍量予津贴,如原来膏火之数,但以在院之日为限。用示攻苦食淡始终与共之意。

一、拟选录诸生课卷或专篇撰述,及札记中可存者,编为《吹万集》,以见各人所学之造诣,除中途辞去者不与外,应由诸人自行缮录清稿,限于七月内汇交典学编次,以备付印。但选录诸文,以理会经义能有发挥者为主,不取泛泛考据,或涉及议论时政之言。编类之时,如因义理未协或篇幅多寡不齐,有所删节,不尽入选者,勿以见遗为憾。其自动声明不愿发表、不交缮稿者,听之。但选录课卷不在此例。

一、依书院简章,住院参学本以半年为期,嗣因斋舍不敷,改为一律住外,其时间亦不更为之限。今书院规制既有

①龚晓的文章载于《乐山师范学院学报》2007年第2期。

变更,此后凡院外参学及院外听讲,并一律辞谢,其由书院
供半膳者亦以六月底为止。

中华民国三十年六月二十五日,湛翁。①

马一浮先生的"六二五告示"事实上等于宣告了作为以传授
国学为主要宗旨的复性书院即将解体。包括先生在内的大多数
学员在国难当头之际,将不得不去另谋出路。值得注意的是,先
生比书院中的大多数学员晚入书院一年,马先生发表"六二五告
示"时先生在复性书院学习的时间还不足一年,在强者如林的书
院中先生竟然能够获得奖励,是十分难得的,说明书院主讲马一
浮对先生是非常赏识的。

是年夏季,先生写成了《尚书戈春》一文。这是先生在复性
书院读书期间继《春秋释要》一文后写成的又一篇学术论文,是
先生早年研究《尚书》的重要成果。全文除先生的自序外共分八
个部分,即《绪言》、《论删述》、《申若天》、《辨玑衡》、《释敷土》、
《述九德》、《诠象刑》、《原五行》,总共近两万字。先生用工整的
小楷抄写复性书院印制的稿纸上,装订成一册,灰绿色封面上
由先生的好友、同窗、擅长书法的王准用隶书题写了《尚书戈春》
的题目,落款是"辛巳季夏　王准",并钤加了王准的朱色名章。
先生在《尚书戈春》自序中说:

> 近治《尚书》,迭有所获,不忍辄弃,萃为一帙,命曰《尚
> 书戈春》。取《荀子·劝学》"以戈春黍"之义,谓春不能尽,
> 且亦未必中食也。然下笔殊不敢苟,大抵取其坚节而攻之、
> 兼采诸家,不苟同亦不苟异,私冀无负先圣,而一逢理乱丝、
> 解连环之快。旧说已是者,不更发论,其未是而无大关系
> 者,亦略之。如《君奭》"呜呼! 君,已曰时我"。"我"当作

---

①《马一浮集》第 2 册,第 1192—1194 页。

"哉"。盖"天降丧于殷,殷既坠厥命,我有周既受,我不敢知曰:厥基永孚于休,若天棐忱。我亦不敢知曰:其终出于不祥。"为周公复述召公语。检《召诰》"我不可不监于有夏"一节,可知作"我"无义,此形近而讹。《洛诰》"公无困哉",《汉书·元后传》、《杜钦传》、《后汉书·祭祀志》刘昭注引《东观书》皆引作"公无困我",①是其证。又经多用"迪"字,旧率释为"道",为"蹈",实则猷、尤、繇、由、迪古音义皆同,可通用。丕、不、否②亦然。我、予、朕、卬一篇互见,③古人不以为嫌也。凡属此等,仅涉文字,故训非大义所在,悉不录。词取其达,不贵繁复。征引足资证佐而已,不求其备。兹编也但供覆瓿,随尘烟以灭则已。若犹有省览之人,则于古经虽未尽廓清之功,或不至更增障翳也。来学书院一年矣,丛愆积戾,无足齿数。然幸蒙师友之益,处心实不敢不端。日对简编,未尝掉以轻心。间有论议,必衷于正。邪诐固所甚恶,奢淫亦所不喜。理果是也,虽舆台皂隶,亦有取焉。如其非是,虽王公大人,亦不惮加以辩正。诚直简淡是尚,以攘善为耻,穿凿为病。文欲澄洁如水,此心亦欲如水也。然语好尽而别黑白甚严,则其所短。兹以书院改变规制,不久便当离去,未知异日能有学益以否?用存此编,并前草《〈春秋〉释要》为一集。暇日览之,倘亦雪中爪痕与?辛巳长夏,金景芳自序于嘉州复性书院学舍。

　　先生在《尚书戈春》中所阐释、考证者,皆《尚书》中之重要而又关键的问题,可谓先生研究《尚书》的攻坚之作。先生早年曾下大气力研究《周易》,因有《易通》一书获奖、出版而为学界

①据孙星衍《尚书今古文注疏》。
②《尚书·无逸》。
③《尚书·大诰》。

所熟知。但先生早年同样下大气力研究过《尚书》，则学界知之者寥寥。先生离开复性书院后任教于东北大学，在中文系讲授《经学概论》，并有油印本《经学概论》讲义发行，①其中有《尚书》一章。后来先生又在东北大学《志林》杂志上发表了《尚书八论（上）》。这些均肇基于《尚书戈春》。此后先生的论著中虽然不时涉及《尚书》，但专门研究《尚书》的著述并不多。直到晚年先生有志于系统研究《尚书》，并在助手吕绍纲教授协助下完成了《尚书·虞夏书新解》和系列文章，可惜《尚书》中其他部分的研究最终未能完成。

《尚书戈春》的稿本是 2016 年年初在清理先生遗物时偶然发现的。笔者见到稿本时非常惊讶。《尚书戈春》这篇文章从未正式发表过。我随侍先生二十余年，从未听先生谈起过《尚书戈春》一事。不仅我不知道，师门中其他师兄弟，甚至连先生的学术助手吕绍纲教授，还有与先生交往较多的黄中业教授，也同样不知道先生早年写过《尚书戈春》。但《尚书戈春》稿本又千真万确是先生亲笔所写。因为我见过先生在复性书院读书时写的《春秋释要》手稿，并留有这份手稿的复印件，对先生早年的小楷字体非常熟悉。而且《春秋释要》手稿与《尚书戈春》的手稿所用的稿纸也完全相同。稿本的封面先生同窗王准的题签字体及使用的名章与我保存的先生《易通》手稿的题签也完全相同。见到稿本后我一眼就能认定这确实是先生早年的文稿。可惜当时《金景芳全集》业已出版发行，这一先生早年的作品未能编入《全集》，这是一大遗憾。

金毓黻先生在 1941 年 10 月 20 日《日记》中说："得金小邨函，寄来新著《易通》四册，陈义未能湛深，即作函，复询其能否就

---

① 先生的油印本《经学概论》讲义见载于先生的档案，但我们至今尚未找到这部讲义。先生遗物中有《经学概论》稿本两册，可能并非全本，已编入《金景芳全集》中。

任东北大学文书组主任。"

　　是年 11 月,蒙金毓黻先生介绍,先生受聘于迁居四川三台的东北大学,任文书组主任,于是拜别恩师马一浮先生,前往三台。当时金毓黻先生任东北大学东北政治经济研究室主任。该室设在长平草堂。金毓黻先生在是年 11 月 22 日《日记》中有载:"金小邨将自嘉定来任东大文书主任,嘱其过成都时代购笔墨,作函告之,此间无佳笔佳墨可用,故尔托购。"六天之后,即 11 月 28 日,金毓黻先生又在《日记》中记载:"金小邨来自乐山,留宿草堂。"次日,先生告别金毓黻先生,前往三台东北大学报到,承蒙高亨先生盛情款待。

　　　　高亨(1900—1986),初名仙翘,字晋生,吉林双阳人。著名文字学家、训诂学家、文献学家。1924 年考入北京大学,次年考入清华大学研究院,师从国学大师梁启超、王国维等。1926 年清华研究院毕业,历任河南大学、东北大学、武汉大学、齐鲁大学等校教授。对《诗经》、《周易》、先秦诸子和《楚辞》等先秦典籍均有精深研究。高亨先生逝世后,其学术成果被编为《高亨著作集林》,共分十卷,由清华大学出版社出版。

　　先生与高亨是东北同乡,高亨长先生两岁。两年前先生撰写《易通》时,在武汉大学中文系任教的高亨正忙于写作《周易古经今注》。那时武汉大学因避难已迁至四川乐山。经王汉倬沟通,高亨主动给先生写信,探讨《周易》问题。先生曾把《易通·序》寄给高亨。先生到复性书院读书时,因同在乐山,先生曾前往拜访高亨,两人晤面,畅谈极为欢洽。语及《周易》,先生与高亨见解并不相同,但这并没有影响两人的交往。① 不久,高亨早

_____

① 《金景芳自传》,见《学术自传丛书·金景芳自传》,巴蜀书社 1993 年版,第 22 页。

于先生到东北大学中文系任教,因此两人在三台相见格外高兴。

初到东北大学不久,一日,臧启芳校长约金毓黻、高亨、路朝銮、赵鸿翥等多人到观音渡涪江水利工程处游览。金毓黻、高亨两先生嘱先生亦参加。涪江水利工程处的负责人黄万里系黄炎培之子,留学美国的工程学博士。他会作诗,又很好客,盛情招待。大家临江宴饮,兴致颇高。席间臧校长提议与宴诸君赋诗述怀。由于金毓黻、高亨两位鼓动,先生也赋诗一首:

游观音渡镇江寺
一水横筵碧,
群峰入眼青。
江山非故国,①
风日似兰亭。

不料这首诗却博得众人齐声喝彩。金毓黻先生还把此事写入《静晤室日记》中,题为《游观音渡镇江寺》,下注"小邨"。诗旁字字加圈。下曰:"寥寥二十字而含情无限,不愧妙作。"翌日又书曰:"往日不知小邨能诗,昨日出语极简,而能压座,所谓'士别三日,便当刮目相看'者也。"

时值教育部下发通知,决定举办著作发明及美术奖励活动。先生觉得自己所作的《易通》很有创见,准备申报奖励。但当时也心存顾忌。因为《易通》一书虽有创见,但是用唯物辩证法观点写成,弄不好很可能惹火烧身。最担心的就是怕有人说《易通》这本书是以研究《周易》为幌子来宣传共产主义。但最后先生还是大胆地申报了,并请金毓黻和高亨两位教授写了推荐信。金静庵先生在是年10月29日《日记》中记载:"金君小邨撰《易通》四卷,以王弼《易注》、程颐《易传》为主,已属握得提纲,以此

①当时大半个中国已被日本侵略者侵占,故云。

说《易》，必不迷惘……已约同高君晋生向教育部介绍，以觅得奖之机会。"①

是年 12 月 21 日，金毓黻先生又在《日记》中有云："筱邨来，谈其治学以经学为主，持此以衡人，则鲜有能合绳尺者。"②

三台古称梓州，曾为川北重镇。至唐、宋时期，梓州城郭雄伟，交通发达，跻身于巴蜀第二大都市。盛唐时的大诗人李白曾上梓州长坪山访盐亭隐士赵蕤，求学问道。不久，另一位大诗人杜甫为避"徐知道之乱"也曾在这里流亡，他的《去蜀》诗中有"五载客蜀郡，一年居梓州"之句。故梓州也像成都一样有杜甫草堂和杜甫纪念堂。晚唐诗人李商隐也曾落难在此地栖身。清代梓州改为三台县，县名因城西三台山而得，隶属于潼川府。东北大学 1923 年由东北军阀张作霖创办于沈阳。第一任校长由著名学者、奉天省长王永江担任。1928 年，东北边防司令长官张学良受校董会的委托，兼任东北大学校长。张学良不惜重金，礼聘海内名家来校任教。当时南开大学教授月薪 240 元，北京大学、清华大学教授月薪 300 元，而东北大学教授月薪 360 元。一时间东北大学名流云集，黄侃、章士钊、梁漱溟、罗文干、刘仙洲、梁思成、林徽因、陈雪屏、萧公权、周传儒等都加盟东北大学，可谓盛极一时。③ 至 1931 年，全校已有 6 个学院，下设 24 个系，8 个专修科，教授有 200 多人，在校学生超过 3000 人，使东北大学跻身当时国内一流大学之列。④ 九一八事变后，东北大学成为中国最早的一所流亡大学，先后在北平、开封、西安等地坚持办学。

---

①金毓黻：《静晤室日记》第 111 卷，第 4841 页。
②金毓黻：《静晤室日记》第 111 卷，第 4864 页。
③参见宁思成：《百年回首》，东北大学出版社 1999 年版，第 206 页。
④程丕来：《抗战时期东北大学内迁三台研究》，四川大学历史文化学院中国近现代史专业硕士学位论文，导师曾瑞炎，2007 年 4 月，第 22 页。

七七事变后不久,日军逼近潼关,东北大学不得不再度内迁。因西安事变后张学良在南京被扣留,当时民国政府上层有人主张东北大学停办,有人主张迁往青海。当年的青海堪称不毛之地,主张东北大学迁往青海,无疑有让其自生自灭之意。当时的东北大学校长臧启芳不愿意让好端端的一所大学断送在自己手里。1937年末,尽管已接到当时的教育部"命东大向青海迁移"的指令,但他仍然悄悄安排教务长李光忠带着自己的亲笔公函,到四川各地商谈迁校事宜。然而,李光忠的四川之行到处碰壁。当时四川各地都被要求接纳内迁高校,消化能力本就有限,而东北大学还有张学良的政治因素,因此都不愿意自找麻烦。当此之际,时任三台县县长的郑献徵,向东北大学敞开了胸怀。郑献徵的小女儿郑碧贤曾透露,郑献徵在一本日记里,记载了他接纳东北大学时的心情:"当时三台虽然因为天灾缺吃少穿,但中国的未来需要大学生,所以三台人民愿意勒紧裤腰带,多添几百张嘴吃饭,这既是为了积蓄抗日的力量,也能为三台播下文化的种子。"

1938年4月23日,500多名东北大学师生从西安经宝鸡、汉中、剑阁、绵阳抵达三台。让他们百感交集的是,三台竟然出动了3000人为他们举行欢迎大会。当时城里的商家店铺都挂出了彩旗横幅,欢迎远道而来的东北大学师生。他们还腾出三台旧试院与部分杜甫草堂寺及潼属联合县立高级中学的地盘与房舍,当作东北大学新校址。王启涛先生在《一份珍贵的校史资料(东北大学在三台的日子)》一文中曾有这样的记载:

> 今天三台东北大学遗址的前身,先后是1705年的文峰书院和1776年的"潼川府草堂书院";1905年废除科举制停办学堂后更名为"潼川府中学堂";1913年,罢府存县,校名

改为"潼川联合县立中学校"(为九县联立);1927年,更名为"潼属联合县立高级中学校";这一时期,国民党二十九军军部也设在校内。①

**王先生在同一篇文章中还说:**

此后,东北大学于草堂寺中新建了图书馆、膳厅,还在校园增筑了教室及学生宿舍,于北郊建化学实验楼,于城西的马家桥兴建了东北史地经济研究室,又于奎星阁上开辟"杜公纪念堂",纪念诗圣杜甫并激发师生的爱国情怀。在三台县办学之初,东北大学只有文学院、法学院,以后陆续扩充为文、法、理、商四个学院,增设了外文系、数学系、物理系、化学系、工商管理系、法律系等,学生人数达到700多人,成为一所完整的大学。三台县办学时期的东北大学,各系的教学课程,内容较为充实,结构比较合理;更为重要的是,不少课程均由知名教授主讲,如姜亮夫(1902—1995)、潘重规(1908—2003)、蒋天枢(1902—1988)等知名教授,在三台县为各系大学一年级主讲国文课;川内知名人士、川籍学者李季伟任化学系教授兼系主任。1943年《国立东北大学廿周年纪念册》称"各系教授咸为知名之士",可见师资还是令人满意的。1942年1月,教育部部长陈立夫视察后,"甚嘉许本校之成绩"。东北大学在三台县,同时"各中级学校林立",使得川北"学风丕变,蔚极一时之盛",可见,徙转于西南天际之时,东北大学教师治学育人,学生勤奋攻读,师生弦歌

---

① 王启涛:《一份珍贵的校史资料(东北大学在三台的日子)》,引自王宏亮的博客:http://blog.sina.com.cn/u/1778280307 (2015-07-11 14:18:02)。

不辍,为祖国复兴与文化传承立下了不朽的功勋。①

东北大学迁入三台之后,虽然条件很差,但广大师生克服困难,因陋就简,各科、系的教学和研究工作很快就走上正轨。岳定海先生在一篇文章中曾有这样的记述:

> 1938 年前后,东大的"经、史、子、集"已陆续开齐,丁山授《左传》,高亨授《尚书》,蒙文通授《礼记》,杨荣国授《世界史》,伍非百授《庄子》,赵季彬授《论语》。教授们或长袍马褂,或西装革履,或中山正装,或双门对襟,次第立于讲台。或滔滔不绝,或舌如莲花,或抑扬顿挫,或温润如玉。文学博士陆侃如的夫人冯沅君,与冰心、丁玲齐名,史称"民国三才女"。冯沅君主讲《词曲》,她讲课声情并茂,渐入佳境,深受同学们的欢迎。②

《中国社会科学报》记者曾江在一篇报道中这样写道:

> 绵阳市三台县为川北大县,距离成都 100 多公里,涪江绕城蜿蜒流过。1938 年 5 月至 1946 年 3 月的近八年时间里,东北大学内迁到三台办学,陆侃如、冯沅君、金毓黻、高亨、杨荣国、姚雪垠等学者曾在三台执掌教席。
>
> 在三台中学副校长王本君带领下,记者参观了三台东北大学旧址。三台中学门口有东北大学在 2005 年三台中学百年校庆时所赠的电子显示屏,上面有一阕《江城子》,词云:

---

① 王启涛:《一份珍贵的校史资料(东北大学在三台的日子)》,引自王宏亮的博客:http://blog.sina.com.cn/u/1778280307 (2015-07-11 14:18:02)。
② 岳定海:《78 年前东北大学转战三台县》,载于《华西都市报》2016 年 9 月 17 日。

汉公弟子痛流亡，

数池疆，

半沦丧。

十载三台，

父老热心肠。

空袭断粮年月日，

似亲人，

像家乡。

而今东大步辉煌，

内名扬，

外流芳。

两院名师，

为国育栋梁。

蜀水巴山曾哺我，

赠荧屏，

志情长。

落款为"东北大学及各地东大学子"。

走入校门，右侧墙上有复刻的"国立东北大学"校名，校园办公楼前有展板专门介绍东北大学与三台中学的特殊历史渊源。可惜的是，旧址建筑大多不存，有名的东北大学方楼也已拆去，只在校园草丛中的一块标记石写着"方楼遗址"。①

---

①曾江：《应叫青史有专篇——探访抗战时期中国大学内迁办学旧址》，载于《中国社会科学报》2015 年 7 月 17 日第 769 期。

抗战时期三台东北大学校门①

　　三台的东北大学旧址已于 20 世纪 80 年代初因旧城改造而全部拆除,如今只保留了当年东北大学校园旁边的旧潼川城一小段城墙和潼川城东城门。后来在当年东北大学旧址重建了三台中学新校舍。三台中学新校园内至今仍保留有东北大学部分遗迹。

原东北大学东面邻近的潼川古城东门及部分城墙,至今犹存

————————————

①图片由三台中学校长办公室提供。

在原东北大学旧址新建的三台中学正门

三台中学校园内东北大学旧址石刻

有一则"臧启芳豪饮镇川军"的趣闻流传至今:

三台东北大学的校舍西侧,是原国民革命军第二十九军的军部。军长田颂尧为民国陆军上将,曾是四川防区四巨头(刘湘、刘文辉、邓锡侯、田颂尧)之一,在四川很有势力。后因"围剿"红军不力,辖地被徐向前部队夺得,田颂尧被查办,由孙震升任二十九军军长,不久将部队番号改为四十一军。由于东北大学的校园邻近驻军,常常发生驻军骚扰女学生的事件,一时间校园内外气氛紧张,女学生晚上都不敢出门。校长臧启芳知道这一情况后,颇感头疼。一则,东北大学是从外地迁入,新来乍到,人生地不熟,而川军是地头蛇,无论如何不能得罪。二则,当时正处于抗战时期,各路军队管理混乱,他们与当地各种政治势力盘根错节,如若处理不当,可能会引起连锁反应,东北大学就很难在三台站稳脚跟。经过苦思冥想,臧启芳决定择日宴请驻军各级军官。他安排下属广发英雄帖,邀请驻军所有连以上军官赴宴。那日,驻军浩浩荡荡来了四五十名军官。席间臧启芳声情并茂地讲述了学校流离失所的艰难、学生奋力学习的辛苦、国家救亡求才的紧迫,恳求驻军严格管束兵士,保障学生有个安全的学习环境,让他们能够安心地学习,尽快地成为国家急需的人才。臧校长的一番话说得到会的军官们个个点头称是。臧启芳接着举起酒杯说道:好,今天就是要请各位在国难当头之际,更要格外体恤流亡到此的学生。我要用四川老白干敬每位一杯,以示我对此事的郑重态度。臧启芳虽是学者出身,但素以豪饮著称。金毓黻先生在《静晤室日记》中曾多次提到臧启芳善于豪饮,酒量惊人。东北大学的校友、台湾著名杂文家、学者柏杨(郭衣洞)也曾说过:"十年来酒量如海而不强灌人,有酒仙之风者,就我所知,得两人焉,一为已逝世的臧启芳先生,一为仍在世的叶明勋先生,值得顶礼拥戴,歌功颂德者也。"①可见臧启芳是一位远近闻名的酒仙。当时臧校长按照座位一路敬下去,连干了四五十杯,把在场的军人全都镇住了。这些军人中当然也不乏善饮者,但见了这个阵势,全军上下竟然没有一个军人敢于站出来与臧启芳校长拼酒的。军人散后,臧启芳大醉三天不醒,而酒宴之后,再也没有出现军人骚扰学生的事件了。

三台中学校园内原国民革命军二十九军军部旧址碑刻

## 1942 年(民国三十一年)　41 岁

先生初到东北大学,任文书组主任。当时文书组是学校总务处的下属机构,主要负责各类文档的签收、转发、分类、保存以及发布公告、收集资讯等等。先生早年在通辽县教育局任局长,

---

①柏杨:《柏杨杂文集·顶礼膜拜》,中国友谊出版公司 1993 年版。

继而又在辽宁省教育厅任股长，对这类文书工作并不陌生，但先生对这些行政事务没有兴趣，希望能有机会从事教学或研究工作。

静庵先生在是年2月10日的《日记》中写道："小邨来谈，言王白尹自嘉定寄来马湛翁书条幅一帧，即撰一诗复函为谢。"诗云：

江上飞来双鲤鱼，中缄蠲叟数行书。
劳君脱手殷勤赠，万镒万金总不如。

自注："湛翁一号蠲叟，作书时必题此号。"王白尹即王准，是先生在复性书院时的同窗好友，能诗，擅书法，后来成为金毓黻先生的及门弟子。在复性书院的学生们大多数都散去后，王准仍被马一浮先生特许留在书院，协助马先生操办印书等事务。

2月14日，为辛巳年旧历除夕。先生赠静庵先生诗一首：

咏梅①

客窗又见红梅发，搅动乡愁感不禁。
瘦影岂堪临水照，孤根却喜耐霜侵。
西州风月心常苦，②北地烟花梦易寻。③
惆怅一枝谁与寄，家山极望碧云深。

5月，先生兼任东北大学中文系讲师。当时，高亨任东北大学中文系系主任。

7月，先生被聘为中文系专任讲师。

是年秋，陆侃如教授从中山大学调到东北大学中文系任教。

①其时先生为避寇而独自逃亡在外多年，思乡心切，但却苦于与家人音信隔绝，因作诗遣怀，以呈恩师静庵先生。

②西州，指时先生流亡的四川，先生自逃出山海关，已在外流亡多年。

③北地，指家乡辽宁。

东北大学中文系全体师生合影，第二排左二为先生，中间须发皆白，个子最高者为校长臧启芳①

当时金毓黻先生任东北大学文学院院长,陆侃如教授接替高亨作中文系主任。在系内任教的有:高亨、陆侃如、冯沅君(陆侃如之妻)、姜寅清、蒋天枢、霍玉厚、潘重规、佘雪曼、吴练青(潘、佘、吴三人皆黄侃之弟子)、董每戡、叶鼎彝、傅庚生、姚雪垠等。

先生的《易通》一书是年荣获教育部颁发的"著作发明及美术"奖励三等奖,并获奖金三千元。此事对先生的学术生涯有重要影响。先生曾在《自传》中说过:

> 向在东北中学为教务主任时,有人攻击我不合格。今天我不但作中学教务主任合格,作大学教授也合格了。因为教育部有文件规定:大学毕业可作助教;作助教四年,提出相当于硕士的论文,可作讲师;作讲师三年,提出相当于博士的论文,可作副教授;作副教授三年,提出相当于获学术奖励的论文,可作教授。我已获得学术奖励,当然可以作教授了。①

是年 11 月 13 日,金毓黻先生的《日记》载金小邨所作《送石禅之峨眉》诗一首。全诗如下:

**送石禅之峨眉②**

昭文不鼓琴,本无成与亏。③

---

①《金景芳自传》,《学术自传丛书·金景芳自传》,第 23 页。
②石禅,潘重规之字。潘重规(1907—2003),江西婺源人。黄侃的及门弟子和乘龙快婿,著名的红学家、藏书家。是先生在东北大学中文系任教时的同事、好友。南京中央大学中文系毕业,曾先后任东北大学、暨南大学中文系教授,四川大学、安徽大学中文系教授兼主任,台湾师范大学国文系教授兼国文研究所所长,新加坡南洋大学中文系教授,香港中文大学新亚书院中文系主任、文学院院长,台湾中国文化大学中文系教授兼研究所所长、文学院院长,台湾东吴大学中文研究所研究员等职,曾获法国法兰西学术院汉学茹莲奖,韩国岭南大学颁赠荣誉文学博士。
③昭文,古代著名琴师,典出《庄子·齐物论》。《齐物论》云:(转下页注)

塞翁得骏马,恰当失马时。

人情有翻覆,世路多险巇。

达士守其真,贫贱不能移。

潘子江右彦,遭乱能不羁。①

余亦伤飘泊,相逢惬夙期。

胜境每同往,谈经辄忘疲。

汪汪比叔度,难挹千顷陂。②

胡为舍兹去,闻之别泪滋。

劝君频进酒,酒能慰别离。

愁多生白发,发白不能缁。

人生一世间,有如声在丝。

抗坠随人操,悲喜故无涯。

---

（接上页注）"是非之彰,道之所以亏也。道之所以亏,爱之所以成,果且有
成与亏乎哉？果且无成与亏乎哉？有成与亏,故昭氏之鼓琴也；无成与
亏,故昭氏之不鼓琴也。昭文之鼓琴也,师旷之枝策也,惠子之据梧也,
三子之知几乎！皆其盛者也,故载之末年。"庄子主张齐万物,等是非,认
为世间的是非、曲直、成亏、得失等等都是相对的,有成必有亏,有得必有
失。先生以此来劝慰当时心绪不佳的好友石禅。

①江右彦,谓潘重规乃江西才俊之士。

②黄宪,字叔度,东汉汝南名士。荀淑也是当时"海内所师"的大名士,德高
望重,才高八斗,素有"清识难尚"之誉。据《后汉书·黄宪传》载："颍
川荀淑至慎阳,遇宪于逆旅,时年十四,淑竦然异之,揖与语,移日不能
去。谓宪曰：'子,吾之师表也。'既而前至袁阆所,未及劳问,逆曰：'子
国有颜子,宁识之乎？'阆曰：'见吾叔度邪？'……（郭）林宗曰：'奉高之
器,譬诸泛滥,虽清而易挹。叔度汪汪若千顷陂,澄之不清,淆之不浊,不
可量也。'"这些鼎鼎大名的汉末名士都对年仅十四的少年黄宪如此推
崇,表明他的确非比寻常。汪汪,谓其学识、度量深不可测。诗中以叔度
比石禅。

景空怨魍魉,虹徒怜蚿夔。①

共纵舟浪中,泛泛任所之。②

峨眉孕灵异,但去不用疑。

洗象池边住,洪椿坪上嬉。③

池边多仙药,服之美容仪。

灵椿撑修干,八千以为期。④

接舆如可招,相将歌凤兮。⑤

采兰复采芝,时时自咏诗。

诗成寄双鲤,疗我远人饥。

岂但疗人饥,可慰长相思。

先生近年来与金毓黻先生过从甚密,常陪金毓黻先生散步、喝茶、聊天、聚餐、小饮。金毓黻先生的《日记》多有记载:

午间偕翰九、述言、书霖、小邨四君公邀马志远、臧哲轩、王茂春、范尊三四君,饭于研究所。⑥

病后觉懒惰,艰于举步,疟疾害人至于如此。晚同尊三、小邨步出北门,循城垣西行,至城角又循隄堰西南行,至苗圃,流水送凉,微风习习,极觉清快,此为潼城郭外之佳

---

① 《庄子·秋水》:"夔怜蚿,蚿怜蛇,蛇怜风,风怜目,目怜心。"疑"虹"当作"蛇"。

② 《后汉书·方术下·费长房传》:"长房辞归,翁与一竹杖,曰:'骑此任所之,则自至矣。'"谓泛舟浪中,欲向何方,随心所欲也。

③ 洗象池、洪椿坪,皆峨眉山上著名旅游景点。

④ 《庄子·逍遥游》:"上古有大椿者,以八千岁为春,八千岁为秋。"谓灵椿乃上古灵异之树也。

⑤ 《论语·微子》:"楚狂接舆歌而过孔子曰:'凤兮!凤兮!何德之衰?往者不可谏,来者犹可追。已而,已而!今之从政者殆而!'"

⑥ 金毓黻:《静晤室日记》第118卷,第5190页。

景,不由二君引导,不之知也。此后早晚有暇,必来此处散步。①

午前同仲珊、小村及马松舲出北门,诣观音渡访冯翰飞,观所藏书籍、碑帖,因留午餐。餐后往观水闸,遂乘舟顺流至东门登岸。今竭一日之欢,颇为不负清秋,得诗二首。②

翰飞名雄,南通人也,习工学,而颇好书卷。收藏甚富,遇古碑碣,必手搨之,虽路远径仄,所不恤也。中秋节翌日,余偕马松舲,殷仲珊、金小邨三君访君于三台北郊之观音渡,君出所藏书帖百余种,琳琅满眼,美不胜收,饭后导观所司江堰水闸,约其迟日入城,珍重而别。遂买舟顺流至东门登岸,因以赋之云尔。③

午后邀同小邨、澄平、肖云三君诣西郊水观音附近看红叶,蒋炳南旧居也。晚饭于市上,澄平所邀。昨今两日,日色皆佳,故郊游以畅怀抱。④

假小邨所藏《唐诗别裁》阅之,所选多于他家选本,可资诵读。近日虽喜作诗,而鲜诵读之功,其于唐人古体诸作,更少寓目,思以此本为左右逢源之资,庶几有所采获焉。⑤

晚偕雪曼、小邨再至西郊散步,憩于石梁之上,背诵《选》诗数首,颇致温故之功。⑥

①金毓黻:《静晤室日记》第118卷,第5195页。
②金毓黻:《静晤室日记》第119卷,第5225页。
③金毓黻:《静晤室日记》第119卷,第5226页。
④金毓黻:《静晤室日记》第122卷,第5346页。
⑤金毓黻:《静晤室日记》第124卷,第5463页。
⑥金毓黻:《静晤室日记》第125卷,第5490页。

午间小饮于孟仁寓中,即撰一诗贻之。再得庐冀野北碚书附和诗一首来。晚与王般若、金小邨茗叙于谈天茶社。①

侃如、小邨二君合邀白尹晚饭,余往作陪。白尹病新瘥,而甚健饭。②

在金毓黻先生忙时,有些应酬文字则常由先生捉刀代笔,金毓黻先生在《日记》中时有记载。如:

小邨撰贺翰九兼业律师联云:"已占噬嗑得金夫;那怕皋陶如削瓜。"造语颇妙,下联用东坡诗中意致。③

今日为孔子诞辰,各机关放假,政府定孔子诞日为教师节。

霍新吾托为刘伯宪之母撰祝寿文,先由小邨创稿,余为删润之,并加撰一颂,称之为寿颂,另录稿于日记卷百十七之尾,文固不足观,亦敝帚自享之意也。④

## 1943 年(民国三十二年)　42 岁

元旦,金毓黻先生将回重庆,先生填《西江月》一词为之送行。金毓黻先生在《日记》中有载:

昨夜感于岁华将易,为作一诗纪之。小邨撰《西江月》一首,以送余行。辞意俱美,余愧不足以当之耳。

---

① 金毓黻:《静晤室日记》第 132 卷,第 5840 页。
② 金毓黻:《静晤室日记》第 132 卷,第 5843 页。
③ 金毓黻:《静晤室日记》第 116 卷,第 5098 页。
④ 金毓黻:《静晤室日记》第 118 卷,第 5200 页。

## 西江月　送静庵宗老还渝州①

金景芳小邨作

　　秘监精兼五绝,②舍人妙擅三长。③ 卧龙时至拜公床,④谬许凤雏微尚。⑤

　　客路凋残岁月,⑥乡愁断绝肝肠。相依暂喜百忧忘,忍听骊驹催唱。⑦

---

①1943年年初,金毓黻先生奉教育部命令调往重庆中央大学任职,先生填《西江月》一词为恩师金毓黻先生送行。先生与金毓黻先生都姓金,但并非同一宗族,以关系亲密,金毓黻先生又年长十五岁,因称金毓黻先生为宗老。这首词的注释,承蒙香港友人何文汇先生和同窗黄华甫之教正,特申谢忱。

②秘监,虞世南,著名学者、书法家,唐贞观年间曾任秘书监,故简称秘监。《旧唐书·虞世南传》:"太宗以是益亲礼之。尝称世南有五绝:一曰德行,二曰忠直,三曰博学,四曰文辞,五曰书翰。"

③舍人,史学家刘知几,曾任凤阁舍人。他在《史通》一书中说史家当具史才、史学、史识这"三长"。

④公,指庞德公,汉末隐士,诸葛亮之姊丈,庞统之叔父。《三国志·蜀书·庞统传》裴注所引《襄阳记》曰:"诸葛孔明为卧龙,庞士元为凤雏,司马德操为水镜,皆庞德公语也。德公,襄阳人。孔明每至其家,独拜床下,德公初不令止。"先生在这首词中以虞世南、刘知几、庞德公来比喻静庵先生,极见对静庵先生之敬重。

⑤指金毓黻先生在众多晚辈和门弟子中对自己格外错爱。金毓黻先生在日记中曾说:"关童全、金筱邨皆为雅才,斐然有述作之志,惜童全汩于俗好,又以言语骄人,遂为世论所不容,不若小邨之恂谨自饬也。"

⑥《静晤室日记》中此句作"客路凋残岁岁月",衍一"岁"字。

⑦骊驹,古逸《诗》篇名。古代常用来作告别时所赋的歌词。《汉书·儒林传·王式》:"谓歌吹诸生曰:'歌《骊驹》。'"颜师古注:"服虔曰:'逸《诗》篇名也,见《大戴礼》。客欲去歌之。'文颖曰:'其辞云"骊驹在门,仆夫俱存;骊驹在路,仆夫整驾"'也。"后因以为典,指告别。唐韩翃《赠兖州孟都督》诗:"愿学平原十日饮,此时不忍歌《骊驹》。"(转下页注)

易歌为驹,似胜原作。《汉书》"歌骊驹",骊驹,即所歌之诗名也。①

先生在这阕《西江月》中用《旧唐书》中《虞世南传》和《刘子玄传》、《三国志·庞统传》裴注引《襄阳记》和《汉书·儒林传》中典故,赞美与金毓黻先生之交往并表达临行前依依惜别之意。金毓黻先生点评这阕词"辞意俱美",并亲改"骊歌"为"骊驹",可谓先生之知音和一字师矣。

先生在东北大学中文系为学生讲授大一国文、专书选读和经

原三台东北大学图书馆,兼作礼堂②

(接上页注)明无名氏《鸣凤记·南北分别》:"愁蕴结,心似裂,孤飞两处风与雪,肠断《骊驹》声惨切。"清朱彝尊《送陈上舍还杭州》诗之一:"门外《骊驹》莫便催,红阑亭子上行杯。"先生原词"骊驹"作"骊歌",静庵先生改"歌"为"驹",并在《静晤室日记》中写道:易歌为驹,似胜原作。《汉书》"歌骊驹",骊驹,即所歌之诗名也。
①金毓黻:《静晤室日记》第117卷,第5107页。
②图片由三台中学提供。

学概论等课,每周授课 9 小时。为了给学生讲授经学课程,先生编写了《经学概论》讲义。据先生档案记载,此讲义曾由东北大学出版组油印。可惜至今未能找到油印本的《经学概论》讲义。先生家中藏有《经学概论》讲义的手稿两册,为毛笔行书,似非全本,第二册首页丢失。讲义的手稿共分三章:第一章,总论,第二章,《诗》,第三章,《书》,余则阙如。

6 月初,好友王准自复性书院造访先生,语及复性书院因经费短缺,刻书事业举步维艰。先生遂决定捐款三百元,并附书托王准捎给马先生。湛翁先生于 6 月 3 日复函先生云:

> 晓邨贤友足下:
>
> 伯尹持示来书,承捐刻赀三百元,已嘱书院收入捐款项下,将来动用时仍刊刻大名,不没盛意。自山中诸友星散,而犹惓惓不忘一日之旧如贤者,尤今日之难能矣。刻书近益塞困,实愧无术以延此一线。然道之绝续,各在当人,诚非区区之愚所能加损耳。手此答谢,余无足言。入夏苦旱、郁热,唯善自珍重,不悉。浮顿首。①

**金毓黻先生在 9 月 30 日《日记》中写道:**

> 昨午,邀刚伯饮酒食鱼,遂至微醉,旋刚伯以诗来谢,余亟依韵和之,存稿于后。
>
> 季刚师《梦谒母坟图记》,曾载于《制言》中,已不可觅。顷筱村以钱氏《现代中国文学史》所载全文见示,爰亟录之,以资绎诵,盖名世行远之文,殊不数数觏也。
>
> 钱子泉基博《现代中国文学史》,词笔犀利,议论亦多道著语,其论梁启超与胡适一节云:"启超清流凤望,必畏此咄咄逼人之后生,降心以相从,适亦引而进之,以示推重,若曰

---

① 《马一浮集》第 2 册,第 929—930 页。

此老少年也。启超则弥沾沾自喜,标榜后生,以为名高。一时大师称为梁、胡二公,揄衣扬袖,囊括南北,其于青年实倍耳提面命之功,惜无扶困扶危之术。启超之病生于妩媚,而适之过乃为武谲。夫妩媚则为面谀、为徇从,后生小子喜人阿其所好,因以恣睢不悟,是终身之惑,无有解之一日也。武谲则尚诈取,贵诡获,人情莫不厌艰巨而乐轻易,畏陈编而嗜新说,使得略披序录,便膺整理之荣,才挥管觚,即遂发挥之快,其幸成未尝不可乐,而不知见小欲速,中于心术,陷溺既深,终无自拔之一日也。"愚按:钱氏论梁氏之病为妩媚,胡氏之过为武谲,诚为的当。胡氏所倡新文化运动,亦有可议之处,然吾闻之能破而后能立。夫既已破之矣,又贵继之以能立。胡氏于旧文化已极破坏之能事,而同时亦能提出建立之新条件。此胡氏所以能有局部之成功也。钱氏虽力攻胡氏,加以讥笑,不过属于破坏之一方,而未闻别有建立之方案。是以钱氏于学术上究无所贡献,此又钱氏之不如胡适者也。若夫梁氏因有趋时好以媚少年之嫌,然于旧文化虽未如胡氏之尽量摧毁,而于学术上亦尝提出新建设方案,以嘉惠来学。两两相衡,钱氏似不敢望其项背。由是言之,不过快其口说而已,初非深根宁极之论也。①

金毓黻先生在 11 月 25 日日记中又写道:

> 在晓村处闻马湛翁刻刊《尔雅台答问续编》五卷,为答书院诸生问难而作,亦札记中之批语也。考其体式,一如宋人语录,不离禅宗意味。且措辞太简,使人半明半昧,以此为胜义所在,真令人索解无从矣。②

————————

①金毓黻:《静晤室日记》第 119 卷,第 5243—5244 页。
②金毓黻:《静晤室日记》第 121 卷,第 5337—5338 页。

　　由此可知,先生虽离开复性书院已经两年多了,但仍与业师马一浮先生联系密切,时时关注马先生在复性书院的一举一动。

　　东北大学中文系毕业生、部分教师与校长臧启芳合影。前排右起:霍玉厚、孔德、冯沅君、陆侃如、臧启芳、金毓黻、佘雪曼、董每戡、金景芳①

## 1944年(民国三十三年)　43岁

　　在东北大学《学林》杂志第五期发表论文《〈周易〉与〈老子〉》和《研治经学之方法》。该期杂志民国三十三年(1944)1月出版。其中《〈周易〉与〈老子〉》是先生获奖作品《易通》之第九章,文字略有改动。《研治经学之方法》是先生《经学概论》讲义第一章《总论》中的第五节。但删去了《经学概论》中的全部注释。发表之前,先生曾将此文寄请业师马一浮先生审阅,顺便汇款给身处困顿之中靠卖字维持书院印书业的马先生。马先生对这篇文章的评价是:"辞意并茂,信不为苟作。"湛翁先生是年4月4日回函全文如下:

　　　　晓邨贤友足下:

　　　　　　向见示研经方法讲稿,辞意并茂,信不为苟作。兼知临事自觉进于宽裕,躯体益腴,良为欣慰。复承齿及贱降,远

——————————

① 图片由三台档案馆提供。

馈厚币,比之老彭,是岂朽薄所堪。恐孤雅意,未敢固却,辄写一诗为谢,别纸附览。同在羁旅之中,值此物力奇匮,继今若余年尚在,幸勿更以是见施也。书院讲习既废,刻书亦难为继。浮屡请停罢未得,犹以虚名见羁。自去冬起,已获休假,退处无为,不再仰食于此。但借住濠上,以鬻书自活。此亦时义当然,无足深论。德钧来此住月余,白尹旧疾时作,亦苦无以慰之。老年唯思还乡里,不欲更问余事。去腊曾自草《诗序》,今往一本,然实未暇删定,亦不能刻也。渐燠,珍重,不具。浮顿首。旧历甲申三月既望。[1]

**先生之弟子申屠炉明论及此事,尝云:**

此时的马一浮先生不为五斗米折腰,卖字为生。先师敬仰其高风亮节,在自己也很困难的情况下,即信上说的"同在羁旅之中",远馈厚币。若是他人,马先生定然不会收受,因有师生之谊,故作一诗为报。师徒同有古风焉。

先生在三台东北大学工作时的照片

---

①金毓黻:《静晤室日记》第 125 卷,第 5521 页。

是年 4 月 26 日,为东北大学成立二十一周年纪念日,三台东北大学举办庆祝活动。时年 58 岁的金毓黻先生在《日记》中写道:

> 东大成立二十一周年纪念日也。晨八时举行仪式,校中以茶点招待教职员,旋在操场开运动会。余参加国术表演,凡演三次,一纯阳剑,二少林拳,三盘龙剑。尚有其他节目。又余在茶会上朗诵所作校庆纪念四十韵,近午而毕。余作事全凭兴会,今日之诵诗、舞剑,皆由兴会使然。然亦欲以强健身体为人生第一事,提醒人之注意,含有转移人之风气之意,或亦不无尺寸之效也。归来作一诗,以志一时之意趣。①

先生把马一浮先生的几篇近作呈送静庵先生。静庵先生读后大为赞赏,在日记中写道:

> 曩余尝谓湛翁之孤怀绝诣,可谓不食人间烟火,于其诗文亦然。顷小邨示以一诗、一札、二序,其中之三都为近作。扃户伏诵,几于一字一击节,恐并世无第二手。信乎思深者能通天下之志,余于湛翁无间然矣。湛翁持论多涉玄旨,而诗文之佳亦正在此。魏晋间人往往语妙天下,以能为玄言故也。而世之论者转以为诸贤病,且以误国诟之,不悟诗文与为政异术。能文善诗之极者,固不宜于从政,如陆机、谢灵运之徒是也。是误国之责,自别有在,不得为诗文咎,能持此旨以读湛翁之诗文,则得之矣。三十三年四月二十六日,即东北大学成立二十一周年纪念日,千华山樵跋尾。②

先生在复性书院时的同窗好友王准意欲来东北大学任教,此事王准曾亲自向金毓黻先生谈过,先生亦曾向金毓黻先生提过。

---

① 金毓黻:《静晤室日记》第 125 卷,第 5519—5520 页。
② 金毓黻:《静晤室日记》第 125 卷,第 5523 页。

但金毓黻先生对此事犹多顾虑,故在《日记》中坦言内心之委曲:

余负责作事,则来日事之成坏由余负责之,不能诿诸他人也。相处甚久,如小村亦未必喻此。余及门有王君名准,字白尹,学于马湛翁之门,隶复性书院弟子籍者四五年之久,工于诗道,余深知之。去年欲来东大授国文学,余以其方在病困之中,致函慰藉,谓今秋如有机会,即可延之前来,然亦未尝作定约也。今秋似可邀其前来矣,然余犹为之考虑者:一因校中授普通国文者尚不缺人;二因王君资历稍差,又向未在各校授课,恐以经验不足而引起学生之轻视;三因王君近患咯血,身体极弱,以近似肺疾之人,来校授课,或致引起同侪之不快。积此之因,遂致迟迟不决。余甚爱白尹,又极愿负责,东大本为杌陧不安之局,果余所延用之老师多为资历浅,经验少,身体弱者,必致引起学生之反唇相稽。余苟非至愚,何为而出此,此余之隐衷,必不为小邨之所谅解也。小邨必谓白尹出于湛翁之门,相从至四五年之久,苦学精思,资历不得谓浅矣。然大学生有一习惯,即视讲师不如教授之重是也。白尹来校授课,必为讲师无疑,如此即足启学生轻视之心,至其经验少、身体弱,虽小邨亦应承认之。以小邨论,究心经术甚久,群经皆能背诵,又殚精于著述,即不在复性肄习,不从马湛翁游,为大学师已绰有余裕,然犹限于资历而稽其迁进。若其为中学教师多年,经验甚富,身体又极强硕。设使白尹而如此,又何考虑之足云!近日小邨对余颇感不快,盖必为此,实未喻余心之委曲。相处久知我深如小邨者尚如此,其他尚复何言!此余所以极愿弃去所兼职务,而自放于一室之内也。①

①金毓黻:《静晤室日记》第 127 卷,第 5591—5592 页。

先生与金毓黻先生的学术兴趣虽然不尽相同,但先生常协助金毓黻先生从事学术研究。如协助金毓黻先生校对文稿、查阅资料等等。是年 10 月 28 日,金毓黻先生在《日记》中有如下记载:

> "本师"一词,出于《后汉书·桓荣传》:"何汤以《尚书》授太子,世祖从容问汤,本师为谁？汤对曰:事沛国桓荣。"又《后汉纪》九亦载:"世祖问汤何所师？对曰:桓荣。"不载本师二字。释者谓本师者,所从受业之师也。又《史记·乐毅传赞》:"乐臣公学黄帝、老子,其本师号曰河上丈人,不知其所出。河上丈人教安期生,安期生教毛翕公,毛翕公教乐瑕公,乐瑕公教乐臣公,乐臣公教盖公,盖公教于齐高密、胶西,为曹相国师。"此金君小郇觅出告余者。按:此所谓本师,乃传授所本之师也,而不必身亲受业,与前说者异撰。①

原三台东北大学校园(方楼之一角)②

---

①金毓黻:《静晤室日记》第 115 卷,第 5051 页。
②图片由三台档案馆提供。

10月，先生的《〈尚书〉八论（上）》在东北大学《志林》杂志第七期（1944年10月出版）发表。这篇文章是先生《经学概论》讲义的第三章的几个部分。对应关系如下：第一节《则天》与《经学概论》第三章第四节《若天》略同；第二节《敷土》与《经学概论》第三章第五节标题、内容相同；第三节《四岳》与《经学概论》第三章第六节标题、内容相同；第四节《七政》与《经学概论》第三章第七节标题、内容相同。

先生自1936年从东北逃亡入关，先后辗转于北平、陕西西安、江苏南京、安徽安庆、湖北武汉、鄂豫交界之鸡公山、湖南邵阳之桃花坪及四川之自流井、乐山、三台等地，可谓颠沛流离，历尽艰辛。与家人音讯久隔，生死未卜。多年来一直独身索居。后经族人金禄卿介绍，与巴中女子张金玉相识并结婚。次年冬生有一子，乳名冬生，学名金庆斌。张氏与先生共同生活十年，1953年病逝于沈阳。

金毓黻先生自1936年取道日本返回祖国后，终于获得了人身自由，经友人蔡元培的介绍到中央大学历史系任教。抗战全面爆发后中央大学迁往重庆。1938年春，金毓黻先生担任中央大学历史系主任。1938年8月和1939年9月，东北大学校长臧启芳曾先后两次邀请金毓黻到东北大学授课。1940年8月23日，臧启芳校长正式聘请金毓黻先生到四川三台东北大学建立东北史地经济研究室（后改为研究所），并任主任。① 金毓黻先生遂向当时的中央大学文学院院长楼光来、中央大学教务长郭量宇及校长罗家伦申请辞去中央大学历史系主任职务。但三位均以中大一时找不到合适的接替人选为由，不同意金毓黻先生辞去中大历史系主任一职，但答应金毓黻先生可以先去东北大

①初国卿：《辽东文人之冠——纪念金毓黻先生逝世50周年》，http://blog.sina.com.cn/hjyhc。

学履职,中大历史系主任一职暂且保留。因而金毓黻先生只好在三台和重庆之间往返奔波,金毓黻先生的家属仍住在重庆,没有随金毓黻先生去三台。1943 年 8 月,臧启芳校长又聘请金毓黻先生担任东北大学文学院院长。自从金毓黻先生担任东北大学文学院院长职务后,担子更重了,金毓黻先生多次向臧启芳校长提出不再担任文学院院长职务,但臧校长以无人继任为由坚决不答应。1944 年年底,东北大学校园内发生学潮,有的学生直接把矛头指向了金毓黻先生。金毓黻先生非常气愤,便趁机提出仍回中央大学,在这种情况下,臧校长也很无奈,只好答应。就这样,金毓黻先生又从东北大学回到了重庆的中央大学。①

金毓黻先生的侄孙女诎然在《金氏家乘》中较为详细地介绍了金毓黻先生的人际关系,对我们了解金毓黻先生的人际交往很有帮助。兹摘录如下:

> 金老先生为人诚恳和善,与人坦诚相待,在仕宦与治学的经历中,与各界人士交往甚多,金老先生总是尽己所能,给予朋友、同人以帮助,同时也获得了友人的信任与支持。《静晤室日记》中就记载有这些君子之交。
>
> 上世纪三十年代初,金老先生已升任奉天省政府秘书长、省教育厅长等职。其间,一些"流年不利"的内地学者像黄侃(季刚)、吴宓(雨僧)等人曾到关外东北大学谋职,金老先生趋前拜晤,热心关照;而且金老先生与当时国内实力人士如章士钊、黄炎培(任之)、叶恭绰(誉虎)等亦有直接或间接往来。头脑敏捷而又性格豁达的老先生,很善于使自己处于"学优则仕,仕而助学"的互动状态。1930 年 9 月末,参加中原大战"武力调停"的东北军进驻平、津两市,接

---

① 参见梁启政、王峰:《金毓黻执教中央大学和东北大学经过》,载于《通化师范学院学报》2007 年 5 月(第 28 卷第 5 期),第 24 页。

收各行政机关,金老先生曾尽力为友人安排。他在日记中写道:"东北发表大批官吏接收平、津,今午启行,诣站送之。数日内为友人设法,颇效奔走之劳,皆能各就班位,亦一快也。"身为奉天行政当局的"幕僚长",能以为朋友效奔走之劳为快,并安排得"各就班位",金老先生的为人可见一斑。

"九·一八"事变后,金老先生羁留伪满四年,也正是借重他的学界友人、东京帝国大学教授服部宇之吉等人的关系,提出赴日本访查图籍文献,竟获允准。老先生抵达东京后,即到东洋文库、静嘉堂文库阅读资料,一连数月,日日如此,日人防范因而放松。1936 年 7 月中旬,他按预先计划登上由神户直达上海的加拿大"皇后"号班轮,于 14 日安抵沪上,成功脱离日满的羁绊。

金毓黻老先生离乡背井,投奔关内,故乡的优渥境遇殆已失去,等待他的是职业学者勤勉而清悠的生活。他通过黄炎培介绍,拜访蔡元培,持蔡先生一纸专函,到南京北极阁中央研究院历史语言研究所会晤傅斯年(孟真),傅斯年乃推荐他担任中央大学史学系教授,此时的中央大学校长为罗家伦。金老先生感叹傅斯年"为余筹得办法,如此迅速,殊出望外",朋友的帮助,使自感"孑身万里,漂泊无家"的金老先生很是感动。

傅斯年与金毓黻是北大同学,二人几乎同时为国学家黄侃所赏识,金老先生在黄季刚师门内可谓登堂入室,四十年代后期北平学界老辈赞其治学"笃守黄法","能传季刚先生之学也";而傅斯年则稍窥黄门而后转入胡适门下,致力于新文化之提倡。金、傅二人均以国学见长,尤其在东三省事变前后,有关东北历史的编撰与研究已成热点,傅斯年曾大力提倡并编写专书,而金毓黻无论在资料积累或研究功力方面均可谓权威。故此,傅斯年对金毓黻的到来高度重视,妥为安置。任教国内规模最大之"首都大学"史学系,对于长期身处"边疆"的金老先生而言,亦可谓实至而名归。

傅、金二人的交往虽往来不甚密切,却相互尊重和信任,有着学人之间的君子之交。金毓黻在一些事情上需要借重傅斯年在学界的"权势",而傅氏对这位东北学长也全力维护,尽显豪爽仗义之性格。抗战中期,金老先生到四川三台,在由好友臧启芳(哲先)主政的东北大学任教,1944年底该校发生学潮,学生自治会中有人以金氏羁留伪满一节"横加污蔑,被以恶名",使金老先生"闻之大愤",颇受刺激。勇猛刚直的"傅大炮"傅孟真先生对金老先生却十分的清醒与宽宥,了解金氏内心的坦荡无他,认为对金氏无可指摘。1945年10月18日金老先生在日记中写道:"(民国)二十五年之夏,余自沈阳逃出,经日本而至南京。援我于困厄之中,而不致饥寒于他乡者,傅君孟真也。近八年来,与孟真不常晤面,而精神息息相通。近以外间流言不利于余,日前偶同孟真言之,孟真曰:'君之行谊,余知之最清,设有人不利于君,余必为之辩护,请勿介意。'余乃为之大感动,古人云'患难乃见交情',吾于孟真见之矣。""知我者舍孟真谁属哉!"

值得玩味的是,战后重庆流传这样一则"内部消息",蒋委员长对东北元老莫德惠说:"东北沦陷,中央未加拯救,此中央有负于地方,地方官吏固无罪也。因此我对于东北官吏不愿苛责。"最高当局的表态,显示了国民政府安抚东北人士的用意和策略,金老先生闻之也由衷感叹:"此真仁者之言,而以平恕为心者也!"

在中央大学,金老先生先后开设东北民族史、中国史学史以及应用文等课程。他为教学而撰写的讲义《东北史稿》、《中国史学史》等,先后作为专著印行。金老先生属于不新不旧、学有传承而派别色彩淡薄、各方均可接纳的那类实力型学者,因而他在史学圈内颇有"人缘"。对师长一辈如朱希祖等他不时访谒请益,对年少新锐像邓恭三(广铭)等能够平情相处;与"五四"一代北大学人可叙校友之谊,与"南雍"《学衡》主干柳翼谋(诒征)等亦共享问学之乐。抗战期间流徙巴蜀,又得与"边缘学者"蒙文通、钱宾四等人讲学论道,战后复返平、津,既曾拜见晚清文士金梁(息侯)于津门,也尝造访年轻的收藏者王世骧于燕京南小街芳嘉园。旧雨新知,兼容各方,不仅在学术上"能够会通南北学风",也是学界很有"人缘"的人物。

金老先生在中央大学虽也有学人纠葛、耿介不群的境遇,却与中央大学保持着"剪不断"的关系,这与他和中大校长罗家伦非同恒泛的交谊有关。罗校长在任期间,金氏备受眷顾,1941 年夏罗氏离任后,仍以其固有影响,对金氏予以关照。金毓黻老先生对此深有所感:"罗君志希于余有刮目相看之意,深可感也。尝谓志希有学人风度,此非阿好之语,有目当共见之。"罗、金二人均以史学为业,又都雅好诗文,加之北大校友关系,彼此相处颇为洽契。金毓黻主持中大历史学会第一次讲演会,即请罗校长讲"治史学之态度与方法",听后盛赞其"精湛之至"。金氏计划进行《清史稿》点校工作,罗家伦便设法搜寻到最佳版本供其使用。蔡元培在香港病逝,罗先生请金氏撰写祭文以备悼念之用,金老先生当日一挥而就。

罗家伦这位"五四"健将喜好做旧体诗,他精选其中二百首辑印成册,名曰《耕罢集》,致送同好,金老先生得到一册后"逐首读之,并加以圈识"。罗、金二人时有"长谈"、"深谈",交流心得,切磋学理,这些交往在《静晤室日记》中均有记述。金、罗两人自然也不乏酒宴之欢。一日罗校长设宴款待来校讲学的考古学家李济和浙江大学校长竺可桢,金氏作陪。席间,罗校长述沈尹默嘲讽正统派及才子派诗人云:"叹己卑时比地低,颂人高处接天齐。""应声虫合诗人号,哪有东施不效西。"席间"极尽诙谐之致"。

金老先生的交游,除了学界同行、东北同僚及友人,还有不少民国党的党政高官。他与张继、于右任、陈果夫、吴铁城、陈立夫、朱家骅等均有来往,老先生于四十年代初加入国民党,介绍人即时任教育部长的陈立夫。早年在东北,他追随刘尚清(海泉)、臧式毅等实权人物,虽自谦其任职乃属"幕友及冷曹",毕竟达致文人学士的仕宦佳境。

抗战末期,金老先生迁居重庆天官府街三十五号,恰与郭沫若比邻而居。金老先生的长子金长佑先生在日本早稻田大学读书时,就与郭沫若认识并过从甚密,金先生是当时"五十年代出版社"的社长,出版印行各方面进步作家的书籍,曾经出版过胡风的《希望》杂志。一日,张申府、刘清扬夫妇来访,知郭氏近在咫尺,便邀来酌酒欢谈,尽兴而散。金老先生还与郭沫若作诗相互唱和。1949年3月6日,金老先生在北平于省吾(思泊)宅会晤刚从东北访问归来的郭沫若,后又与马衡、唐兰、陈梦家、于省吾合邀郭沫若聚餐于森隆饭庄,席间"颇能畅所欲言"。此时,北方已告解放,鼎堂先生仕途看好,行将高就前夕,史界同行聚首,真是难能可贵之事。

金毓黻老先生的《静晤室日记》能顺利出版,除了金长振伯父的积极资助,与吉林省社会科学院名誉院长佟冬先生的积极筹划也是分不开的。抗日战争时期,金先生这位赤诚的爱国主义历史学家在重庆,而老革命马克思主义历史学家佟冬院长却在延安,两位并不在一地,可是两位学者是同乡,佟冬院长是辽阳四河堡人,金先生是辽阳后八家子人,都是辽阳人,他们不止有乡情,更有学者互相尊重之情。佟冬院长到了延安,参加了范文澜撰写《中国通史》的工作,分担了魏晋南北朝部分,而1952年金先生到中国科学院历史所,也协助范老编写《中国通史》,虽然巧合,也反映范、金、佟三老的学术思想是一致的。佟冬院长提议并组成了《金毓黻文集》编辑整理委员会,包括顾问、主编、副主编和编委,有了这样扎实的组织,不仅使第一编《静晤室日记》这部五百万字的大作得以迅速出版,就是第二编《著作编》三百万字,第三编《文献编》五百万字合计一千三百万字的《金毓黻文集》都将得到保障。这真是承平之世,史学界一件盛事,倘金老先生有知,当会莞尔。①

## 1945年(民国三十四年)　44岁

7月,先生被聘为东北大学中文系副教授。

8月中旬,日本帝国主义无条件投降,举国欢腾。在三台的东北人更是敲锣打鼓,燃放鞭炮,喜而不寐。东北大学举办了盛大的庆祝活动,校门搭起松枝彩牌楼,悬挂多盏红灯,两侧有文学系主任陆侃如教授撰写的对联,上联是:"万里流亡尝胆卧薪缅怀黑水白山此时真个还乡去",下联是:"八年抗战收京降敌珍重禹时舜壤来日无忘守土难。"东北大学组织表演各种文娱节目数日,还联合三台各界举行了大规模的庆祝游行活动。

①诎然:《国学大师金毓黻和〈静晤室日记〉之五·君子之交》,http://www.douban.com/people/47874655/。

流亡三台的东北大学师生搭起彩门,隆重庆祝抗战胜利①

先生的恩师金毓黻先生时在重庆,闻知日本投降,赋诗《重睹承平,喜成数绝句》四首:

> 夜半惊传日寇降,人声如沸动秋江。
> 不教亿兆终沦劫,最后成功弹一双。
>
> 钜业空前自足矜,少康光武亦何曾。
> 江东睿构真无济,史笔虚劳纪中兴。
>
> 客里惊心岁月深,俄传颉利已成擒。
> 得偿结伴还乡愿,一掷何妨十万金。②
>
> 大难初平路渐通,收京赋罢气如虹。
> 江南烟景应无恙,待趁轻舟下峡东。③

---

①图片由三台档案馆提供。
②作者自注:余之衣物为厨夫窃去,值逾十万,正日本请降日。
③金毓黻:《静晤室日记》第113卷,第5919页。

9月,先生所著《易通》一书在重庆商务印书馆正式出版。

商务印书馆 1945 年印行的《易通》书影

这部书是中国最早用马克思主义的思想理论来指导《周易》研究的学术著作之一,是先生公开出版的第一部学术著作,也是先生的成名之作。这部书对先生后来的治学道路曾产生重要的影响。

## 1946 年（民国三十五年）　45 岁

东北大学筹划迁回东北。因思乡心切,先生先期从三台乘汽车到重庆,从重庆乘飞机飞往南京,再从南京乘火车到上海,然后从上海乘船到塘沽,再改乘火车,回到阔别十年的家乡。十年暌隔,劫后余生,与家人相见,不胜感叹唏嘘! 当时叔父、婶母都健在,只是已经分居另爨。

先生在家居住了几个月,这时东北大学已迁回沈阳。年底,先生携眷至沈阳北陵东北大学旧址,住进教职工宿舍南新村。

是时国民党宣布所有党员全部重新登记,不登记者即被视为自动退党。先生多年来目睹国民党的黑暗与腐败,对该党已彻底失去信心,于是决定不去重新登记,从此与国民党完全脱离关系。

马一浮先生离开居住了六年的乐山乌尤寺,回到杭州西湖,权借西湖葛荫山庄作为书院临时院舍。马先生仍以主讲兼总纂的名义继续从事刻书事务。

## 1947 年(民国三十六年)　46 岁

东北大学员工陆续从四川三台全部迁回沈阳,学校开始复课。7 月,先生晋升为东北大学中文系教授,并迁至条件较好的东新村居住。10 月,臧启芳被免去东北大学校长职务,改任国民政府财政部顾问、教育部教育委员会委员,同时兼任中央大学教授。

金毓黻先生在是年 6 月 22 日《日记》中有如下记载:

> 金晓村转来王白尹杭州书,现从事于浙江通志馆,谓同修志者有宋慈襃先生近撰一文,答余评其《续史通》,在《东南日报》发表,未寄来。盖余前于《史学史》论及宋氏之作,颇致不满之辞,实则能续《史通》亦至不易,余重其书,故责之也苛,非有意吹毛索瘢。余所见宋作尚未完篇,是否已有完全之刻本,当去函询之。①

这篇日记表明,先生从四川回东北之后,仍常与金毓黻先生有通讯往来。

---

① 金毓黻:《静晤室日记》第 140 卷,第 6290 页。

## 1948 年（民国三十七年）　47 岁

因东北解放战争的战火逼近沈阳，国民党军队在东北败局已定，于是教育部命令东北大学从沈阳又迁往北平。先生先后在北平市烟筒胡同和府右街石板房胡同居住，东北大学文学院学生在光明殿授课。在这种情况下，东北大学的一些骨干教师陆续离开东北大学，到其他院校去寻求出路。

## 1949 年（民国三十八年）　48 岁

北平解放前夕，友人张骏五（辽宁盖县人，留学德国，学采矿专业）从台湾来信，邀先生移家台湾。先生复信谢绝。

1 月底，北平和平解放。东北大学由北平军管会教育组接管。在军管会号召下，东北大学有 120 名学生参加了南下工作团，随军南下。

3 月，东北大学再次迁回沈阳。由于局势动荡不安，几年来连续多次的搬迁、折腾，致使东北大学原有的雄厚师资已流失殆尽。很多学生也已转到其他院校就读，或干脆辍学另谋出路。再迁回沈阳时，东北大学多数学院已无法正常开课。由北平迁回的东北大学教师处于待业状态。

4 月初，经东北行政委员会教育部分配，先生和另外几位东北大学的教师张亮采、安文溥、张宗骞被分配到东北文物管理处工作。先生在 1981 年写的《自传》中有如下的记载：

> 一九四九年，北京解放，我随东北各院校回东北。这时我考虑我一贯在故纸堆里讨生活，不懂得文艺理论，对小说、戏剧等更是一窍不通，不宜于在新中国的大学中文系任教，因在填写志愿表时，请求另行分配工作。我说最好是做中国古代经籍的研究工作。大概领导上同意我的请求，我

被分配到东北文物管理处作研究员。后来东北文物管理处改为东北人民政府文化部文物处，又改为东北文化事业管理处。当改为东北文化事业管理处的时候，不设研究机构，我被调到东北图书馆作研究员，并担任研究组组长。由于这个研究员只是研究如何利用图书供别人使用，而不让自己使用图书作学术研究，有违初衷。①

正是由于这个原因，先生后来不得不离开这一机构，又重新回到大学里教书。

"八一五"光复之后，金毓黻先生兼任教育部辅导委员会委员，清理战时文物损失委员会东北区代表，曾随东北视察团前往东北，视察东北文物。不久，教育部又委任金毓黻先生为沈阳博物馆筹备委员会主任。故对东北地区战时文物损失情况颇为关注。金毓黻先生是年6月9日《日记》中记载：

前托金小邨调查义州大奉国寺损毁情形，顷得复书云："县城解放之初，国民党飞机来投弹。在正殿西端落弹一枚，殿顶穿一大孔，佛像左臂失去，此处之门窗亦飞去；又在殿之东端穿一小孔，未伤及佛像；又距正殿西南隅二丈许处穿一深坑，约丈余。此外则寺墙间有损坏，但皆轻微。"此系小邨据其表侄萧中立所述特为记之。前两月闻梁君思成言此寺毁于炮火，上次乘车过县时无法询问，及到沈阳乃以此事托小邨。平沈车中本有人言此寺只炸毁一角，今得此讯，可知所闻不虚。应以此讯转告梁君知之。②

## 1950年　49岁

东北文物管理处办公地点设在沈阳故宫，主要负责管理东

①金景芳：《自传》，见《中国当代社会科学家》第二辑，第250—251页。
②金毓黻：《静晤室日记》第150卷，第6827页。

北全区文物。直辖沈阳故宫、东北博物馆、东北图书馆及北陵、东陵两陈列所。当时东北文物管理处正在草创时期，从各处接收的图书、文物甚多，大家终日忙于搬运、整理或展览。后来东北文物管理处下设研究室，先生被分配到研究室作研究员。当时号称"研究员"的人员很多，其实多数都不能胜任研究工作，也根本无暇做研究工作。先生所在的研究室除先生外，研究员还有黎翔凤、朱子芳、杨仁恺，共四人。先生兼任东北文物管理处机关工会主席。

先生在东北文物管理处工作时的照片

## 1951 年　50 岁

　　继续在东北文物管理处研究室工作。后来东北文物管理处改为东北人民政府文化部文物处，继而又改为东北文化事业管理处。东北文物管理处改为东北人民政府文化部文物处以后，先生的直接领导者是王化南。当时王化南任文物处党支部书记,后来任沈阳市文化局副局长,市文联主任。王化南是先生新中国成立后参加"革命工作"以来对先生产生重要影响的人物之一。先生在 1956 年写的《自传》中对王化南评价很高。他说:

> 东北文物管理处归东北文化部领导改为文物处后,王化南同志来任党支部书记,他是一等残废而坚持工作;他的坦白、正派、热情、善于体察民情,又能明辨是非,经常关怀群众、了解群众、教育群众,善于向群众宣传党的方针政策,虚心向群众学习。他为人心胸坦荡,处处以身作则,从来不搞特殊化。这些优良作风使我很受感动。通过他,使我进一步认识到中国共产党党员的高贵品质和共产党的伟大。我受他很大的影响。我从王化南身上认识了共产党基层干部的优秀品德,从而对共产党和新中国的未来充满信心。①

先生后来坚定地要求加入共产党,与王化南的影响不无关系。先生不久后能到东北人民大学任教,也与王化南的介绍有关。

是年年底,先生致函问候业师马一浮。当时马先生已搬迁到杭州西湖花港观鱼公园的蒋庄(即现今的马一浮纪念馆)居住。自 1941 年冬先生告别马先生去东北大学任职,虽间有书信往来,但分别已整整十年了。马先生见信后遂赋诗抒怀,祝福先生终与家人团聚,结束了国破家亡,多年漂泊异乡的羁旅生涯。题曰《答金晓邨沈阳》:②

---

① 先生 1956 年写的《自传》,见吉林大学档案馆保存的先生档案第二卷。
② 这首诗引自吴光主编:《马一浮全集》第三册(下),浙江古籍出版社 2013年版,第 431 页。

> 霜冷吴天一雁过,十年别绪忆岷峨。
> 书来辽左关山迥,归卧湖阴感喟多。
> 老至心情唯寂漠,梦中闻见易凄讹。
> 喜君永作团圞话,无使重吟麦秀歌。①

## 1952 年　51 岁

是年 6 月,先生任职的东北人民政府文化部文物处改为社会文化事业管理处。这一改变使这一机构完全变成人民政府的职能部门,因而不再设研究室。先生被调任东北图书馆研究员兼研究组组长,同时兼任东北图书馆的工会主席。

时值抗美援朝战争,为保证东北图书馆珍藏的善本书的安全,上级决定把这些善本书转移到黑龙江省海伦县(今海伦市)保存。先生与几位研究人员整天在图书馆里对这些善本书、珍本书进行鉴定、整理,以便装箱、运输。

## 1953 年　52 岁

先生认为图书馆的研究员主要应当研究图书馆的相关业务,如图书的采购、分类、编目、管理、阅览等等,而这些均非先生所长。先生在这方面既无理论知识,更缺乏实践经验。而当时图书馆的研究员每月工资很高,这样对国家和个人都不利。于是先生向图书馆的领导提出,希望另行分配到大学去工作。不料馆长竟用极刻薄的言辞对先生说:"你愿意到大学去,人家得

---

① 《麦秀歌》是商纣王之叔父箕子在商朝灭亡后朝拜周王朝时感伤而作的诗篇。《史记·宋微子世家》:"其后箕子朝周,过故殷虚,感宫室毁坏,生禾黍,箕子伤之,欲哭则不可,欲泣为其近妇人,乃作《麦秀之诗》以歌咏之。其诗曰:'麦秀渐渐兮,禾黍油油。彼狡僮兮,不与我好兮!'所谓狡童者,纣也。殷民闻之,皆为流涕。"后世以《麦秀歌》来表示亡国之痛。

要!"先生觉得自己已经在大学任教多年,学术著作又得过政府奖励,从讲师晋升为副教授、教授。虽不敢说出类拔萃,在大学里当个教授总还是合格的。如今却遭到馆长这样的鄙视和挖苦,感到受了莫大的侮辱,于是决心离开这个图书馆。

# 第五章　重执教鞭

## 1954 年　53 岁

先生正苦于没有门路,突然想到早年教初中时的学生顾卓新。顾当时是东北行政委员会副主席兼财经委员会主任。先生找到顾卓新,顾盛情接待,说明来意后,顾表示愿意满足先生的愿望。先生向顾卓新简要介绍了自己近些年来的经历,并说:如果想了解我过去的简历和表现,可找沈阳市文化局副局长王化南,他对这些情况比较熟悉。后经王化南和顾卓新的介绍、推荐,通过东北行政委员会高教处将先生调到东北人民大学(后更名为吉林大学)工作。

先生于该年年初到长春的东北人民大学报到。当时校长吕振羽在大连休养,由教务长龚依群和历史系主任佟冬接见,他们对先生到东北人民大学工作表示欢迎。问先生有何要求,先生说:过去在东北大学中文系任教,但教的主要是经学和文章选读,对新时期所崇尚的文艺理论、小说、戏剧等等,几乎是一窍不通,因此希望能到历史系任教。他们很快满足了我的要求。先生说:"我之所以是史学工作者实自这时开始。"

先生到东北人大历史系后,有"得其所哉"的感觉。但同时先生也认识到解放后与解放前不同,历史系与中文系不同,一切都需从头做起。不仅要系统地学习历史学的基本知识和理论,更要自觉地学习马克思主义理论和党的方针政策,同时还要积

极参加各种社会活动,努力做好各项工作,以适应新形势的
需要。

　　历史系领导安排先生本学年主要工作有两项:一是标点、校
注辽、金、元三史《食货志》;要求先生本学年上学期做好准备,下
学期进行校点和注释;二是承担中国历史文选课的教学任务,上
学期备课、写讲义,下学期授课。先生按照系领导的安排、要求,
认真完成了全年的科研和教学任务。同时还在考虑和准备自己
的科研课题。

## 1955 年　54 岁

　　先生在授课之余,完成了《易论》的写作。这是先生用白话
文写的第一篇学术论文。《易论》分上下两篇,上篇的副标题为
《论〈易〉的起源和发展》,下篇的副标题为《论〈周易〉的组成和
应用》。文章写成后,原拟在《东北人民大学人文科学学报》创刊
号上发表。文章先交给历史系主任佟冬审查,佟冬转请中国科
学院近代史所刘大年代审。刘大年谦称不懂《周易》,又转请北
京大学冯友兰先生审查。冯友兰先生审查结果对《易论》一文基
本上予以肯定,但又说《周易》一书里不可能有辩证法。先生不
同意冯友兰先生的观点。原稿退还后,先生在文稿上用辩论的
口气补充了作者意见,加强了自己的观点。文章再次提交学报
时,有的编委认为文章说周代是封建社会,又不说殷商是奴隶社
会,这等于否定了中国有奴隶社会,这在当时被认为是个原则性
错误,因此不能在《学报》上发表。当时匡亚明任校长,力主贯彻
执行"百家争鸣"的方针,《易论》这篇文章才得以发表。上篇发
表于《东北人民大学人文科学学报》1955 年第 2 期,下篇则发表
于 1956 年第 1 期。《易论》是先生进一步学习、钻研马克思主义
理论之后,在《易通》的基础上深入探讨,对《易通》有发展,也有
修正,是先生《易》学研究的又一新成果。文章开首说:"《周易》

是历史的产物,是人类认识在具体历史条件下长期发展的结果。论其形式,不可否认,是陈旧的、卜筮的形式,而其内容在当时却是新生的、先进的、哲学的内容。这个具有旧的卜筮形式与新的哲学内容的矛盾的统一体,就是《周易》一书的本质特点。"先生把《周易》放在特定的历史条件下加以考察,对《周易》一书的性质和特点有了全新的认识。在十几年前写成的《易通》一书中,先生仅仅指出《周易》中存在唯物辩证法,并列举了《周易》经传中符合唯物辩证法三大法则的具体例证。而在《易论》中先生则进一步指明《周易》一书实质上就是讲矛盾的。先生说:

> 《周易》是讲什么的? 很早在《庄子·天下》篇里就已明白地回答了这个问题。它说"《易》以道阴阳",这"道阴阳",如果用今天大家都懂的话来说,就是讲矛盾……阴阳又叫"两仪",是表明矛盾的两个方面。这个阴阳(亦即矛盾),从卦来说,它贯穿在八卦、六十四卦中;从蓍来说,它贯穿在小衍之数(天一地二至天九地十)、大衍之数(天地之数五十又五)中。而蓍与卦本身又是《周易》构成的两部分。"蓍……以知来","卦……以藏往",这也是阴阳,即也是矛盾。再从全《易》六十四卦的结构来考查,六十四卦从首到尾,两两相反相对,秩然有序,分成三十二个环节。每一个环节中包括两个六画卦(反对卦),每一个六画卦中包括两个三画卦(内外卦),每一个三画卦不消说是由两个基本细胞"--""—"发展而来的。而六画卦又是"因而重之","兼三才而两之",有"分阴分阳,迭用柔刚"之义。显然,都是贯穿着矛盾。①

所谓"矛盾"实质上就是对立统一,因为对立统一是辩证法

---

①金景芳:《学易四种》,第 139 页。

的核心,是事物发展变化的基本规律。为进一步论述《周易》中的辩证法,先生在《易论》中还特别揭示了《周易》的发展观。《周易》认为,任何事物都是在不断地发展变化的,世间万物都有一个由低级向高级发展变化的过程。而事物发展变化的根本原因在于事物内部的矛盾运动。先生在《易论》中指出:

> 《易传》说:"生生之谓易"……生生的意思,实际就是发展。初由太极发展为八卦,继又由八卦发展为六十四卦,八卦叫做"小成",六十四卦当然就是大成了。小成是完成了简单的机体,大成就是完成了复杂的结构。六十四卦是八卦发展的继续,而其发展方式则是"因而重之","引而伸之",与前此不同。……《易》由乾坤运动开始,乾纯阳,坤纯阴,运动的动力,在阴阳相摩,即在于内在的矛盾。至既济而矛盾解决,六爻当位,阴阳均停,《杂卦》所谓"既济定也"。同时新的矛盾已产生,即未济阴阳相错,六爻皆不当位,《序卦》所谓"物不可穷也,故受之以未济终焉"。[1]

这是对《周易》辩证法最通俗、最透彻的解释。《易通》仅通过具体实例指出《周易》经传中哪些地方与唯物辩证法"相通"或"相符合",而《易论》则从理论上论证了《周易》中为什么存在辩证法,这比起《易通》对辩证法的解说是一次重大的超越。

这篇论文也是先生解放后发表的第一篇学术论文。金毓黻先生在 1955 年 11 月 11 日《日记》中记载:

> 金筱邨以东北人民大学新印《人文科学报》第二期见赠,其中《易论》一篇是筱邨近作。筱邨颇能结合马克思列宁主义谈《易》。其立论大旨以为《周易》是历史的产物,论

---

[1]金景芳:《学易四种》,第 140—141 页。

其形式是陈旧的、落后的卜筮的形式,而其内容在当时却是新生的先进的哲学的内容,这个具有旧的卜筮形式与新的哲学内容矛盾统一体,就是《周易》一书实质与特点。全文皆发挥此旨,立论甚䨲。小邨向不以语体著论,今则引据甚博,言之有物,真所谓士别三日,便当刮目相待者也。①

次日,金毓黻先生在《日记》中又记载:

余向以作明白晓畅之文自负,但不惯于语体。近六年来阻于脑病,乃至下笔不能成章,每遇年少锐于进修之士,辄拱手退避,且以为望尘莫及。小邨年近知命,乃能如是,颇悟余乃老不努力之过。老骥志在千里,驽马犹当十驾,见小邨如此精进不已,老惫如余顿起千里十驾之思。②

## 1956 年　55 岁

先生撰成《论宗法制度》一文,发表于《东北人民大学人文科学学报》1956 年第 2 期。宗法制度在中国古代史研究中,是一个极其重要的问题。然而当代史学权威如范文澜、吕振羽、李亚农、周谷城等都作了错误的解释。例如范著《中国通史简编》修订本第一册第三章说:"封建制度与宗法及土地是分不开的,天子算是天下的大宗。"吕著《简明中国通史》第六章第三节讲宗法制度说:"继大夫以大夫为奉祀的祖先,这在宗法上,即所谓别子为大宗,其从属下的士,不论是否亲族,同样只能陪祭。继承士者,以士为其奉祀祖先,即宗法所谓小宗……士之子不得继承为士者,便不得称为小宗。"李著《中国的奴隶制与封建制》讲宗法制度说:"所谓宗法制度是这样的,天子世世相传,每代的天子都

①金毓黻:《静晤室日记》第 153 卷,第 6960 页。
②金毓黻:《静晤室日记》第 153 卷,第 6960 页。

是以嫡长子的身份继承父位,奉始祖为大宗。"周著《中国通史》上册"由继统法到宗法制"条,亦复如是。总之他们都是迷信《诗·大雅·板》毛传的误说,不顾郑笺早已予以纠正,错误地把政权上的天子与宗法上即血族上的宗子,混为一谈。

　　宗法制度在先秦史研究中占有重要地位。古今许多学者都论述过宗法问题,但大都不得要领。与宗法制度相关的很多重要问题长时间未能解决。先生的这篇文章用马克思主义的"两种生产"理论来解释宗法制度。恩格斯在《家庭、私有制和国家的起源》第一版《序言》中说:"根据唯物主义观点,历史中的决定性因素,归根结蒂是直接生活的生产和再生产。但是,生产本身又有两种。一方面是生活资料即食物、衣服、住房以及为此所必需的工具的生产;另一方面是人类自身的生产,即种的繁衍。一定历史时代和一定地区内的人们生活于其下的社会制度受着两种生产的制约:一方面受着劳动的发展阶段的制约,另一方面受着家庭的发展阶段的制约。劳动愈不发展,劳动产品的数量,从而社会的财富愈受限制,社会制度就愈是在较大程度上受血族关系的支配。"先生认为宗法制度产生于周代,是在阶级关系充分发展的历史条件下,统治者对血缘关系进行的改造、限制和利用,目的是隔断血缘关系对天子、诸侯之君权的干扰,同时发挥宗族对君权的捍卫作用。这就抓住了问题的要害,道破了宗法的本质。关键问题解决了,与此相关的一系列问题也就迎刃而解了。例如宗统与君统的区别与联系,为什么大宗百世不迁,而小宗五世则迁;宗法制度与周代分封制度、嫡长子继承制度有何关系;宗法制度实行的范围和起止时代等等。这些问题前人花费了很多心血都未能论述清楚,而先生却举重若轻,把这些纷纭复杂、长期争论不休的问题解释得一清二楚。

　　此前先生发表的文章,基本上都属于经学研究的范畴。由于先生经学根底深厚,对儒家经典极为谙熟,这为先生后来的史学研究奠定了坚实的基础。清人张之洞说过："由小学入经学，其经学可信；由经学入史学，其史学可信。"先生的治学之路，正是"由经学入史学"的路子。先生是以《论宗法制度》一文正式步入史坛的。由于先生有深厚的经学功底，故起点很高，甫一亮相，便引人注目。《论宗法制度》一文充分显示了先生在史学研究方面的功底和潜在实力。北京大学吴荣曾教授说：

> 我对金景芳先生的了解，是从他的《论宗法制度》一文而引起的。1957 年时，我的老师张苑峰（政烺）先生和我谈起宗法制的问题。他特别肯定金先生这篇文章，他说从文章看出，金先生的经学根基好，否则难以写出这样的论文。张先生平时对人或文章不轻易表态。他这番话使我深信这位金先生是位学问很好的学者，从此我对这位从未见面的前辈产生了敬重的心情。①

《老子的年代和思想》一文在东北人民大学《史学集刊》1956 年第 2 期发表。

先生被选为东北人民大学工会主席。并在这一年由丁则良教授介绍加入中国民主同盟，由刘耀、施荫昌介绍加入中国共产党。

## 1957 年　56 岁

任东北人民大学图书馆代理馆长，不久，调回历史系，任历史系主任。先生给历史系本科学生讲授先秦思想史，并撰写了《先秦思想史》讲义。现在能见到的《先秦思想史》讲义为油印本，共分四个部分：即《导言》；第一章，古代传说中关于原始公社

---

① 吴荣曾：《记金景芳先生》，见《金景芳教授百年诞辰纪念文集》，吉林大学出版社 2002 年版，第 8 页；另见《金景芳全集》第十册，第 5189 页。

时代思想的反映;第二章,夏商时代思想;第三章,西周至春秋时期的思想界。第三章共分七节,只讲到老子。老子以后的孔子部分尚付阙如。是一本不完整的《先秦思想史》讲义。但先生当时给学生讲授的却远不止油印本《先秦思想史》讲义内容。此讲义后经整理补充,列入《名师讲义》丛书,于 2007 年在天津古籍出版社出版,书名曰《金景芳先秦思想史讲义》。①

　　是年暑假,东北人民大学为响应党中央"向科学进军"的号召和贯彻执行"百花齐放、百家争鸣"的方针,召开全校科学讨论大会,先生积极回应,提交了《论孔子思想》的长篇论文。这篇论文在《东北人民大学人文科学学报》1957 年第 4 期发表,不料却因此遭到了围攻和批判。先生在这篇论文中首先指明研究孔子思想的史料问题,然后分析了孔子思想产生和形成的历史条件。在阐述孔子思想的主要内容时,先生重点谈了四个问题。一、"天命",意在探讨孔子的世界观;二、"中庸",主要是研究孔子的方法论;三、"仁",主旨是分析、评价孔子的人生观;四、"正名",主要是寻绎孔子的政治思想。通过深入的分析、论证,先生得出这样的结论:"我们可以断言:孔子的世界观和方法论基本上是正确的。"先生认为孔子的思想基本上是唯物的、辩证的。这是先生终生坚持的学术观点。不过这篇文章在表述上不够准确,把孔子说成"基本上是辩证唯物主义者",结果闯下大祸。文章发表后关锋最先在《光明日报》上撰文批判。时值全国开展批判资产阶级学术思想运动,学术界极左之风甚嚣尘上,先生的这篇文章竟成了众矢之的。尽管先生后来已经公开写文章做了自我批判,但一些人还是不依不饶,而且批判的调门愈来愈高。先生该年撰写的《先秦思想史》讲义(油印本)第三章中缺少孔子部分,即与先生当时遭受不公正的批判有直接关系。

_____

① 书影见本书第九章《余响》2006 年。

先生与于省吾教授等在吉林大学图书馆门前合影。
前排中间为先生,左为于省吾教授

一场疾风暴雨式的"反右派运动"在全国范围内迅速展开,仅数月之内,全国就有大批知识分子和民主人士被打成"右派",或被定为"中右分子"。先生性格耿直,敢说话、敢发火,因为刚刚加入中国共产党,当时尚未转正,各方面比较谨慎,才在这场政治灾难中躲过一劫,幸免于难。

## 1958 年　57 岁

先生《论孔子思想》一文发表之后因受到不公正的批判,感到很有压力。这时有人劝先生:不如早作自我批评,免得事态扩大。先生不得已,只好写了《对〈论孔子思想〉一文中错误观点的自我批判》一文,载于《吉林大学人文科学学报》1958 年第 3 期。就在该刊同一期上,以"吉林大学历史系三年级科学研究小组"的名义发表了两篇批判先生的文章,一篇的标题是《从〈论孔子思想〉一文看金景芳教授超阶级的观点》,另一篇的标题是《评金景芳教授〈论孔子思想〉一文中哲学部分的观点和方法》,对先生进行了高调批判。在那样的政治气候和学术氛围中,先生自己都不得不退而自保,我们当然没有必要去苛责那时的青年学生。但自我批判的文章并未缓解对先生的批判,这种批判断断续续一直持续到"文化大革命"。

7 月 2 日下午,吉林大学历史系举行了"关于中国奴隶社会问题"的科学讨论会。这次会议除历史系师生外,还有中文系、哲学系、吉林师大(今东北师范大学前身)历史系的教师参加。会议首先由金景芳教授对他的报告稿作了简要说明。接着一些同志本着"百家争鸣"的精神,发表了自己的意见。金景芳教授认为中国奴隶社会的上、下限应该从夏代开始到秦统一六国为止。他认为中国奴隶社会,基本上分为两个对立的阶级,一个是"君子",包括有天子、诸侯、卿、大夫、士,是奴隶主阶级;一个是"小人",包括庶人、工、商、皂、隶、牧、圉,是奴隶阶级。而且认为庶人是决定中国奴隶社会性质的奴隶。他不同意战国时代是封建社会的分期法,认为:商鞅变法表明封建关系的开始,而不表明封建制度的最后确立。战国时代的"百家争鸣"反映的是新旧思想的斗争,新的制度还没有战胜旧的制度。到秦统一六国之后,封建制度才在全国范围内确立。此外,他在西周到春秋的分段问题上,在对"国人"、"宣王不籍千亩"、"初税亩"、"作爰田"等的解释上,也提出了新的看法。发言的同志认为金景芳教授引用的文献史料比较丰富,对一些问题提出了新的见解,对奴隶社会的研究有一定的贡献。同时也指出在考古资料方面没有注意加以引用。值得注意的是,先生在这次学术讨论会上讲述的

吉林大学历史系 1958 年毕业生留影。二排右起第三位为先生，第五位为吉林大学匡亚明校长

有关中国奴隶社会的阶级和阶级斗争等问题,代表先生上个世纪50年代的看法。后来先生对这些问题的看法发生了重大改变。先生在上个世纪70年代末,经过对马克思、列宁有关古代社会的阶级和阶级斗争问题论述的深入研究,认为中国奴隶社会存在的阶级是等级的阶级,而不是像资本主义社会那样分成截然对立的两大阶级。因此奴隶社会的阶级斗争与资本主义社会的阶级斗争有着很大的区别。详参先生发表于《中国社会科学》杂志1980年第3期的《论中国奴隶社会的阶级和阶级斗争》。

　　金景芳先生(右)与吉林大学校长匡亚明(中),副校长、著名化学家唐敖庆教授(左)(摄于上世纪50年代末,在吉林大学东校门)

## 1959年　58岁

　　中国科学院哲学社会科学学部召开郭沫若主编的《中国史稿》学术讨论会。先生与历史系教师李春圃陪同吉林大学副校长、著名历史学家佟冬前往参加。在这次学术讨论会上,先生就郭沫若主编的《中国史稿》中有关井田制度、宗法制度、古代史分期等问题提出了不同的看法，并就这些问题与参加会议的代表展开了热烈的讨论。这次会议促使先生对井田制和古代史分期等问题进行了深入系统的研究。先生后来出版的《中国奴隶社会的几个问题》、关于井田制研究的系列论文，以及《中国古代史分期商榷》等论著，都与这次会议有关。改革开放以后，先生撰写并出版了《中国奴隶社会史》一书，其动因也与这次会议有密切关系。

是年7月，学生田居俭毕业于吉林大学历史系，经先生提议，田居俭留校任教，并被委派为先生的学术助手。从此，直至1976年调往北京工作为止，田居俭担任先生学术助手长达十几年。田居俭是第一个为先生担任学术助手的人，除承担历史系的教学工作外，他经常为先生借阅图书资料，协助先生编写讲义，为先生抄写、整理文稿，陪同先生外出参加各种学术活动，为先生的教学、科研做了大量的辅助性工作。

田居俭，1935年生。1959年毕业于吉林大学历史系并留校任教，作金先生学术助手（实为"编外"研究生），在业师指导下学习先秦史。金师有言：不论从事哪个断代、哪种专史研究，都必须首先熟悉先秦史，因为它是中国文化学术的源头。金门就学，为后来治史奠定了坚实基础。

1976年调中国科学院哲学社会科学学部（中国社会科学院前身）从事编辑工作。曾任《中国社会科学》杂志社副总编辑，《历史研究》杂志主编。1992年调当代中国研究所，任第一研究室主任兼《当代中国史研究》主编。现任当代中国研究所研究员，学术委员会顾问。兼中国史学会理事、中华炎黄文化研究会名誉理事、中国郭沫若研究会理事，中华人民共和国国史学会理事兼学术顾问。

　　在多年的教学和编辑生涯中,潜心研究史学理论、历史人物和中国历史。著有《乱世风云:五代十国》(香港中华书局 1992 年),《李煜传》(当代中国出版社 1995 年);《春泥集》(当代中国出版社 2004 年),《当代人与当代史探研》(中国社会科学出版社 2009 年),主编《中华人民共和国史》序卷(人民出版社 2012 年),《中华人民共和国史编年》1949 年卷(当代中国出版社 2004 年),《当代中国社会发展进步的政治前提和制度基础》(当代中国出版社 2011 年),参与主编《中华人民共和国国史百科全书》(中国大百科全书出版社 1999 年)。

　　此外,主持两项国家社会科学基金重点专案研究,并在《人民日报》、《光明日报》、《文汇报》、《中国文化报》、《中华读书报》、《中国社会科学》、《历史研究》、《当代中国史研究》、《求是》、《人物》、《文史知识》等报刊发表各类史学文章 150 余篇。其中多篇被《新华文摘》及其他报刊转载,《论学史》获"五个一工程奖"。

这幅照片摄于 50 年代末,前左为师母商桂芬,
后右为长子金庆征,后左为次子金庆斌

是年,应中国科学院哲学社会科学学部历史研究所尹达先生约稿,先生撰《中国奴隶社会的阶级结构》一文,刊入《历史研究》1959 年第 10 期。

## 1960 年　59 岁

《人民日报》1959 年 6 月 12 日和 13 日,连续刊登了北京大学哲学系冯友兰教授《关于老子哲学的两个问题》一文。先生读后不同意冯友兰的观点,于是写了一篇题为《也谈关于老子哲学的两个问题》的文章,与冯友兰先生争鸣。这篇文章刊于《吉林大学人文科学学报》1960 年第 1 期。文中所谓“两个问题”,其一是指《老子》书的年代以及它与老子的关系问题,其二是指老子的思想究竟是唯物主义还是唯心主义的问题。先生在这两个问题上的观点恰好与冯友兰先生的观点对立。先生就这两个问题全面批驳了冯友兰的观点,阐述了自己对这两个问题的不同看法。

9 月初,新的学年开始了。历史系新生入学,系领导召集新生进行入学教育。先生作为吉林大学历史系主任,对 1960 年入校新生发表了如下的讲话,这篇讲话对了解当时吉林大学特别是历史系的情况很有价值,特摘录如下:

> 今天在这里召集这个会,主要是想同新同学见见面,同时也愿意借这个机会向大家介绍一下我系的简单情况,并附带谈一些有关的问题。
>
> 诸位是新同学,来到我系最多的不过三四天,少的仅仅一两天,我想一定有许多问题想要知道。首先是全校的一般情况,例如学校的性质、组织机构,校部主要领导和分工,以及共设有多少个系、多少个专业等等。特别是我系的情况,例如过去的简单历史、现在的组织机构、主要领导人、教

师同学人数、图书文物、设备情况以及专业性质、培养目标、教育计划、本学期课程安排、学习方法等等。这些你们都想知道，而且也应该知道。但是由于到校的时间比较短，有的容或完全不知道，有的容或知道的不够多，不够正确。这就是今天我在这里所要说的第一点。其次，诸位有的本意不想考入我校，结果被我校录取了；也有的第一志愿不是考历史专业而取到历史专业；或者入校以后觉得住的吃的以及学习设备、师资都不是很理想，都不如意，甚至觉得非常不好，简直不能呆下去，因而产生一些思想问题。估计这些问题李书记一会还要讲的，我也想在这里说上几句。

我校是 1952 年在原有东北行政学院的基础上经过院系调整成立起来的。当时的校名叫作"东北人民大学"。是有文理两个科系的综合性大学，与专业性质的大学不同，它是偏重在理论方面的学习。后来于 1958 年改校名为吉林大学，到去年春季被列为全国四十几个重点大学之一。现在共有十三个系，三十个专业，附设有机械厂、印刷厂、农场、经纬化学厂等，全校教职员工将近八千人。

学校实行党委领导下的校委会负责制。党委第一书记匡亚明兼校长，第二书记陈静波同志，副书记江剑秋。校长一人，副校长三人：刘靖、唐敖庆、佟冬，下有校委办公室，蔡运时任秘书长。有人事处、教务处、总务处、研究处。党委会办公室主任张德中，团委会书记郭文岩、吴佩孜。图书馆、卫生所、俱乐部、学生会。人文科委、自然科委。关于全校的情况就介绍到这。再说多了，同学们也记不住。

我系是 1952 年开始建立，到现在已有八年的历史。开始是四年制的，自 1956 年起改为五年制。截至现在止已经有四届毕业生总人数 169 人。除了个别人以外，都能在各自的工作岗位上工作得很好。如工作在科研机构、大专院校、出版社、博物馆等单位，也有的作政治理论教员，或在师专、中学作教师。进修教师六人，大部分是青年教师，在此期间也都成长起来，老教师思想上也有很大提高。现在在学的有五个年级，从本学年起分两个专业，即党史专业、历史专业，总人数为 277 人。系的组织机构有党总支委员会，总支书记李木庚，有系委会，系主任一人，副主任一人。全部教师分为五个教研室：中国古代中世史教研室、中国近代现代史教研室、世界史教研室、亚非史教研室、中共党史教研室。教师共 55 人，其中教授 2 人，副教授 1 人，讲师 24 人，助教 28 人。负责日常行政工作的还有系办公室，有秘书 2 人，干事 1 人。另外团总支书记 1 人，资料室工作人员 7 人，文物陈列室工作人员 1 人。本学期又新分配助教 9 人，尚未到校。

当开始建系时，只有一个年级，学生 18 人，其中只有一个人第一志愿是报考历史专业的，教师队伍也是很小，大部分都是硬着头皮上课，有很多课开不出来，或者开得不好。而现在所有的基础课都能开出来，无论在教学上或科研上都已取得了很多经验，并获得了一定成绩。这就是我系目前的基本情况。

其次谈谈专业性质和培养目标的问题。培养目标以前曾有过许多提法，例如称之为"劳动者"、"工作者"等等。其实从今天来说，只是为国家培养历史科学工作干部。这就要求首先要有共产主义世界观，其次要有广博而扎实的基础科学和一定的专门修养；其次要求有独立的工作能力。这是科研人才，大专师资，以及其他相关的工作所必备的。在这个问题上，我们首先要认识到培养目标与实际工作不是一回事,两者既统一,又有区别。目标是表示一种标准、规格,而实际工作则需服从国家需要。虽然国家培养人才也有计划,但是它和经济计划不同,这一点必须认识清楚。

其次谈谈世界观。什么是世界观?世界观是对整个世界、整个社会的总看法,这种看法是长期的、带有规律性的而不是暂时的、偶然的。任何阶级都有世界观,但不一定用哲学语言表达出来。农民有农民的世界观,虽然他们没有著作,不能用哲学语言表达出来。

现在我们要树立无产阶级世界观。为什么现在突出地提出世界观问题?这与社会发展、革命发展有关系。毛主席说:在我国阶级斗争并没有结束。无产阶级和资产阶级之间在意识形态方面的阶级斗争,还是长期的,曲折的,有时甚至是很激烈的。无产阶级要按照自己的世界观改造世界,资产阶级也要按照自己的世界观改造世界。在这一方面,社会主义和资本主义之间谁胜谁负的问题还没有真正解决。我们不能设想抱有资产阶级世界观能够和我们一同建设共产主义社会。正因为这样,所以我们在教育计划中特别强调马列主义理论课的学习,坚决贯彻党的教育与生产劳动相结合,教育为无产阶级政治服务,教育由党来领导以及厚今薄古、理论联系实际的方针。坚决贯彻两条路线的斗争。(以下仅为讲话提纲,工作手册原文如此。)

论,史,工具。

劳动,社会调查,基层工作,科学研究。

校内校外,课内课外。

"一主二从三结合"。

放假 7 周,教学 36 至 37 周,劳动 8 至 9 周。

本学期：　　　　　每周课时

马列主义政治学　　8

形势任务　　　　　1

外文　　　　　　　6

历史文选　　　　　6

（党史、现代汉语　4）

体育　　　　　　　2

科研　　　　　　　两周

劳动　　　　　　　四周


附录：吉林大学历史系学生和教师及教辅人员情况


历史系

1952 年建立，称东北人民大学历史系。1958 年东北人民大学更名为吉林大学。1959 年上学期，吉林大学被列为全国重点大学之一。

我系历年毕业生人数：

1956 年：15 人

1957 年：54 人

1958 年：42 人

1959 年：48 人（中途抽调 10 人不在数内）

历年毕业生总数：159 人。

现在各年级学生人数：

五年级：45 人

四年级：53 人

三年级：50 人

二年级：58 人

一年级：71 人

在籍学生总数:277人。

现有工作人员:

教学人员:55人。内有教授2人,副教授1人,讲师24人,助教28人。

教辅人员:9人

党团行政人员:4人

共计:68人。

另有进修教师:3人

研究生:4人

总共:75人。

还有本年新分配助教9人,尚未报到。

教研室:

历史专业:中国古代中世史教研室、中国近代现代史教研室、世界史教研室、亚非史教研室。

党史:中共党史教研室。

此外有文物陈列室、资料室。

吉林大学历史系机构、编制情况

党总支书记:李木庚

系主任:金景芳　副系主任:王藻

中国古代中世史教研室:

主任:苏金声　副主任:董玉英

在编人员:于省吾、单庆麟、罗继祖、赵锡元、柳春藩、李春圃、苏金源、张博泉、张中树、田居俭、孟昭信。

中国近代现代史教研室:

主任:刘耀

在编人员:李时岳、陈贵宗、章鸣九、丛永日、李永朴、李义彬、梅旭华。

世界史教研室:

主任:陈本善

在编人员:礼长林、尹曲、吴泽义、聂守志、施荫昌、王桂厚、刘存宽、申晨星。

亚非史教研室:

主任:汪淼

在编人员:易广居、周家骅、于桂信、袁传伟。

中共党史教研室:

主任:李木庚　副主任:王金锫

在编人员:邵鹏文、曹仲彬、刘绍孔、高晶、滕亚平、樊蕴珍、时戈、王元年。

资料室:

主任:易广居

蔡永春、陆钦墀、何廷庆、赵国斌、龚光俊、濮良能、熊炜。

文物陈列室:

主任:单庆麟

在编人员:王亚洲

办公室:

王继林、陶世英、刘俊山。

团总支书记:佟宝昌

书写人员:张杰民

另有:杜日新、王述词、陈瑞云、秦野丰、孙永顺、乌廷玉、李景林尚未分配具体工作。①

---

①以上讲话录自先生1960年的一本工作手册,文字略有删节。

　　1959年庐山会议后,在全国范围内开展了大规模的反"右倾"整风运动。在文化教育界,这种反右倾整风运动是与"批判资产阶级反动思想"同步进行的。先生因为发表了《论孔子思想》的文章成为吉林大学历史系被批判的重点人物。后来先生虽然做了自我批判,但批判者还是揪住不放,且不断"上纲"、"上线",先生对此颇为不解,并流露出不满情绪。先生当时担任吉林大学历史系主任,在学校党委派人征求先生对历史系党总支的意见时,先生曾提出历史系存在党政不分,以党代政的现象。这些问题在反右倾整风运动中被当作典型的"右倾思想",认为先生是在"与党争权","有比较严重的旧权威和一长制思想"。同时认为先生"有浓厚的资产阶级学术思想",在反右倾整风运动中"对自己的错误思想认识和估计不足","检查得很不深刻"。当时吉林大学的整风办公室虽然没有给先生戴上"右倾分子"的帽子,也没有给先生以"党内纪律处分",但给先生造成的思想压力还是很大的。因为先生当时是刚刚转正不久的新党员。

## 1961年　60岁

　　是年年底,吉林大学党委根据上级指示,对反右倾整风运动中的问题进行了甄别,把吉林大学整风办公室1960年5月24日《关于金景芳同志的问题的结论及处理意见》撤销,并报请中共长春市委和吉林省委批准,为先生平反并恢复名誉。承认:"对金景芳同志的批判中,由于界限不清,把学术争论的问题用政治斗争的方法来解决;把在会议上对贯彻执行教育方针和对党政关系中的意见和看法,当作右倾思想进行批判,都是不对的。应予改正,恢复名誉。"

　　中共吉林大学委员会《关于金景芳同志问题的甄别结论》全文如下:

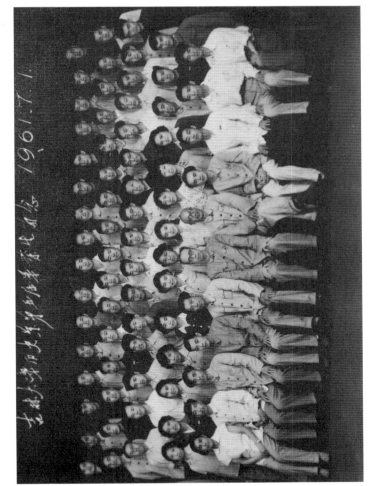

先生与吉林大学历史系第五届毕业生合影留念。前排左起第六位为先生

金景芳,男,五十九岁,家庭出身小手工业者。解放前,曾先后任过中学教员、县教育局长,东北大学工学院秘书,文学院讲师,副教授、教授。解放后,任东北文物管理处和东北图书馆研究员。一九五三年来我校工作,一九五六年入党,一九五八年转正。现任历史系主任,教授。

金景芳同志在一九六零年反右倾整风运动中和学术批判期间,因有右倾思想、比较严重的旧权威和"一长制"思想,在系领导小组内受过批判,不给处分。根据中央和省市委甄别工作的指示,对金景芳同志的问题甄别如下:

一、原结论:金景芳同志在贯彻党的教育方针有右倾思想,担心劳动多了,会影响教学,说什么"又劳动,又开会,哪还有时间读书和搞学术研究?"对党提出的"厚今薄古"的方针,也有相当的抵触情绪。

甄别认为,在系内贯彻勤工俭学和党的教育方针期间,金景芳同志在讨论研究生培养目标,劳动与教学时间比例安排以及建立正常教学秩序等会上,曾先后说过"又劳动,又开会,哪还有时间读书和搞科学研究?""我们是综合性大学历史系,与师范大学历史系不同,我们现在强调劳动是必要的,因为过去几千年的教育都轻视劳动,但我们是学校,应当重视教育。"这些话都是在讨论研究具体工作时说的,根据高等学校"六十条"的精神检查,当时劳动时间安排的也确实多了,该同志这个意见和看法是对的。原结论认为"右倾思想",应予否定。

金景芳同志在一九五八年春全系讨论"厚今薄古"的务虚会上说:"古今是对立的统一的关系,厚今薄古就象重工业和轻工业的关系……薄古不等于废古。"一九五八年"双反"运动时自我检查说:"由于过去学古的东西,很讨厌新诗,有次无线电广播新诗,马上就关上不听了。"以上是个人看法和自我检查中认识了的问题。原结论认为他对"厚今薄古"的方针有相当的抵触情绪,并作为在贯彻党的教育方针中的右倾思想进行批判都是不对的。

二、原结论:金景芳同志有比较严重的旧权威和"一长制"的思想,和党的关系不正常。他强调系主任负责制,说很多工作总支"包办代替"。在党外说历史系"党政关系有问题",说他自己在贯彻党的方针政策"不为'左'右所动摇",旁的同志都"左"了。

甄别认为,金景芳同志这些话,是在一九六零年党总支征求对书记的意见会上和党委征求对学校工作意见的会上讲的。这都是属于对工作上的意见。金景芳同志是系主任,当时总支在发挥系主任的作用上和一些具体工作中,确实存在着以党代政的现象。因此,把对党总支工作的意见,看作是与党争权和"有比较严重的旧权威和'一长制'思想"是错误的。该同志与党的关系一般是正常的,虽然有时发言不分场合,党内外的界限分不太清,因而影响不好,但原结论"与党的关系不正常",应予否定。

至于他说贯彻党的方针政策不为"左"、右所动摇的问题,是他在一九五九年暑期作自我鉴定时讲的,这是属于思想认识问题,不应作为批判的依据。

三、原结论:"金景芳同志有浓厚的资产阶级学术思想",认为孔子的世界观基本上是辩证唯物主义的,他对同志们的批判,也有抵触对立情绪,说什么"要尽量少割好肉","不要有毒药",甚至认为对他的批判是"围攻"。

甄别认为,金景芳同志对孔子评价中的若干问题是属于学术争论的问题,因而必须通过自由讨论的方法解决,而不应采取群众性的批判方式解决。原结论为"浓厚的资产阶级学术思想"是不对的。至于金景芳同志在被批判时的态度问题,在批判初期态度还是好的。但后来由于把学术争论的问题采取群众性批判的方式,学术与政治界限不清,方法有些简单粗暴,因而引起他对批判有很多意见,有些偏激情绪,但不能认为是对学术思想批判有抵触对立的情绪。

综上所述,对金景芳同志的批判中,由于界限不清,把学术争论的问题用政治斗争的方法来解决;把在会议上对贯彻执行教育方针和对党政关系中的意见和看法,当作右倾思想进行批判,都是不对的。应予改正,恢复名誉。

中共吉林大学委员会(章)
一九六一年十二月三日①

这一《甄别结论》后来曾由中共吉林大学委员会派人呈送给先生过目。先生在这份《甄别结论》上签字:

同意

金景芳
一九六二年一月八日

吉林大学党委的甄别结论虽然推翻了整风办公室的《结论及处理意见》的诸多不实之词,为先生恢复了名誉,但因政治运动而给先生造成的精神创伤却久久难以平复。在这一年里,由于政治运动的挤压、创伤,先生没有发表一篇学术论文。这是先生来到吉林大学以后,除了"文革"十年外,在治学历程中绝无仅有的。而且在那个年代,政治运动接连不断,在一次运动中出现的问题,即或已经平反昭雪,下次运动来了,还会被重新提起,叫做"旧账重算"。正如1957年那些被错划的"右派",即便后来已经"摘帽",但在很长时间内仍被称作"摘帽右派",实质上还被

①见吉林大学档案馆保存的先生档案1961年卷。

看作"右派"。那些挨过整的人往往要长时间背着沉重的历史包袱，先生当然也不例外。

是年 11 月，根据当时教育部的指示，先生招收了第一届研究生两名，他们是北京大学历史系毕业的曹国彦和刘焕曾。

## 1962 年　61 岁

《历史研究》杂志 1962 年第 1 期发表了一篇题目为《吉林大学举行评价孔子的讨论会》的文章。文章说：

> 不久以前，吉林大学举行了两次评价孔子的讨论会，就历史系金景芳教授的论文《谈谈关于孔子评价问题》①展开了讨论。除吉林大学历史系、哲学系的师生参加之外，还有吉林师大历史系、教育系，长春师专历史科，前科学院吉林分院历史、哲学研究所等单位的代表参加。金景芳教授的论文以孔子是"中国历史上伟大的教育家，杰出的史学家和哲学家"这一基本看法为纲，用大量的材料从三个方面做了详细的分析和论证。并针对关锋、林聿时两同志的《论孔子》一文（该文载《哲学研究》1961 年第 4 期）进行商榷。在"有教无类"、"'人'和'民'"、"君子和而不同，小人同而不和"、"天命"、"中庸"等一系列问题的解释上，提出了自己的看法。特别是他不同意关、林两同志说孔子是"主观唯心主义和'客观'唯心主义的折衷杂拌"这一结论。

《历史研究》杂志发表的这篇文章比较客观、公正地评述了

---

① 《谈谈关于孔子评价问题》这篇文章的副标题是《兼与关锋、林聿时两同志商榷》，写于 1961 年下半年。此前，关锋、林聿时二人曾在《哲学研究》杂志 1961 年第 4 期发表了《论孔子》一文，先生读后不同意这篇文章的观点，于是就写了这篇文章与关、林两人争鸣。但这篇文章只有油印本，并未正式发表。

吉林大学的这次学术活动,并详细地列举了讨论会上各种不同的学术观点及其主要依据。文章对这次学术讨论中各种意见的概括和评论也比较准确。

自从马克思主义史学理论传入中国之后,中国的史学家、史学工作者绝大多数并不否认中国古代曾经存在奴隶社会。但是古代的奴隶制度到底有多少种形态,中国古代的奴隶制度与古希腊、古罗马的奴隶制度是否相同,中国的奴隶制度到底从何时开始,又到何时结束?史学界众说纷纭,极为混乱。这个问题又与中国古史分期问题密切相关。这些问题如果不能很好解决,又会直接影响中国古代政治史、制度史、思想史、文化史、哲学史、文学史等等各学术领域的研究。为此,先生写了《中国奴隶社会的几个问题》一书。此书于 1962 年 2 月由中华书局出版。书中主要论述了如下三个问题:一、关于中国奴隶社会的特点问题;二、关于中国奴隶社会的下限问题;三、关于中国奴隶社会的上限问题。先生经过详细、深入的分析、讨论,认为中国的奴隶社会属于东方的奴隶制类型,而不属于典型的古典的奴隶制类型。中国奴隶制应从夏代建立开始,至秦始皇统一中国结束,包括夏、商、西周、春秋、战国几个历史阶段。先生没有参加 50 年代中国古史分期问题的讨论,这本《中国奴隶社会的几个问题》的小册子则初步表述了先生对中国古史分期问题的基本观点,同时也为日后《中国奴隶社会史》的写作奠定了初步基础。

《吉林大学社会科学学报》1962 年第 2 期刊载了先生的论文《论孔子学说的"仁"和"礼"》。

原吉林大学副校长、吉林大学历史系创办人佟冬先生于 1961 年春被派往沈阳,负责筹建东北文史研究所,不久,该研究所由沈阳迁至长春。佟冬先生任所长。为提高办所品质,加强对全所研究人员的业务培训,佟冬决定从全国各地聘请一批名家来文史研究所讲学。在拟聘请讲学的名单中,包括著名哲学家钟泰先生。钟泰（1888—1979），江苏南京人，号钟山，别号待庵，曾更名育华。早年留学日本，毕业于日本东京大学。归国后任两江师范学堂日文译教，又任《共和杂志》社社长。1924年转任杭州之江大学国学系教授兼系主任。1939年任湖南蓝田国立师范学院教授。1943年任贵阳大夏大学文学院长兼中文系主任。1944年入蜀，抗战胜利后回上海，任光华大学教授。解放后入华东师范大学，后转入上海文史馆。1979年病逝于家。著有《中国哲学史》、《国学概论》、《荀注订补》、《庄子发微》、《春秋正言断词三传参》等。佟冬知道钟泰是先生业师马一浮的至友，就请先生给马一浮写信，通过马一浮先生转请钟泰来长春讲学。先生遵嘱致信马一浮先生。1962年2月18日，马一浮先生回函，全文如下：

　　晓邨仁弟足下：

　　　　隔阔多年，忽荷惠书，获详近履，深慰别怀。承贵省文史研究所欲延钟钟山先生讲论，此甚盛事，嘱为劝驾，固当不吝一词。即致书钟山，并将来书附去。顷已得钟山复书，亦即附呈一览。贤者今谨于去就，于此见其不苟。礼重就问而薄往教，良有以也。又，来示询及浙中耆宿，多已凋谢。故旧中有兰溪叶左文渭清，笃行博闻，治宋史四十余年，著书满家，在今日可称硕果。然年已近耄，今年七十七。决不能远行，故不敢以为言。浮近年患白内障，已邻于瞽，下笔不辨点画，行步需人，不唯绝学捐书，寻常亦不亲笔札，余年殆无久理。贤辈及此精力未衰，益勤讲习，助隆教化，诚衰朽之所乐闻也。方春犹寒，诸唯珍重，不宣。浮白。旧历壬寅元宵前一日。①

---

① 《马一浮集》第2册，第930—931页。

申屠炉明按：

> 从此信中知，在向科学进军的运动中，东北文史研究所
> 遍请海内名家讲学。钟泰讲学实系先师致信马先生促成。

钟泰先生接受佟冬所长之聘，于1962年春季到长春东北文史研究所讲学，先后达四年之久。直到"文革"开始后，钟泰先生才返回上海文史馆。讲学期间钟泰先生就住在吉林大学"鸣放宫"后面的柳条路，与吉林大学部分教工住宅相邻，因此与吉林大学的一些学者常有来往。

关于钟泰来东北文史研究所讲学之事，罗继祖先生在《"文革"日记》中亦有记载：

> 钟在所讲《论》、《孟》，滕飞①去听讲，颇为叹服。滕说，佟老真有办法。他请来一个钟泰，无异来了十来个钟泰，因为钟认识的熟人多，可以介绍，人家看钟的面子不能不来。这个话虽然代表滕飞的意见，但佟冬所以尊钟为所中台柱，用意也未必不如此。②

先生《关于荀子的几个问题》是针对当时学术界流行的一些错误的学术观点而写的。如《新建设》1957年第6期刊载的《中国哲学史讲授提纲》中说"荀子是新兴的统治者——封建地主阶级利益的拥护者"；郭沫若在《宋钘、尹文遗著考》中论证《管子》中的《心术》、《白心》、《内业》等篇为稷下黄老学派宋、尹的遗著，并在《十批判书》中说"荀子关于心的见解主要是由宋钘的《心术》承受过来的"。杜国庠则在《先秦诸子的若干研究》中说："我们在荀子的思想中，就可看出由礼到法的发展痕迹。这

---

①吉林大学历史系教授。
②罗继祖：《"文革"日记》，见《长春市县（市）区政协文史资料选编》，《长春文史资料》总第57辑，吉林省内部资料第99022045号，第235页。

是历史发展的反映。所以韩非虽事荀卿传其学,却一转而为法家的集大成者,不是偶然的。"先生在这篇文章中批驳了上述错误观点。这篇文章发表于《吉林大学社会科学学报》1962年第3期。

是年冬先生应邀到山东省济南市参加"纪念孔子逝世2440周年学术讨论会",先生提交的会议论文就是不久前所撰写的《谈谈关于孔子评价问题》,只是在吉林大学举办的讨论会后略加补充和修改。这篇文章虽然在会议上宣读、交流了,但这次会议没有出版论文集。又因为关锋、林聿时彼时为学界"当红"的人物,先生的这篇文章未能在报刊上正式发表。①

先生此时为历史系高年级学生讲授先秦思想史专题课,并与助手田居俭共同撰写了《先秦思想史专题讲授提纲》讲义。据田居俭先生回忆,这部讲义的整体构思、篇章设计、各章节的具体内容都是先生口述,由田居俭执笔记录,然后由先生亲自修改、润色、定稿。最后再由田居俭刻写、校对、油印。后来为了给听课的学生提供讲义,又由吉林大学印刷厂用手动打字机打字、油印,仍由田居俭负责校对。在刻写本和打字油印本讲义封面上都署名金景芳编著。先生发现后就对田居俭说:这怎么可以?讲义是我们两个人编写的,怎么能只写我一个人的名字?先生让田居俭把他的名字加上,田居俭不肯,先生就打电话找历史系资料员濮良能,让他到印刷厂要来几个铅字,在每一本讲义的封面上都加印了田居俭的名字。田居俭说,这是一件小事,但能够反映先生的高风亮节。这个讲义的内容共分为四个单元:第一单元的题目是《关于思想史的几个根本性问题》,相当于《绪论》,下分三节:1.思想史的对象和任务问题;2.思想史的研究方

①这次我们为先生编纂《全集》时,把先生的这篇文章编入《全集》第九册《论文·子学编》中。

法问题;3.学习思想史的目的问题。第二单元的题目是《略论春秋战国思想》,讲春秋战国时代思想文化产生的历史背景,下分四节:1.春秋战国时期是我国古代学术史上的黄金时代;2.春秋战国时期"百家争鸣"局面形成的历史条件;3.春秋战国时期思想界几个著名学派简要介绍;4.春秋战国时期各学派斗争结局及其对后世的影响。第三单元的题目是《道家思想》,下分两节:1.老子;2.庄子。第四单元的题目是《儒家思想》,下分三节,1.孔子;2.孟子;3.荀子。先生重点向学生讲授的是春秋战国时代道家和儒家两个学派的思想,春秋以前的思想没有涉及,战国时代道家和儒家以外的其他各家思想也没有涉及。据听过金老这门课程的学生们回忆,这个讲义共分绪论、儒、道、法、墨、结语等六章。另据 1966 年 6 月中共吉林省委宣传部文化革命领导小组办公室学术组编印的一份"内部资料"透露,他们搜集、整理的批判先生的材料有的出自 1963 年油印的《先秦思想史专题讲义》,但这个油印本讲义我们至今尚未见到,因此我们已经见到的这本《先秦思想史专题讲授提纲》,或许并非一部完整的先秦思想史专题讲义。

11 月 3 日,先生与中华书局签订了《先秦思想史》和《两汉经学》的约稿合同。《先秦思想史》预计 40 万字,约定 1963 年年底完稿;《两汉经学》预计 8 万字,约定 1964 年 9 月底完稿。可是毛泽东在这一年发出了"千万不要忘记阶级斗争"的号令,社会上"阶级斗争"的风声越吹越紧,政治运动也接连不断,校园内难得平静。先生几年来已连续多次遭受批判和围攻,心有余悸,每天都是"战战兢兢,如履薄冰",无法静下心来从事学术研究。因此这两项研究无法按原计划完成,先生对此深感无奈。

吉林大学历史系学生为了活跃学术气氛,锻炼和提高自己从事学术研究的能力,创办了自己的学术阵地,名曰《春秋文苑》。这个学术阵地的发起人、主持者、系学生会负责人、现著名红学家胡文彬请当时历史系主任金景芳教授为《春秋文苑》题辞。先生高兴地为该刊挥毫：

> 我以极兴奋的心情，看到了你们开辟这个新的学术园地。你们要爱护它，努力把它办好。通过这个园地上的锻炼，使你们成为科学战线上一支最优秀的队伍。

为《春秋文苑》发刊题

金景芳
十二月七日

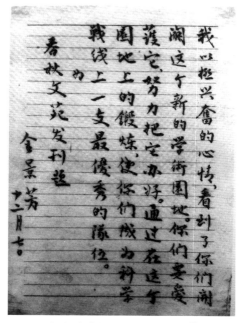

先生为《春秋文苑》题辞①

①先生为《春秋文苑》题辞影印件系先生的学生、著名红学家胡文彬先生提供，谨致谢忱。

先生作为著名历史学家、吉林大学历史系主任,对青年学子的殷殷嘱托和关爱给学生们以极大的鼓舞。

## 1963 年　62 岁

春季,先生应武汉大学唐长孺教授之邀,到武汉大学历史系讲学。回程又顺访辽宁大学,并在辽宁大学历史系作学术演讲。在武汉大学先后讲两场,第一场讲老子,第二场讲井田制度。在辽宁大学讲的也是井田制问题。

先生撰写的《关于井田制的若干问题》,发表于《江汉学报》1963 年第 4 期。

《释"二南"、"初吉"、"三浍"、"麟止"》发表于《文史》杂志第三辑,1963 年 10 月出版。先生在这篇文章中,排除了前人对这些词语的种种误解,廓清了历代训诂学家的错误训释,经过详尽的考证和辨析,弄清了这些词语的本来涵义,为正确地阅读和理解先秦古籍扫清了障碍。"二南"是《诗经》十五国风中《周南》、《召南》的简称。《周南》和《召南》这两个标题是什么意思?特别是这两个"南"字如何解释,历来解说者分歧很大。例如《毛诗》大序说南是"自北向南";韩婴叙《诗》说"其地在南郡南阳之间";宋人程大昌说"南、雅、颂,乐名也。若今之乐曲之在某官者也。南有周、召,颂有周、鲁、商,本其所得而还以系其土也。"章太炎说:"二南为荆楚风乐。"众说纷纭,其实都没有说对。先生则认为"南"应释为《国语·周语》所说"郑伯,南也"之南。这个"南"不是方向词,也不是乐名,而是一种爵位的名称。历来注《国语》者对这个"南"都没有解释对。例如韦昭《国语解》说:"贾侍中云:'南者,在南服之侯伯也。'"《春秋公羊传》称周公、召公分陕而治,所谓"周南",就是周公所治之国;所谓"召南",就是召公所治之国。周、召称南同郑伯称南一样。这个"南"当训为"任","二南"即指周、召二公所担任的政治区划。释"初吉",

是说"初吉"是指一个月三旬中,在初旬内的吉日,不应与生霸、死霸并为一谈。因为生霸、死霸是指月相,与择吉日不是一回事。释"三湌",是说庄子《逍遥游》中的"三湌"。先生认为这个"三湌"不应解释为吃三顿饭,而应解释为在一顿饭中所吃饭食的三个单位数量,表明吃的相当少。释"麟止",是说《史记·自序》所说的"故述往事,思来者,于是卒述陶唐以来,至于麟止,自黄帝始"中的"麟止"。先生认为"述陶唐以来"的"陶唐",是指孔子所修《尚书》的上限。"至于麟止"的"麟止"是指孔子所著《春秋》的下限。总之,表明《史记》之作,是继承孔子,完成孔子的未竟之业。

著名古文字学家于省吾教授读了这篇文章后曾对先生说:你今后应当多写这样的文章。

## 1964 年　63 岁

《关于井田制的若干问题》在《吉林大学社会科学学报》1964 年第 1 期发表。

先生招收的第一届研究生曹国彦和刘焕曾本应在是年年底完成学业,参加学位论文答辩。两位研究生的学位论文也已大体准备就绪,但因当时社会上"阶级斗争"之弦绷得越来越紧,校园里一片肃杀之气,两位研究生一位因出身地主家庭,一位因所谓"反动言论",被审查、被批判,乃至送往农场进行"劳动教养",结果先生辛苦培养的两位研究生都未能按时答辩,正常毕业。先生对此深感痛惜。

曹国彦,祖籍河南商丘,生于 1931 年 1 月 5 日。童年、少年是在日本侵华战争中度过的,因避难常居无定所,断断续续地读了三年多的私塾。1945 年抗战胜利,就读于一所私立中学,1948 年考入河南省立二高。同年冬家乡解放,

1949年秋在学校报名参军。在中南空军宣传部门先后任文化教员、理论教员、理论指导员、政教助理等职。1956年1月转业到广州工人技校,任政治教师,旋即考入北京大学历史系。1961年考取金景芳先生的先秦史研究生。在金老门下学习四年,感受最深的是先生严谨的治学态度。先生常告诉学生们:研究学问必须做到真知灼见,不能浅尝辄止,更不能人云亦云;做学问要有多闻阙疑的态度,绝不能凭单例孤证就下结论。1965年毕业,分配到东北文史研究所先秦史研究室工作,但不久就开始了惊心动魄的"文化大革命"。1969年研究所撤销,员工下放到"五七干校"劳动锻炼,一呆就是六年。"文革"极左思潮泛滥成灾,许多怪事令人啼笑皆非,不寒而栗。加之个人出身不好,且已知道离吉大时档案内有"内控"的记载,为求后半生平安,无奈做出弃研改行的抉择。经个人申请、"五七"战友推荐,于1974年年底调到油田工作,先后从事理论教育和中学教师工作。随着拨乱反正工作的深入开展,80年代中期政治环境逐渐宽松,且1985年组织问题也得到解决,这时可以归队,也有高校接收,但油田不愿放,妻子又不愿离开油田,因此放弃了。1991年3月在中学教师岗位上退休,4月接受《华北石油经济》编委会之邀,从事编辑工作,2009年退出。

刘焕曾,吉林省大安县(今大安市)人,1936年6月出生。1956年考入北京大学历史系,1961年毕业。同年考入吉林大学历史系,师从金景芳教授学习先秦史。1963年下半年开始撰写学位论文,题目是《周代军事制度的若干研究》,并顺利地完成了论文初稿。尚未进行论文答辩,随同全部毕业生被派往农村参加"四清运动"。1964年3月,因所谓"反动言论",被错误地打成"反动学生",遣送农场劳

吉林大学历史系第八届毕业生合影
一九六四年七月

时任吉林大学历史系系主任的先生和历史系第八届本科毕业生在鸣放宫前合影。第二排左起第九人为于省吾先生，第十人为先生

动教养。劳教期满后适逢"文革",问题长时间无人过问。1970年7月,随最后两届高校本科毕业生一起被"扫地出门",到大安县人民银行任出纳员。1979年8月被平反,恢复名誉和各项待遇。1981年5月应邀到锦州师范学院(后更名为渤海大学)任教,历任讲师、副教授、教授。1986年加入中国共产党。先后讲授中国古代史、历史要籍介绍及选读、中国古代政治制度史、中国法律制度史、中国法律思想史等课程。先后主编了《新编中国古代史》(上、下,吉林文史出版社出版),《辽金元史》(吉林人民出版社出版),《中华五千年奇谋妙计》(吉林文史出版社出版),参与编写《中国史纲要》、《中国历史要籍介绍及选读》。发表学术论文近20篇。

9月10日,先生《关于井田制的破坏问题》一文写就,约两万字,先生亲自用稿纸誊清,共59页。另标《关于井田制度的几个问题(续)》。此文因故未能公开发表。"文革"后先生出版的《论井田制度》一书亦未曾详细论述这一问题。①

是年暑假开学后,先生招收了第二届中国古代史专业研究生,共三名,即王治功(内蒙古大学毕业),陈恩林(吉林大学毕业)和黄云峰(吉林大学毕业)。但入学仅一个多月,这三位研究生便被派往农村参加"社会主义教育运动",学业因此中断。

## 1965年　64岁

先生自1959年去北京参加郭沫若主编的《中国史稿》学术讨论会之后,就萌生了独立撰写一部先秦史的想法。《中国奴隶社会的几个问题》1962年在中华书局出版后,先生撰写先秦史的

①这篇文章的手稿后来在整理先生遗物时发现,已经编入《金景芳全集》第七册《论文·历史编》中。

吉林大学历史系 1965 年毕业生集体合影。第二排左起第六人为先生

先生与 1964、1965 两届毕业的研究生合影。前排左起第一位为先生，第四位为于省吾教授

志向更加坚定,并为此而积极
地进行资料准备工作。当时
先生正在阅读孙诒让的《周
礼正义》一书。他在一封写
给学生的信中说:"读孙诒让
《周礼正义》,已读毕 28 册。
全书 60 册,看来暑假前可能
读完,目的是想为写先秦史作
准备。里面确实有许多好东
西,不系统地读,是不能发
现的。"①

"文革"前夕的先生

适应国际形势发展需要,
经国务院批准,吉林大学成立
了苏联、日本、朝鲜和印度四个新的研究机构。因工作需要,先
生招收的第二届研究生王治功和黄云峰被调整到新成立的印度
史研究室工作,身份由研究生变更为助教,只留陈恩林一人继续
学习先秦史。

是年,先生《井田制的发生和发展》一文发表于《历史研究》
1965 年第 4 期。

中共吉林省委宣传部部长宋振庭在这一年召开的全省政治
理论课教师大会上宣称:吉林大学历史系由"孔教徒"挂帅。吉
林大学当时是由教育部和吉林省共管的大学,也是东北地区唯
一的一所综合性重点大学。作为省委宣传部长,在这样的场合
如此宣布,其严重性可想而知。在这种情况下,当时担任吉林大

---

① 先生 1965 年 3 月 25 日致学生王治功的信。此信复印件由王治功于 2012
年 12 月 17 日提供。

学历史系主任的先生只能"靠边站"了。① 一场前所未有的政治
灾难即将降临，此时已经是"山雨欲来风满楼"了。

　　是年11月30日，《人民日报》转载了姚文元在《文汇报》上
炮制的《评新编历史剧〈海瑞罢官〉》，紧接着又批判所谓"三家
村"和《燕山夜话》，史无前例的"文化大革命"的序幕拉开了，此
时校园里一切正常的教学、科研活动都已陷于停顿。

------

①金景芳：《我与中国20世纪》，见许明主编：《中国知识分子丛书·我与中国20世纪》，第26页。案：宋振庭是一位很有才华的学者、杂文家和领导干部，"文革"后调任中央党校教务长。晚年患胰腺癌，去世前半年他在写给夏衍的信中说："1957年反右，庭在吉林省委宣传部工作，分管文教、电影。在长影反右，庭实主其事，整了人，伤了朋友，嗣后历次运动，伤人更多，实为平生一大憾事。三中全会之后，痛定思痛，顿然彻悟。对此往事，庭逢人即讲，逢文即写。我整人，人亦整我，结果是整得两败俱伤，真是一场惨痛教训。"见刘仰东：《宋振庭其人其才》，载于《炎黄春秋》2007年第10期。人之将死，其言也善，他晚年对自己在历次政治运动中的表现作了深刻反思，对后人不无警示作用。

# 第六章　十年内乱

## 1966 年　65 岁

　　1966 年 5 月,中共中央召开政治局扩大会议,5 月 16 日,通过了《中国共产党中央委员会通知》(即《五一六通知》)。6 月 1 日,北京大学聂元梓等人贴出了炮轰校领导和北京市委的所谓"第一张马列主义"的大字报,《人民日报》发表了《横扫一切牛鬼蛇神》的社论,这场"轰轰烈烈"的"文化大革命"正式开始了。

　　6 月 16 日,中共长春市委派工作队进驻吉林大学。不到一周,因"红旗事件"①市委工作队被学生轰走。紧接着中共吉林省委和长春市委联合工作队进校。联合工作队队长、省委宣传部副部长韩容鲁在进校当天召开的全校师生员工大会上宣称:"吉林大学历史系主任、教授金景芳是反党、反社会主义、反毛泽东思想的三反分子。"那阵势真够吓人的。一时间,先生成了全校瞩目的头号"反动学术权威"。其实韩容鲁这样说是"有的放矢"的,因为就在韩容鲁率领工作队进校之前,中共吉林省委文化革命领导小组办公室学术组刚刚编印了一本"内部资料",名曰《金景芳的反党反社会主义黑货》。这本"内部资料"搜集了

―――――――――――

① 长春市委工作队进驻吉林大学后召开全校师生员工大会,因会场没有悬挂国旗,引发广大学生不满,学生们愤怒地涌上主席台,使会场秩序失控,最终导致市委工作组无法在吉林大学立足。

先生自 1957 年以来的文章、著作、讲义、发言记录等共 12 种,分列 5 个大标题,下设 17 个分目,摘录先生的所谓"反动言论"共 75 条。这本"内部资料"的编者在《前言》中宣称:"吉林大学历史系教授兼系主任金景芳,从 1957 年特别是 1961 年以来,通过一系列的文章、报告和讲义,散布了大量封建的、资产阶级的和修正主义的谬论。……当无产阶级文化大革命在全国展开,革命群众向反党反社会主义黑帮进行反击的时候,金景芳又公然提出了必须'批判继承'剥削阶级道德的主张,为'三家村'黑帮的急先锋吴晗积极辩护,并气势汹汹地叫嚷要和无产阶级革命派'大战三百回合'。这充分暴露了他对无产阶级文化大革命的刻骨仇恨。金景芳的一系列言行表明,他是个封建主义、资本主义的卫道士,虔诚的孔教徒。他的反动理论和主张,是反党、反社会主义、反毛泽东思想的大毒草。"先生当时有那么多"把柄"被工作队握在手里,工作队显然是有备而来,不过没有料到的是,工作队仅在吉大进驻了一个多月便撤走了。

是年 8 月 4 日和 5 日,吉大"造反派"组织了全校规模的所谓"斗鬼会"。全校党政领导干部、著名专家学者等一百多人被游街、批斗。其中大多数都被戴高帽、挂牌子。先生挨斗时胸前挂的牌子上写着"孔教徒"三字,而且还在这三个字上面用红色墨水打了个大叉。

自"斗鬼会"之后,全校被批斗的干部、教师统统都被打入"黑帮",这些人在最紧张时被集中看管,不能回家,即所谓"蹲牛棚"。先生自然不能幸免,每天和其他被关进"牛棚"的人一样,不停地开会、学习、接受批判。有时全体"牛棚"成员被分成若干组,开中会或小会。大家或自我检讨,或互相揭批。后来这些被关进"牛棚"的人虽被允许回家了,但每天必须准时到固定地点集合。除开会、学习外,由专人带领参加各种体力劳动,谓之"劳动改造"。如清洗厕所,打扫楼道、走廊,擦教室玻璃和桌椅,平整操场,拔草,到菜窖修理大白菜、挑土豆、削萝卜,在工地运砖头、清理垃圾,等等。

是年年底,吉林大学以工人为主体组成了"房产造反委员会",用强行搬迁、强行插户、强行串换住房、强行驱逐出校等手段,强迫教师和领导干部搬出原来的住房。被强迫搬家的共96户,其中党政干部42户,教师49户,其他5户。他们原来的住房则被强行占用。一些校系领导和知名教授则被迫住进简易房、门房、鸡舍等。物理系一位元副教授由于原来的住房被他人强行占用,生活困难,不能自理,吞金自杀未遂,精神受到极大创伤。

先生一家于此时被迫从柳条路一号搬至柳条路三号的门房居住。罗继祖先生的《"文革"日记》1966年12月30日星期五记载:"下午,李景林等去帮金景芳搬家,我和单(庆麟)、滕(飞)、杜(若君)在楼内清扫。"①罗先生在《"文革"日记》中记录的这次搬家,就是指先生全家被从柳条路一号赶出的那次。新搬入的门房建筑低矮,面积狭小,又非常潮湿,冬季无取暖设备。先生多年购求积累的大批图书资料无处存放,有的不得不塞到床下或堆放到角落里,时间稍长,这些宝贵的图书资料便开始霉烂,先生非常痛惜,但又无可奈何。

## 1967年 66岁

自1966年10月以后,由于这场运动在广大群众中引起的混乱和意见分歧日益严重,社会秩序完全处于失控状态,于是各

---

①罗继祖:《"文革"日记》,见《长春市县(市)区政协文史资料选编》,《长春文史资料》总第57辑,吉林省内部资料第99022045号,第241页。文中提到的诸位均为吉林大学历史系教师。

种群众组织纷纷成立。吉林大学的学生和教职员工逐渐形成了两大派别，一派称为"红色造反大军"，另一派称为"红旗野战军"。不久"红色造反大军"加入了长春市的"二总部"和吉林省的"红革会"，"红旗野战军"则加入了"长春公社"，其他院校和工矿企业、事业单位也都成立了相应的群众组织，并分别加入了吉林省和长春市两级相互对立的组织，遂形成了"红二派"和"公社派"的严重对立。紧接着，两派之间由对立发展为对抗，武斗在两派之间不断升级。随着大批武器弹药流入群众组织，两派之间的大规模武装冲突经常发生，冲突双方的死伤者也越来越多。在当时长春地质宫两侧的树林中，因武斗而死亡者的坟墓在不断增加。就在两派都忙于武斗时，运动初期被游街、批斗、关进"牛棚"、强制劳动改造的那些"走资派"、"反动权威"此时反倒很少有人过问了。先生曾说，这段时间，是他们在"文革"运动中很难得的相对比较"逍遥"的时期。

## 1968 年　67 岁

为了缓和群众组织的对立，抑制不断升级的武斗，管控日益混乱的社会秩序，当时的"文革"决策层号召两派群众组织进行所谓"革命大联合"，学校成立了"革命大联合委员会"。但实际上两派是联而不合。不得已，决策层决定派遣军队和工矿企业的工人进驻学校，谓之"解放军毛泽东思想宣传队"和"工人毛泽东思想宣传队"，对学校进行"军管"和"工管"。当时"中央文革小组"重要成员姚文元发表了《工人阶级必须领导一切》的文章，叫嚷要打破所谓"资产阶级知识分子独霸的一统天下"，在学校和各种文化机构纷纷成立"群众专政指挥部"，大张旗鼓地搞什么"清理阶级队伍"，广大教职员工受到残酷迫害。那时的所谓"群众专政"，实质上就是"专"群众的"政"，"专"知识分子的"政"；所谓"清理阶级队伍"，实质上就是把广大知识分子视为阶级异己,当作工农大众的对立面。在这次"清理阶级队伍"运动中,大批干部、教职员工甚至青年学生都被列为清理对象,他们被长时间关进"牛棚",接受审查、批判、斗争。工宣队和军宣队领导的"群众专政指挥部"可以为所欲为,他们非法地私设监狱、私设刑堂,对大批无辜者严刑拷打,刑讯逼供。据统计,当时全校被抓来的"专政对象"多达 222 人,仅教学楼一处就集中关押 130 人,动用的刑罚多达 29 种,刑具有 19 种之多,接受各种刑罚者多达 74 人。他们颠倒黑白,罗织罪名,制造了大量的冤假错案,不长时间内就导致 10 人非正常死亡。其中有副教授 1人,讲师 1 人,助教 3 人,副处长 1 人,医生 1 人,职员 1 人,工人2 人。有的被关押者无法忍受残酷的折磨和虐待,被迫逃离学校,躲进深山老林,过非人生活达数年之久。[①]

　　先生在这次"清理阶级队伍"过程中,也被多次逼供,多次被迫交待所谓"历史问题"。其实这些所谓"历史问题",先生在建国之初重新分配工作和 1956 年申请加入中国共产党时早就交待得一清二楚。可是专案组仍在一些细节问题上纠缠不休,反复审讯,强令先生"坦白交待"。先生不得不反反复复地写"交待材料",专案组也不时地派人到各地去"搞外调",在先生的档案中至今还保存着不少那时被迫写的"交待材料"和专案组的"外调材料"。这次"清理阶级队伍"持续的时间很长,从 1968 年下半年一直持续到 1969 年春季。个别专案持续的时间更长。

## 1969 年　　68 岁

　　"清理阶级队伍"运动仍在继续进行。先生迫于"专案组"

---

① 以上材料见《吉林大学校史(1946—2006)》,吉林大学出版社 2006 年版,第 33 页;另见吉林大学校史编委会:《吉林大学史志(1946—1986)》,吉林大学出版社 1986 年版,第 69 页。

的压力,仍在不断地反省、检查,写"交待材料"。仅这一年的 1 月、2 月两个月,先生被迫写出的"交待材料"就有 6 份:

1.《关于复性书院的详细情况》,写于 1969 年 1 月 14 日。

2.《我在东北大学时期的详细情况》,写于 1969 年 1 月 17 日。

3.《关于我参加国民党反动组织的问题》,写于 1969 年 1 月 30 日。

4.《我与金毓黻的关系》,写于 1969 年 1 月 31 日。

5.《我与齐世英的关系》,写于 1969 年 2 月 5 日。

6.《简历》,写于 1969 年 2 月 7 日。这份《简历》中的每一经历、每一事件都按照"专案组"的要求提供了相关的证明人,以备"专案组"调查、核实。

经过"外调"和反复审查,"专案组"没有发现先生历史上再有什么疑点,终于被宣布"解放",即解除隔离审查,恢复人身自由。自"文革"开始以来,先生最早被省市联合工作队队长韩容鲁在全校大会上宣布为"三反分子"。那年月,"三反分子"就是与"革命群众"势不两立的阶级敌人,是要被"彻底打倒",还要被"再踏上一只脚"的反动派。那时,先生已经做好了最坏的思想准备,甚至想到了长期坐牢或流放到偏远的地方去劳动改造。眼下,先生由远近闻名的"三反分子"突然又变成了自由人,这令先生徒增感喟,真是风云变幻,世事沧桑。当时"文革"尚未结束,未来的祸福虽难逆料,但眼前这一关毕竟算是渡过了,先生感到还是值得庆幸的!

是年秋季,先生随全系师生下乡到舒兰县参加所谓"斗批改"和"教育革命",实即参加农业生产劳动。先生出身于贫苦农民家庭,早年初级小学毕业后因贫困而辍学,在家务农两年。后来虽多年离开农村,但先生对各种农业生产劳动并不陌生。此时虽已年近七旬,但身体尚佳,许多农活尚能胜任。这位戴着近视镜的大学教授割地、打捆、扬场,都干得有模有样,受到当地农民的称赞。虽然苦些、累些,但心情要比整天关在"牛棚"中接受审查、写交待材料时要舒畅多了。

刚刚从舒兰秋收回来,全校教职员工面临的一场更大的灾难又接踵而至。据说当时林彪发布了关于"加强战备"的紧急指示,学校召开动员大会,号令全校教职员工立即行动,到农村去插队落户,美其名曰"走五七道路"。12月1日,首批280户教师和干部被赶到舒兰、伊通两县"插队落户",紧接着,又先后分几批共580多户被下放到吉林省的柳河、和龙、长岭、扶余、蛟河、科右前旗等地去安家。插队总数达860户,其中有教师626人,占全校教师总数的84.5%,他们多数是中老年知识分子,包括教授6人,副教授17人。时值隆冬,事先没有任何思想和物质方面的准备,而当时农村的住房本来就很困难,绝大多数房屋低矮、破旧,又无防寒设施,那些被赶到农村的教职员工的艰难困苦,可想而知。先生因年事已高,当时老伴已年过七十,身边又无子女照顾,这才幸免于难,未被赶往农村。

## 1970年 69岁

5月,全校按照上级部署,开展大规模的所谓"批清"运动,即批判、清查"五一六反革命阴谋集团"。其实所谓"五一六反革命阴谋集团"纯粹是子虚乌有。清查的结果当然又是一大批高等院校的教师、学生受到残酷迫害。这次"批清"运动虽未直接触及先生,但也足以让刚刚"解放"不久的先生再次感到不寒而栗。

6月,工农兵学员试办班开学。全校共招收工农兵学员406人,学制两年,分为11个专业,其中包括历史专业。试办班实行开门办学,理科深入工厂,文科各专业则"以社会为工厂",真正的专业课程开得不多。先生虽被宣布"解放",但在军宣队和工宣队眼中仍属"另类",因而没有资格给历史专业的工农兵学员上课。

8月初,全校"老五届"中最后两届本科生举行"毕业典礼",他们终于被允许走出校门。"文革"前重点大学的本科生大多数都是五年学制。而当时的六九届学生是1964年入学的,因"斗批改"的需要,在校时间已经六年,迟迟不让就业,且不发工资,这些学生都翘首以待。彼时尚无网络交流资讯,因而这一届的学生们不时地贴出"热切期盼4600部队'钱'政委进校支左"①之类的大标语。这一天终于盼到了,大家喜不自胜。但因这两届学生受"文革"影响,上课较少,加之当时的特定背景,他们统统被当作"残次品"扫地出门。有的"工宣队"、"军宣队"领导直言不讳地说这两届学生是"旧教育路线的牺牲品,新教育路线的试验品,社会上的处理品"。在这种情况下,"老五届"学生中的最后两届学生绝大多数都被派往最贫穷、最偏远的基层,学生们称当时的毕业分配为"发配"。

## 1971 年　70 岁

4月,全国教育工作会议在北京召开。这次会议在张春桥、迟群等人的操纵下,炮制了《全国教育工作会议纪要》。这个《纪要》认为新中国成立以后的17年在教育战线上"是资产阶级专了无产阶级的政",是什么"黑线专政";17年来培养的学生"大多数世界观基本上是资产阶级的","是资产阶级知识分子"。这就是臭名昭著的"两个估计"。"两个估计"对新中国17年的教

---

① "文革"前大学本科毕业生第一年工资是46元,即4600分。当时部队番号是四位数。呼吁"4600部队'钱'政委"进校,这是在敦促有关部门尽快给学生们发工资,或让学生们尽快毕业。

育全盘否定,等于给新中国广大知识分子重新定了性,成为套在广大知识分子头上的"紧箍咒"。《纪要》传达后,全校师生很不理解,甚至有很大的抵触情绪。很多人对前途感到茫然。先生也觉得此时校内外一片肃杀之气,心头似乎再一次被阴云所笼罩。

"九一三"林彪叛逃、坠亡事件发生。这个事件已经宣告了"文革"路线的穷途末路。人们在震惊之余,似乎觉得国家又有了一线生机,但"四人帮"依旧猖狂,形势仍然严峻。

是年年末,学校决定从两年前被赶到农村插队落户的干部、教师中抽调第一批回校工作。这一批回校的"五七战士"共301人。他们的回校工作也给其他被赶到农村的教师、干部带来了希望。

## 1972 年　71 岁

先生自 1965 年开始便为撰写先秦史积极做准备,但不久"文革"开始了,先生的准备工作被迫中断。然而先生写作这部书的信念却从未动摇。即便在"文革"中极其艰难的情况下,先生仍见缝插针。是年 5 月 12 日,先生在写给学生胡文彬的信中说:

文彬同志:

日昨于崇阳同志告诉我,他在北京和您见面时,承您对我殷殷致问,并询及《中国奴隶社会》一书编写情况,至深感纫。

拙著编写工作正在进行中,已完成第一章是《中国奴隶社会的产生》,内分六节,共两万多字。将来全部完成,估计达二十万字左右。由于日间常常还要做别的工作,不能把全部精力都用在这上面,脱稿时间可能要拖长。不过,我努力争取能在明年暑期写出来。

京中关于古史方面,有什么新闻,便中望以见示。

此致

敬礼!

金景芳

1972.5.12

5月,第二批"五七战士"共266户奉命回校。之后不久,其余被赶到农村的教师、干部也陆续回校。

6月,根据国务院有关通知精神,全国大专院校相继恢复招生。吉林大学有20个专业共招收工农兵学员815人。当时各系、各专业的教师在极其困难的情况下,认真制定教学规划,编写教材,学校图书馆和各系资料室也开始整理、购置图书资料,学校开始呈现办学气象。先生此时也摩拳擦掌,跃跃欲试。

1972年年初,考古工作者在湖南长沙马王堆发掘了一座西汉墓葬,被称作马王堆一号汉墓。在这座墓葬中,出土了一具保存非常完好、肌肤尚有弹性的女尸,还有大量的陪葬品。这一发现震惊了全世界。根据墓中的陪葬品和后来马王堆二号汉墓出土文物判断,这座墓葬的主人是西汉初期长沙国丞相轪侯利苍的妻子,名曰辛追。在这座汉墓内棺的棺盖上,覆盖着一幅绘制精美的"T"字形帛画。这是在其他墓葬中的出土文物中从未见过的。关于这幅帛画的功用和名称问题引起了广大文物考古工作者和古器物学家的浓厚兴趣,一些专家学者纷纷发表意见。适值《文物》杂志编辑部来函向先生约稿,说文物出版社拟编辑出版《马王堆帛画研究论文集》,希望先生赐稿。于是先生就写了《长沙马王堆一号汉墓"帛画"之研究》一文。先生于9月20

日将文稿寄出。9 月 23 日该刊编辑部"来稿登记"方章显示先生的稿子已收到。适逢当时正在开展轰轰烈烈的"批林批孔"运动,任何其他事情都不能干扰所谓"斗争大方向",因而编辑出版《马王堆帛画研究论文集》一事遂被搁置。过了一段时间,编辑部以"不拟刊用"四字将原稿退回。附信中说:

> 金景芳同志:
>
> 　您好!
>
> 　本社原拟编辑、出版《马王堆帛画研究论文集》,后由于批林批孔开展,配合运动的任务很紧张,运动中不少工农兵读者对过去帛画研究的方向(孤立考证)提出了意见,因此,这项工作就停了下来。由于编辑此集的意见一时未定,故未及时奉复。今年根据来稿情况看,此集已决定不再编辑,大稿随信寄还,请原谅。致
>
> 敬礼!
>
> 　　　　　　　　　　　　　《文物》编辑部①

那时全国允许公开出版、发行的人文社会科学刊物只有《文物》和《考古》两家,其他学术刊物全部停办,因此发表文章极为困难。先生的这篇文章后来一直未能公开发表。我们在编纂《金景芳全集》时发现了先生这篇文章的手稿。笔者把这篇文章和其他几篇文章的手稿复印件一起寄给了编校人员。后因管理不善,包括先生这篇文稿在内的几篇重要文稿不幸相继丢失,未能编入先生的《全集》,造成重大缺憾。

## 1973 年　72 岁

4 月 23 日,先生完成了《对马雍〈论长沙马王堆一号汉墓出

---

① 这篇编辑部退稿函发现于先生的一本旧杂志中,未标明退稿时间。

土帛画的名称和作用〉一文的意见》的修改、定稿,并抄写完毕。这是长沙马王堆一号汉墓帛画出土后先生写的第二篇文章。这篇稿子寄出后同样未被采用。

5月9日,根据上级指示,军宣队撤离学校,从而结束了学校被军管的历史。中国自古有"秀才遇见兵,有理讲不清"的说法,孰料在那个特殊年代,中国的教育阵地被实行军事管制,且时间竟然长达四年之久,这在中国乃至全世界的教育史上都是闻所未闻的事情。中国历来有尊师重教的传统,教师是最受世人尊重的职业。就连历代的封建帝王都要祭拜万世师表孔子呢!可在那个年代却大张旗鼓地批判"师道尊严",广大知识分子被强迫"洗脑",让他们去接受工农兵的所谓"再教育",称他们为"臭老九",对他们反反复复进行精神乃至肉体上的折磨、摧残。中国自古以来普通家庭都挂有"天地君亲师"的牌位,教师是与天地君亲并称,备受世人敬重和祭拜的对象。《国语·晋语一》说:"民生于三,事之如一。父生之,师教之,君食之。非父不生,非食不长,非教不知生之族也,故一事之。"《荀子·礼论》说:"礼有三本:天地者,生之本也;先祖者,类之本也;君师者,治之本也。无天地恶生?无先祖恶出?无君师恶治?三者偏亡,焉无安人。故礼上事天,下事地,尊先祖而隆君师,是礼之三本也。"《史记·礼书》也说:"天地者,生之本也;先祖者,类之本也;君师者,治之本也。无天地恶生?无先祖恶出?无君师恶治?三者偏亡,则无安人。故礼,上事天,下事地,尊先祖而隆君师,是礼之三本也。"可见,自先秦以来,尊崇、敬重"天地君亲师"早已在礼仪之邦的中国形成优良传统,这是任何人无法改变的。"四人帮"之流倒行逆施,非要让教师和广大知识分子斯文扫地,这注定了他们必然灭亡的命运。

是年7月、8月两个月,毛泽东先后发表过几次谈话,谈到"批林批孔"和"儒法斗争"问题。"四人帮"以为有机可乘,遂到处煽风点火,大造舆论,鼓吹所谓"批儒评法"。紧接着,杨荣国发表了《西汉时代唯物论反对唯心论的斗争》,"梁效"抛出了《儒家和儒家的反动思想》,"施丁"炮制了《"焚书坑儒"辨》,"罗思鼎"拼凑了《秦王朝建立过程中复辟和反复辟的斗争——兼论儒法论争的社会基础》,劲云戈则编造了《右倾机会主义和孔子思想》,等等。这些文章的作者除了"四人帮"控制的写作班子,就是"四人帮"在各地物色的鹰犬爪牙。在他们看来,中国古代的法家就是革命派,就是代表社会发展的进步势力,儒家就是反动派,就是守旧和腐朽势力的代表,在两千多年来中国封建社会里,儒法斗争贯穿始终,一部中国封建社会史就是一部儒法斗争史。"四人帮"为了篡党夺权,竟然不顾起码的历史常识,随意编造历史,简直到了丧心病狂的地步。

## 1974 年　73 岁

是年2月,按照上级指示,召开全校动员大会,开展"批林批孔"运动。实际上是打着"批林批孔"的幌子,大批"今不如昔"论,批"资产阶级复辟势力"。进而提出"工人阶级必须长期占领、彻底改造学校",让工农兵学员"上大学、管大学、改造大学"等极左口号。并把两年前通过全校师生的努力刚刚有点起色的办学景象当作"修正主义教育路线的回潮"来批判,把当时积极参与办学的大批干部称之为"复辟势力",全校有58名领导干部被点名批判,使那些刚刚"解放"不久,满腔热情的大批干部受到极大打击,广大教师的办学积极性再一次受到严重挫伤。

"文革"期间,先生很少外出,与学界的老朋友大多数都中断了通信,资讯十分闭塞,只能偶尔与学生们通过信函相互联系。下面是先生写给学生胡文彬的一封信:

　　"文革"后期先生与家人合影。前排中间为先生和师母商桂芬，两侧是先生的外孙、外孙女，坐在师母膝上的是孙子。后排由左至右：大儿媳关福云、长子金庆征、次子金庆斌、二儿媳王继华①

　　文彬同志：

　　　　前者，迭荷以刊物见寄，至感盛谊！

　　　　我准备写《中国奴隶社会》，由于种种原因，长期搁置，难于如期完成。近顷研究儒法斗争，我写了一篇《也谈中国古代史的分期问题》，于上月寄送江平同志，请提意见。江平同志去年来我系，承询及我的科研计划，并嘱以后联系。因此我把这篇文章寄给了她。文章寄出后，时经月余，未见回信，不审是否收到？假如收到，有何意见，希望您能从侧面了解一下，来信告我。同时能将京中批林批孔进行情况

————————

①这幅照片由先生之子金庆斌提供，特此鸣谢。

惠示一二,尤所殷盼!

　　此致

敬礼!

金景芳

1974.8.22

　　按照"四人帮"及其在教育界代理人的安排,学校必须大张旗鼓地开展"评法批儒"运动,课堂上也要讲"评法批儒"课程,并要动员广大师生编写"评法批儒"的书籍、画册和各种普及"儒法斗争"知识的宣传品。"四人帮"等以"中央"的名义下达文件,"钦定"了中国古代30多个历史人物为"法家代表人物",明确指示北京大学和吉林大学各自成立专门机构,负责注释《荀子》一书。吉林大学于是年3月成立了《荀子》注释组。这个注释组计划分两步走:第一步先编写《荀子选注》一书,第二步是在《荀子选注》的基础上完成《荀子注释》。先生是研究先秦诸子的专家,这个注释组当然少不了先生,于是先生被指定为吉林大学《荀子》注释组的顾问。然而按照"四人帮"那套"儒法斗争"的"理论",荀子是法家的代表人物,而且被正式列入"中央文件",可这恰恰与先生的观点完全相左。先生历来认为荀子是先秦儒家重要代表人物,并坚决反对把荀子称为"法家"。学校主管领导为此专门找先生去做"思想政治"工作,指示先生必须按照"中央"的口径来编写此书。在那个年月,是不允许学者有自己的学术观点的,先生又是共产党员,受"党纪"约束,绝不容许另搞一套。先生作为吉林大学《荀子》注释组的顾问,实在是不得已而为之,只能尽量少讲话,尽可能少插手具体工作。而注释组对先生也只能是"顾而不问"了。参加注释组的还有法律系研究法律史和法制思想史的专家栗劲教授,以及经济系的张维达、中文系的韩峥嵘等被抽调的部分教师。那年月工人阶级领导一切,所以注释组里也必须有从工矿企业抽调的工人参加。对先生来说,这实在是不得已而为之。注释组的成员都知道先生的真实想法,先生作为顾问,也只能"顾而不问"。经过注释组几个月的分工合作,《荀子选注》在 1994 年年底由吉林人民出版社出版了。而《荀子注释》一书则因"四人帮"的垮台而不了了之。

## 1975 年　74 岁

　　1975 年 1 月 13 日至 1 月 17 日,第四届全国人民代表大会第一次会议在北京举行。国务院总理周恩来在《政府工作报告》中提出"在本世纪内,全面实现农业、工业、国防和科学技术的现代化"的宏伟计划。周总理的报告极大地鼓舞了全国人民,并掀起了学习落实四届人大精神的热潮。正在此时,"四人帮"则抛出了"朝农经验",并把一个"白卷英雄"当作"反潮流"的典型,在全国大肆鼓吹。与此同时,在全国大搞什么"学习无产阶级专政理论"的运动,叫嚷"要把学校办成无产阶级专政的工具"。要求以"朝农"为榜样,把学校办成"无产阶级的政治大学"。在绝大多数高等学校都把下乡的教职员工抽调回校的情况下,"四人帮"却大肆鼓吹"要坚持走五七道路"。所谓"朝农经验"和"学习无产阶级专政理论"是"四人帮"为干扰、破坏全国人民学习、落实四届人大精神所玩弄的把戏,是"四人帮"最后的疯狂。"四人帮"的这些罪恶勾当理所当然地引起全国人民的不满和反感,他们的真实嘴脸暴露得越来越清楚。连一向在政治上谨言慎行的先生此时也不免发牢骚、"讲怪话",以发泄对"四人帮"的不满。

　　7 月下旬至 9 月上旬,清华大学党委副书记刘冰等人对"四人帮"及其爪牙的倒行逆施忍无可忍,先后两次写信给毛泽东,反映清华大学主要负责人迟群(原 8341 部队政治部宣传科副科

长,驻清华军宣队负责人)和谢静宜(原毛泽东机要秘书)的问题。毛看后大怒,作了如下的批示:

> 清华大学刘冰等人来信告迟群和小谢。我看信的动机不纯,想打倒迟群和小谢。他们信中的矛头是对着我的。我在北京,写信为什么不直接写给我,还要经小平转。小平偏袒刘冰。清华大学所涉及的问题不是孤立的,是当前两条路线斗争的反映。

毛泽东的这一批示大大助长了"四人帮"的气焰,为"四人帮"向邓小平发动猖狂进攻提供了口实,一场"批邓、反击右倾翻案风"的政治风暴顿时席卷全国。教育战线再次沦为重灾区。几年来全校教职员工的辛勤努力又一次付之东流。

## 1976年　75岁

周恩来于元月8日去世后,邓小平的处境更加艰难。"四人帮"则利用他们掌控的宣传机器继续大造舆论,打着"评法批儒"的旗号大批"现代大儒",大批"周公";打着评《水浒》的旗号大批"修正主义"和"投降派",打着"反回潮"的旗号大批所谓"教育界的奇谈怪论",一时间甚嚣尘上。其篡党夺权的狼子野心早已是司马昭之心——路人皆知。他们的种种恶行终于引发了震惊中外的"四五"天安门事件。这一事件在当时被定性为"反革命事件",邓小平成了这一"反革命事件"的"黑后台",被剥夺了党内外一切职务。

先生在极其困难的情况下仍坚持学术研究。4月2日,先生在回复学生胡文彬的信函中说:

> 附带指出,《诗钞》题程小泉先生画册诗中的"挥尘"应作"挥麈"。校刊疏忽,负疚良深。

　　前此晤周雷①同志,方知您曾来长,不过已经归去,深以不获晤叙为憾。我现在得暇仍赶写《中国奴隶社会史》。西周部分已快写完。春秋战国史料比较多,可能好写些。但什么时候脱稿,还不敢说。因为时间常常不能保证。

　　专此,即颂

近祺。周雷同志同此致候。

金景芳
1976.4.2

9月9日,毛泽东去世。

10月6日,"四人帮"被彻底粉碎。十年内乱终于结束,举国欢庆。

　　不久,先生怀着喜悦的心情,到沈阳参加辽宁大学历史系召开的学术研讨会,在会上发表《论儒法》一文,批判"四人帮"关于"儒法斗争"的反动谬论。

　　《中国由原始社会向奴隶社会的转变起决定作用的是领导权问题》一文写就,并用稿纸誊清,共22页,未刊用。

---

①周雷,浙江诸暨人,1962年毕业于吉林大学历史系。先生的学生,著名红学家,1987年版电视连续剧《红楼梦》剧本编剧。

# 第七章　大器晚成

**1977 年　76 岁**

　　先生《论儒法》一文寄给了《历史研究》编辑部。这篇文章是先生为肃清四人帮"批儒评法"的流毒而写，曾在不久前辽宁大学召开的学术研讨会上宣读。文内谈四个问题：一、儒家和法家名称的由来；二、划分儒法两家的标准；三、春秋时期有没有儒法斗争；四、秦汉以后的儒法问题。是年4月至8月，先生与《历史研究》杂志主编黎澍及前助手、时任《历史研究》编辑田居俭有多次信函往来，商量文章修改、润色等问题。这里选录其中两函：

　　黎澍同志：

　　　　顷读《历史研究》，见封面改用郭老题字，好似故旧重逢，心里有难以形容的喜悦。两年来这个刊物在"四人帮"控制下，不但内容大半不堪入目，即封面题字也惹人不快。最近两期刊载很多好文章，读起来受益匪浅。忘其庸陋，近亦写成《论儒法》一文，另函奉寄，请批评指正！ 如不无可取，希惠予发表为荷！

　　　　致以

　　敬礼！

金景芳
1977.4.20

居俭同志：

四月二十七日信昨日下午收到。悉拙著《论儒法》一文，是由您负责审阅，已准备在《历史研究》第三期上发表，荷承关注，至深感纫。

指出"太牢"的解释"欠确切"，很对。但改为"最贵重的礼品"，这个"礼品"二字亦易引起误会。是否索性不译成白话，用老办法，在括弧里注明"牛羊豕为太牢"也可以呢？请斟酌一下。

另一个地方，说欠妥我也同意。但是那样的改法，我觉得仍不够稳惬。到底应当怎样改，还想仔细考虑一下。

编辑审稿，遇有不安的地方给指出来是完全对的。这不但是应尽的责任，对原作也是一个很大的帮助。不过怎样改才好，我的意见，如果不是时间不容许，或有十分把握，还是让原作者自己改为好。因为一篇文章的发表固然与刊物的荣誉有关，但更主要的，还应是文责自负。我的意见，不一定对，因为我们无话不可以说，所以敢讲出来。您以为如何？

另外，原稿第一页"六艺亦总称道艺"下，我想加"长于德行的称为贤，长于道艺的称为能"，目的在与下一页"师以贤得民"的贤字衔接。还有原稿"战国这个战字就表明这个时期"句下加"天下大乱"一句，可否，请斟酌。

内人胃折基本上好了。当然年老人想完全恢复原状是不可能的。我的身体还好，不过视力有些减退，也是衰老的征象。

敬礼！

金景芳

1977.5.2

20 世纪 70 年代后期的先生

上年年初,先生的助手田居俭因工作需要,被调到北京《历史研究》编辑部,先生向吉林大学历史系领导建议由王治功接任助手。经历史系领导疏通,王治功欣然同意,遂于是年 10 月开始为先生作助手,协助先生从事学术研究工作。

王治功,吉林省通榆县人,生于 1939 年 12 月,1964 年毕业于内蒙古大学历史系。同年 9 月考入吉林大学历史系,成为金景芳教授的研究生,专业方向是先秦史。仅学习一个多月,便被派往吉林省梨树县参加"四清运动"。1965 年 6 月返校。新学期开学后,因国务院批准吉林大学成立苏联、日本、朝鲜、印度四个研究机构,与黄云峰一起被调往印度史研究室,由研究生转为助教。紧接着十年内乱开始,校内一切教学、科研等工作全部中断。1977 年调到金老身边,为金老作学术助手。主要负责为金老整理文稿、借阅图书、查找资料、陪同金老外出讲学或参加学术会议等等。
1982 年调往汕头大学，先后为汕头大学中文系、法律系、历
史系学生授课。1985 年《汕头大学学报》创刊，兼作学报编
辑。1987 年任学报专职编辑。1996 年回到文学院行政管
理学系，不久随该系划入法学院，1999 年年底退休。有《论
两种类型的奴隶制度》、《周易是世界最早的系统科学著
作》、《伏羲八卦的科学性及思维特征》、《印度古代土地所
有制及其历史启示》等学术论著 32 种，获科研二、三等奖 11
项，教学一等奖 2 次。

《谈谈中国由原始社会向奴隶社会过渡的问题》在吉林大学
《理论学习》杂志 1977 年第 11 期发表。这篇文章是先生为编写
《中国奴隶社会史》所做的准备。

## 1978 年　77 岁

《谈谈中国由原始社会向奴隶社会过渡的问题》在《光明日
报》1978 年 2 月 2 日刊出。

1978 年《社会科学战线》创刊号刊载了先生写的《关于长沙
马王堆一号汉墓帛画的名称问题》。1972 年年初，长沙马王堆一
号汉墓正式发掘，发现很多珍贵文物时，《光明日报》曾登载了发
掘"简报"，"简报"中把所谓"帛画"的图片一并刊出。先生看了
以后认为这哪里是什么画，乃是古代的一种旗帜，应当称为"铭
旌"。先生于是写了一篇文章，题目是《长沙马王堆一号汉墓"帛
画"之研究》。时过不久，先生在报刊上读到马雍先生发表的《论
长沙马王堆一号汉墓出土帛画的名称和作用》一文，先生觉得马
雍的文章基本观点是对的，但文中的一些具体论述不够准确，于
是先生又写了题为《对马雍〈论长沙马王堆一号汉墓出土帛画的
名称和作用〉一文的意见》的文章。那时"文革"尚未结束，国内

的学术刊物绝大多数都遭取缔,学者们写了文章无处发表。先生曾把这两篇文章分别寄给当时仅存的两家刊物,但不久都被退稿。又过了一段时间,适北京考古所王世民给吉林大学著名古文字专家于省吾老先生来信说,北京召开会议讨论马王堆一号汉墓出土帛画问题,大家意见分歧,你们那里有没有懂《周礼》的?于省吾对先生谈及此事,先生谈了自己的看法。于把情况告诉王世民,王回信要先生写一篇文章。先生于1972年9月又写了《关于马王堆一号汉墓帛画名称问题》一文寄去。恰好这时《西汉帛画》一书在文物出版社正式出版。这部巨型画册《西汉帛画》版面恢宏,印制精美,前有郭沫若序言,以帛画命名,实已最后定案。王世民回信让先生参考新出版的《西汉帛画》加以修改,限期寄回。不料过了一段时间又以"不拟刊用"四字寄回,不予发表。因为当时仅有《考古》、《文物》两种学术刊物发行,其余刊物全部停刊。历史系同事建议先生把文章改投《文物》。先生把文章投给《文物》杂志后,吉林大学历史系李如森同志正在北京大学考古系进修,指导老师是俞伟超。李如森告诉先生,说俞伟超是先生这篇文章的审稿人。俞夸奖这篇文章写得好。然而不知何故,《文物》杂志后来也没有发表这篇文章。至《社会科学战线》创刊,该刊原来议定发表先生的《中国古代史分期商榷》,可是当真要发表时,编辑部却有顾虑,乃诿称等上下两篇都写完再发表。于是用《关于长沙马王堆一号汉墓帛画的名称问题》这篇文章作为代替。可知这篇文章的问世颇费周折。从1972年9月写成,几次投稿,又几次被退还,直到在《社会科学战线》创刊号上发表,前后竟延宕了将近六年。而在这篇文章之前写成的《对马雍〈论长沙马王堆一号汉墓出土帛画的名称和作用〉一文的意见》等文章因时过境迁,直到先生作古也未能正式发表。

《论礼治与法治》一文在吉林大学《理论学习》杂志1978年

第 2 期发表。

《商文化起源于我国北方说》在《中华文史论丛》第七辑（1978 年复刊号）上发表。这篇文章是应上海古籍出版社编辑郭群一之邀而赶写的。关于商文化起源问题，历代学者们的意见分歧较多，主要观点有：1.东方说：主张此说的学者具体观点又分两种，一种主张商族起源于山东半岛，持此论者有徐仲舒和王玉哲两先生。另一种观点认为商族起源于河南东部和山东西部。持此论者主要有王国维、郭沫若和龚维英等。2.西方说：主张商文化起源于陕西，汉代的司马迁、许慎及近人顾颉刚认为商族起源于今陕西省中部的渭水流域，而荆三林则认为商族起源于陕西省东南部的丹水流域。3.河北说：丁山和李亚农两位先生认为商族起源于河北中部的易水流域，而邹衡、李伯谦及孙淼则认为商文化源于河北南部。4.东南说：以卫聚贤为代表，他早在 20 世纪 30 年代曾提出商族起源于江浙一带，并由江浙一带逐步迁徙于河南。5.山西说：李民和陈昌远主张商族起源于今山西省中部和南部。6.渤海湾说：以翦伯赞和杨锡璋为代表，认为殷商文化起源于以天津为中心的渤海湾地区。7.东北说：傅斯年先生在 20 世纪 30 年代发表的《夷夏东西说》中曾提出这种说法，但他并没有对这一问题进行深入探讨，也未能对这一观点提出令人信服的证据。① 先生撰写的《商文化起源于我国北方说》这篇文章主要根据《荀子·成相》有"契玄王，生昭明，居于砥石，迁于商"，《淮南子·地形》说"辽出砥石"和高诱注说"砥石，山名，在塞外，辽水所出，南入海"。我们今天知道辽水发源于内蒙古赤峰市克什克腾旗的白岔山，白岔山即《淮南子·地形》篇所说的"砥石"，亦即高诱所说的"砥石山"。又《世本·居篇》说"契居番"。番即《左传》昭公九年詹桓伯所说的"肃慎、燕亳，吾北土

---

① 参见江林昌：《夏商周文明新探》，浙江人民出版社 2001 年版。

也"中的"燕亳"。作为地名，亳、薄、蒲、番等字音同字通。故
"契居番"就是"契居亳"。燕亳与肃慎并列，且被称为"北土"，
其地在中国北方，是确切无疑的。先生这篇文章发表后产生很
大影响，有许多学者发表文章赞同先生的商文化起源于北方说，
为先生的观点提供了许多新的证据。特别是一些学者依据红山
文化等考古学资料进一步丰富和补充了先生的北方说，从而使
商文化起源于北方说的影响越来越大。①

　　《关于中国原始社会向奴隶社会过渡问题的讨论——答刘
文英同志》一文在《吉林大学社会科学学报》1978 年 5 期、6 期合
刊发表。此前，先生在吉林大学《理论学习》杂志 1977 年第 11
期曾发表《谈谈中国由原始社会向奴隶社会过渡的问题》，是年
年初，这篇文章又在《光明日报》的《史学》专刊登出。当时兰州
大学的刘文英先生读后写了一篇与先生商榷的文章，寄给了先
生。先生当即写了这篇答复刘文英的文章，并把刘文英的商榷
文章和自己的答复文章一起交给了《吉林大学社会科学学报》编
辑部，建议两文一并刊出。于是这两篇文章便在该刊 1978 年 5
期、6 期合刊同时发表。

　　9 月初，先生"文革"后招收的第一批硕士研究生共六名入
学。他们是：谢维扬、于永玉、杨英杰、李衡眉、陈恩林、陈维礼。

①干志耿等撰《商先起源于幽燕说》，载于《历史研究》1985 年第 5 期，认为
　只有在红山文化中才能找到先商文化的基因、主干和渊源。后又发表
　《商先起源于幽燕说的再考察》，载于《民族研究》1987 年第 1 期，认为王
　亥前为商先阶段，辽西的红山文化、小河沿文化和夏家店下层文化是其
　物质遗存。黄中业：《从考古发现看商文化起源于我国北方》，载于《北方
　文物》1990 年第 1 期；朱彦民：《商族起源新论》，载于《史海侦迹——庆
　祝孟世凯先生七十岁文集》，中国先秦史学会 2005 年版，这些文章都是
　受先生《商文化起源于我国北方说》的启发而写成的，也是运用考古学资
　料对先生这篇文章的进一步发挥和补充。

先生和他招收的"文革"后第一届硕士研究生。后排由左至右：杨英杰、李衡眉、谢维扬、陈恩林、陈维礼、于永玉

为更好地完成研究生的培养任务，先生亲自制订了先秦史方向研究生培养方案和必读书目。方案如下：

先秦史方向研究生培养方案

一、培养目标

通过培养，使研究生较好地掌握马克思主义理论，能够结合历史实际，对先秦史的一些问题有比较全面的、系统的、深入的了解，能在大学或科学研究部门独立地做教学或科学研究工作。

二、学习年限及各学年具体安排

按照规定学习三年。

第一年，主要是打基础。学习内容：

1. 有关的马列著作和毛主席著作(详见附录);

2. 中国古文献(详见附录);

3. 古文字学;

4. 考古学基础知识,先秦考古学通论;

5. 外文,主要为日文、英文、俄文(有一定基础的学,没有基础的免修)。

第二年,做专题研究。有条件的可提前参加先秦史研究室研究工作。

第三年,写毕业论文。

三、培养方法

以自学为主。由导师作辅导报告和答疑。集体讨论和辩论。

经常注意史学动态和新理论、新问题,作为一个学习内容。

组织或参加学术报告会和讨论会,必要时,可到外地调查研究、参观学习或交流经验。

注意搜集整理和积累资料,期能在不太长的时期内逐渐达到有成套的中外资料。

四、政治时事学习

分别情况,参加学校、历史系或先秦史研究室的活动。


附录

必读书目(包括精读和粗读)

一、马列著作和毛主席著作

1. 马克思、恩格斯著作

《共产党宣言》

《政治经济学批判导言》

《费尔巴哈论纲》

《哥达纲领批判》

《路易·波拿巴的雾月十八日》

《给维·伊·查苏利奇的复信草稿》

《资本主义生产以前各形态》

《摩尔根〈古代社会〉一书摘要》

《家庭、私有制和国家的起源》

《反杜林论》

《路德维希·费尔巴哈和德国古典哲学的终结》

《社会主义由空想到科学的发展》

《马尔克》

**2. 列宁、斯大林著作**

《卡尔·马克思》

《国家与革命》

《共产主义运动中的"左派"幼稚病》

《青年团底任务》

《论列宁主义基础》

《辩证唯物主义与历史唯物主义》

《马克思主义与语言学问题》

《苏联社会主义经济问题》

**3. 毛主席著作**

《中国社会各阶级的分析》

《实践论》

《矛盾论》

《关于正确处理人民内部矛盾的问题》

《论十大关系》

《改造我们的学习》

《整顿党的作风》

《反对党八股》

《在延安文艺座谈会上的讲话》

《在全国宣传工作会议上的讲话》

《人的正确思想是从哪里来的?》

二、中国古典文献

《左传注疏》

顾栋高《春秋大事表》

刘逢禄《左氏春秋考证》

梁履绳《左通补释》

日人竹添光鸿《左氏会笺》

何休注、徐彦疏《春秋公羊传注疏》

董仲舒《春秋繁露》

范宁注、杨士勋疏《春秋穀梁传注疏》

钟文烝《穀梁补注》

陆淳《春秋集传纂例》

徐元诰《国语集解》

郭希汾《战国策详注》

王弼、韩康伯注,陆德明音义,孔颖达疏《周易注疏》

李光地《周易折中》

王弼《易略例》

李鼎祚《周易集解》

孙星衍《尚书今古文注疏》

王先谦《尚书孔传参证》

陈寿祺校注《尚书大传》

朱右曾《逸周书集训校释》

范祥雍《古本竹书纪年辑校订补》

郝懿行《山海经笺疏》

《世本八种》

《诗经注疏》

陈奂《诗毛氏传疏》

胡承珙《毛诗后笺》

马瑞辰《毛诗传笺通释》

王先谦《诗三家义集疏》

孙诒让《周礼正义》

胡培翚《仪礼正义》

张惠言《仪礼图》

凌廷堪《礼经释例》

郑玄注《礼记注疏》

朱彬《礼记训纂》

孙希旦《礼记集解》

孔广森《大戴礼记补注》

洪震煊《夏小正疏义》

程瑶田《宗法小记》

陈祥道《礼书》

江永《礼书纲目》

陈寿祺《五经异义疏证》

王引之《经义述闻》

王引之《经传释词》

王应麟《玉海》

王应麟《困学纪闻》

顾炎武《日知录》

王念孙《读书杂志》

钱大昕《十驾斋养新录》

戴震《戴东原集》

王国维《观堂集林》

朱熹《四书集注》

刘宝楠《论语正义》

焦循《孟子正义》

王弼《老子注》

蒋锡昌《老子校诂》

郭庆藩《庄子集释》

宣颖《南华经解》

钟泰《庄子发微》

王先谦《荀子集解》

王先谦《韩非子集解》

孙诒让《墨子间诂》

栾调甫《墨子论文集》

许维遹《吕氏春秋集释》

《孙子兵法十家注》

《淮南子》

《新序》

《说苑》

《白虎通义》

日人泷川资言《史记会注考证》

王先谦《汉书补注》

杨树达《汉书窥管》

陈直《汉书新证》

王先谦《后汉书集解》

卢弼《三国志集解》

胡三省注《资治通鉴》

杜佑《通典》

郭沫若《殷契萃编》

郭沫若《两周金文辞大系图录考释》

陈梦家《殷墟卜辞综述》

三、工具书

陆德明《经典释文》

郝懿行《尔雅义疏》

戴震《方言疏证》

毕沅《释名疏证》

宋翔凤《小尔雅训纂》

王念孙《广雅疏证》

王筠《说文释例》、《说文句读》

《艺文类聚》

《太平御览》

《古今图书集成》

《佩文韵府》

《四库全书总目提要》

《十三经索引》

《康熙字典》

《辞海》

《辞源》

哈佛学社各种《引得》①

　　随着研究生招生工作的恢复,校学术委员会的建立也提到日程上来。是年 10 月 6 日,经校党委常委会讨论,决定恢复自然科学和哲学社会科学两个学术委员会。并于 11 月 4 日召开成立大会。自然科学学术委员会由 32 名委员组成,校长唐敖庆

①此《方案》及《必读书目》录自先生的手稿复印件。手稿原件保存在先生第二任学术助手王治功处。原稿没有撰写时间,估计应在先生"文革"后招收的第一届研究生入学前后。录入时笔者略作整理、润饰。后来发给研究生的《必读书目》与此稿对比可能略有增删。这里谨向赠送先生手稿复印件的治功师兄致谢。

教授任主任委员,王湘浩、蔡镏生、吴式枢、江泽坚任副主任委员。哲学社会科学学术委员会由 33 名委员组成,张松如教授任主任委员,关梦觉、金景芳、王琨、高清海、李木庚任副主任委员。此后先生多次连任吉林大学哲学社会科学学术委员会副主任委员。①

应河南开封师范学院(今河南大学前身)朱绍侯先生邀请,先生由助手王治功陪同,到该院历史系讲学。《开封师院学报(社会科学版)》1978 年第 6 期对此有报道,题目是《历史系邀请金景芳教授等来系讲学》。报道说:

> 近两个月来,历史系学术空气很活跃,先后邀请兄弟院校历史学者来系作学术报告。吉林大学历史系金景芳教授十一月十三日至二十日,应邀来系讲学。金景芳教授就中国古代史的分期问题发表了自己的意见,认为中国封建社会是从秦统一中国才开始的。他还根据自己研究的成果,提出了"夏代开始于夏后启"、"商文化起源于我国北方"等有价值的新见解。另外,他对礼治与法治、宗法制度、《易经》研究等问题进行了较精辟的阐述与分析。

同时又接受吴泽先生邀请,从开封去上海参加华东师范大学主办的古代农民战争问题学术研讨会。会议结束后先生又顺路去杭州和苏州,并应邀在杭州大学和苏州大学做学术演讲。

## 1979 年　78 岁

是年春,先生早年的学生吕绍纲从黑龙江省调回吉林大学历史系,并开始担任先生的学术助手。从这一年开始,直至先生

---

① 吉林大学校史编辑室:《吉林大学大事记(1946—1995)》,吉林大学出版社 1996 年版,第 53 页。

先生和他的学术助手吕绍纲

去世,吕绍纲长期担任先生的学术助手,协助先生从事教学、研究生培养、学术研究、陪同先生外出参加各种学术活动,为先生做了大量艰苦细致的工作。先生晚年大批学术成果陆续问世,吕绍纲出力颇多。

吕绍纲(1933—2008),祖籍安徽旌德,1933年生于辽宁盖县。1954—1958年就读于吉林大学历史系时,因学习成绩突出受到系主任金景芳教授青睐。1979年春,从黑龙江调回吉林大学,任历史系讲师,兼作金景芳教授学术助手。1993年经国务院学位委员会批准为中国古代史专业博士生导师。兼任国际儒学联合会理事、中国孔子基金会副会长、东方国际易学研究院学术委员。在金景芳教授指导下长期从事先秦历史、孔子、《周易》、《尚书》的研究工作,成果累累。在金著《中国奴隶社会史》和《周易讲座》的写作中,出力甚多。著有《周易阐微》、《周易辞典》(主编),与金先生合著有《周易全解》、《孔子新传》、《尚书·虞夏书新解》三书。在境内外重要刊物上发表学术论文百余篇，其中与金先生合著的有《从儒家文化的渊源说到现代文明》、《甲子钩沉》、《论〈中庸〉》、《关于孔子及其思想的评价问题》、《释"克己复礼"》等十多篇。出境参加国际或两岸学术会议十余次。在境内外有一定影响。

是年，先生所著《中国古代史分期商榷》一文分上、下两篇，在《历史研究》1979年第2期和第3期连载。中国古代史分期，是新中国建国初期史学界展开争论最为热烈的一个问题。北京大学向达教授戏称中国古代史研究有"五朵金花"，即当时史学界研究的五个热点问题，其中就有中国古代史分期。这篇文章所称的商榷，就是对郭沫若中国古代史分期说有不同的意见。先生认为，对于历史问题，应实事求是，而不应屈从权威。这篇文章撰写时，就曾遭到非议。1978年《社会科学战线》创刊号原本准备发表这篇文章，但编辑部仔细看了这篇文章后又临时胆怯，向吉林省委宣传部部长宋振庭请示，宋当时提出三点指示：一、要同时发表一篇与本文意见相反的文章；二、语气要温和；三、郭老病重。这第三条是要害，等于不主张发表。因为郭老的生命如有不测，会说与先生的文章有关，这个罪名谁敢担当？结果文章没有发表。1978年10月，先生去上海参加学术讨论会，回程路过北京，《历史研究》编辑部主动提出要发表这篇文章，但是提出只发表下一部分，上一部分不发表（先生与郭老商榷的正是上一部分），由于先生不同意而作罢。但是没有料到，先生回到长春不久，便接到原先的学术助手田居俭的来信，说先生的这篇文章已决定全文在《历史研究》发表，并且要求把第一部分的观点改得更鲜明些，于是先生在第一部分的标题前加上"对郭老的分期说提出八点意见"十三个字。先生猜测，之所以出现这种变化很可能与中国共产党的十一届三中全会刚刚开过有关。但先生并未就此事详细地询问过田居俭。据田居俭先生介绍，自1978年在长春举办的中国古史分期问题学术讨论会开过之后，《历史研究》杂志社根据上级指示，决定要刊载各不同派别的学术论文，同时也客观地报道各家的学术观点，但不主张在《历史研究》杂志上互相批判、自由争鸣。因此当时不想发表先生论文中直接批评郭沫若古史分期说的部分。恰好在1978年年底中共中央召开了十一届三中全会，这次会议彻底否定了"两个凡是"的方针，重新确立了解放思想、实事求是的思想路线；决定停止使用"以阶级斗争为纲"的口号，作出把党和国家的工作重心转移到经济建设上来、实行改革开放的伟大决策。三中全会精神有如一股强劲的春风，为各行各业都带来了新的气象，《历史研究》杂志也及时改变了原来的政策，决定以更加改革开放的姿态迎接新的挑战。所以，先生的这篇文章能够全文在《历史研究》上发表，确实与三中全会的召开有关。①

　　先生在《中国古代史分期商榷》一文的上篇对郭沫若分期说提出的八点意见为：一、马克思主义所说的奴隶制是一种形态，还是两种形态？二、夏代尚有待于地下发掘物证明，这个观点是可以商量的。三、人牺人殉能证明殷代是典型的奴隶社会吗？四、关于井田制问题。五、"普天之下，莫非王土，率土之滨，莫非王臣"讲的不是土地所有制问题。六、"初税亩"三个字，没有"极其重大的社会变革的历史意义"。七、《左传》上的"三分公

---

①关于先生撰写、发表《中国古代史分期商榷》一文的经过，可参考先生的《创新与挑战》一文及先生助手田居俭的回忆。《创新与挑战》一文发表于吉林大学社会科学研究处编印的《我的学术思想》，吉林大学出版社1996年版。田居俭的回忆见笔者2013年4月25日采访田居俭先生的笔录。

室"、"四分公室"讲的是兵制,同"初税亩"毫不相干。八、鲁三家、齐田氏是完成社会变革的新兴的地主阶级吗?《中国古代史分期商榷》一文的下篇主要是论证秦统一是中国奴隶社会和封建社会的分界线问题。具体包含四个方面的问题:一、中国奴隶社会的特点,二、奴隶社会的阶级和阶级斗争;三、中国奴隶社会在其发展过程中经历的几个不同的历史阶段;四、中国奴隶社会发展的几个不同阶段的具体内容。文章发表后在当时学术界好像爆炸了一颗原子弹,影响极大。后来,先生在自己的一篇文章中曾这样写道:

> 长期以来,郭沫若古史分期说被当作"钦定"的学术观点加以尊崇,各种历史教科书和史学论著几乎都按郭沫若的古史分期说来编写,于是古史分期问题一度成了禁区,无人再敢问津。我的文章批评的虽然是郭沫若的分期说,实际上是向史学禁区发动的一次猛烈攻击。如果没有改革开放的春风,这样的文章是无法问世的。这篇文章在当时之所以能够产生轰动效应,是因为文章反映了广大理论工作者对学术民主和自由争鸣的学术氛围的渴求。①

先生的《中国古代史分期商榷》一文在《历史研究》连载之后,在史学界引起极大的震动。贵州大学的侯绍庄先生读后不同意先生的观点,于是写了一篇与先生商榷的文章,题目是《怎样理解郭沫若同志的古代史分期学说》,副标题是《兼评金景芳先生的〈中国古代史分期商榷〉》,发表于这一年《历史研究》杂志第8期。侯绍庄的文章分为四个小标题,分别是:一、怎样理

①参见金景芳:《在我的历史科学研究作品中所反映的史学观》,原载《史学家自述》,武汉出版社1994年版;另见《知止老人论学》,东北师范大学出版社1998年版,第67—96页。

解"古代东方"奴隶制；二、怎样看待地下发掘物；三、怎样理解"井田制"下的生产关系及其变化；四、怎样理解中国古代社会性质的过渡。侯绍庄在文章结尾处得出这样的结论：我们认为，郭老的分期说所以能"在全国范围内广泛流行，并为多数人所接受"，并不是由于什么别的原因，而是由于郭老的学说体现了马克思主义的理论，符合中国的历史实际。至于金先生指责人们对郭老的学说"习非为是，积重难返"，则是论据不足的。

先生读了侯绍庄的文章后，曾写过一篇题目为《评侯绍庄先生的〈怎样理解郭沫若同志的古代史分期学说〉》的文章。这篇文章针对侯绍庄的观点，着重谈了十五个问题，进一步与侯绍庄先生就古史分期及相关问题展开了深入讨论。但是后来先生出于某种考虑，并没有把这篇文章拿出去发表。这次我们为先生编纂全集时，把先生的这篇未公开发表的文章收进了《金景芳全集》中。①

《西周在哲学上的两大贡献——〈周易〉阴阳说和〈洪范〉五行说》一文在《哲学研究》1979 年第 6 期发表。

1979 年 10 月，先生应邀去山西太原参加中国哲学史学术研讨会。先生在会议上宣读了题目为《关于孔子研究的方法论问题》的论文。之后，这篇论文在《哲学研究》1979 年第 11 期发表。

# 1980 年　79 岁

《战国四家五子思想论略》一文在《吉林大学社会科学学报》1980 年第 1 期发表。这篇文章是《中国奴隶社会史》一书《战国文化》一章的部分内容。

5 月 12 日，吉林省第五次史学工作者代表大会在长春举行，先生应邀参加了这次代表大会。

西北大学历史系学生李晓东在《人文杂志》1980 年第 1 期

①《金景芳全集》第八册《论文·历史编》，第 3775—3785 页。

发表了《关于西周井田制问题——与金景芳先生商榷》的文章。文章说:郭沫若先生认为"井田只是公家的俸田,这是土地国有制的骨干";"井田制是有两层用意,对诸侯和百官来说是作为俸禄的等级单位,对直接耕种者来说是作为课验勤惰的计算单位"。1979年《历史研究》第二、三期发表了金景芳先生《中国古代史分期问题商榷》的文章,不同意郭老关于井田制的上述观点,认为中国的井田制就是欧洲中世纪的"马尔克",井田制的形式就是孟子的"八家共井"。我并不完全同意郭老的井田说,但尤觉得金先生的井田说过于武断。

华中师范大学政治教育系詹剑峰教授在《华中师范大学学报(人文社会科学版)》1980年第1期发表了《〈洪范〉里的五行是构成万有的五种基本元素吗?——与金景芳先生商榷》的文章。詹剑峰教授依据《左传》文公七年引用《夏书》的记载,"水、火、金、木、土、谷,谓之六府。正德、利用、厚生,谓之三事",认为"五行说"不始于西周,在虞夏之际就已出现了。这种记载见于古文《尚书·大禹谟》,其中的"六府"是指六种人民生活的必需品,而不是构成万物的六种基本元素,因而不赞同先生《西周在哲学上的两大贡献——〈周易〉阴阳说和〈洪范〉五行说》一文阐述的观点。

《周公对巩固姬周政权所起的作用》一文在《吉林大学社会科学论丛·历史专号》(第二辑)刊出。先生在《在我的历史科学研究作品中所反映的史学观》一文中说:"我为撰写《中国奴隶社会史》,写了一篇《周公对巩固姬周政权所起的作用》,在吉林大学《社会科学论丛》历史专号1980年第2辑发表,内容分五个小标题。一、救乱、克殷、践奄;二、建侯卫;三、营成周;四、制礼作乐;五、致政成王。"

《〈中国奴隶社会史〉序》在《社会科学战线》1980年第2期发表。至此,先生的《中国奴隶社会史》一书已全部完稿。

吉林省第五次史学工作者代表大会与会人员合影。前排左起第六人为先生

开封师范学院赵希鼎教授为《史学月刊》约稿，先生把为《中国奴隶社会史》写的《禹在历史上的伟大作用》寄去。这篇文章在《史学月刊》1980年第2期发表。文内谈四个问题：一、征有苗；二、合诸侯；三、画为九州；四、任土作贡。

"文革"后招收的第二届硕士研究生共四名入学，他们是：郭守信、李元、吕文郁、孙晓春。

先生与"文革"后招收的第二届硕士生。后排由左至右：
郭守信、孙晓春、李元、吕文郁

应延边大学校长朴文一教授约稿，先生写了一篇题为《论老子思想》的文章，在《延边大学学报》1980年第3期发表。在文章篇末先生说："老子之所以形成这种思想，决非偶然，应有它的思想根源。我认为，这同孔子与《周易》的关系一样，《周易·六十四卦》首乾次坤，老子思想一定和《归藏》的首坤思想有关系。"

《漫谈批判封建主义》一文在《晋阳学刊》1980年第3期刊出。

应《中国社会科学》编辑何祚榕约稿,先生写了《论中国奴隶社会的阶级和阶级斗争》一文,这篇文章在《中国社会科学》1980年第4期发表。先生写作此文主要批评当时史学界错误地把中国奴隶社会的阶级和阶级斗争看作与资本主义社会的阶级和阶级斗争没有原则性区别的错误观点。自新中国建立以来,所有历史研究工作者,没有不学习马列主义理论的。奇怪的是,长期以来,讲奴隶社会或封建社会的阶级和阶级斗争,都写成两大相互直接对立的阶级和阶级斗争,无一例外。本来马克思、恩格斯在《共产党宣言》里明确地说过:"它使阶级对立简单化了,整个社会日益分裂为两大敌对的阵营,分裂的两大相互直接对立的阶级:资产阶级和无产阶级"。当谈到奴隶社会和封建社会时并不是这样,而是说"多级的阶梯"。列宁也说过"社会划分为阶级,这是奴隶社会、封建社会和资产阶级社会共同的现象,但是在前两种社会中存在的是等级的阶级,而后一种社会中则是非等级的阶级"。① 为什么学习马列主义理论以后还都是那样写呢? 先生认为是受了斯大林的影响。因为斯大林说过:"奴隶革命把奴隶主消灭了,把奴隶主剥削劳动者的形式废除了。"② 所以,要正确地认识奴隶社会的阶级和阶级斗争,必须彻底肃清斯大林的错误影响。

是年10月下旬,先生在助手吕绍刚陪同下去山东曲阜师院参加孔子学术讨论会。先生在会上发表了题为《孔子思想述略》的论文。

---

① 《列宁全集》第6卷,人民出版社1959年版,第93页注。
② 《斯大林全集》第3卷,人民出版社1953年版,第215页。

孔子讨论会合影 801028于曲阜师范学院

先生应邀赴曲阜参加孔子学术讨论会。前排左起第六人为先生

## 1981 年　80 岁

《漫谈家长制、终身制和世袭制》一文在《新长征》杂志 1981年第 1 期发表。

长篇论文《论井田制度》在《吉林大学社会科学学报》1981年 1 至 4 期连续刊载。

先生此时正在全力以赴地校对《中国奴隶社会史》一书。其间常与此书的责任编辑、上海人民出版社编审顾孟武先生互通信函,交换意见。下面一函是先生写给顾孟武的,从中不难看出先生对待学术问题的严肃认真和一丝不苟:

孟武同志:

昨奉一函,主要汇报两周来查对工作进行的情况,想已入览。

顷接 12 日来示,提出三个问题,具见审阅细心,至表欢迎。

关于第三个问题,前此已经谈过我的意见,即我认为《左传》僖公三十一年的文字,是应重视的。杜预于《春秋》僖公三十年"卫迁于帝丘"下说:"帝丘今东郡濮阳县,故帝颛顼之虚,故曰帝丘。"于《左传》僖公三十一年"卫成公梦康叔曰相夺予享"下说:"相,夏后启之孙,居帝丘。"都是对的。尊示所引的《竹书纪年》是今本《竹书纪年》,今本《竹书纪年》之不可信,学术界已有定论。查古本《竹书纪年》,实不如尊示所说。

现在谈第一个问题。我的看法,《北山》诗所谈的,实际上是主权者的问题,因此,《荀子·君子》引此诗,只说"尊无上",《孟子·万章下》引此诗,提出"不以文害辞,不以辞害志"一个读诗的方法。《左传》昭公七年引此诗,并不是谈土地所有制问题,谈土地所有制乃在上文"天子经略,诸侯正封,古之制也。封略之内,何非君土"。至《韩非子·说林上》引此诗,则简直是开玩笑,更不能说是谈土地所有制问题。

古书真正谈土地所有制问题的应为《仪礼·丧服传》所说"君谓有地者也"和郑玄注:"天子、诸侯及卿大夫有地者皆曰君。"

当然,这个问题相当复杂,不容易谈清楚。

大体上说,"普天之下,莫非王土",是从主权者来说的。"昔我先王之有天下也,规方千里以为甸服……其余以均分公侯伯子男"(《国语·周语中》),则是从土地所有制来说的。马克思曾说过:"如果不是私有土地的所有者,而像在亚洲那样,国家既作为土地所有者,同时又作为主权者而同直接生产者相对立。"(《马克思恩格斯全集》第 25 卷第 891 页)证明主权和所有者不是一回事。

《左传》襄公二十五年子产说:"且昔天子之地一圻,列国一同,自是以衰。"这里所谈的当然也是土地所有制问题。那么,这种说法同《丧服传》的说法是不是相矛盾?我看不能这样说。因为从大略说,子产的说法是对的。从严格的意义来说,《丧服传》的说法也是当时的实际情况。因为王畿和列国确实都有卿大夫采地。有采地可以世守,自应承认他们有土地所有权。

关于第二个问题,我认为"其用四十又九"一段断不可删。"其用四十又九"就是大衍之数的应用。大衍之数是太极,是太乙,是整体的一。"分而为二以象两",正是辩证法的一分为二,用《周易》的术语来说就是阴阳。所谓"太极生两仪"实际上也在这里表现出来。

浅见如是,不是之处,请更商酌。

敬礼！

金景芳

1981、3、15①

《孔子思想述略》一文在《中国哲学史研究》杂志 1981 年第 2 期刊出。

《"左史记言，右史记事，事为〈春秋〉，言为〈尚书〉"雠言发覆》一文在吉林大学《史学集刊》杂志 1981 年复刊号上刊出。

中国哲学史学会陈克明先生来函向先生索稿，先生写了一篇题为《中国古代思想的渊源》的文章，在《社会科学战线》1981 年第 4 期发表。

是年 6 月，先生"文革"后招收的第一届硕士研究生六人通过学位论文答辩，获得硕士学位。他们是：谢维扬、陈恩林、于永玉、杨英杰、陈维礼、李衡眉。

于永玉，吉林省吉林市人，1944 年生。1966 年毕业于四平师专，后在吉林市三十八中任教。1978 年考入金景芳先生门下攻读先秦史硕士学位。现任吉林文史出版社编辑。个人成果有：论文《论〈丧服〉中的血亲关系——〈仪礼·丧服〉研究》；论文《〈丧服〉的服、期、称谓和成文原则——〈仪礼·丧服〉研究之二》；主编有《中华五千年奇谋秘计》、《现代汉语易混字组词词典》、《现代汉语造词词典》、《中华兵学精华画集》等。任编辑工作中曾多次获国家、省、部奖。

杨英杰，满族，辽宁铁岭人，生于 1944 年 7 月。

---

① 此函的影印件获取于百度网，影印件比较清晰，字迹历历可辨。原件正在该网高价兜售。

1962年由吉林洮安县第一中学考入吉林大学历史系。1967年毕业。1978年考取吉林大学历史系中国古代史研究生,受业于金景芳先生。1981年毕业,获史学硕士学位。研究生毕业后,任教于辽宁师范大学历史系。曾任历史系副主任、历史文化旅游学院院长、中国先秦史学会理事、辽宁省史学会副会长,大连史学会会长,大连满族联谊会会长。主要从事中国古代史、中国古代思想文化史及北方少数民族风俗史的研究工作。先后出版了独自撰写的《战车与车战》、《清代满族风俗史》、《中国历史文化》、《中外民俗》、《战国:数风流人物》;主撰《中国王朝兴亡史》、《汉武帝本传》、《奸枭传》、《忠奸分庭》、《清代节令与佳肴》、《中华吉祥物》;参编《中国皇帝制度》(礼仪卷)、《中国古代文化基础知识》等多部各类著作。在《中国社会科学》、《民族研究》、《文物》、《社会科学战线》、《学术月刊》等20余家杂志发表学术论文50余篇。其学术论著多次获辽宁省及大连市社会科学优秀学术专著及论文一、二、三等奖。其代表作《战车与车战》系统地研究了先秦时代的主要战争工具——战车及重要的战争形式——车战,颇得同行专家、学者的赞许,其观点被有的文博部门所采纳,复制展品。《清代满族风俗史》是当代满族文化研究中一部有较大影响的专著,溥杰先生亲自为其题写书名。中国史学会会长、清史专家戴逸先生称它是"一部很有价值的著作",在文化史、社会史、民俗学的研究方面,"迈出了很有意义的第一步"。海外某些学者也予以好评。1999年获得曾宪梓教育基金会授予的"高等师范院校优秀教师"称号,2001年被评为大连市旅游工作先进个人、大连市优秀专家。

陈维礼(1941—2005),祖籍河北临榆,生于吉林省敦化市。1962 年 9 月考入吉林大学历史系。因"文革"滞留一年,1968 年 8 月被分往黑龙江部队农场劳动。翌年调回敦化,任革委会政治部干事。1978 年考取吉林大学先秦史研究生,1981 年毕业,获硕士学位,留校任教。1983 年转到古籍所文献研究室。1989 年被聘为副教授。主要从事先秦史和古文献研究。代表性学术论文有《评"武王革命"》(《史学集刊》1987 年第 1 期),《〈春秋〉书名考辨》(《汕头大学学报》1987 年第 1 期),《踌躇满志别解》(《文史知识》1987 年第 6 期)、《孔子不轻视妇女吗? ——兼与孔繁银同志商榷》(《吉林大学社会科学学报》1988 年第 5 期),《罗振玉石刻遗文校史之研究》(《古籍整理研究学刊》1989 年第 1 期),

　　先生与吕绍纲、黄中业及"文革"后招收的前两届硕士生合影。由左至右依次为:黄中业、谢维扬、李元、杨英杰、陈恩林、李衡眉、吕绍纲、先生、孙晓春、郭守信、陈维礼、吕文郁、于永玉

《"四体不勤,五谷不分"别解》(《文献》1999 年第 1 期)等。古籍整理成果主要有《历代名臣奇谋妙计全书》(吉林文史出版社 1986 年)、《罗振玉学术论著集》(上海古籍出版社 2010 年,主要点校者之一)等。

从 1990 年开始指导硕士研究生,共毕业 11 人:程启贵、张固也、高淑清、王松山、喻春龙、高文杰、蔡萍、王新华、解丽娟、尚永琪、郑春颖。

7 月,先生的论文集《古史论集》在齐鲁书社出版。

《古史论集》书影

这是先生出版的第一部研究先秦历史和思想文化的论文集。本书所选的论文都是先生 1955 年至 1980 年公开发表的学术成果。内容涉及到易学研究、古代史分期、奴隶社会的阶级与阶级斗争、宗法制度、商文化起源、古代史研究的方法和指导思想、先秦思想史、名物考证、对先秦时期某些历史人物的评价等

问题,体现了作者严谨的治学方法和在先秦史研究方面取得的主要成就。这本论文集所收篇目如下:

《中国奴隶社会史》序

谈谈中国由原始社会向奴隶社会过渡的问题

关于中国原始社会向奴隶社会过渡问题的讨论——答刘文英同志

中国古代史分期商榷(上)

中国古代史分期商榷(下)

论中国奴隶社会的阶级和阶级斗争

商文化起源于我国北方说

禹在历史上的伟大作用

周公对巩固姬周政权所起的作用

论宗法制度

论儒法

论礼治与法制

西周在哲学上的两大贡献——《周易》阴阳说和《洪范》五行说

《易》论(上)——论《易》的起源和发展

《易》论(下)——论《周易》著卦的组成和应用

也谈关于老子哲学的两个问题

论老子思想

关于孔子研究的方法论问题

孔子思想述略

关于荀子的几个问题

战国四家五子思想论略——儒家孟子、荀子,墨家墨子,道家庄子,法家韩非子

释"二南"、"初吉"、"三淰"、"麟止"

关于长沙马王堆一号汉墓帛画的名称问题

附录

生产力与生产关系的矛盾是社会历史发展的根本动力（与吕绍纲、黄中业合著）

张博泉教授在《史学集刊》1981年复刊号（1981年9月出版）发表了《关于殷人的起源地问题》一文。这是对先生《殷文化起源于北方说》一文的呼应。张教授在文章中说：

> 关于殷人的起源地，是研究殷人起源中的一个重要问题。金景芳同志在《殷文化起源于北方说》一文中认为："殷文化起源于内蒙古昭乌达盟，燕亳、砥石是殷人重要的文化发源地，商汤在灭亡夏的北方屏障韦、顾、昆吾以后，才平步中原。"在今河南中部，不可能有"商代先公时的文化"，或"商代早期以前的文化"（《中华文史论丛》第七辑，复刊号）。我基本上同意这一见解。

接着，张教授从以下四个方面对自己的观点进行了全面的论述：

1.殷人始祖契起源东北；

2.殷人先世活动在东北；

3.殷先世南下之迹；

4.夏家店下层文化的族属。

张博泉教授是著名的东北史、辽金史专家，对我国东北地区的地理、历史、民族及相关文献极为谙熟。张教授根据大量的传世文献和考古学资料对上述四个问题的论证非常扎实，令人信服。张教授的论证进一步扩大了金景芳教授关于"商文化起源于我国北方说"的影响。

先生自1957年开始任吉林大学历史系系主任，直至"文革"开始而"靠边站"。改革开放之后，学校领导为了进一步发挥先生的作用，决定聘请先生为历史系名誉系主任。1981年9月17

日,中共吉林大学委员会下达了吉大党字[1981]27号文件,题目是《关于金景芳等同志任免职的通知》。通知中说:"经校党委常委会一九八一年九月十一日讨论通过,金景芳同志任历史系名誉系主任。"①

是年11月3日,国务院学位委员会首批批准吉林大学有权授予博士学位的学科12个,评聘首批博士生指导教师17位,先生为吉林大学中国古代史专业首批唯一的博士生指导教师。

招收的第一批中国古代史专业博士生入学。他们是谢维扬和陈恩林,都是"文革"后先生招收的第一届硕士研究生。

## 1982年　81岁

《中国奴隶社会诞生和上升时期的思想》一文发表于《史学集刊》1982年第1至第2期。

《〈孙子〉十三篇略说》一文在《社会科学战线》1982年第3期刊出。以上两篇文章都节选自先生尚未正式出版的《中国奴隶社会史》一书。

《晋阳学刊》编辑部致函先生,要先生写篇《自传》。这篇《自传》收在《中国现代社会科学家传略》(第1辑)中,1982年2月由山西人民出版社出版。不久书目文献出版社又编辑《中国当代社会科学家》丛书,征得先生同意,先生的《自传》又在该丛书的第二辑中刊出。

4月26日,先生的老朋友、前吉林大学校长兼党委书记匡亚明教授致信先生,全文如下:

金老:

　　承赠大作《古史论集》,收到,谢谢!其中《关于孔子研

①见吉林大学档案馆的金景芳档案。

究的方法论》和《孔子思想述略》已拜读,其余的也正在研读中。

关于孔子问题,二十余年前我们就曾作过一次长谈。那时我就承认你是研究孔子的出色专家,我很尊敬你。我现在设想,对孔子应再评价,实事求是地恢复他的历史本来面貌。① 孔子思想是中华民族的宝贵遗产,它不仅影响二千年的中华民族,而且在全世界,特别是日本和东南亚各国,都有影响。孔子的贡献远远超过柏拉图、亚里士多德等。现在国外对孔子的研究超过了中国目前对孔子的研究。中华民族应以在两千年前即有孔子这样一位伟大祖先而感到自豪。毛主席生前曾把孔子和孙中山并提,并指出"应该接受这份宝贵的遗产"。

我希望有机会去长春时,再有机会向你请教,再一次就孔子问题促膝长谈。

你近来身体如何?年岁大了,更应特别注意。望多多珍摄。

匆匆写此,言不尽意。即致

敬礼!

匡亚明

1982,4,26

5月24日至29日,中国先秦史学会成立大会暨第一届年会在成都召开。这次会议是由四川大学历史系发起,由四川省社会科学院历史研究所、四川省民族研究所、四川省文物管理委员会等单位共同协办。在这次会上徐中舒先生被选为中国先秦史学

---

① 当时,匡亚明先生已经在酝酿写作《孔子评传》一书,所以对先生书中有关孔子的论述格外关注。

先生应邀赴成都参加中国先秦史学会成立大会暨第一届年会。前排右起第七位为先生

会理事长,先生和胡厚宣先生等被选为中国先秦史学会副理事长。

先生在这次学术会议上发表了题为《〈周礼〉、〈王制〉封国之制平议》的论文。这篇论文后来被编入《人文杂志·先秦史论文集》专辑中,这部专辑 1982 年由《人文杂志》编辑出版。

会议期间有这样一个小插曲:先生的《中国古代史分期商榷》一文在《历史研究》1979 年第 2 期、3 期两期连载后,在史学界引起很大震动。贵州大学的侯绍庄先生看后写了一篇与先生商榷的文章,题目是《怎样理解郭沫若同志的古代史分期学说》,副标题是《兼评金景芳先生的〈中国古代史分期商榷〉》,发表于

先生和助手吕绍纲、学生谢维扬参加中国先秦史学会成立大会后与外出调研的第二届研究生在教育部门前合影。由左至右:吕绍纲、谢维扬、陈维礼(调研带队者)、先生、李元、孙晓春、吕文郁、郭守信

《历史研究》1979 年第 8 期。会议休息时,先生到会场外与学生谢维扬等聊天,刚好这时侯绍庄也过来了。他看见先生,先是毕恭毕敬地行了个鞠躬礼,然后向先生自报了姓名,并就在《历史研究》杂志上发表与先生争鸣的文章一事表示歉意。先生笑着对他说:我可以批评郭沫若,你当然也可以批评我,这很正常,自由争鸣嘛,用不着道歉。侯绍庄先生听了很受感动,并高兴地与先生合影留念。①

先生在教育部门前留影

应《文史哲》编辑部约稿,先生写了题为《治学二则题:读书与科研》的文章,在该刊 1982 年第 6 期发表。

《论井田制度》一书在齐鲁书社出版,时间为 1982 年 10 月。全书分四个部分:一、井田的名称;二、井田制的基本内容,下分

---

① 这一插曲是陪同先生参加会议的谢维扬师兄提供,特此致谢。

十一节;三、井田制发生、发展和灭亡的过程,下分四节,第四节之下又分十个小节;四、井田制的所有制问题。先生关于《论井田制度》的系列文章曾在《吉林大学社会科学学报》1981 年 1 至 4 期连载。这次集结成书,先生略做修订。

《论井田制度》书影

　　吉林大学组成新一届自然科学学术委员会和社会科学学术委员会,先生继续担任吉林大学社会科学学术委员会副主任委员。①

## 1983 年　82 岁

　　中华书局总编辑李侃来函嘱先生为《文史知识》杂志撰写

《周礼》一题。文章寄出后在该刊 1983 年第 1 期发表。这篇文章后来收入杨伯峻先生主编的《经书浅谈》一书,在中华书局正式出版。书中的文章涵盖了儒家最主要的经典《十三经》,这些文章全都是由国内知名学者或经学家分别撰写的。此书出版后大受读者欢迎,后被编入《文史知识》丛书中,先后多次重印、再版。

应《历史研究》编辑部纪念该刊创刊三十周年约稿,先生写了《经学与史学》一文。这篇文章在《历史研究》1983 年第 1 期发表。

先生的《论与史》一文在《社会科学战线》1983 年第 1 期发表。

3 月 12 日,先生在吕绍纲陪同下赴京参加《中国大百科全书》哲学卷编委会成立暨撰稿人大会。

先生倾注了多年心血完成的《中国奴隶社会史》一书的二校校样从上海人民出版社寄回,先生在助手吕绍纲和几位研究生的协助下完成了校对任务,准备寄回上海人民出版社。先生满怀喜悦的心情致函责任编辑顾孟武先生:

孟武同志:

收到大函和二校书稿后,即积极从事雠校。深深感到校书一事,决非易事。尽管百倍仔细,仍旧不敢说,百分之百地没有错误。现已校毕,即将另缄挂号寄上。

附带说几点:

一、您对拙著出版,始终热心负责,深深感谢!

二、司母戊大鼎出土时即缺一耳,可参阅胡厚宣著《殷墟发掘》,学习生活出版社 1955 年版,正文 119—120 页,图八九。邹衡《商周考古》图为两耳,当是据复制品影印。

三、甲骨文引文和年表,及其他引文均遵嘱校过。

《中国大百科全书·哲学》编委会成立暨撰稿人大会。前排左起第五位为先生

先生在京参加《中国大百科全书·哲学》编委会成立暨撰稿人大会

四、战国文化部分系吕绍纲同志写的。他根据《史记》把《招魂》定为屈原作。尊意改成宋玉，我看是可以的。不过改成宋玉以后，牵动很大，为了避免大改动，又改为屈原，请谅。

此后当快印刷了，深盼能早日出书，以飨读者，感激无量。

敬礼！

金景芳<br>1983、3、31①

先生写的《豳风说》在《学术月刊》1983 年第 11 期发表。先生认为《豳风》是西周畿内诗，不同意清人张履祥和近人徐中舒认为《豳风》是鲁诗的观点。但发表时文内批评徐中舒观点的部分全被删掉。

受教育部委托，先生在吉林大学举办先秦文献进修班，陕西省博物馆的张柏龄、辽宁师范大学的赵忠文、东北师范大学的萧北婴、辽宁省博物馆的王绵厚、陕西师范大学中文系的魏耕原、天津市历史博物馆的郭鸿林、华南师范大学中文系的董立章、中山大学历史系的李叔华、湘潭大学中文系的殷绍基、南京师范大学中文系的鲁同群、山西大学中文系的冯良珍等参加了这个进修班。这个进修班于是年 9 月初正式开班授课。

先生指导的第二届硕士研究生通过学位论文答辩，获得硕士学位。他们是：李元、孙晓春、吕文郁、郭守信。

李元，吉林省吉林市人，1943 年 8 月 5 日生。1949 年入小学，1961 年于哈尔滨师大附中高中毕业。在当时那个"极

①先生此函影印件获取于百度网，幸好能辨认清楚。原件正在该网高价兜售。

左”时代,因所谓“家庭有严重问题”,被无理地剥夺了继续升学深造的机会,此后转入工厂务工。工种:铆工。由徒工直至晋升为八级工,并曾担任车间负责人。“文革”时以“反革命罪”被捕,1978年平反。1980年考取吉林大学历史系研究生,师从金景芳先生,专攻先秦史。1983年获历史学硕士学位。同年到黑龙江大学历史系任教,现为教授。著有《中国兵制史话》、《李斯大传》、《秦始皇·嬴政》、《从理想到毁灭——王莽的悲剧》、《思考与探索——李元史学论文集》,以及《中国历史上的三次文化危机》、《论春秋时期的民兵制度》、《论老子与传统文化》、《战争与中国文化中心的变迁》、《文化危机与孔子的文化观》等学术论文50余篇。现任黑龙江大学历史文化旅游学院历史系主任、中国古代史硕士生导师、黑龙江省历史学会副秘书长、黑龙江孙子兵法研究会理事等职。在教学和科研中曾荣获1993年度黑龙江省级优秀教师,以及校级优秀教学成果奖、科研成果奖多次。

孙晓春,吉林省长岭县人。1980年1月毕业于吉林大学历史系历史专业,同年9月考入金师门下,攻读硕士学位。1983年毕业,获历史学硕士学位。自1985年至2005年,在吉林大学行政学院任教,期间,于2001年考入吉林大学马克思主义哲学专业攻读博士学位,师从著名哲学家高清海先生。2005年,调入南开大学,现任南开大学政府学院教授,博士生导师,中国政治学会理事,天津政治学会秘书长。主要从事中国政治思想史的教学与研究工作,国家马克思主义建设工程《中国政治思想史》教材建设首席专家。主要论著有:《中国政治思想史》(副主编),《中国政治思想史论》,《中国传统政治哲学》,《传统儒学的历史命运》、《社会公正：现代政治文明的首要价值》,《中国传统政治思想的价值及其当下意义》等,另有译著《正义诸理论》、《自由的道德》、《天国在你心中》、《自然的终结》等。

自1987年起,共招收硕士、博士研究生60余人。

郭守信,1942年生。硕士毕业于吉林大学研究生院。现任辽沈出版社(原辽宁古籍出版社)编辑室主任、编审。初习中国古典文学,后从金景芳先生攻读先秦史、先秦文献研究。整理编辑出版《辽海丛书》、《聊斋杂记》、《东北古史资料丛编》、《历代笔记小说汇编》等古籍图书。曾获全国古籍优秀图书一等奖、三等奖。撰写、注释《秦始皇本传》、《中国古代北方人物传记》先秦人物卷、《中华蒙学集成》提纲释义、《四书译注》等专著。《秦始皇本传》获辽宁省社会科学优秀成果奖三等奖。撰写学术论文《周代祭祀初论》、《西周王年无周公纪年辨》、《"士有朋友"——古代社会人际关系初探》、《鲁襄公冠于卫成公庙发微》等文章。近年致力于对《尚书》、《论语》和《周易》等儒家典籍进行评析和解读。

7月,《中国奴隶社会史》一书在上海人民出版社出版。

《中国奴隶社会史》是先生大半生心血的结晶,是先生的代表性著作。这部书全面系统地阐述了先生研究先秦时代中国社会、历史、思想文化的学术思想体系,充分反映了先生史学研究的独特方法和学术风格,是一部自成一体而又有着鲜明特色的史学著作。出版后受到广大读者的热烈欢迎,很快被国家教委推荐为高等学校文科选用教材,并荣获国家教委第一次社会科学科研成果二等奖和吉林省社会科学优秀科研成果特别奖。

《中国奴隶社会史》初版书影

　　早在 20 世纪 50 年代末，先生就萌发了撰写《先秦史》(即后来出版的《中国奴隶社会史》)的念头，并为此进行了大量的资料准备工作和一系列的专题研究。但由于接二连三的政治运动的干扰，特别是"文革"的爆发，先生的这一研究计划无法落实。改革开放以后，先生再度焕发了学术青春，并很快着手《中国奴隶社会史》的准备和撰写工作。这一时期先生发表的论文，有很多都与《中国奴隶社会史》的撰写有关。

　　经教育部批准，吉林大学成立了古籍研究所。这是根据陈云的指示，为适应全国古籍整理、研究的需要而成立的。当时全国的很多高等院校都成立了古籍所。吉林大学古籍研究所成为全国高校古籍整理研究工作委员会(简称高校古委会)直属的十九个研究所之一。下设三个研究室，即古文字研究室、先秦史研

究室、历史文献研究室。这三个研究室分别由著名古文字学家
于省吾教授、著名历史学家金景芳教授、著名历史文献学家罗继
祖教授负责。先生和于省吾教授还兼任吉林大学古籍研究所的
顾问。

## 1984 年　83 岁

1月6日至9日,吉林大学召开研究生培养工作会议,主要
议题是:总结交流近年来研究生培养工作的经验,讨论如何提高
研究生培养品质。先生受邀在会上介绍经验,发言的题目是:
《培养研究生的几点体会》。先生自1978年恢复研究生招生工
作以来,已经有两届共十名硕士生获得了硕士学位,1983年又招
收两名博士生和两名硕士生。先生在会上生动地讲述了自己指
导研究生的感受和心得,介绍了自己如何向学生既讲解史学知
识,又传授治学方法,同时指导学生掌握马克思主义的基本理
论,使学生成为全面发展的、具备独立从事教学和学术研究能力
的史学工作者。先生说:

　　据我看,做好培养研究生这件工作,首先一点,也是最
重要的一点,是导师自己对这项工作要有一个明确的认识。
就是说,要认识清楚,我们带研究生,是给国家培养合格的
高级建设人才,这些研究生毕业后工作怎样,同我们国家的
社会主义建设事业进展关系甚大。从某种意义上说,他们
是我们民族的精华所在,是我们国家的希望所在。因此,我
们培养出来的研究生,水准高低便是一个至关重要的问题。
我认为,我们必须培养高水准的研究生。就文科来说,研究
生学成毕业之后,应当具有相当的马克思主义理论水准,有
比较深厚的专业基础,掌握正确的科学的方法,能够独立地
开展教学或科研工作,其中还应当有一些突出的尖子,成为

未来文科科研领域的骨干和栋梁。

　　要做到这一点,培养研究生必须高标准,严要求。我培养这两届研究生,心中给他们定了一个比较高的标准,他们毕业后,应当是要理论有理论,要方法有方法,要史料有史料,能够独立思考、独立研究的人。我的培养工作就是从这个标准出发的。对研究生高标准,严要求,导师对自己的工作也必然要高标准,严要求。所以我培养这两届研究生,一直感到担子很重压力不小。从未感到轻松过。我总是考虑,如何把我的东西尽可能多地传授给他们,让他们掌握我的东西,将来能够赶上我,超过我。这一点很重要,只有解决这个问题,才有把研究生带好的可能。

　　第二点,培养研究生,还有一个培养内容的问题。就是用什么东西培养他们。这是培养研究生工作中一个带有根本性的问题。据我看,文科研究生的培养内容应当有三个方面,一是知识,二是理论,三是方法。这三个方面缺一不可。偏废了任何一个方面都不行。我是搞先秦史的,我培养研究生,第一是让他们读古书,打下古文献的根底。第二是让他们读马恩著作,掌握马克思主义的基础理论和史学理论,第三是训练他们养成正确的治学方法。

　　关于读古书。搞古史,必须读古书。地下发掘出来的实物材料固然也重要,但是比较起来我看文献材料更重要。但是学术界长期以来形成一种风气,学习古代史的,多半不读古书。不读古书又要研究古史,结果依据想当然说话。从主观臆测出发,妄下结论,然后用断章取义的办法随意曲解古书。这种风气影响极坏,致使搞古史的人很多是人云亦云,鹦鹉学舌,致使古史领域中许多没解决的问题,一直得不到解决;被某些人搞错了的问题一直在错下去,不容易得到纠正。

　　我培养研究生，一项基本的内容是让他们读古书。《诗经》、《尚书》、《周易》、"三礼"、"三传"、和《老子》、《庄子》、《论语》、《孟子》、《荀子》等先秦诸子书，是我的研究生必读必修的课目。这些东西都是极宝贵的古史资料。研究古史，尤其是先秦史，绝对离不开这些材料……

　　治学的方法也是很重要的问题。搞古史，只有史料和理论，没有正确的方法，同样搞不好。我把我自己研究古史的基本方法没有保留地传授给研究生。我的方法，最主要的一条是：用马克思主义的理论做指导，从历史实际出发。按照这种方法研究古史，就要求对马列原著和中国古书读深读透，融会贯通。对于每一个重要的古史问题，都要用马克思主义做指导，以大量的史料做根据，经过认真研究，然后作出结论。结论出在研究之后，而不是出在研究之先。绝不先下结论，再找材料求证。

　　除此之外，在方法问题上还特别注意两点，一个是用发展的观点看问题，另一个是用全面的观点看历史。历史不断发展变化，我们研究历史也要反映这种变化。例如君子和小人这一对概念，最初无疑是代表两个阶级的。如《国语》讲"君子务治而小人务力"，《左传》讲"君子劳心，小人劳力"就是。但是后来这两个概念又属于道德修养的范畴，如《论语》讲"君子和而不同，小人同而不和"就是。可见君子、小人这两个概念是变化的，不可用固定的眼光看待。再如《诗经》中"普天之下，莫非王土"这句诗，有人引用它证明全天下的土地都归周天子一人所有，以为这句诗反映土地所有制问题。但是如果联系《仪礼》、《孟子》、《荀子》、《韩非子》诸书对照看，就会知道这句诗反映的不是土地所有制问题，而是主权问题。是说周天子拥有全天下土地的最高主权。这就说明，研究古史必须全面地看问题，而不可

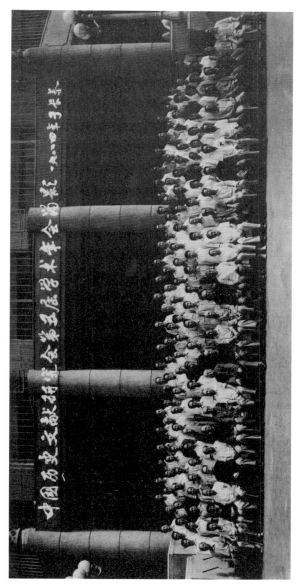

中国历史文献研究会第五届学术年会合影。前排左起第十人为先生

孤立地看问题。

　　发展地看问题，全面地看问题，即是坚持辩证的方法。这是最正确的方法。我培养研究生，通过各种机会，各种途径，训练他们掌握这种方法。[1]

先生的发言受到与会者的好评。

6月，先生在长春参加中国历史文献研究会第五届学术年会。

　　7月中旬，赴山东曲阜参加中国孔子基金会成立大会，被聘为中国孔子基金会副会长。先生在会上发表了《我对孔子的基本看法》的学术论文。

　　应《天津社会科学》约稿，先生撰写《古籍考证五则》，于该刊1984年第2期发表。"五则"分别为：一、"盖十世希不失矣"；二、"士田"；三、"夫圭田无征"；四、"斾"；五、"古者，生无爵，死无谥"。

　　是年8月8日，经国务院批准，教育部决定在全国部分重点高校首批试办研究生院，吉林大学是全国首批试办研究生院的22所院校之一。10月13日，吉林大学隆重举行研究生院建院庆典。

　　著名教育家、前吉林大学校长、时任南京大学名誉校长和中国思想家研究中心主任的匡亚明教授正在撰写《孔子评传》。他是先生的老朋友，熟知先生是研究先秦史和孔子的专家，8月9日，匡亚明致信先生，向先生征询对《孔子评传》部分章节的意见。信的内容如下：

　　景芳同志：

　　　寄奉拙作《西周是领主制封建社会（或初期封建社

---

[1]金景芳：《培养研究生的几点体会》，吉林大学研究生培养工作会议材料，油印稿。

会)》(拙作《孔子评传》第三章第一节)打印稿一份,请查收、审阅、指教。打印稿我尚未及校阅,可能有错字,请谅。

虽然我们看法不同,但求真之心则一。请你勿吝赐教,幸甚。

于老病逝,甚为悼惜。失去一位奉教师友,以至这次拙作无法奉请审正,憾甚。

您亦已高龄,务望珍摄,至恳。

我仍如常,每日仍能维持八小时工作。

《评传》可望九月底脱稿,知□,谨闻。专此即祝

阖家安康。

吕绍纲同志同此候好。

匡亚明

1984,8,9

著名教育家、原吉林大学校长匡亚明(左二)与张松如教授(左一)、高清海教授(右二)、金景芳教授在一起

在吉林大学研究生院建院不久,先生培养的第一届博士研究生谢维扬通过学位论文答辩,博士学位论文题目是《周代的家庭形态研究》,谢维扬成为吉林大学第一批博士学位获得者之一,也是先生指导并获得博士学位的第一人。答辩委员会组成情况如下:

答辩委员会委员(当时未设答辩委员会主席):

中国社会科学院历史研究所李学勤研究员

中国社会科学院历史研究所胡厚宣研究员

中国社会科学院历史研究所张政烺研究员

导师金景芳教授

东北师范大学历史系陈连庆教授

吉林大学古籍研究所罗继祖教授

吉林大学古籍研究所姚孝遂教授

论文评阅人:

华东师范大学吴泽教授

中国社会科学院杨向奎研究员

南开大学王玉哲教授

山东大学韩连琪教授

中国历史博物馆傅振伦研究员

北京大学吴荣曾教授

郑州大学高敏教授

河南大学赵希鼎教授

河南大学朱绍侯教授

谢维扬,安徽省合肥市人,1947年6月生于上海。在上海上完小学和中学。1968年8月,高中毕业两年后,下乡至黑龙江建设兵团(后改为国营农场)。先后到过牡丹江地区密山(即老北大荒)、合江地区同江(松花江入黑龙江口处)

和抚远(中国地图最东北角、乌苏里江入黑龙江口处)等三处垦区。做过农工、力工(在砖瓦厂搬运土料、砖坯)、班长、统计员、教员。因兴趣,虽无指导和条件而总想读些书。曾在70年代上海古书销售稍见恢复时购得孙星衍《尚书今古文注疏》和杜预《春秋经传集解》两种先秦古籍,便硬读,终未能读懂之。见《红旗》刊登郭沫若论古史分期文章,凭有限二手资料及一腔激情作起讨论文章,其实是亟欲知学问是如何做的。1978年,因国家发展的巨变,得以农场职工之身份报考大学本科和研究生。因之前已读过金老论中国奴隶社会史的著作,心向往之,遂决定报考吉林大学金景芳教授招收之先秦史专业硕士研究生。经初、复试两关考验,竟得以无大学学历之基础被录取,从此有在名师指导下、按专业要求学习古史之可能。时在同年同时参加的大学本科高考中亦被北京大学历史系世界史专业录取,虽一度为之兴奋不已,然反复考虑后,尤其是一想到在研究生复试时亲聆金老谆谆教诲的情景,加之对中国古史久有兴趣,终于决定不入北大而入吉大学习。在硕士研究生学习三年中,金老每周必亲为授课,随时交谈则无计其数,且始终鼓励学生们要敢于在学术上创新,有自己的创造。1981年硕士论文(题《华夏族形成问题初论》)通过答辩,获硕士学位,论文由江苏古籍出版社收入《研究生论文选集(中国历史分册)》(1984年),删减后则由《社会科学战线》发表。同年在尚未向工作单位报到前,在金老鼓励下转回长春报考金老首次招收的先秦史专业博士研究生,获录取(是为国内的第一批博士研究生)。1984年底,博士论文《周代家庭形态研究》答辩获通过,并获历史学博士学位。论文经修葺后以《周代家庭形态》为题由中国社会科学出版社作为"中国社会科学博士论文文库"之一种出版(1990年),李学勤先生为作序。

1985 年初起至上海华东师范大学中国史学研究所工作，曾任所长。2002 年调入上海大学历史系，任古代文明研究中心主任，教授，博士生导师，兼任中国先秦史学会副会长，上海历史学会理事。多年来遵照金老指引的治学方向和理念，在中国古史、古代文献和思想文化等研究中做出一些成果，有些为学术界所关注（如《周代家庭形态》、《中国早期国家》等），对于深入进行相关课题或领域的研究有积极意义。

先秦文献进修班经过一年的授课、培训，完成了原订的学习计划。6 月初，由吕绍纲、吕文郁带队，开始外出调研。先后经过半个多月的调研，回到吉林大学，正式结业。绝大多数学员结业后又回到原来的工作单位工作，少数学员入学前没有固定工作单位，结业后选择了新的工作单位。

魏耕原，陕西周至县人，生于 1948 年。现为陕西师范大学文学院古代文学专业教授、博士生导师。1982 年毕业于陕西师范大学中文系，1983 年 9 月参加吉林大学古籍所先秦文献研究班学习，次年 7 月结业。师从金老与吕绍刚，当时金老已 85 岁高龄，仍坚持每周上课；下半学年结束即住院，次年春开学后又坚持上课。

著有《陶渊明论》，北京大学出版社 2012 年。《全唐诗语词通释》，中国社会科学出版社 2000 年。《谢朓诗论》，中国社会科学出版社 2004 年。《唐诗宋词语词考释》，商务印书馆 2006 年。《南丰文钞校注集评》，三秦出版社 1998 年。《古诗精华赏析》，陕西人民教育出版社 1990 年。《韩非子注评》，朝华出版社 1990 年。《先秦汉魏六朝诗鉴赏辞典》（合编），三秦出版社 1990 年，商务印书馆 2012 年再版。《历代小赋观止》（主编），陕西人民教育出版社 1998 年。

《汉语大词典订补》(合著)，上海辞书出版社 2010 年。《临川文钞校注集评》(合注)，三秦出版社 1998 年。《庐陵文钞校注集评》(合注)，三秦出版社 1998 年。《万家辞赋》(合著)，中国社会出版社 2004 年。

完成国家社会科学后期资助项目《陶渊明论》。论文著作获得陕西省和教育厅一、二、三等奖六次。在《文学遗产》、《文史》、《中国语文》、《文史哲》、《吉林大学学报》、《社会科学战线》、《敦煌研究》等刊物发论文百篇左右。在《新华文摘》、《高等学校社会科学文摘》、人大资料转载《古代文学》，全文与观点转载十多篇。

现有《前盛唐诗论》、《后盛唐诗论》、《古代文论探微求真》三书待出。

张伯龄，女，1938 年 6 月 1 日生于西安市，祖籍山东省曹县，中国共产党党员，文博研究馆员。1955 年 2 月在陕西省博物馆(现在的西安碑林博物馆)参加工作。1955 年至 1983 年担任本馆讲解、陈列研究工作。1983 年 9 月至 1984 年 7 月在吉林大学金景芳教授主办的先秦文献研究班学习。1984 年至 1994 年担任本馆资料室主任。1987 年 11 月筹办《唐代十八陵展》赴日本京都参加"世界历史名城博览会"。1994 年至 1998 年在本馆碑林研究室担任研究工作。1998 年 9 月退休。

主要著作有：《西安碑林》；《北朝墓志英华》；《王羲之和大唐三藏圣教序碑》；《陕北汉画像石的乡土气息》；《考与景教碑有关的人和事》；《日本两通翻刻的大秦景教流行中国碑》；《唐李寿墓志之研究》；《唐大智禅师碑考释》；《弘法大师求法长安史迹考》等。参加编著的著作有：《陕西省博物馆》；《中华文物鉴赏》；《隋唐文化》；《碑林全集》；《明清西安词典》;《新中国出土墓志·陕西卷》等。

　　王绵厚,字博文,号三古。1945 年生,辽宁海城人。1969 年毕业于北京大学考古专业;1983 年入吉林大学古文献研究班,师从金景芳先生。历任辽宁省博物馆馆长、研究员、辽宁省博物馆学会理事长。曾兼任中国辽金契丹史学会副会长、中国博物馆学会理事。东北师范大学、辽宁大学、大连大学兼职教授,东北师范大学"东北民族与疆域研究中心"特聘专家委员会委员,辽宁省区划地名学会副会长;辽宁社会科学院特邀研究员、沈阳市文史研究馆馆员,辽宁省文物专家组和国家社会科学基金专案评议专家(历史考古)。

　　多年从事东北历史考古和古民族研究。尤致力东北历史地理、交通史和高句丽等边疆民族历史考古等"古地理、古民族、古文化"的"三古"研究。在"七五"至"十二五"的30 年间,已连续承担完成国家重点科研规划八项,出版专著十余部,并在国内外发表论文百余篇。其中《高句丽古城研究》和《辽宁文化通史》(秦汉卷),曾先后获辽宁省哲学社会科学首届政府一等成就奖和二等奖。为享受国务院特殊津贴的专家。已出版的主要著作有:《东北历史地理》(黑龙江人民出版社 1989 年,主编之一),《东北古代交通》(沈阳出版社 1990 年),《秦汉东北史》(辽宁人民出版社 1994年),《东北古族古国古文研究》中卷(黑龙江教育出版社2000 年),《辽海印信图录》(辽海出版社 2000 年,王绵厚、郭守信主编),《高句丽古城研究》(文物出版社 2002 年),《高句丽与秽貊研究》(哈尔滨出版社 2005 年),《辽宁文化通史》(秦汉卷)(大连理工大学出版社 2009 年),《陪都纪略校注》(沈阳出版社 2009 年),《辽宁明长城资源调查报告》(总撰稿,文物出版社 2011 年)。①

是年 11 月 17 日,吉林大学学术委员会进行了扩充和调整,社会科学学术委员会委员增加到 45 人,先生仍担任吉林大学社会科学学术委员会副主任委员。②

## 1985 年　84 岁

《史学月刊》是河南大学和河南省历史学会共同主办的大型历史学专业刊物,原名《新史学通讯》,创刊于 1951 年 1 月。为纪念《史学月刊》创刊三十五周年,该刊编辑部特向先生约稿,先生撰写了《说易》一文,发表于《史学月刊》1985 年第 1 期。

《研究中国古史必须继承孔子这一份珍贵的遗产》一文在《人文杂志》1985 年第 1 期发表。这篇论文分两部分:一、什么是孔子这一份珍贵的遗产? 二、为什么说研究中国古史必须承继孔子这一份珍贵的遗产?

《马克思主义关于奴隶制社会的科学概念与中国古代史分期》一文在《社会科学战线》1985 年第 1 期发表。

1986 年是对先生有知遇之恩的著名学者、先生的恩师金毓黻先生诞辰一百周年。先生决定写一篇《金毓黻传略》,以兹纪念。先生为此要通读金毓黻先生的《静晤室日记》。《静晤室日记》是金毓黻先生的长篇治学札记。起笔于民国九年(1920)3月 6 日,讫于病重前的 1960 年 4 月 30 日,时间长达 40 年之久。这部日记全部用毛笔在特制格式的朱丝栏毛边纸上写就,字体为行草,通篇如行云流水,秀逸飘洒,行间与栏眉上时有加注或自评。总计 169 卷,分为 170 册,每十册合为一函,蓝布面装帧,装成 17 函,总共约五百余万字。这部卷帙浩繁、内容丰富的日

①其他几位结业的进修班学员因未能提供相关信息,简历从略。
②见《吉林大学史志(1946—1986)》,第 127 页。

金毓黻先生的《静晤室日记》稿本第一函

记,荟萃了老先生一生治学之所得,是一部具有很高学术价值的鸿篇巨制。日记原藏金毓黻先生晚年工作的中国社会科学院近代史所图书馆,后来经过诸多曲折,最终转移到东北文史研究所,现存吉林省社会科学院图书馆。① 先生大约从1984年下半年开始阅读这部日记,每两周读完一函。由学生吕文郁负责定期到吉林省社科院图书馆借还。前一函读完,吕文郁及时送还图书馆,再借来下一函交给先生。就这样,先生共用了八个多月才把这套大部头的日记全部读完。这对于已届耄年的先生,谈何容易! 先生在一封信中说:

　　每日看得我头昏脑胀,以至于彻夜失眠,实在是一件苦

①详见赵庆云:《〈静晤室日记〉流出的经过》,《博览群书》2011年2月。

事。但又觉得非做不可,不能推托。因为一则我受过他的厚遇,二则目前了解他的人,大部分都不在了。①

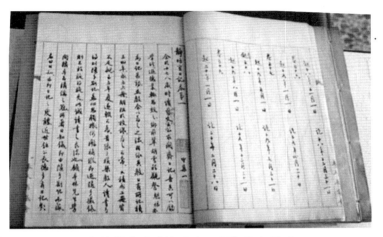

金毓黻先生《静晤室日记》稿本墨迹

郑则(吕文郁)写的《金景芳教授〈论井田制度〉一书评介》在《先秦史研究动态》1985年第3期发表。

是年6月26日,先生指导的博士生陈恩林通过学位论文答辩,获吉林大学历史学博士学位。博士学位论文题目是《中国奴隶社会军事制度研究》。答辩委员会组成情况如下:

答辩委员会委员(当时未设答辩委员会主席):

南开大学历史系王玉哲教授

导师吉林大学古籍所金景芳教授

东北师范大学历史系陈连庆教授

吉林大学古籍所罗继祖教授

吉林大学历史系乌廷玉副教授

吉林大学历史系赵锡元副教授

---

①先生1985年2月18日写给在汕头大学工作的原学术助手王治功的信。

吉林大学古籍所陈世辉副教授①

论文评阅人有：

中国社会科学院历史所胡厚宣研究员

中国社会科学院历史所张政烺研究员

中国社会科学院历史所李学勤研究员

中国历史博物馆傅振伦研究员

河南大学朱绍侯教授

山东大学韩连琪教授

南开大学刘泽华教授

复旦大学杨宽教授

华东师范大学吴泽教授

陕西师范大学斯维至教授

北京大学吴荣曾教授

东北师范大学陈连庆教授

　　陈恩林，1940 年 11 月生，吉林省公主岭市人。1964 年毕业于吉林大学历史系，同年，考为本校金景芳教授先秦史专业研究生。"文革"中断学习，1968 年被分配到长春市实验中学任教。1978 年重新考为金景芳先生研究生，1981 年获历史学硕士学位，留校任教。1985 年获历史学博士学位，1987 年晋升副教授，1992 年晋升教授，1997 年被评为博士生导师，1988—1993 年担任吉林大学古籍研究所副所长，1997—2011 年 5 月担任古籍研究所所长。

　　社会兼职：中国史学会理事，中国先秦史学会副理事长，吉林省史学会顾问，吉林省周易学会会长。1993 年获国

--------

① 答辩委员会委员的职称和排列次序除导师外均以吉林大学授予博士学位人员登记表或答辩委员会委员的签字次序为依据，以下均准此，不再加注。

务院特殊津贴；1997 年被国家留学基金委员会聘为"中华文化奖学金"指导教授；2000 年、2012 年先后被中国社会科学院古代文明研究中心聘为专家委员会委员；2010 年被东北师范大学特聘为教学名师；2011 年被四川大学国际儒学研究院聘为客座教授。

在《历史研究》、《文史》、《中国哲学史》、《吉林大学人文社科学报》、《社会科学战线》等刊物上发表学术论文 60余篇，出版学术专著 3 部，古文译著 2 部，参与主编《金景芳学案》一部，并任北京大学儒藏精华编《经部·小学类》主编。

先生的《中国奴隶社会史》1983 年 7 月在上海人民出版社出版后，深受读者欢迎，在社会上产生很大影响。出版社连续加印，仍不能满足市场需求。当时的国家教委（原教育部）经过调研，决定把先生的《中国奴隶社会史》列为高等学校推荐选用教材。于是国家教委高等学校文科教材办公室致函先生。先生遂将此函复印件转寄上海人民出版社的顾孟武。教委信函内容如下：

金景芳先生：

我部拟将您著《中国奴隶社会史》列为高等学校推荐选用教材，请您速将该书情况填表报送我室。

此致
敬礼！

国家教委（原教育部）
高等学校文科教材办公室
1985 年 8 月 15 日

先生写在国家教委信函复印件上的附言：

孟武同志：

　　手示奉悉。兹遵嘱将复印国家教委函寄上，请查收。
并候

著祺！

金景芳

1985、10、6①

东北师范大学历史文化学院的艾春明、傅亚庶在《社会科学辑刊》2005 年第 3 期发表了题目为《再说商先起源于幽燕》的文章。这篇文章也是对先生《商文化起源于我国北方说》一文的呼应。作者认为：在商先起源问题上历来有多种说法与推测，现有诸说在具体论证上存在较大缺陷，对于其中的商先源于东北乃至辽河源之说，笔者认为是有一定道理的；从"玄鸟生商"与上巳节时间上所传达出的物候资讯可以推定商之主体应在辽河源地区；而《史记》所载纣王"酒池肉林"的沙丘之戏也应该是代表了商人对本民族先源时代生活的一种回忆；另外，先商在许多经济、文化制度上具有浓郁的草原文化色彩，结合现有考古发现来看，商先源于东北辽河源的可能性更大。②

是年 9 月，先生招收的第二届博士生葛志毅、吕文郁开始在先生指导下攻读博士学位。第一学年除按先生意见精读《尚书》、"三礼"等先秦文献外，还参加《周易》研讨班的学习。先生还经常听取两人汇报读书心得。

---

① 此函影印件获取于百度网。先生致顾孟武的三封信函不知何时外流，正在网上高价出售。幸好其影印件比较清晰，特录制于此。

② 参见《再说商先起源于幽燕》一文的"摘要"，《社会科学辑刊》2005 年第 3 期，第 103 页。

吕文郁、葛志毅（左）向先生汇报读书心得

　　《青海师范大学学报（哲学社会科学版）》1985年第4期发表了纵瑞华的《关于古代社会理论研究中的几个问题》。这篇文章，主要是针对先生在《社会科学战线》1985年第一期上发表的《马克思主义关于奴隶制社会的科学概念与中国古代史分期》一文而写的。先生根据马克思和恩格斯的论断，认为古代的奴隶制度存在两种类型，一种是亚细亚古代的奴隶制，另一种是古典古代即希腊罗马类型的奴隶制。中国古代的奴隶制度是家庭奴隶制，和希腊罗马类型的奴隶制一样，都是发达的奴隶制。而纵瑞华先生是古代史研究中的"无奴派"成员，主张古代大多数国家和民族都未曾经历奴隶社会这一历史阶段，因而不同意先生的看法。纵瑞华先生认为马克思和恩格斯对古代社会的认识存在时代的局限性，他们不了解或不甚了解中国殷周文明，印度的哈拉帕文明，西亚的上古文明，古代埃及文明，克里特迈西尼文化等等。事实上多数民族都没有经历过奴隶制社会阶段，如欧洲日尔曼人各族，斯拉夫人各族，非洲许多民族，美洲印第安人各族，大洋洲各族，等等。因此，对于马克思、恩格斯关于古代社会性质的论述,需要作具体分析。恩格斯关于古代东方家庭奴隶制也是一种"充分发展的奴隶制"的提法,或者可以看作是恩格斯的一个理论失误。纵瑞华先生还说,把家庭奴隶制说成是东方古代的一种充分发展的奴隶制,看来只是一种误解,是缺乏充分的事实依据的。先生当时并没有看到纵瑞华的文章,因而未能及时回应。

干志耿、李殿福、陈连开①在《历史研究》1985年第5期发表了《商先起源于幽燕说》一文。这篇文章是对先生发表于《中华文史论丛》第七辑的《商文化起源于我国北方说》一文的积极呼应。

文章称商朝发祥于河济之间。偃师尸乡沟商城、郑州商城安阳殷墟,皆凿凿可据,差无可争议。唯商先起源,至今尚无定论。广被于幽燕之域的红山文化,作为此一地区远古"文化的脊梁"(刘晋祥语),其灼灼英华,犹如晨曦透过壅蔽在商源疑难上的云雾,启迪着探索者们的心扉。傅斯年撰《东北史纲》,已明确推断"商之兴也,自东北来,商之亡也,向东北去。商为中国信史

---

① 干志耿,浙江余姚人,1957年毕业于东北人民大学(今吉林大学)历史系。曾任黑龙江省文化厅副厅长、文物管理委员会副主任。现为黑龙江省博物馆名誉馆长、研究员,兼吉林省社会科学院特邀研究员、哈尔滨师范大学历史系教授、中国辽金契丹女真史研究会副会长并金史专业委员会主任等职。著有《黑龙江古代民族史纲》、《探赜索隐集》、《黑龙江区域考古学》、《中国东北考古》、《室韦史研究》、《女真史》、《古代东北亚细亚的民族与文化》、《东北亚文化研究》、《关东文化大辞典》等。李殿福,辽宁台安人,吉林省文物考古研究所研究员。曾任吉林省文物考古研究所研究室主任、兼任吉林省社会科学院历史所东北考古学研究室主任,特邀研究员。主攻高句丽、渤海考古与历史。著有《高句丽·渤海的考古与历史》、《中国内的高句丽遗迹》、《东北考古研究》(二)、《保安屯史话》(合著)、《高句丽简史》(合著)等。陈连开,著名历史学家、民族学家,中央民族大学历史系教授、博士生指导教师。

之第一章,亦即为东北史之第一叶"。"商之起源,当在今河北、东北暨济水入海处","商之先祖已据东北为大国矣"。最近几年,根据东北,尤其是辽西地区商、周青铜器的发现,学者们结合文献进一步考证,断言商族起源于东北辽河发源之区。这篇文章主要依据大量的考古材料,对商文化起源于东北辽河发源地的问题进行了详细论证。

## 1986 年　85 岁

先生写的题为《孔子与六经》的论文在《孔子研究》1986 年创刊号上刊出。

为纪念金毓黻先生百年诞辰,先生所作《金毓黻传略》一文在《史学史研究》1986 年第 3 期刊出,之后又在《社会科学战线》1986 年第 2 期发表。

《我对孔子的基本看法》一文是先生在山东曲阜召开的孔子基金会成立大会上发表的学术论文,应《中国史研究》编辑部之邀,在该刊 1986 年第 3 期发表。

6 月 18 日,吉林大学历史系党总支召开扩大会议,根据基层党支部的推选和党总支扩大会议研究,评选金景芳教授为吉林大学优秀党员。

受教育部委托,先生在吉林大学开办了《周易》研讨班,贵州大学中文系的张闻玉、河南大学的汤其领、黑龙江省鹤岗教育学院的李晓云、河南焦作师范学院的黄宛峰等四人为《周易》研讨班学员,先生指导的博士生、硕士生也都参加了研讨班的学习、讨论。先生作为易学研究专家,从 1985 年秋至 1986 夏,利用一年的时间,深入、细统地讲授了《周易六十四卦》和《易大传》。先生的助手吕绍纲教授从头到尾参加了研讨班的学习讨论,并作了讲课录音。

7 月初,先生指导的《周易》研讨班通过一个学年的学习、讨

先生在给《周易》研讨班学员及博士生讲《周易》

论,顺利结业。研讨班的学员们又回到原单位工作。

先生和参加《周易》研讨班学习的弟子们。后排由左至右:
吴国华、葛志毅、黄宛峰、吕绍纲、汤其岭、吕文郁、李晓云、陈恩
林、张闻玉、张鹤泉

张闻玉,1941年2月生,四川省巴中市下八庙镇人。贵州大学人文学院教授,南昌大学国学院教授。1952—1958年在巴中中学就读,1962年毕业于贵州大学中文系,后从事中学、中等师范教育。1974年元月回贵州大学任教至今。1979年秋—1981年春于安徽滁州张汝舟先生门下同学,1985年秋—1986年夏在吉林大学向金景芳先生学《易》。在高校任教,主讲古代汉语、古代历术、传统小学、国学导读等课程。教学得法,严格要求,深受学生爱戴。曾先后应邀到南京大学、湖南师范大学、东北师范大学为古代文史研究生讲历术。先后到中国社科院历史所、吉林大学、陕西师范大学、四川教育学院、贵州师范大学等单位作过专题讲座。2009年11月应邀赴日本山口大学讲学。2011年受聘南昌大学兼职教授,为国学班开"古天文历法"课程。

师从张汝舟先生,得天文历术之真传。学业精进,并用之于治史与考古,颇多独到见解,国内外皆有好评。写有《古代天文历法浅释》(1981年),作为研究生教材多次印行。先后出版《古代天文历法论集》(1995年)、《西周王年论稿》(1996年)、《铜器历日研究》(1999年)、《逸周书全译》(2000年)、《辛巳文存》(2001年)、《历史年代与历术推演》(2002年)、《语文语法刍议》(2005年)、《古代天文历法讲座》(2007年)、《汉字解读》(2009年)、《西周纪年研究》(2010年)、《辛卯文汇》(2011年)、《古音学基础》(2012年)等著作,发表学术论文百余篇。参加过《中国儒学词典》(易经词目)、《四库大词典》(天文历算词目)的撰写,也是《汉书补注》(天文志、律历志)点校者之一。

其学术研究涉及古代汉语、夏商周文史、古代天文历法以及周易之学。他熟悉经史,治学严谨。治史考古,多思善断。发挥师说,强调文献、器物与天象"三证合一"。凡为论述，必有创见，不作无病呻吟之文。他关于西周年代学的考证，尤其受到学术界的重视与赞誉。论文《小盂鼎非康王器》、《释"辰"》、《晋侯苏钟之我见》等先后被人大复印资料刊用，《武王克商在西元前 1106 年》、《智鼎王年考》、《西周王年足征》先后由台湾《大陆杂志》采用。《历史研究》1999年 2 期刊发《涉及〈武成〉的几个问题》。他如《昭王在位年数考》、《鲁世家与西周王年》、《共孝懿夷王序王年考》、《〈易·明夷卦〉探微》、《曾侯乙墓天文图像之研究》、《西周年代学研究中的几个问题》、《再谈西周王年》等先后被国内外各地论文集、丛书、网络收载或摘发。

他参与主编贵州高校教材《大学语文》（2005 年），主编全国自学考试《大学语文·辅导教材》（2001 年），对"语文"的教与学有独自的见地，讲练得法，学生受益良多。

论文《武王克商在西元前 1106 年》、《王国维〈生霸死霸考〉志误》、《西周王年足征》、《古音学基础》先后获贵州省社会科学优秀成果奖。

他的传略先后收入《世界名人录》、《中华名人大典》、《当代中国人》等 40 多部辞典、辞书中。①

《岳麓书院一千零一十周年纪念文集》第一辑由湖南人民出版社于 1986 年 10 月出版，书中收录了先生撰写的《从抗日战争时期的复性书院谈起》一文。

《中国奴隶社会史》一书在上海人民出版社再版，并被国家教委正式推荐为高等学校文科选用教材。

中国先秦史学会理事会决定在吉林省召开第三次年会，并责成吉林大学、东北师范大学和吉林省社会科学院共同筹备此

———————————

①先生主办的《周易》研讨班其他几位学员因缺乏相关资料，简历暂缺。

次会议。先生是中国先秦史学会副理事长,考虑到先生的地位和影响,大家建议以先生个人的名义向省社联和政府主管部门申请会议经费。于是先生提出如下申请:

省社会科学联合会

刘敬之、胡绍祖、孙瑕同志:①

　　最近,中国先秦史学会理事会商定一九八六年八月第三次全国年会将在吉林省召开,并建议吉林大学、东北师范大学历史系和吉林省社会科学院历史所负责筹备。鉴于我省有一支实力比较雄厚的古史研究队伍,许多同志担任理事会领导职务,为繁荣我省的学术文化事业,促进学术交流,我们接受了这项任务。

　　理事会商定:会议规模为 100 人,会期一周,地点在长春或吉林市。会议将讨论我国古代的国家形成、国家政体、古代思想文化与精神文明建设的关系以及古代史分期等重大理论和现实问题。

　　中国先秦史学会是全国性有影响的学术团体之一,该会由国内一批有威望的史学专家和年富力强的中青年史学工作者组成。几年来开展学术交流非常活跃,在国内外都有一定的影响。本次年会次邀集一批国内著名史学专家来长,有吴泽教授、徐中舒教授、胡厚宣教授、张政烺教授、李学勤教授、王玉哲教授等。此外,日本京都大学人文科学研究所西岛定生教授等三名学者也将自费来华参加会议。新

①刘敬之,辽宁丹东人,曾任新华社副社长、机关党委书记、中共吉林省委书记、吉林省政协主席等职。胡绍祖,江苏淮阴人,曾任吉林日报社党委书记、长春电影制片厂党委书记、吉林大学党委书记,时任吉林省社会科学联合会党组书记、副主席。孙瑕,吉林省双辽市人,时任吉林省社会科学界联合会研究员、副主席。

闻出版界亦有代表出席会议。可以预料,本次年会必将产生较大的学术影响。

我们深知我省领导向来重视并积极支持学术活动。为筹备好这次会议,特向我省领导反映以上情况,并恳请能给予我们的工作以大力支持,故提出以下几点:

1. 经费问题。根据历次年会惯例,除由中国社会科学院拨少量会议专款外,其他皆由地方筹集。本次年会经费预算为一万四千(14,000)元,中国社会科学院拨2,000元,另外吉大、师大各出2,000元,尚欠8,000元,我们提出申请,希望省有关部门能拨8,000元资助这次会议。

2. 请协助安排省宾馆或其他招待所,帮助我们解决好这次会议代表的住宿问题。

3. 请通过有关外事部门,协助联系日本学者的入境签证有关事宜。

4. 大会开幕式敬请省有关领导光临指导。

敬候批复。此致

敬礼!

吉林大学历史系教授　金景芳

一九八六年一月十三日

由于先生的努力和相关各方的积极支持与配合,这次年会于是年9月初在长春市长白山宾馆顺利召开,成为先秦史学会成立以来盛况空前的一次年会,先秦史学界老中青三代学者共160余人莅临大会,是历届先秦史年会与会人数最多的一次。在这次年会上,中国先秦史学会领导机构进行了改选,先生仍被选为中国先秦史学会副理事长。

9月初,先生是年招收的博士研究生张鹤泉、常金仓、李衡眉入学。硕士研究生陈翰、王振芬、王保国、宋立恒、商国君入学。

中国先秦史学会第三届年会集体合影。第二排右起第十四位为先生

是年 10 月 5 日,吉林大学在长春市体育馆举行了隆重的建校四十周年庆祝大会。大会表彰了为学校发展做出卓越贡献的匡亚明、唐敖庆、刘靖三位原学校领导人,向他们颁发了镌有"功昭校史"四个大字的荣誉匾额;同时对王湘浩、江泽坚、余瑞璜、吴式枢、关实之、高鼎三、张松如、金景芳、关梦觉、杜若君等十位教授予以表彰,并向他们赠送了镌有"筚路春风"四字的牌匾。

10 月中、下旬,应烟台师范学院的邀请,先生在陈恩林陪同下前往该院进行学术交流。据《烟台师范学院学报(哲学社会科学版)》1986 年第 2 期署名"历石"的文章报道:

> 十月十八日到二十一日,中国孔子基金会副会长、山东齐鲁书社顾问、吉林大学历史系名誉系主任、吉林大学古籍研究所教授、博士生导师金景芳应邀来我院讲学。金景芳教授以"我对先秦史问题的一些看法"为题,从殷周社会的分封、井田制、宗法观、阶级状况、思想文化等五个方面,论述了中国古代史分期的秦统一封建说。陪同金景芳教授来访的陈恩林博士介绍了金景芳教授的治学道路和学术成就,并通报了今年九月在吉林省长春市举办的中国先秦史学会第三届年会的情况。与会者特别对金景芳教授"成一家之言,走自己的路,说自己的话,从不依草附木"的治学理路很感兴趣,反响强烈。

## 1987 年　86 岁

干志耿、李殿福、陈连开三位先生在《民族研究》杂志 1987 年第 1 期发表了《商先起源于幽燕说的再考察》一文。这篇文章是作者对《历史研究》1985 年第 5 期发表的《商先起源于幽燕说》一文的基本观点的补充和进一步论证。也是对先生《商文化起源于我国北方说》一文的再次呼应。《商先起源于幽燕说》一文主要依据的是地下出土的考古材料。《商先起源于幽燕说的再考察》则专就文献作再考察，以便让出土的文物与文献资料相互印证。凡在《历史研究》中已经论证之各点，《商先起源于幽燕说的再考察》则不再赘述。先秦文献对商先起源传说的记载，仅知如下三事："玄鸟生商"，契为男性始祖，其母有娀；契居蕃，昭明居砥石。至于蕃，随商族的迁徙，从黄河下游至关中有多处，何处为原生之地？古人是多宗信"杜亳（蕃）"说的。太史公《殷本纪》谓："自契至汤，八迁。汤始居亳，从先王居。"西汉末叶，东莱张霸造古文《尚书》百两篇，成帝时"以中书校之，非是"，知其为伪作，故《经》早已失传，而张霸每篇所作《序》则由《伪孔传》收录而流传至今。其中《帝告》、《釐沃》两篇《序》也说："自契至汤，八迁。汤始居亳，从先王居。"盖袭《史记》之文而托言出自孔子。自西汉以来，注《经》与立说各家，多相信汤所居亳，即契所居蕃（与亳同）。所谓"从先王居"，即从契居亳。因而很少有人怀疑汤所居亳，不是商先起源之区。

　　先生的学术助手吕绍纲为先生的易学论集《学易四种》作《序》，这篇《序》在《社会科学战线》杂志 1987 年第 1 期发表。

　　吕绍纲根据先生在周易研讨班上的讲课录音，整理成《周易讲座》一书。该书由吉林大学出版社 1987 年 6 月出版发行。《周易讲座》这部书内容比较通俗，出版后很受读者欢迎。当时适值"《周易》热"方兴未艾，很多人都对《周易》有浓厚兴趣。这部书一时间成了书店里的抢手货，销量大增。其实很多人弄不懂《周易》是部什么书。他们认为看了《周易》就知道怎样算卦，想用《周易》搞什么"预测学"。有些读者听说先生是研究《周易》的专家，就来信、来访，向先生讨教怎样算卦。记得有一位 60 多岁的农村老妇，从黑龙江省某县风尘仆仆地找到先生家，说她的儿子丢了，恳请先生给她算一算儿子在哪里，能否找到。

她来时先生正与笔者谈学位论文的写作问题,笔者费了不少口舌向她解释,说这位老先生虽然研究《周易》,可是并不会算卦,也不相信算卦那一套。你找儿子要紧,千万别因此而耽误大事。这位农村老妇听后大失所望,带着满脸的疑惑离开了先生家。

先生为《周易讲座》写了《序》,这篇《〈周易讲座〉序》在《孔子研究》1987年第4期发表。先生在这篇序文中认为时贤说《易》有二弊:(1)把《周易》视为单纯的卜筮之书,(2)说《易传》不是孔子作的。先生不同意这两种看法,乃举出大量史实加以论证。同时还说:"我讲《周易》,基本上是根据我了解的程度来讲的。我敬佩孔子'知之为知之,不知为不知'的说法,我讲的都是我知道的,不知道就不讲。例如,《杂卦传》内容的排列顺序有没有意义,它是按照什么原则排列的,我不知道,不知道就不讲。我讲《系辞传》很少采取前人旧说。讲六十四卦就不然,采取前人旧说较多。我于前人的说法中,最重视王弼的《周易略例》,其次,则是程颐《易传》。我讲六十四卦多用程传之说,于项安世、俞琰之说,间亦有所甄采。朱熹《周易本义》的'卦变'之说坚持《周易》为卜筮之书,以及相信河图、洛书等等,其识见不如程传远甚,我坚决不取。"

中国孔子基金会在山东曲阜阙里宾舍召开儒学国际学术讨论会,先生受邀参加这次学术讨论会,并提交了题为《孔子对〈周易〉的伟大贡献》的论文。先生在研讨会上并没有宣读提交给大会的学术论文,只是摘要介绍这篇论文的基本内容。先生在会上发言如下:

一、首先要谈一谈我们这次学术讨论会所讨论的中心内容是儒学,我为什么要写《孔子对〈周易〉的伟大贡献》这篇文章。

什么是儒？章太炎有《原儒》，胡适有《说儒》，我认为他们说的都不对。"儒"的正确解释应根据《周礼·太宰》"九两"中所说的"师以贤得民，儒以道得民"。什么是贤，什么是道？应知道《周礼·大司徒》"以乡三物教万民而宾兴之"，所谓"乡三物"：一是六德，二是六行，三是六艺。六行可以并称为贤，六艺可以并称为道，或道艺。

司马谈说"儒者以六艺为法"，是有根据的。实际上司马谈据说的"六艺"是《诗》、《书》、《礼》、《乐》、《易》、《春秋》，而不是礼、乐、射、御、书、数。《诗》、《书》、《礼》、《乐》、《易》、《春秋》出于孔子，所以应当承认孔子是儒学之祖。我们讨论儒学，不能不谈孔子，谈孔子不能不谈"六艺"，谈"六艺"我认为首先应该谈《周易》。因为《周易》是孔子思想的渊源、根基。

二、我所谈孔子对《周易》的伟大贡献，里面分四个部分。1. 孔子明确指出《周易》的本质特点；2. 孔子根据自己的认识对《周易》的基本内容作了精湛的解释；3. 孔子从《周易》的结构的解释上令人信服地看出《周易》对中国哲学发展作出的卓越贡献；4. 从孔子作《大象》看出孔子有时代的政治局限性，证明《周易》从来就是为政治服务的。①

会后，先生提交的会议论文《孔子对〈周易〉的伟大贡献》发表于《孔子研究》杂志1987年第4期。又被收入《儒学国际学术讨论会论文集》，齐鲁书社1987年出版。②

①先生亲笔写的《在儒学国际学术讨论会上的发言稿》。此发言稿实为发言提纲，先生在会上是按照发言提纲讲的，并未宣读会议论文。
②这篇会议论文后来被编入《金景芳全集》第八卷，第4266—4281页。

　　《学易四种》一书于 1987 年 10 月在吉林文史出版社出版。
《学易四种》一书包括先生研究易学的四篇论著：写作于 1939
年、出版于 1945 年的《易通》，发表于 1955 年的《易论》（上）和
发表于 1956 年的《易论》（下），发表于 1985 年的《说易》和发表
于 1988 年的《关于〈周易〉的作者问题》。

　　著名历史学家、考古学家、文献学家、一代宗师金毓黻先生
1887 年 7 月 19 日生于辽宁省辽阳县城北后八家子村。1987 年
是金毓黻先生诞辰一百周年。辽宁省相关部门召开了一次纪念
金毓黻诞辰一百周年学术活动，并组织与会人员前往金毓黻老
先生的故乡辽阳县寻访旧迹。先生为怀念恩师金毓黻先生，参
加了这次活动，在金毓黻先生故居旧址有感而发，吟成五言古诗
一首。回来后应黄中业之请，先生挥笔书成条幅，赠给了黄中
业。先生书写的五言古诗条幅如下：

　　　　　　辽阳形胜地，
　　　　　　自古毓英贤。
　　　　　　瑶峰久流誉，
　　　　　　静晤可比肩。
　　　　　　盛德有口碑，
　　　　　　高文日月悬。
　　　　　　顾瞻觅遗躅，
　　　　　　怀旧泪潸然。


　　丁卯夏，并至辽阳怀念静庵先生，率成五古一首，录希
中业同志两正。

　　　　　　　　　　　　　　　　　　　　　　　金景芳

　　《历史研究》1987 年第 4 期刊载了吕绍纲先生的《评〈中国
奴隶社会史〉》一文。文中说：金景芳先生著《中国奴隶社会史》，

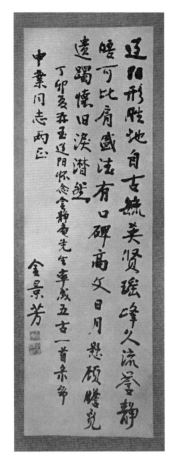

1983年由上海人民出版社出版以后，在史学界引起很大反响。本书最大的特点，是作者独立思考，说自己的话，走自己的道路。书中对有关中国奴隶社会的一系列问题提出了自己的新看法，纠正了史学界流行的一些错误观点。如对先秦典籍中"初税亩"、"三分公室"、"溥天之下，莫非王土，率土之滨，莫非王臣"等词语的解释，对井田制、宗法制、对中国奴隶社会阶级和阶级斗争的解释和论述，都令人耳目一新，表现了金景芳先生在中国

古代研究中的独创性。同时也指出《中国奴隶社会史》一书的不足之处,如战国部分写得略显单薄,对一些重要问题的阐述不如其他部分讲得透彻、充分。在史料应用方面对一些重要的考古资料没有给予应有的重视。

先生指导的第三届硕士研究生刘梦骧、吴国华通过学位论文答辩,获得硕士学位。刘梦骧毕业后到广州暨南大学经济系工作。吴国华先到武汉,后去海南省工作,曾任三亚市政府秘书长。

## 1988 年　87 岁

《关于〈周易〉的作者问题》一文在《周易研究》1988 年创刊号刊出。

《关于〈周易〉研究的若干问题》在《烟台大学学报》1988 年第 2 期发表。

是年 3 月 7 日,先生的老朋友、兰州大学赵俪生教授致函先生:

> 金老赐鉴:
>
> 　　元宵节后一日,接先生赐寄尊著《周易讲座》,高兴得一两天都精神振奋、愉快。为什么? 第一,您 86 岁高龄,尚在不停地讲课、写作,这对 71 岁的晚学我,是一个最大的鼓励。第二,我也在研究《周易》。汉易、宋易已来不及一一追读(因为究非专治,而仅是"兴之所至")……乍得先生新著,怎能不雀跃哉?!
>
> 　　晚将于今年下半年或明年上半年办理离休。之所以不即办,是需要"外调",以确定 35 年参加革命后,有无"断线"之事耳。刻在兰大已 30 年,不再做任何工作,学校已无意见了。但闲不住,近为山东"七五规划"中"史学十题"中之

一《齐国史》，承包此题。以齐东野人治一部《齐史》出来，亦佳话也。故近来于管、晏、稷下诸先生，用功甚勤。长者闻之，或莞尔曰：孺子尚可也。

专此敬请

尊安！

晚赵俪生谨上<br>88 年 3 月 7 日

先生考虑到自己年事已高以及家庭的实际情况，决定预立遗嘱，并指定吕绍纲、吕文郁为遗嘱执行人。遗嘱的全文如下：

人多讳言死，其实，有生必有死，死是自然规律，任何人也不能避免的。我身体素健，然而行年已八十有六，余年有限。理宜及其神志清醒，早作身后安排。

一、我多年来节衣缩食，现积累有一万元，都在储蓄所存放。我的意见，日后假定我老伴商桂芬先于我去世，待我去世后，所遗钱物，都由吕绍纲、吕文郁二同志依照下列办法代为处理。

1. 所遗款项分作四等分。我有两个儿子、两个女儿。长子金庆征，已故，应由我长孙金吉光领去一份；次子金庆斌领去一份，长女金庆之领去一份，次女金庆云领去一份。

2. 所遗书籍，全部捐赠吉林大学古籍研究所。假定学校一定要给奖金，这笔奖金也由吕绍纲、吕文郁二同志代管，以其百分之七十交与金庆斌，以其百分之三十交与金庆之。

3. 所遗生活用具，除了给与我大女儿金庆之两付床板带凳，两个木箱（装衣服的），一个小柜以外，其余都给与金庆斌。

二、假定我去世时，我老伴还活着，一切钱款及生活用具,都应归我老伴所有。由于我老伴年老,我所遗钱款,由我大女儿金庆之和吕绍纲、吕文郁二同志共同保管。使用则听从我老伴的意见。待我老伴去世后,所遗钱款及生活用具,仍依照上述办法,由吕绍纲、吕文郁二同志代为处理。

为了防止争端,特预立遗嘱。

> 金景芳
> 1988 年 5 月 12 日

遗嘱执行人吕绍纲和吕文郁也分别在先生的遗嘱上签了名。吕绍纲签的是:

我接受金老托付给我的任务。

> 吕绍纲
> 88、5、12

吕文郁签的是:

一定按照金老的嘱托办理。

> 吕文郁
> 八八年五月十八日

先生的遗嘱签署完毕后,由吕文郁负责将遗嘱复印两份,遗嘱的原件由先生保存,两份复印件分别由吕绍纲、吕文郁保存。大约过了七八年,到了 90 年代中期,先生身体依然健朗,每年都在招收博士生,给博士生上课、指导论文,每年都有新的论著问世。加之先生家中情况也出现了一些新的变化,因此先生正式通知遗嘱执行人,宣布七八年前写下的遗嘱作废,必要时将考虑另立新的遗嘱。

是年 7 月 21 日至 26 日,中国先秦史学会和黑龙江教育学院在哈尔滨市召开了春秋战国文化学术研讨会。这次学术研讨会得到了黑龙江省社会科学院和黑龙江省宗教协会的大力支持。参加这次学术研讨会的代表主要来自东北三省各大专院校、科研机构和出版社等单位。先生由助手吕绍纲陪同参加了这次学术活动，并在大会上发言。与会代表就春秋战国文化尤其是诸子百家的性质、特征、先秦诸子和中国传统文化的关系等问题展开了热烈的讨论。有的学者认为，我国传统文化的特征是农业性和专制性的结合，它滥觞于炎、黄时期，形成于西周时期周公的制礼作乐，春秋时期的孔子不过是对西周时期所形成的礼乐传统文化加以系统化和理论化。针对当时流行的春秋战国时期是我国历史上第一次文化高潮的说法，有的学者认为彼时礼坏乐崩标志着中国传统文化出现了第一次危机，中原文化受到了周边少数民族文化的挑战。另一些学者则认为，春秋战国时代

会议期间，代表们乘游艇游览了松花江，并登上太阳岛游玩。照片摄于游艇上，先生左右分别为东北师范大学的陈连庆教授、詹子庆教授

的礼坏乐崩标志着中国奴隶制度正在土崩瓦解，"百家争鸣"不是什么文化危机，而是中国传统文化蓬勃发展的标志。在这次学术研讨会上大家畅所欲言，不同的学术观点充分发表，有争论，有交锋，开得生动、热烈，大家感到很有收获。①

　　长春、哈尔滨两市虽然相距很近，但是先生已多年没有来过哈尔滨市了。先生在哈尔滨市有一位亲属，已经很久没有见过面了。这次有机会来这里开会，先生决定抽空前去拜访。开会期间的一日下午，先生由吕绍纲陪同，去看望这位亲属。在与亲属聊天时，先生获悉，原来先生的祖上为朝鲜人，大约在明朝万历年间，从朝鲜北部迁居中国辽东。先生对此大为惊讶。因为先生从未见过金氏的家谱、族谱，历来填写自己的履历表时在"民族"一栏中都写的是"汉族"。对自己祖上为朝鲜族一事闻所未闻。先生知道自己的这位亲属提供的资讯必有根据，不会随意乱说。但先生毕竟是搞历史出身的，对任何事情都重视证据。在未见到确凿证据之前，对这一重要资讯只能将信将疑，或半信半疑。直到 20 世纪 90 年代中期，先生亲眼见到了一位本家寄来的《金氏族谱》，先生才对自己祖上为朝鲜族一事确信无疑。

　　《自学能成才》一文刊载于《名家谈自学》一书，兰州大学出版社 1988 年 10 月出版。

　　是年年底，先生指导的第二届博士生葛志毅、吕文郁通过博士学位论文答辩，获得吉林大学历史学博士学位。葛志毅的博士学位论文题目是《周代分封制度研究》；吕文郁的博士学位论文题目是《周代采邑制度研究》。

---

①参见包瑞峰：《东北地区召开"春秋战国文化"学术讨论会》，载于《史学集刊》1989 年第 2 期，第 77 页。

　　论文答辩后答辩人与答辩委员会成员合影。由左至右分别为葛志毅、陈恩林、詹子庆、朱绍侯、李学勤、吴荣曾、先生、姚孝遂、吕文郁

　　答辩委员会组成情况如下：

　　答辩委员会主席：

　　中国社会科学院历史所所长李学勤研究员

　　答辩委员会委员：

　　指导教师金景芳教授

　　北京大学吴荣曾教授

　　河南大学历史系朱绍侯教授

　　东北师范大学历史系詹子庆教授

　　吉林大学大古籍研究所姚孝遂教授

　　吉林大学古籍研究所陈恩林副教授

　　论文评阅人有：

　　李学勤研究员

　　南开大学王玉哲教授

　　陕西师范大学斯维至教授

河南大学朱绍侯教授

北京大学吴荣曾教授

东北师范大学詹子庆教授

东北师范大学徐喜辰教授

吉林省社会科学院宋敏研究员

　　葛志毅,山东省掖县人,1947年11月8日生,1968年高中毕业去黑龙江生产建设兵团,任中学教师。1975年返城回哈尔滨,入工厂做工。1978年考入哈尔滨师范学院,读历史系本科。1979年考入北京大学历史系,读硕士研究生,师从张政烺、吴荣曾先生,1982年毕业,获历史学硕士学位,即分配至黑龙江大学历史系任教。1985年考入吉林大学古籍所,师从金景芳先生读博士,1988年毕业,获历史学博士学位,即分配至黑龙江人民出版社,做编辑工作。1992年转入哈尔滨师范大学历史系任教,1996年晋升教授,1998年获国务院特殊津贴,曾任哈尔滨师范大学图书馆名誉馆长。2002年转入大连大学人文学院,创立中国古代文化研究中心,任主任,先后主编中心论文集五本,并任教至今。社会兼职主要是中国先秦史学会副会长。博士论文《周代分封制度研究》已出版;发表论文百余篇,辑成的论文集包括《先秦两汉的制度与文化》、《谭史斋论稿》——五编;整理、主编和参与著作的书有《称谓录》等四本。主要从事中国古代历史文化的研究。

导师对博士学位论文的评语:

　　周代分封制度这个题目,过去有不少人谈,然而作为专题全面地系统地深入地谈的却不多见。作者这篇论文应用马克思主义观点、方法,并参考了古今中外大量的资料,进行了全面地系统地深入地研究。认为分封制度是周人创造,但是它是在旧制度的基础上创造的。他着重地指出分封制度使周代的统治方式区别于夏商二代,并说明周代分封制形成的历史必然性。

作者谈分封制并不是孤立地谈,而是结合策命、畿服、爵等以及朝聘会盟等制度一起谈,故觉得内容丰富得多、深刻得多。

作者谈分封制度始终把统治方式特别是等级等作为核心,无疑是正确的。

作者引证的资料有些是不常见的,有些是有争论的,作者能够精密进行分析,辨明其孰是孰非,是很难得的。

作者论述分封制,能从发展上看问题,不但论述它的产生、发展,也论述它的衰落和残存,因而更鲜明看出它的特点。

总之,我认为这篇论文已达到博士水准,应授与博士学位。

导师金景芳

1988 年 11 月 10 日

吕文郁,汉族,祖籍山东蓬莱,1945 年 8 月生于吉林九台。1969 年毕业于吉林大学中文系。1980 年师从金景芳教授学习先秦史,1983 年获历史学硕士学位,1988 年获历史学博士学位。博士学位论文题目是《周代采邑制度研究》。现任吉林大学古籍研究所教授,博士生指导教师,四川大学兼职教授,兼任中国先秦史学会常务理事,副秘书长,中国孔子基金会学术委员会委员,北京大学《儒藏》精华编编委、经部《尚书》类主编,香港孔教学院院董等职。现在主要研究方向是先秦史、先秦典籍和中国古代思想文化。先后给本科生、硕士生和博士生讲授的课程有中国古代史、中国历史文选、先秦文献概论、先秦文学作品选读、先秦诸子研究、中国传统文化概论、恩格斯《家庭、私有制和国家的起源》导读、先秦史专题研究、先秦诸子系列讲座、春秋战国文化、商周金文导读、《诗》、《书》、《易》研究等。代表著作有《周代采邑制度研究》（该书是台湾最高学术奖——金鼎奖的提名作品；增订版 2006 年由社会科学文献出版社出版，更名为《周代的采邑制度》）、《春秋战国文化志》（荣获第四届国家图书奖特别荣誉奖，2007 年由东方出版公司再版时更名为《春秋战国文化史》）、《四库大辞典》（与李学勤合作主编）、《孔子新传》（与金景芳、吕绍纲合著）、《金景芳学述》、《先秦天下》（与学生合作）、《宝安人文风物》、主持编纂（与李学勤先生合作）《20 世纪中国学术大典》（历史学卷、考古学与博物馆学卷）、《金景芳全集》（与舒大刚合作）等。先后在《历史研究》、《学术月刊》、《中国典籍与文化》、《社会科学战线》等杂志发表学术论文 80 余篇。

**导师对博士学位论文的评语：**

作者的博士学位论文选择了《周代采邑制度研究》这个题目，初时我有点不放心，觉得没有多少东西可写。及写出以后，简直出我意外，竟写得如此周详，如此博辩，如此大有关系，允称是一部很好的作品。

纵观本论文的长处有下列各点。

一、能应用马克思主义观点、方法，从发展上看问题，既系统地阐述这个制度的产生、发展、变革和衰亡的过程，又全面地说明这个制度在每一个发展阶段中具体表现为种种不同的形态。

二、阅读了包括古文献、古文字、考古以及近人有关论著等等大量资料,并进行了严密地分析。

三、得出的结论,诸如:

西周前期和中期采邑都集中在王畿之内,畿外各诸侯国基本上没有分封给卿大夫的采邑。

西周后期少数诸侯国开始在自己的领土内分封采邑,但数量不多,规模也比较小。

各诸侯国内大规模封授采邑是在王室东迁以后才开始的。

大体上说,西周主要是"天子建国"的时代,春秋前中期主要是"诸侯立家"的时代,春秋后期主要是卿大夫分封陪臣的时代,也可以说是分封制彻底衰败的时期。

西周的采邑主要是经济实体,卿大夫之家还不是一级相对独立的国家政权。

春秋时期的采邑已经变成了诸侯国内相对独立的、封闭的小王国。

采邑制度在春秋时期已经成为生产力发展的桎梏。

从国家发展形态的角度看,西周时代王畿之内的采邑和春秋初期诸侯国内的采邑,都是统治者在无法对自己的统治区域实现更有效的统治的情况下产生的政治制度。西周和春秋初期的采邑可以看作是国家机器的辅助机构。一旦采邑在事实上已经变成国家机器的组成部分时,便无法与原来的国家机器共同协调运转。

县制绝不是某一位先哲圣贤的发明创造,它是采邑制度自身异化的必然结果,是适应历史发展的客观要求,作为采邑制度的直接对立物而出现的一种新的政治制度。

封君制是采邑制在战国时期的残存形态。

秦始皇在统一中国前后并没有完全取消封君制。

汉代的食邑虽然渊源于西周和春秋时代的采邑制,但其性质与战国时代的封君制更为近似。等等。

以上这些结论都是新的,有很高学术价值的。

导师　金景芳

1988 年 11 月 5 日

吕文郁、葛志毅与导师金老合照

是年,先生新招收的博士生康学伟、宫长为入学。

## 1989 年　88 岁

6 月,与吕绍纲合著的《周易全解》一书在吉林大学出版社出版。先生的《周易讲座》出版后,受到广大读者的热烈欢迎。但这部书是先生的学术助手吕绍纲根据先生的讲课录音整理而成的。限于课堂讲授的体例,有很多内容无法展开讲,不能做深入探讨、研究,先生感到意犹未尽。于是先生有了再写一部全面、系统地研究《周易》的著作的想法。这一想法得到了助手吕绍纲的支持。先生考虑到自己已年近 90 岁，写作这样一本大部头著作，需长时间伏案工作，深恐体力有所不支，便与助手吕绍纲商定，书稿由吕绍纲起草，由先生负责润饰并最后定稿。由于吕绍纲的努力，这部书的初稿仅用一年时间便完成。经先生修改、润饰，并亲自作《序》，交由吉林大学出版社出版发行。时值国内外出现《周易》研究热潮，该书发行量猛增，出版社连续多次重印，有时仍不能满足市场需求。

　　吉林省社会科学院研究员、著名易学专家徐志锐先生①在《社会科学战线》1989 年第 2 期发表了题为《读〈学易四种〉与〈周易讲座〉——介绍金景芳先生两部易学专著》的文章，对先生近年出版的两部易学著作进行了介绍和评论。

　　前排：导师和副导师金景芳、吕绍纲。后排：由左至右，答辩人王振芬、陈翰、王保国、宋立恒、商国君

①徐志锐，吉林大学历史系毕业，吉林省社会科学院研究员，著名易学研究
　专家。著有《周易大传新注》、《宋明易学概论》、《周易阴阳八卦说解》等。

　　先生指导的最后一届硕士研究生共五人通过学位论文答辩,获吉林大学历史学硕士学位。他们是:陈翰、王振芬、王保国、宋立恒、商国君。

　　先生指导的博士生张鹤泉、常金仓通过论文答辩,获得博士学位。张鹤泉的博士学位论文题目是《周代祭祀研究》。常金仓的博士学位论文题目是《周代礼俗研究》。

　　答辩委员会主席:

　　吉林大学古籍研究所姚孝遂教授

　　答辩委员会委员有:

　　导师金景芳教授

　　东北师范大学詹子庆教授

　　吉林省社会科学院宋敏研究员

　　吉林大学吕绍纲副教授

　　论文评阅人有:

　　河南大学朱绍侯教授

　　前排:答辩委员会成员,由左至右:詹子庆、姚孝遂、金景芳、宋敏、吕绍纲。后排:常金仓(左)、张鹤泉(右)

河南大学唐嘉弘教授
东北师范大学高尚志教授
东北师范大学徐喜辰教授
吉林省社会科学院宋敏研究员

张鹤泉,1950年5月24日生于山东省淄博市,祖籍河北省安新县。1982年毕业于东北师范大学历史系,获历史学学士学位。同年师从陈连庆教授,于东北师大历史系攻读中国古代史硕士学位,1985年获历史学硕士学位。同年前往吉林大学古籍研究所工作。1986年师从金景芳教授,于吉林大学古籍研究所攻读中国古代史博士学位,1989年获历史学博士学位。博士论文的题目是《周代祭祀研究》。先后于吉林大学古籍研究所任助教、讲师、副教授、教授、博士生指导教师。出版专著、译注五部。代表性作品有:《周代祭祀研究》、《光武帝刘秀传》。发表论文数十篇。代表性论文有:《试论战国民间纺织业的商品生产》、《略论汉代的巫》、《东汉募兵论略》、《东汉宗族组织试探》、《东汉时代的私学》、《曹魏都督诸州军事制度试探》、《孙吴军镇都督论略》、《北魏都督诸州军事制度试探》、《北魏征讨都督考略》等。现任吉林大学古籍研究所所长,兼任中国秦汉史研究会理事、魏晋南北朝史学会副会长等职。

常金仓(1948—2012),山西省原平市人。1986年考入吉林大学师从金景芳教授学习先秦史,1989年获历史学博士学位。1996年在陕西师范大学任教授,2000年被聘为博士生导师,迄今已培养中国文化史等专业博士、硕士生60余人,其中获博士学位者17人。从2004年起连续两届被聘为全国哲学社会科学基金项目评审组专家,2008年聘为中国孔子基金会学术委员会委员。主要从事中国文化史及文化史理论研究,为此兼治西方历史哲学、文化人类学。学术成就集中在先秦文化、古代礼学、国家起源、宗教神话等方面。他十分注重学科理论建设和方法创新,如1998年辽宁人民出版社出版的《穷变通久——文化史学的理论与实践》为实现史学的变通,构建了从历史概括到规律探索一套独特、完整的史学理论,并用这套理论重新解释了先秦的文化;1993于年台湾文津出版社出版的《周代礼俗研究》着重分析了古礼的来源及其对中国文化的深刻影响;90年代发表在《政治学研究》上的两篇文章分别探讨了中国国家产生的独特方式以及这种方式与中国多种政治制度、政治思想的关系;2000年发表在《中国社会科学》上关于《山海经》研究的文章打破了自茅盾以来流行的神话解释模式,提出中国神话兴起于战国的新观点,成为目前神话学引用率最高的作品。2005年出版《二十世纪古史研究反思录》,用20多个研究案例从反面论证了新理论的优越性。由于始终坚持"文化科学"立场,坚持史学用科学原理服务当前社会,这一理论在学术界已颇受关注。2012年应邀去福建师范大学讲学,因心脏病突发不幸逝世,享年65岁。

先生新招收的博士生廖名春、梁韦弦入学。

是年9月7日,在助手吕绍纲陪同下去沈阳市参加辽宁省博物馆建馆四十周年国际学术交流会。先生在1949年4月初,被分配到东北文物管理处研究室工作,与杨仁凯、朱子芳等共事,并被选为东北文物管理处机关工会主席。当时先生和他的一些同事就住在今辽宁省博物院的东院。东北文物管理处办公地点设在沈阳故宫,负责东三省的文物接收与管理。当时的沈阳故宫、东北博物馆、东北图书馆、北陵陈列所、东陵陈列所等均

先生赴沈阳参加辽宁省博物馆建馆四十周年国际学术交流会。前排左起第七位为先生

为东北文物管理处的下属单位。

先生在沈阳北陵公园

　　1989 年是中国古代伟大的哲学家、教育家、思想家,也是世界文化名人孔子诞辰 2540 周年。为了更好地纪念伟人孔子,中国孔子基金会与联合国教科文组织联合主办的"孔子诞辰 2540 周年纪念与学术讨论会"于是年 10 月 7 日至 10 日在北京、曲阜两地胜利召开。这次大会的议题为:孔子、儒家思想的历史地位和对现代社会的影响。来自世界五大洲 20 多个国家和地区的 300 余位著名学者专家出席了这次国际盛会。大会分为两个阶段,第一阶段在北京召开,第二阶段转移到山东曲阜继续进行。先生在学术助手吕绍纲陪同下于 10 月 6 日先到北京饭店报到。开幕式和会议的发言、讨论都在北京饭店进行。参观和纪念活动则在山东曲阜举行。先生被聘为这次学术讨论会组织委员会委员。这次学术会议规模很大,参会的中外代表很多,为了发言和讨论、交流更加方便,大会共分为 4 个大组,其中汉语组 3 个,英语组 1 个。先生参加了汉语一组的发言和讨论。先生在会上发言的题目是:孔子所讲的仁义有没有超时代的意义。会议开过之后,先生参加这次大会的会议论文发表于《孔子研究》杂志1989年第3期,后来又被收进了这次大会的学术论文集。

## 1990年 89岁

《北方文物》杂志1990年第1期刊载了黄中业的文章,题目是:《从考古发现看商文化起源于我国北方》。文章说:商族始祖名契,契之孙相土迁于商。商族之名,由是而起。关于商族的发祥地,历来说法不一。近年金景芳先生撰文从文献上考证契所居之"番",乃"燕亳"之"亳";而契子昭明所居之"砥石",在内蒙古自治区赤峰市克什克腾旗的白岔山,据此提出了"商文化起源于我国北方"的论断。黄中业先生在文章中指出:建国以来的一系列考古发现表明,商文化起源于我国北方的论断与古文献所载商族入主中原以前的渐次南移路线,确可以从出土文物中得到某种程度的说明和证实。

吕绍纲先生撰写的《历史学家金景芳的治学道路》一文发表于吉林文史出版社编辑的《治学之路》一书中,该书由吉林文史出版社于1990年1月出版,后来这篇文章收入先生的《金景芳古史论集》一书的附录中。

《社会科学战线》杂志1990年第2期刊载了廖名春、梁韦弦的文章,题目是:《读〈周易全解〉》。文章说:易学名家金景芳先生和他的助手吕绍纲合著的《周易全解》一书,1989年6月由吉林大学出版社出版以后,在学术界和社会上引起很大反响。该书最大的特点,是敢于成一家之言,具有自己独特的易学思想体系,在《周易》研究的一系列关键问题上都取得了较大的突破。

先生的《孔子与现代化》一文在《书林》杂志1990年3月号刊出。

吕文郁在《吉林大学社会科学学报》1990年第5期发表了

《金景芳教授学术思想述要》一文,根据自己的理解,对先生的学术思想做了简要介绍。这篇文章后收入《金景芳古史论集》附录中。文章从六个方面总结和介绍了先生的学术成就和学术思想:一、宗法制研究;二、井田研究;三、关于中国奴隶社会的阶级和阶级斗争问题的研究;四、中国古史分期研究;五、《周易》研究;六、孔子研究。

先生的《论孔子的思想有两个核心》一文在《历史研究》杂志1990年第5期发表。先生在这篇文章中第一次提出:孔子的思想有两个核心,一个是"时",另一个是"仁义"。第一个核心是基本的,第二个核心是从属的。第一个核心偏重在自然方面,第二个核心偏重在社会方面。孔子又特别重视"中",实际上中是从时派生出来的。孔子还特别重视"礼",实际上礼是从仁义派生出来的。

著名历史学家、文献学家、古文字学家李学勤先生致函先生,请先生为他的新作《周易经传溯源》写序。李先生的手札全文如下:

金先生:

去年在北京饭店孔子诞辰二五四零会上承教,因晚旋赴英工作,未能多向您请益,十分歉憾。近日返京,由友人处获知先生起居佳胜,深以为幸。

前请吕文郁同志告容,求先生为小作《周易经传溯源》题签撰序,蒙赐俞允,感激不尽。此小书的内容不过以新出考古材料证明文献,亦以印证先生多年所持成说,非敢有他。惟学力浅薄,于易道未窥涯涘,恐难副雅意。拟请出版社于校样印出时送请先生审阅。在此谨先致谢,并谨候教安。

吕绍纲同志处并此不另。

晚　李学勤谨上
一九九零年九月十一日

先生撰写的《孔子的天道观与人性论》一文在《百科知识》杂志1990年第12期发表。

先生新招收的博士生舒大刚、黄也平入学。

## 1991年 90岁

《孔子的这一份珍贵遗产——六经》一文在《吉林大学社会科学学报》1991年第1期、第2期两期合刊登出。

吕文郁的《金景芳学术成就记略》一文载于《古籍整理研究学刊》1991年第1期。这篇文章简要地概述了先生在经学研究、孔子研究、诸子学研究、史学研究等学术领域取得的主要学术成就,以及先生治学的基本特点。

中国社会科学院历史所的谢济先生在《郭沫若学刊》1991年第1期发表了《金景芳先生为何如此评论郭沫若史学》一文。这篇文章主要是针对先生在《历史研究》1979年第2期和第3期连载的《中国古代史分期商榷》一文而写。对先生在文章中批评郭沫若的古史分期说"既没有马克思主义的理论根据,又没有中国历史事实根据,纯粹出于主观臆造",因而"不能不是破绽百出,无以自圆其说","郭老的说法只是主观想象,事实上是不存在的","可以断言,郭老的中国古代史分期说是不能成立的"等等表示不满,因此极力为郭沫若的古史分期理论进行辩护。先生并未看到谢济的文章,但听到助手和学生们转述了谢济文章的大意,认为他的说法不值一驳,故未予回应。

从3月底到4月中旬,由吉林大学考古学系团委、学生会组织发起,吉林大学考古学系和古籍研究所联合举办了"传统·时代·文化·未来"大型系列学术报告会。据王泰泉、夏保国两同学在《吉林大学学报》1991年4月21日报道:

3月31日推出首场报告会"中国传统思想文化漫谈",

　　主讲人是中国孔子基金会副会长、中国先秦史学会副理事长、著名历史学家、博士生导师金景芳教授,他运用马克思辩证唯物主义、历史唯物主义观点剖析了中国传统文化的内涵、底蕴和生命力,受到师生们的欢迎。

　　先生在吉林大学理化楼阶梯教室为广大师生做题目为"中国传统思想文化漫谈"的学术报告

　　另据报道,这场大型系列学术报告会由金景芳教授开场之后,紧接着由著名青年书法家、吉大古籍所博士丛文俊老师主讲了"传统文化的含义与当代文化研究中的现象",由古籍所历史学博士、吕文郁副教授作了以"现代新儒家学派评估"为题目的学术报告。从4月15日至5月13日,组织者邀请吕绍纲教授、王同策副教授、陈恩林副教授、张锡坤副教授、李景林讲师,就"二十一世纪"、"菜根谭"、"河图洛书"、"禅"、"儒说"等传统文化的相关课题进行了学术演讲。

　　又据夏保国在博客中回忆,当时作为这次大型系列学术报告会的发起和组织者,他和同学陈勇曾到金老家里汇报、请益。当时,金老的《周易全解》出版不久,颇为轰动,陈勇有心而提前买了一本,请金老在扉页上题词;夏保国来不及准备却又不想错过难得机会,便顺手拿上一本崭新的笔记本。金老依陈勇的请求,给他题写了"天行健君子以自强不息,地势坤君子以厚德载物";夏保国拿出自己的笔记本请金老题辞,金老略加沉思,提笔写下了这帧珍贵的勉励之语:

> 虽有佳肴,弗食不知其旨也。虽有至道,弗学不知其善也。是故学然后知不足,教然后知困。知不足,然后能自反也,知困,然后能自强也。录《学记》中语赠
> 夏保国同志

金景芳

1991、5、11

夏保国在他的微博中说:

> 是时,金老已然九十高龄了。事隔十几年,也就是金老

病逝四年之后,我又随吕文郁师读博士,想来这代代相传的因缘该是早已天定了吧。①

《〈孔子新传〉序》发表于《学术月刊》1991年第6期。

与吕绍纲、吕文郁合著的《孔子新传》由湖南出版社出版。这部书的写作是由先生创议的,全书的整体思路和结构也是由先生设计的。书中的《论孔子思想的两个核心》、《孔子的天道观与人性论》、《孔子的这一份珍贵的遗产——六经》是先生亲自撰

《孔子新传》初版书影

①先生的题辞照片及夏保国的回忆均见于夏保国的博客·三山二水斋(日志),http://blog.sina.com.cn,http://hellowwei 2009.blog.163.com/blog/static/1199113022009827227725399/。

写的,《孔学流传述评》、《孔子的教育思想》、《孔子的政治、经济、军事思想》是由吕绍纲写的,其余各章是由吕文郁完成的。

经过一年多的精心筹备,由南京大学中国思想家研究中心主办的"中国传统思想文化与二十一世纪国际学术研讨会"于1991年6月28日至7月1日在南京大学举行。著名学者、南京大学中国思想家研究中心主任匡亚明教授主持了这次重要的学术研讨会。参加这次研讨会的代表有来自新加坡、法国、苏联、美国、德国以及香港、台湾、澳门等国家和地区专家学者。先生在助手吕绍纲的陪同下参加了这次学术研讨会,并在会上发表了《中国传统文化与二十一世纪》的学术论文。

6月9日(农历四月二十七日),是先生90岁生日,吉林大学拟召开庆祝金景芳教授九十华诞暨执教七十周年大会。5月16日,以大会筹备组的名义发出如下的《请柬》:

　　＿＿同志:

　　　　为祝贺金景芳教授执教七十周年,拟于1991年6月台日(星期日)上午九时,在吉林大学图书馆楼(解放大路77号)二楼216会议室举行庆祝大会,欢迎您届时光临。能否莅会,请您务必于6月5日前通知吉林大学古籍所办公室。


　　　　联系电话:823189转2810
　　　　联络人:吕文郁　李继文


　　　　吉林大学金景芳教授执教七十周年庆祝大会筹备组
　　　　　　　　　　　　　　　　　一九九一年五月十六日

两天后,大会筹备组又发出如下的《通知》:

　　＿＿同志:

　　　　如您能前来参加金景芳教授执教七十周年庆祝大会,

请提前电告到达长春的日期及航班或车次,以便安排接站车辆。

因经费困难,来往路费及住宿费用请自理。

联络人:吕文郁　电话:823189 转 2810

电报挂号:长春 1513

邮递区号:130023

吉林大学金景芳教授执教七十周年庆祝大会筹备组

一九九一年五月十八日

6月9日,前来参加大会的有来自吉林大学古籍研究所和历史系、考古学系、中文系、哲学系的教师,他们多是先生的同事和学生,还有来自东北师范大学历史系、古籍所、中文系的教师、吉林省社会科学院历史所、哲学所和文学所的研究人员,以及从全国各地归来的先生弟子,共有 80 余人。

先生在庆祝大会上作了热情洋溢的发言。他简要地回顾了自己读书、教书和写书的历程,谦称自己的一生平平淡淡,碌碌

先生在庆祝执教七十周年大会上讲话

无奇,对大家的称颂感到受之有愧。先生还对所有莅临大会的来宾、同事和朋友表示衷心感谢。吉林省社科联、吉林省社会科学院和东北师范大学的来宾,还有先生的学生谢维扬也在庆祝大会上发言。大会开得隆重而又热烈。

大会开始之前,先生早年的学生、曾任东北人民政府副主席、时任中共中央顾问委员会委员的顾卓新亲自给先生打来长途电话,对先生九十华诞及执教七十年表示热烈祝贺。

为庆祝大会发来贺电、写来贺信的单位和个人有:

中国孔子基金会,电文如下:

吉林大学暨吉林大学古籍研究所:

金景芳教授是我国著名学者,在史学、经学特别是儒学和《周易》研究方面作出了重要贡献。金老一生治学勤奋、严谨,为人正直、诚朴;待人以忠恕,诲人百不倦。其道德学问为海内外学人所推崇和景仰。

当此金先生九十寿辰和执教七十周年之际,中国孔子基金会谨向金先生致以衷心的祝贺。

中国孔子基金会

一九九一年五月二十八日

**辽宁省博物馆为大会发来贺电,电文如下:**

吉林大学古籍研究所吕文郁:

欣逢金景芳先生九十华诞及贵校举办庆祝先生执教七十年盛会,我们作为金景芳先生的多年挚友和学生,特向先生表示诚挚的祝贺!衷心祝福先生健康长寿。先生数十年勤奋耕耘,著述等身,誉满史坛,桃李天下。先生的学识、风范不仅为学界景仰,也是一切为振兴中华而勤奋治学后者的楷模。

辽宁省博物馆

杨仁恺　阎万章　徐秉琨　王绵厚

黑龙江大学历史系为大会发来的贺电全文如下：

吉林大学吕文郁：

喜闻金景芳先生执教七十周年，特表示热烈祝贺！

黑龙江大学历史系

烟台师范学院历史系的贺电全文如下：

长春市吉林大学古籍研究所金景芳先生：

值此学界泰斗、我系兼职教授金景芳先生执教七十周年暨九十华诞之际，谨表祝贺！

烟台师范学院历史系暨系主任李永璞

曲阜师范大学孔子研究所暨所长李启谦教授发来的贺电全文如下：

吉林大学金老执教七十周年庆祝大会筹备组吕文郁收：

金老是中外著名的史学家，著作宏富，对学校发展影响深远。在他执教七十周年之际，特电贺。

曲阜师范大学孔子研究所

暨所长李启谦

中国先秦史学会秘书长孟世凯先生代表学会发来贺电：

吉林大学古籍研究所吕文郁：

金老耕耘教界七十年，道德文章惠泽中华。谨代表先秦史学会敬贺，并颂长寿。

孟世凯

著名历史学家、先生的挚友、前吉林大学副校长、时任吉林省社会科学院院长的佟冬教授写来的贺信如下：

古籍研究所负责同志：

我由于身体原因，不能躬亲参加庆祝金老执教七十周

年纪念大会活动,甚为抱歉之至!请转请金老谅鉴。献上
吴道子绘孔子像瓷盘一件,以资纪念。

敬礼!

佟冬

1991、6、4 日

前吉林大学党委书记、时任南开大学党委书记温希凡发来
传真件表示祝贺,全文如下:

吉林大学古籍研究所:

欣悉金景芳教授执教 70 周年,不胜钦敬。谨向金景老
表示衷心祝贺!

金景芳教授一生从事教育工作,由小学、中学而大学,
特别是在吉林大学近 40 年,筚路春风,教泽宏施,孜孜于百
年树人大业,河汾门下,桃李芳菲。金老忠诚教育事业,默
默奉献的精神值得学习。

金景芳教授勤于治学,学风笃实,始终勤奋不懈,矻矻
者甲子一周,淹贯经史,堪为后学典范。新中国成立后,努
力以马克思主义为指导,辨章学术,扬榷古今,特别是在党
的十一届三中全会以来,精神焕发,老当益壮,多部新著相
继刊世。金老在科学上勇于登攀,好学求实,坚持真理的精
神值得学习。

金景芳教授生于清朝末年,经历过军阀混战和国民党
反动统治,新中国 40 多年的生活,虽然不无曲折与坎坷,但
始终坚信党的领导,坚信社会主义。而今耄耋遐龄,依然是
赤子心怀,老而弥坚,表现出老一代爱国知识分子特有的风
范和精神。

我常常回忆起在吉大与金老交往的情景,每有请益,他
总是开怀建言,实深感惠。值此庆祝金老执教 70 周年之

际,不克躬逢其盛,甚以为憾。

　　专此,并祝

　　金老健康长寿!

温希凡敬贺

1991、6、2

著名历史学家、兰州大学历史系教授赵俪生的贺电如下:

吉林大学古籍研究所吕绍纲:

　　欣闻金景芳老师九秩华诞,谨电祝贺,愿老人再登高
寿,为学术做更多的贡献。

赵俪生

前吉林大学考古学系主任、吉林大学研究生院院长、前故宫
博物院院长张忠培教授的贺信全文如下:

金老:您好!

　　我因事不能参加您老执教七十周年庆典,深感遗憾!
认识您老已三十年了,当我提笔写这封信的时候,您老为人
正直和对事业执着追求的形象,在脑中立刻清晰地显现,且
不从思想中消失!

　　桃李满华夏,著作齐己身;坚持真理,刚直不阿,是您老
执着追求的结果,值得大典庆祝。作为您的晚辈由此而感
到光荣,是刻苦追求而难以达到的目标。

　　值此之际,祝您老及师母健康长寿,并致教安!

学生　张忠培恭贺

九一年五月二十七日

著名历史学家、中国社会科学院历史研究所研究员、中国文
化史研究室主任步进智及其夫人张安奇女士为先生发来贺电,
全文如下:

吉林大学古籍研究所金景芳教授：

欣逢先生九十寿诞、执教七十周年纪念，遥致敬贺。先生道德文章，学人楷模，素所景仰。谨预致百岁之贺。

学生　步近智　张安奇

上海人民出版社编辑、先生所著《中国奴隶社会史》一书的责任编辑顾孟武先生在贺信中说：

大会筹备组并转金老：

请柬收到，谢谢！我因手头工作太忙，不能专程赴会祝贺，敬以一联为金老寿：

栽桃种李，杏坛春长在

融经铸史，海屋筹频添

专此，叩请

钧安！

顾孟武　拜上<br>九一、五、卅

先生在东北中学和东北大学中文系任教时的学生、《沈阳日报》总编辑，中共沈阳市委宣传部部长，辽宁省新闻工作者协会副主席刘黑枷的贺信全文如下：

景芳师：

得悉吉林大学将为我师执教七十周年举行庆祝大会，不胜欣喜。因为同期有会议，不克亲赴长春参与盛典，深以为憾。谨致函表达最热烈的祝贺。

我师始终与时代同步调，学术成果累累，光耀学坛，学生与有荣焉。鸡公山、静宁寺流亡受业，涪江边、古潼川亲聆教诲，永留记忆。我师执教七十载，桃李遍天下，当之无愧。道德文章永为我辈景仰。敬希为教育事业加意珍摄，健康长寿！

生　刘黑枷再拜

1991、6、1

　　先生的学生、黑龙江省文化厅副厅长、文物管理委员会副主任、黑龙江省博物馆名誉馆长、研究员、哈尔滨师范大学历史系教授、中国辽金契丹女真史研究会副会长干志耿先生在贺辞中说：

吉林大学庆祝金景芳教授执教七十周年大会筹备组转呈金景芳教授：

　　晓村先生坛席：谨启者，欣闻先生执教七十周年荣庆，敬维德星协吉，桃李承欢，鹤寿绵长，兕觥普祝。翘瞻星岳，倍切依驰。

　　先生道履清高，绛帐隆盛，文坛纳祐，著业延釐。才名并重，齿德兼尊。凤翥文林，龙腾学海，含今茹古，吐云气于行间，撷秀佩腴，生珠光于字里。天将以为木铎，上寿伏生传绝誉，人望之如圣贤，通经高密擅名家。揖别尊颜，荏苒数年，山川修阻，立雪无从。寸草春晖，未尝顷刻去诸怀抱也。何时重立程门，再聆孔铎，而依依绛帐之思，未尝不痌瘝存之。唯有翘首慈晖，瞻依徒切耳。学生俗务羁身，鞠躬维殷，称觥愿□，①窃效封人之祝，寿比南山；载歌《天保》之章，樽开北海。矧维藏山事业三千牍，立德立言，于兹不朽，住世神仙五百年，寿人寿世共此无疆。谨呈菲敬，聊志微忱。

　　尚此上禀，虔请尘安！

学生　干志耿　盖立新　谨上

91、5、30

---

①原稿此字未能辨识。

先生的学生、《北方文物》杂志社负责人，黑龙江省文物考古研究所所长、黑龙江省博物馆馆长孙秀仁在贺信中说：

吕文郁同志并大会筹备组负责同志：

为庆祝金景芳先生执教七十周年，本人已及时接到筹备组寄来的《通知》和《请柬》。我是先生的学生，曾多次亲聆先生教诲，一晃毕业三十四年了。尤其经常感到恩师对我们的培育之恩，实难回报于万一。本应前往，但我因前半年工作劳累过渡，还因心脑血管病等已病休半月，此次不能前往长春参加盛会，请代向先生致歉。谨寄上我写的条幅一纸，聊补衷心之憾耳。临书依依，谨恭祝

恩师金景芳先生

健康长寿，继续为我国史学及教育事业做出更大贡献！

学生　孙秀仁

1991 年 6 月 5 日于哈尔滨市

**孙秀仁书写的条幅内容如下：**

敬贺恩师金景芳先生执教七十周年

一代宗师，门墙桃李，几遍海内域外

千秋功业，河洛窥秘，独赖千华灵秀

一九九一年五月卅日

门生　孙秀仁　敬题

先生的学生、先后任《中国社会科学》杂志副总编辑、《历史研究》杂志主编的田居俭、阮芳纪、宋德金联名为大会发来贺电，贺电全文如下：

吉林大学吕文郁：

喜逢金景芳教授执教七十周年，学生因公未能回校祝贺，请谅！金老是著名史学家、教育家，一生学而不厌，诲人

不倦,著作等身,桃李遍地,堪称楷模。愿金老健康长寿,再建新功。

田居俭　阮芳纪　宋德金

在此前的 5 月 30 日,宋德金还另给金老写来如下的贺信:

金老:

值此先生执教七十周年之际,学生谨向您表示衷心的祝贺。祝贺您七十年来在教学与学术研究上所取得的巨大成就。自从离开母校后,虽然不能时常聆听您的教诲,但是您的道德文章却一直在鞭策、激励着学生,教会我如何做人和做学问。

敬祝先生健康长寿,并在学术研究上取得更大成就。

学生　宋德金

1991、5、30

先生的学生、锦州师范学院教授刘焕曾发来的贺电全文如下:

吉林大学古籍研究所金景芳教授

尊敬的金老:

在您执教七十周年之际,谨向您致以最崇高的敬意!衷心感谢您三十年来的教导和帮助。

您的学生　刘焕曾

先生的学生、曾经的学术助手王治功发来贺电,全文如下:

吉林大学古籍研究所吕文郁:

学海风涛七十年,

江河未许一时闲。

喜看百派争流日,

桃李千红唱凯旋。

　　　　　恭贺

吾师金景芳教授执教七十周年！

　　　　　　　　　　　学生　王治功

　　先生的学生、著名红学家胡文彬、周雷为大会发来贺电，全文如下：

吉林大学古籍研究所吕文郁转

　　欣逢尊敬的金老执教七十周年之际，谨致热烈祝贺！并祝金老健康长寿。

　　　　　　　　　　　及门弟子　胡文彬　周雷

　　在先生的及门弟子中第一个获得博士学位的谢维扬在贺电中说：

吉林大学古籍研究所吕文郁转

金老恩师：

　　值此恩师九旬华诞及执教七十周年之际，谨致热烈祝贺！恩师以辉煌之著业为我国文化事业留下光彩之篇章，尤其于古史及古代思想研究，恩师之建树已成不可磨灭之贡献。恩师唯求真理之科学精神为学人所公称。恩师之著作及精神皆已为我国学界之财富。今届大庆，学生欣欢何似！感师之情，无以言表。祝恩师健康长寿。

　　　　　　　　　　　学生　谢维扬敬贺

　　　　　　　　　　　九一年六月五日

　　附请文郁兄代为置礼。

　　先生受教育部委托主办的先秦文献进修班学员、陕西师范大学中文系副教授魏耕原为先生发来贺信，全文如下：

金晓村先生及吉林大学金景芳教授执教七十周年庆祝大会领导小组：

　　欣逢金晓村先生执教七十周年,吉林大学领导珍重学术前辈辉业,举此盛会,光大学术教育事业,我表示热烈的祝贺!并预祝大会圆满成功。

　　金晓村先生在先秦史、先秦思想史、《周易》研究诸多领域,创建繁赜,声闻海内外。特别是自 1945 年《易通》出版后,近年连续出版《学易四种》、《周易讲座》、《周易全解》三书,为国内广大读者所欢迎。无论通都大邑,或是乡间小镇,不胫而走,在高校的学者群中和广大读者群中,我都听到了誉声鹊起的赞论。易学群书和金老的《中国奴隶社会的几个问题》、《中国奴隶社会史》、《古史论集》等专著及《易论》、《商文化起源于我国北方说》、《中国古代思想渊源》等重要论文,构成金老博大精深的学术体系,将沾溉后学,传之久远。

　　金老自二十年代初期从事教学至今,历尽七十春秋。自 1954 年任教东北人大以来,迄今几近四十年,为吉大贡献尤著。我有幸于 1983 年参加教育部委托吉大金晓村教授主办的先秦文献研究班学习,聆听金老群经诸子各科讲授,当时先生年过八秩,须发皆白,每周数次主讲,每次数小时,先生精神矍铄,声朗气振,至今铭记在心。受业一年,自此使我了解治先秦思想史的门径,每每忆起,总是激动不已。金老亦自此每出一书,即赠下一部,属望甚殷。时时展卷,当年教诲,犹声声在耳。借此盛会,祝贺金老的学术事业青春常驻,光耀学林。祝贺金老执教七十年来巨大贡献,并祝贺先生健康长寿!企盼再有传世之作问世。希望吉大领导能组织更多人力,协助先生做好这一不朽事业,这将是对国家和民族功德无限的壮举。

及门受业弟子

陕西师范大学中文系魏耕原　恭贺

1991、5、28

　　为大会发来贺电、写来贺信的还有：先生的学生、陕西师范大学历史系副教授常金仓、鹤岗教育学院副院长李晓云、华南师范大学历史系副教授董立章、陕西省西安碑林博物馆馆员张伯龄、吉林大学历史系副教授苏贵民、贵州大学中文系副教授张闻玉、通辽师范学院讲师宋立恒等。

　　为庆祝先生九十华诞和执教七十周年，吉林大学出版社出版了先生的第二部学术论文集《金景芳古史论集》。这部书收录的是先生的《古史论集》出版后至1990年十年间的学术论文共20篇。

《金景芳古史论集》书影

　　《金景芳古史论集》所收篇目如下：

　　　　孔子与现代化

　　　　孔子所讲的仁义有没有超时代意义？

论孔子思想的两个核心

孔子的天道观与人性论

研究中国古史必须继承孔子这一份珍贵的遗产

孔子对《周易》的伟大贡献

《周易讲座》序

《周易全解》序

经学与史学

孔子与六经

孔子的这一份珍贵的遗产——六经

"左史记言,右史记事,事为《春秋》,言为《尚书》"訾言
发覆

《周礼》

《周礼》与《王制》封国之制平议

古籍考证五则

中国古代思想的渊源

中国奴隶社会诞生和上升时期的思想

马克思主义关于奴隶社会的科学概念与中国古史分期

金毓黻传略

治学二题:读书和科研

附录

1、历史学家金景芳的治学道路(吕绍纲)

2、金景芳教授学术思想述要(吕文郁)

3、金景芳教授论著目录(吕文郁)

　　先生与助手吕绍纲教授合著的《周易全解》一书获"光明
杯"优秀哲学社会科学学术著作奖荣誉奖。

　　是年招收的博士生是:在吉林大学哲学系获得硕士学位的
李景林、在东北师范大学获硕士学位的阎忠。

《周易全解》一书获奖证书及奖杯小照

　　是年年底,先生指导的博士生李衡眉、康学伟通过学位论文答辩,获历史学博士学位。李衡眉的学位论文题目是《论昭穆制度》,康学伟的博士学位论文题目是《先秦孝道研究》。

　　前排:答辩委员会成员,由左至右吕绍纲、王向群、姚孝遂、先生、李学勤、詹子庆、陈恩林;后排:答辩人,左李衡眉,右康学伟

李衡眉、康学伟博士学位论文答辩委员会组成如下：

答辩委员会主席：

中国社会科学院历史所李学勤研究员

答辩委员会委员：

导师吉林大学古籍所金景芳教授

吉林大学古籍所姚孝遂教授

东北师范大学教授詹子庆教授

东北师范大学王向群教授

吉林大学古籍所吕绍纲教授

吉林大学古籍所陈恩林副教授

论文评阅人：

李学勤研究员

詹子庆教授

　　李衡眉，山东省烟台市人，1942年5月出生。1967年毕业于烟台师范学院英语系。1978年考入吉林大学历史系，师从著名历史学家金景芳先生攻读先秦史，1981年毕业，获硕士学位。1986年再度考入吉林大学，师从金老研习先秦历史文化，1991年获博士学位。学位论文的题目是《昭穆制度研究》。获博士学位后仍回烟台师范学院工作，任历史系主任，《烟台师范学院学报（哲学社会科学版）》主编，硕士生导师、教授。在李衡眉与全系教师共同努力下，创建了烟台师院校历史上第一个省级重点学科——专门史（文化史），填补了该校省级重点学科的空白，并以此为依托，创建了历史与社会学系第一个硕士点。曾任中国先秦史学会理事、山东省历史学会副会长、烟台市历史学会会长等职。主要成果有：专著5部，主编著作17部，代表作有《先秦史论集》，《昭穆制度研究》等，其中《先秦史论集》已再版2

次。在《中国社会科学》、《历史研究》等权威期刊发表学术论文130余篇。自1986年以来,获得各级各类科研奖励36项,其中省社科优秀成果一等奖1项、二等奖3项、三等奖1项,"曾宪梓教育基金三等奖"1项,被评为山东省专业技术拔尖人才、山东省优秀教师。

2001年3月27日,李衡眉因病医治无效,逝世于北京,享年59岁。

**导师对李衡眉博士论文的评语:**

昭穆制度广泛地见载于先秦古籍,它确实是早已存在的一种制度。但是为什么"父曰昭,子曰穆"? 以及为什么"尸必以孙","君子抱孙不抱子,此言孙可以为王父尸,子不可以为父尸"呢? 这个问题,前人只知其当然,而不知其所以然。自周至清,经过几千年,谁也没有把这个问题讲清楚。今人如吕思勉、李玄伯等,借鉴西方社会学、民族学知识,有所说明。从大方向看,是对的。但于若干细节,还没有解释清楚。在目前来看,这真是一个老大难的问题。作者不怕困难,博士学位论文,偏选择这个题目。他以惊人的毅力,付出了长期的劳动,翻检中外所有有关篇籍,最后应该说,已经全面彻底地解决了这个问题。全文共分七章及余论。第一章为"周人昭穆制度的基本内容",是提出问题。第二章为"历代王室的庙制与昭穆次序",是历陈过去历史实际。第三章为"昭穆制度研究的历史及现状",内分两个子目:一为"古人对昭穆现象的解释";二为"今人对昭穆制度的研究"。第四章为"昭穆制度产生的过程及其实质"。这一章最重要。昭穆问题全靠这一章解决。第五章为"对几个问题的解释",实际是上一章的补充。第六章为"其它有关问题的探讨"。第七章为"殷人昭穆制度试探"。由这两章看来,作者还有余勇可贾。

金景芳

一九九一年十一月四日于吉林大学

康学伟,吉林省永吉县人,1958 年 10 月生。1975 年毕业于长春市第九中学,为插队知青三年。1982 年毕业于四平师范学院中文系,获文学学士学位;1988 年毕业于武汉大学中国古代文学专业,获文学硕士学位;同年考入吉林大学中国古代史专业,师从金景芳先生学先秦史。1991 年通过学位论文答辩,获历史学博士学位。博士论文是在金老以 90 岁高龄精心指导下完成的,题目是《先秦孝道研究》。金老所写导师评语的结论意见是:"这是一部填补空白的高水准学术论著,建议授予博士学位。"该论文(20 万字)1992 年由台湾文津出版社出版。

博士毕业后回母校四平师范学院(现吉林师范大学)任教,任中文系副主任(主持工作),1994 年受聘教授,1995 年获国务院政府特殊津贴,1996 年任副校长。现任通化师范学院院长、院学术委员会主席,兼任东北师范大学教授、博士生导师。社会兼职有吉林省历史学会副会长、吉林省文学学会副会长、吉林省孔子学会副会长、吉林省周易学会副会长、吉林省修正文化研究会会长等。

学术研究方面以中国思想史和诸子研究为主,在《社会科学战线》、《吉林大学社会科学学报》、《清史研究》、《东北师范大学学报》等刊物公开发表论文 40 余篇,其中《论孝观念形成于父系氏族公社时代》、《简论老庄的孝道观》、《论三代传统孝道向封建伦理的转化》、《论周易的"天人合一"思想》、《论周易的人生智慧——普遍和谐思想》、《论孝经孝道思想的理论构建源于周易》等文章被多次转载。出版学术著作 5 部,其中《先秦孝道研究》以台湾和大陆两种版本出版,为海内外学界广泛征引,产生了深远的学术影响。先后主持并完成教育部人文社科专案、全国高校古委会项目、吉林省社科规划基金项目等省级以上课题 8 项。成果共获省社会科学优秀成果奖 7 次。

是年,兰州大学的赵俪生教授在甘肃省社会科学界联合会主办的《社科纵横》杂志 1991 年第 1 期发表了《当代易学专著七种内容提要》一文,其中包括先生与吕绍纲合著的《周易全解》一书的《内容提要》。

吕绍纲教授在《孔子研究》1991 年第 3 期发表了题为《金景芳先生与孔子研究》的文章。

# 第八章　最后十年

## 1992 年　91 岁

《三易思想的产生不在尧前》一文发表于吉林省社会科学界联合会主办的综合性哲学社会科学刊物《长白论丛》1992 年创刊号。

《中国传统文化与 21 世纪》一文刊载于《中国传统文化与 21 世纪国际学术研讨会论文集》,这部论文集于 1992 年 1 月由中华书局正式出版。这篇论文是先生于 1991 年在南京大学召开的学术研讨会上发表的学术演讲。

与吕绍纲教授合写的《从儒家文化的渊源说到现代文明》一文发表于《吉林大学学报》1992 年第 1 期,《新华文摘》1992 年第 5 期全文转载。

4 月下旬,吉林大学召开研究生培养工作会议,主要研究、讨论如何加强研究生管理问题。校长兼研究生院院长武卓群教授亲自主持会议,并做了《加强管理,提高研究生培养品质》的总结发言。先生在会上介绍了自己培养研究生的经验和体会。先生主要讲四点意见:第一,用马克思主义理论培养学生;第二,培养研究生树立正确的政治方向;第三,专业学习方面严格要求;第四,发挥研究室的集体作用。先生的发言引起与会者的重视。会后,先生的发言稿被研究生院推荐给《高教研究与实践》杂志,在该刊 1992 年第 3 期发表,题目是《我是怎样培养研究生的》。

先生在文章的开头介绍说:

> 自 1978 年至今,我一直没有间断对硕士生、博士生的招收、培养。我培养的 17 名硕士生,已相继走上了工作岗位,政治、业务素质都比较好。已毕业的 6 名博士生,已成为教学、科研工作中的骨干,大多数已评上高级职称。他们的博士论文不仅已顺利通过论文答辩,还得到学术界的较高评价,而且已经出版或者即将出版。其中谢维扬的《周代家庭研究》被中国社会科学出版社的《博士文库》选中。吕文郁的《周代采邑制度研究》由于学术价值较高,被中国台湾文津出版社选入他们的《大陆地区博士论文丛刊》,不久即将出书。其余几篇博士论文,不久也将得到出版的机会。这些博士论文出版之后,必将逐步显示出它们的学术价值,进入当代中国古代史优秀研究成果的行列。今年又有两位博士生即将毕业,论文已经打印完毕,马上就要进行答辩。一篇是《孝道研究》,一篇是《论昭穆制度》。写得都很好,很出色。孝道问题从没有人系统研究过。昭穆制度也是古代史中没有解决的问题。他们第一次用马克思主义理论方法,对这两个问题做出了系统的、专门的研究,我看他们解决了问题。

先生在《三、专业学习方面严格要求》一节中,说:

> 一是强调自学。研究生的学习方式主要是自学。自学就是自觉地、积极地去读书,去发现问题、研究问题。自学不等于放任自流,导师要有布置、有要求、有检查、有讲评。每届新生入学,我首先告诉他们要读哪些古书,开出单子,然后检查读书的情况,有的研究生一开始就考虑论文题目,围绕题目找材料,不愿意多读古书。我注意及时纠正这个倾向。要求首先要读古书,从读书中发现问题,确定论文题

目。有的研究生基础不错,有吃老本的思想,不肯在读书上下功夫,我都及时加以纠正。

二是加强指导。研究古代史必须与古人打交道,对古人要有全面的正确的认识。我首先指导研究生认识疑古派的错误和危害。然后指导他们认识古人的优点和缺点。汉代学者名物训诂搞得好,如郑康成注"三礼",丰富详赡,必须学习他的东西。但是汉人在别的方面就不行。郑康成注的《周易》就可以不读。宋人义理讲的多,思想很敏锐、活跃,这些优点我们要继承。宋人的缺点也突出,一是不太注意文字训诂,所谈义理往往浅薄无根;二是提倡所谓理学,丢弃了孔子的唯物传统,陷入唯心论的泥沼。清代人才辈出,成就很全面,但也有缺点。清人如戴震、段玉裁、王念孙、王引之、俞樾、孙诒让、王先谦等,在训诂、考据方面解决了很多前人未解决的问题,他们的成果,我们搞古代史的应当吸取、继承。清人在义理方面也有成就,如顾炎武、黄宗羲、戴震等都有不小的贡献。清人的缺点是具体有余,宏观不足。学问做得很实在,但还不能算做真的科学。今天人们要继承清人的成果,用马克思主义的方法研究我们的学问。

三是注意培养文字表达能力。一切学问的成果都必须用文字表达出来。古代史尤其如此。文字表达能力非一日之功。是自幼培育、长期养成的结果。所以我们在研究生录取上,特别注意文字功夫。不会做文章的人不能录取。这些年我的博士生中有好几位原来是学中文的。有人说不好,我看没什么不好。中国的学问,文史不分家,到了高层次尤其不能分家。今年又录取一位搞哲学的。文史哲相互关联,相互渗透,相互依赖,不容易分开。博士生的录取,关键是看他们的文字表达能力。文字表达能力的高低,反映一个人逻辑思维能力的高低。文字表达能力低,即便是历史专业出身,取得博士学位也难。所以录取前,我要看他们的文章。录取后,要求他们练习写文章。

5月25日至31日,第三次全国古籍整理出版规划会议在北京香山饭店召开。先生是国务院古籍整理出版规划小组顾问。由学生吕文郁陪同,去北京参加了这次重要的会议。会议由国务院古籍整理出版规划小组(后更名为国家古籍整理出版规划小组)组长、原吉林大学校长匡亚明教授亲自主持。先生在大会发言时,畅谈了自己对古籍整理出版工作的意见。先生严厉地批评了疑古派对中国古代文化典籍的错误态度,指出不能低估疑古派的负面影响,要想把古籍整理出版工作搞好,就必须彻底肃清疑古派的民族虚无主义。当时疑古派的代表人物顾颉刚先生的弟子刘起釪也在会场。先生发言之后,刘起釪立即站起来与先生争论,并为顾颉刚的疑古观点进行辩解。会上有了不同观点的交锋,会场的氛围顿时变得活跃而又热烈。从大家的发言可以看出,绝大多数与会者是赞同先生观点的。

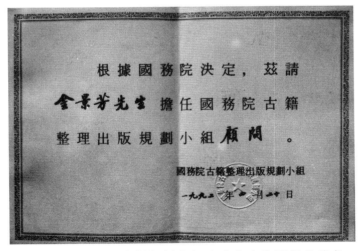

国务院古籍整理出版规划小组聘请先生为顾问的聘书

　　笔者陪同先生在航班头等舱就座,赴京参加第三次全国古籍整理出版规划会议①

　　先生和中国社会科学院文学所余冠英研究员在北京香山饭店大厅。余先生生于1906年,小金先生四岁,刚好也在会议期间过生日

――――――――――

①照片由当时的吉林文史出版社社长邱莲梅女士拍摄、提供。

　　会议期间,适逢先生91岁寿辰,会议主持者匡亚明教授特为先生安排了祝寿活动,国务院古籍整理出版规划小组副组长周林、王子野、刘杲以及著名学者张岱年、胡厚宣、任继愈、周绍良、冯其庸等都来作陪。匡亚明在为先生祝寿时说:通常人们祝寿时常说"福如东海长流水,寿比南山不老松",今天我改一个字,变为"学如东海长流水,寿比南山不老松",以此为金老祝寿,似更为贴切。大家听了都热烈鼓掌,一起举杯为先生寿。

匡亚明先生在第三次全国古籍整理出版规划会议午宴上为先生祝寿

　　6月15日,先生指导的博士生廖明春、梁韦弦通过学位论文答辩,获得博士学位。廖名春的博士学位论文题目是《荀子新探》,梁韦弦的博士学位论文题目是《孟子研究》。答辩委员会组成情况如下:

会议期间笔者陪同先生和著名甲骨学家胡厚宣一起游览北京故宫博物院

答辩委员会主席：
中国社会科学院历史所李学勤研究员
答辩委员会委员：
导师金景芳教授
东北师范大学詹子庆教授
吉林大学哲学系乌恩溥教授
吉林大学古籍所姚孝遂教授
吉林大学古籍所吕绍纲教授
吉林大学古籍所陈恩林副教授
论文评阅人：
李学勤研究员
东北师范大学吴乃恭教授

廖名春(右)和梁韦弦(左)答辩后与导师合影

廖名春,1956年生,湖南武冈人,清华大学历史系教授、博士生导师,楚天学者,湖北大学中国古典文献学学科特聘教授,中国人民大学、首都师范大学、山东大学、四川大学、湖南大学等校兼职教授,韩国成均馆大学客座教授(2005年9月—2006年8月)。文学硕士(武汉大学,1988)、历史学博士(吉林大学,1992)、中国思想史博士后(西北大学,1995—1997)。入选北京市哲学社会科学"百人工程"。

主要从事出土简帛和先秦秦汉文献的研究。著有《周易研究史》、《荀子新探》、《帛书易传初探》、《新出楚简试论》、《周易经传与易学史新论》、《郭店楚简老子校释》、《出土简帛丛考》、《周易经传十五讲》、《中国学术史新证》、《帛书周易论集》等书,在《历史研究》、《文史》、《哲学研究》、《汉学研究》等中外学术刊物上发表论文200余篇。

为"九五"国家古籍整理重点课题《中华道藏》副主编，主持"八五"、"九五"国家古籍整理重点课题《中国古籍总目提要·周易卷》和"九五"国家重点科技攻关计划《夏商周断代工程》有关专题的研究工作。独自承担过国家社科基金项目《帛书〈易传〉与先秦秦汉学术史研究》、《楚简周易研究》，教育部社科基金专案《新出简帛与思孟学派研究》，北京市哲学社会科学规划领导小组"百人工程"专案《战国楚简本〈老子〉研究》，与李学勤先生合作承担教育部社科基地重大专案《出土简帛易学研究》。

1992年获第二届中国古文献学奖博士生二等奖，其专著《荀子新探》1996年获北京市第四届哲学社会科学优秀成果奖二等奖，《帛书易传初探》1999年获第一届国际东方易学龙马奖，其参与整理标点的《十三经注疏》(负责《尚书正义》、《孟子注疏》二书)获第三届全国古籍整理图书奖一等奖(2001)、第五届国家图书奖提名奖(2001)。

梁韦弦，满族，1953年生，吉林东丰人。1989年入吉林大学古籍所，在金景芳教授指导下研习先秦史，1992年获历史学博士学位。1994年起享受国务院政府津贴，1995年获吉林省优秀教师称号。曾任吉林师范大学图书馆馆长、中国思想文化研究所所长、教授、硕士生导师，现为福建师范大学历史学院教授、博士生导师、中国历史文献学博士点带头人。

主要从事先秦秦汉思想学术史和相关历史文献的研究和教学工作。于《文史》、《中国哲学史》、《文史哲》、《周易研究》等刊发表《卦气源流考》、《说卦传与汉易卦气图》、《王家台秦简易占与殷易归藏》、《与郭店简唐虞之道学派归属相关的几个问题》等论文80余篇，出版《中国传统伦理思

想研究》、《易学考论》、《汉易卦气学研究》等学术著作 8
部。上述成果为《新华文摘》、《高等学校文科学术文摘》、
《中国史研究动态》、《中国历史学年鉴》、人大复印月刊等
转载、摘要、评价 30 余次。先后主持完成了国家社科基金
专案、教育部人文社科规划专案、教育部人文社科基地专
案、省社科规划专案、高校古委会专案 11 项。

先生与吕绍纲教授合写的《〈尧典〉新解节选》一文发表于
《孔子研究》1992 年第 4 期。

先生应邀为李学勤研究员《周易经传溯源》一书写序,见李
学勤《周易经传溯源》,长春出版社 1992 年 8 月出版。此书修订
版更名为《周易溯源》,2006 年在巴蜀书社出版。中国社会科学
出版社 2007 年将此书列入《中国社会科学院文库·历史考古研
究系列》重新出版。

先生与李学勤研究员在博士生学位论文答辩会上

10 月 23 日,先师母商桂芬因病医治无效,不幸去世,享年

93 岁。先师母生于 1900 年,1922 年与先师结婚,和先师共同生活了 70 年。先师母为农家女,未上过学堂,但聪慧贤淑,持家有方,对先师照顾无微不至。先师一生能在教育、学术等方面有突出成就,是与先师母的支持与照顾分不开的。先师母的病逝使先师非常悲痛。

1992 年 10 月 27 日,中华人民共和国人事部下发了"人退函〔1992〕13 号"文,题目是《关于高鼎三等六名高级专家暂缓离退休的批复》。全文如下:

吉林省人民政府:

你省报送的高鼎三等七名杰出高级专家暂缓离退休审批表收悉。经研究,同意下列六名高级专家暂缓离退休,继续从事研究或著述工作:

高鼎三、金景芳、江泽坚、余瑞璜、王湘浩、张松如。

唐敖庆同志现任全国第七届政协常委,按有关规定,在任期内不需办理暂缓离退休的审批手续。

中华人民共和国人事部

一九九二年十月二十七日

抄送:国务院办公厅

是年 11 月 6 日,著名翻译家、国家古籍整理出版规划小组副组长王子野先生致函先生,全文如下:

景芳老先生:

一个多月前收到惠赠大作《孔子新传》,非常高兴。我一定认真拜读。寄去拙译卢梭的《论戏剧》,请批评指正。另附拙墨一幅,祝贺您九十华诞。此祝

冬安!

晚　子野

一九九二年十一月六日

## 1993 年　92 岁

与吕绍纲合写的《〈甘誓〉浅说》一文在《社会科学战线》1993 年第 2 期发表。

与吕绍纲合作完成的《〈皋陶谟〉新解》一文在《社会科学辑刊》1993 年第 5 期发表。

与吕绍纲合写的《甲子钩沉》一文在《传统文化与现代化》1993 年第 2 期发表。

中国社科院历史所谢济先生继两年前在《郭沫若学刊》发表了为郭沫若的古史分期说进行辩护的文章之后，又在该刊 1993 年第 2 期和第 3 期连续发表了《金景芳等评郭沫若史学的命运》和《金景芳等评郭沫若史学的命运（续）》的文章。谢先生在文章中说：

> 大约自 1979 年至 1983 年，史学界兴起了评郭浪潮（或思潮），金景芳先生是肇始者，姚雪垠、杨公骥先生是重要的参加者，并影响史学界。这一浪潮，对郭沫若史学命运攸关。在那段时间里，目标对准郭沫若史学，一浪一浪推进，给郭沫若史学蒙上重重阴影，仿佛是要置郭沫若史学于死地，而方法却是强加不实之词……

对这篇文章，先生同样未予理睬。

6 月 16 日，先生指导的博士生舒大刚通过论文答辩。学位论文题目是《春秋时期少数民族分布与迁徙研究》。答辩委员会组成情况如下：

答辩委员会主席：

北京大学历史系吴荣曾教授

答辩委员会委员：

导师金景芳教授

东北师范大学詹子庆教授
吉林大学古籍所吕绍纲教授
吉林大学历史系黄中业教授
吉林大学古籍所陈恩林教授
吉林大学古籍所吕文郁副教授

舒大刚，四川省秀山县（今属重庆市）人，1959 年出生于湖北襄阳。1978 年考入南充师范学院（今西华师范大学）历史系，1982 年毕业，留校任教。1983 至 1984 年，参加四川大学古籍整理研修班学习，师从杨明照等先生研习文献学，结业后回校任助教、讲师。1988 年作吉林大学访问学者，师从金景芳先生研治经学。1990 年 9 月考入吉林大学研究生院，继续追随金景芳先生，成为中国古代史专业"先秦文献"方向博士研究生。1993 年毕业，以《春秋时期少数民族分布与迁徙研究》获历史学博士学位。同年分配到四川大学古籍整理研究所工作，先后作助理研究员、副研究员，1996 年破格晋升为研究员。1995 年 5 月起至今，担任古籍所行政职务，历任副所长、所长，连任历史文化学院副院长，历史文献学、中国儒学、专门史等专业博士生导师。2009 年 10 月，促成四川大学与国际儒学联合会、中国孔子基金会强强联合，共建四川大学国际儒学研究院，担任首任院长。2011 年，以儒学院为基础，申报批准为四川省哲学社会科学重点研究基地"儒学研究中心"，担任中心主任。

主要从事宋代文献、儒学史、儒学文献和巴蜀文献研究，曾经完成国家重大文化工程《中华大典》文学典《宋辽金元文学分典·元文学部》（部主编），国家社科基金项目《中国孝经学史》（完成同题成果，福建人民出版社出版），教育部重点基地重大专案《儒家文献学研究》（已完成三卷本

《儒学文献通论》,获国家出版基金资助,由福建人民出版社出版),国际儒学联合会 2004 年规划项目"历代学案"(完成《中国儒学通案》10 种,已由人民出版社出版两种 19 册)等课题。目前正从事中国孔子基金会重大专案、国家"211 工程"、"985 工程"重点学科建设专案《儒藏》编纂,任首席专家兼主编(已由四川大学出版社出版 248 册);国家社科基金重大专案、四川省重大文化工程《巴蜀全书》,任首席专家兼总编纂(首批成果已由中华书局、上海古籍出版社出版)。出版学术专著 10 种,在《文学遗产》、《文史》、《中华文史论丛》、《社会科学研究》等刊物发表文章 100 余篇。

　　其他兼职主要有:国际儒学联合会第三届、第四届理事,中国孔子基金会学术委员,四川省中国哲学史研究会常务副会长等。曾被北京大学、中国人民大学、山东大学相关机构聘为兼职教授或学术委员。

8 月 18 日,先生由吕绍纲陪同去北京参加美芝灵国际易学研究院成立大会,任该院顾问。该院后改称东方易学研究会。

　　应巴蜀书社《学术自传丛书》编辑委员会的约稿,先生写了一篇学术自传,是年在巴蜀书社出版。这是先生生前写的内容最为详尽的一篇自传。全文约 7 万字。

先生的学术自传书影

先生为学术自传一书扉页题辞

香港著名学者饶宗颐先生闻听吉林大学金景芳先生新出了一本论文集,很想找来拜读,可是在香港无法买到。适逢李学勤先生在香港见到饶先生,饶先生便向李学勤先生问及此事。李学勤先生回京后即致函吕文郁:

文郁兄:

近自台湾返京,闻您曾来电话,未能接到,十分抱歉!近期我都在北京,您如有事,请即赐告是幸。

前在香港见到饶宗颐先生,他问起金先生先秦史文集,颇思一读。我猜想指的是九一年吉大出版社的《金景芳古史论集》。不知金先生能否赐他一册?如能有书,请径寄:

香港　新界沙田　香港中文大学中国文化研究所 **108**室

沈建华　女士　转交

即可。在此谨代致谢。耑此 敬祝

安好! 所内

各先生并此不一

李学勤上<br>一九九三、八、四

吕文郁见信后即向先生转达李学勤先生手札内容。先生在书架上找了半天,一本也没有找到。先生对吕文郁说:此书出版后我买了一百多册,加上出版社赠送的,全部都送光了。你去出版社再买几册吧,然后替我给饶宗颐先生寄去一本。吕文郁按照先生的吩咐买到书后寄给了饶先生,并向李学勤先生汇报了这一资讯,请李先生放心。

## 1994 年 93 岁

《古籍考辨四题》在《历史研究》1994 年第 1 期发表。

《耄年谈易》发表于《名家谈易》论文集,美芝灵易学研究院1994 年出版。

《论天和人的关系》,发表于《传统文化与现代化》1994 年第2 期。

《论中庸——兼析朱熹"中庸"说之谬》,发表于《孔子研究》1994 年第 2 期。

《东北地方史研究的新成果》一文刊于《文史知识》杂志1994 年第 5 期。

文章说:早岁我从辽阳金毓黻先生游,"九·一八"事变之前于沈阳亲睹金先生主持编辑《东北丛书》(刊行时改称《辽海丛书》)。抗日战争期间金先生进入关内抗战大后方做事,我也辗转到达流亡在四川三台的东北大学教书,又亲睹金先生编纂《东北通史》。两部大书都是东北地方历史上前无古人的开拓性著作。金先生成此二事,对于东北地方和全民族文化的发展,可谓有大贡献、大功劳。

先生指导的博士生阎忠完成学业,于是年 6 月初通过论文答辩,获历史学博士学位。他的学位论文题目是《周代燕国史研究》。答辩委员会组成情况如下:

答辩委员会主席:

南开大学历史系朱凤瀚教授

答辩委员会委员:

导师金景芳教授

吉林省社会科学院宋敏研究员

吉林大学古籍研究所吕绍纲教授

吉林大学古籍研究所陈恩林教授

吉林大学历史系黄中业教授

吉林大学古籍研究所吕文郁副教授

阎忠,内蒙古自治区赤峰市人,满族,1963 年 6 月出生。1987 年毕业于内蒙古民族师范学院历史系,获学士学位。1990 年毕业于东北师范大学历史系,获历史学硕士学位。1991 年考入吉林大学古籍研究所,师从金景芳教授学习先秦史,1994 年 9 月获历史学博士学位。学位论文题目是《周代燕国史研究》。这是学术界第一部全面系统地研究燕国历史的论著,填补了先秦国别史研究的一项空白。著有《东北教育通史》(辽宁教育出版社 1992 年出版,合著),发表《〈左传〉"大原"考》、《论朱元璋的教育思想》、《〈周易研究史〉评介》等学术论文。不幸于 1996 年病逝。

导师对阎忠博士学位论文所做的学术评语:

周代燕国史研究是一个难度比较大的题目。因为材料少,问题又多,作者爬罗剔抉,搜集到的资料特别详赡,问题解决得也比较好,具见心思细密,功夫深厚,是一篇不可多得的著作。

1、本文开篇注意到政治形势,战略地位,可谓能识其大。

2、对于开国时的封君、封地,及周边各族研究,的确抓住了重要问题。

3、关于西周、春秋也搜得不少材料,足以填补空白。

4、把重点放在燕的振兴问题,也是对的。

5、对于经济、文化以及官制、燕君兴革等考辨,尤见功力。

6、有长城考证及附图、附表等,是一部完备的专史。

本论文已达到博士学位标准,应授予博士学位。

导师:金景芳

1994 年 6 月 7 日

《在我的历史科学研究作品中所反映的史学观》,刊载于《史学家自述》一书,武汉出版社 1994 年出版。此文后来收入东北师范大学出版社 1998 年出版的《知止老人论学》一书。

《我与中国 20 世纪》,刊载于许明主编的《知识分子丛书》中的《我与中国 20 世纪》一书,河南人民出版社 1994 年 9 月出版。此文后来也收入论文集《知止老人论学》一书。

《〈禹贡新解〉前言》,发表于《烟台师范学院学报》1994 年第 4 期。

《论孔子》,刊载于《走向世界》杂志 1994 年第 5 期。《新华文摘》1995 年第 1 期转载。

《吉林大学社会科学学报》1994 年第 6 期刊载了先生的《评〈儒家治国方略〉》一文。先生在文中指出:曹德本同志的新作《儒家治国方略》日前由吉林大学出版社出版。我早知道曹德本同志在下功夫研究这个题目。这是儒家学说中的大问题,儒家学说的方方面面,都涵盖在这个题目中。但是,至今未见有人把它作为专题来研究。本书从孔子之前讲到孔子,从孔子讲到战国诸子,然后从汉魏隋唐一直讲到清代,对近现代也有讨论,而且还涉及儒家治国方略与法家、道家、道教、佛教治国方略的区别与联系,以及各家相互斗争、相互渗透的历史过程,讲得都很好。作者认为儒家治国方略作为一种宝贵的文化资源,至今仍有研究、开发的价值。如为政清廉、长治久安、义利之辨、道德自律、民族团结、国家统一、以农为本等等,都可以为今所用。同时先生也指出:孔子的治国方略与后世儒家是有区别的。如果作者能划清他们之间的界限,把孔子的治国方略放在突出的地位作重点论述,那么这本书就更完美了。

10月初,由助手吕绍纲陪同去北京参加纪念孔子诞辰2545年学术讨论会暨国际儒学联合会成立大会,先生被聘为国际儒学联合会顾问。会议期间,党和国家主要领导人接见了全体海外与会代表,先生和张岱年、蔡尚思作为中国大陆与会者的代表有幸被接见,并合影留念。

招收王雅、崔在容为博士生。王雅为吉林大学哲学系教师,获中国古代哲学硕士学位。崔在容是韩国留学生,毕业于韩国庆南大学历史系,是韩国著名历史学家金晔先生的学生。

先生指导的博士生黄也平通过学位论文答辩,获得历史学博士学位。黄也平的博士学位论文题目是《先秦葬文化史研究》。答辩委员会组成情况如下:

答辩委员会主席:

中国社会科学院历史所李学勤研究员

答辩委员会委员:

导师金景芳教授

东北师范大学詹子庆教授

吉林大学古籍研究所吕绍纲教授

吉林大学古籍研究所陈恩林教授

吉林大学历史系黄中业教授

吉林大学古籍研究所吕文郁副教授

黄也平,曾用名黄皓,1955 年生。"文革"期间曾上山下乡,在长白山区生活三年多,在吉林省榆树县恩育公社中兴四队集体户劳动了三年多。曾在长春日报社文教部做过记者、编辑。还曾参加农村工作队,先后在双阳县的齐家和石溪两个公社的基层生产队工作过。1978 年考入四平师范学院中文系学习,1982 年毕业后在吉林省行政学院任教。1990 年,考入吉林大学古籍研究所,师从金老攻读博士学位。承老师悉心指教,按时完成了博士论文《先秦葬文化史研究》。1993 年毕业后,调入吉林大学中文系工作。现任吉林大学文学院广告学系主任,教授,博士生导师。

**导师对黄也平博士学位论文所做的学术评语:**

对葬文化史的研究,在当前实属罕见,恐怕这是第一篇吧!

作者写成这篇论文,付出了大量的辛勤劳动,几乎把所有的新旧石器时代、古代的考古发掘资料以及古文献和中外有关葬文化的论著都读遍了,并且逐一进行仔细地分析研究,辨别其异同,寻找出规律性的东西。实为难得。

文章结构恢宏,思想绵密,体系完整,文字清通,允推佳构。

我认为已达到博士学位标准,应授予博士学位。

导师:金景芳

1993 年 12 月 11 日

## 1995 年　94 岁

《〈周易〉的两个问题》发表于《传统文化与现代化》1995 年
第 1 期。

《关于孔子及其思想的评价问题》一文在《哲学研究》1995
年第 1 期刊出。

《吉林大学社会科学学报》1995 年第 1 期刊载了先生的传
略《著名史学家金景芳教授》。

应台湾《中国文化》月刊编辑部之邀,先生为该刊撰写的《论
孔老易学思想》一文在该刊 1995 年第 2 期发表。

《史学集刊》1995 年第 2 期(总第 59 期)刊载先生《为抗日
战争胜利五十周年而作》①七律一首。诗曰:

> 沈阳一夜炮声震,弹指神州竟陆沉。
> 莫道东瀛为祸始,须知西土早兵侵。
> 八年苦战心犹壮,九世深仇恨不禁。②
> 堪喜河山归故主,中华胜事记当今。

《学习论坛》1994 年第 11 期刊登了辽宁义县中青年学者李
保林《谈〈未济〉卦的解释与贡献》一文。此文对金景芳先生的
有关观点提出不同意见。文章刊出后李保林致函先生,并附以
文章的复印件。先生阅后,给李保林同志回信表示鼓励,并就有
关问题谈了自己的看法,《学习论坛》1995 年第 2 期以《周易研
究通信》为题发表了先生的复信,在"编者按"中说:"我们从中
可以看到老一辈专家对中青年学者的亲切关怀和严谨的治学态
度。"先生的复信全文如下:

①载于《史学集刊》1995 年第 2 期(总第 59 期)封 2。
②"九世",《春秋公羊传》庄公三年称齐襄公复九世之仇。

保林同志：

大函及您在《学习论坛》第 11 期所发表的大作,俱已读悉。

《易》号称难读,您能读《易》,而且不取所谓象数,却读我们的书,从我们这个角度来看,实属难得。

从您的论文来看,可以肯定地说,您对《周易》一书确实下了很大功夫,而且是有收获的。

您对我的观点提出不同的意见,这一点很好。我指导研究生,最重要的一条,就是希望他们能提出自己的见解,切忌人云亦云。关于《未济》六三爻辞,既说"征凶",又说"利涉大川",这样的辞章结构,很难说不是矛盾。何况象是解说一卦的,爻是解说一爻的,离开本爻,而从全卦取义,是我所不取的。

"未既之极则反于既济",这个说法不确切。应该说结束一个大(旧)的发展过程,又将开始一个大(新)的发展过程。这一观点,《周易折中》是不能了解的。今人只有学了马克思主义,才能了解。

愚见如是,未知然否?

专复顺颂

著祺!

金景芳

1994 年 12 月 14 日

是年年底,博士生宫长为和许兆昌通过学位论文答辩,获吉林大学历史学博士学位。宫长为的学位论文题目是《西周王朝官制研究》,许兆昌的学位论文题目是《周代史官制度研究》。答辩委员会组成情况如下:

答辩委员会主席:

中国社会科学院历史所李学勤研究员

答辩委员会委员：
导师金景芳教授
东北师范大学历史系詹子庆教授
吉林大学古籍研究所吕绍纲教授
吉林大学古籍研究所陈恩林教授
吉林大学古籍研究所张鹤泉副教授
吉林大学古籍研究所吕文郁副教授

宫长为，男，1957年1月生，吉林省永吉县人。中学毕业后，曾经下过乡、进过工厂。随后，读书于东北师大历史系、吉林大学古籍研究所，师从宋敏、徐喜晨和金景芳三先生，学习中国古代史，专攻先秦史，1995年7月获历史学博士学位，并于1996年8月，进入中国社会科学院历史学博士后流动站，师从李学勤先生。1998年9月出站后，留中国社会科学院历史研究所先秦史研究室工作。现为研究员、中国先秦史学会副会长兼秘书长，主要从事先秦史、简帛学和国学的研究工作。

先后参加国家、院所等重大课题，已发表学术论文百余篇，出版专著4部、译著1部，主编、参编30余部，组织并参加各种国内外学术会议，出访日本、港、台等国家和地区。

**导师对宫长为博士学位论文所做的学术评语：**

《绪论》写得最长、最好。第一章写得最短，比较一般。显得很不相称。

从全篇来看，作者确实下了很大功力，并有不少独立见解。例如作者指出周公摄政称王，是由于周公为太宰，不是沿袭兄终弟及，《洛诰》"命公后"是命周公留后治洛，不是"立公之世子为国君"。以及对"三公"的考证，对《立政》篇的解释，都非同一般。

只是用《曲礼》《鲁语》及《左传》昭公十七年几条材料证明西周官制有三大系统,尚不密合,缺乏说服力。

我认为这篇论文已达到博士学位标准,可以授予博士学位。

导师:金景芳<br>1993 年 12 月 18 日①

许兆昌,安徽淮南人,1968 年 1 月生,厦门大学历史系本科毕业,吉林大学历史系硕士研究生毕业(导师黄中业教授),1992 年考入吉林大学古籍研究所师从金景芳先生,1995 年获得历史学博士学位。学位论文题目是《周代史官制度研究》。现在吉林大学文学院历史系工作,从事先秦史、中国古代史学史教学与研究工作,出版专著《周代史官文化》《先秦史官的制度与文化》《先秦乐文化考论》3 部,编著《夏商周简史》1 部,另发表论文 40 余篇。现为吉林大学文学院历史系教授、博士生导师,中国先秦史学会常务理事。

**导师对许兆昌博士学位论文所作的学术评语:**

本论文是研究周代史官制度,作者能全面地、历史地看问题,查阅大量资料,付出艰苦的劳动,坚持无征不信,有许多创造性的见解。文字亦复简洁通顺。

全文从"史"字的构形开始。作者利用古文字学知识,辨明释史为事是初义,释史为记事是后起之义,因为事包括众多的事,记事则只是一种专职,其说甚新,且有说服力。

关于史官早期的主要执掌,作者认为是观测天象,制定

<hr>

①导师的评语写于 1993 年 12 月,论文答辩因故推迟至 1995 年 6 月进行。

历法,最初的史官是巫、瞽,皆有义据。

其余如西周史官的名称及其执掌,西周史官建置,西周史官地位,东周史官制度的变迁等等,都是根据大量的文献资料和考古资料来立论,是实事求是的。

我认为论文已达到博士学位标准,应授予博士学位。

导师:金景芳

1995 年 11 月 28 日

## 1996 年　95 岁

与吕绍纲合作的《〈汤誓〉新解》一文发表于《史学集刊》1996 年第 1 期。

为台湾学者朱高正的《周易与中国现代化》一书作《序》,见《朱高正易著精选》之《周易与中国现代化》,1996 年 2 月出版于台湾。

先生与台湾学者朱高正探讨《周易》问题

《论孔子的仁说及其相关问题》在《中国哲学史》1996年第1期、第2期合刊发表。

3月1日,国家古籍整理出版规划小组为先生发来聘书,聘请先生为《中国古籍总目提要》学术顾问。聘书全文如下:

> 金景芳先生:
>
> 　1992年5月,在国家古籍整理出版规划小组组长匡亚明同志主持下,举行了第三次全国古籍整理出版规划会议,讨论并通过了《中国古籍整理出版十年规划和"八五"计划》,并由匡亚明同志提议,将《中国古籍总目提要》的编纂列为重点项目,由国家古籍整理出版规划小组直接主持。这一项目的确立,得到古籍整理专家和图书馆、出版界的普遍赞同,认为《中国古籍总目提要》的编纂,将有助于全面了解中国古籍的确切情况,使得对传统文化的研究更有针对性,更便于制订古籍整理研究出版的总体规划,加强对今后古籍整理出版工作的宏观指导和统筹安排。
>
> 　《中国古籍总目提要》编纂的筹备工作,于1992年下半年开始。为广泛听取各方面意见,古籍小组办公室曾于1992年12月制订《中国古籍总目提要编纂实施方案(初稿)》,并分别就古籍总目编纂与提要的编写,组织图书馆学界及有关学科专家进行调查研究工作。现在《中国古籍总目》的编纂已全面展开,预计1997年将完成全部的初稿。《中国古籍总目提要》共设四十个分卷,已有八个分卷作为试点开始编纂,预计也可于1997—1998年间完成。
>
> 　为进一步全面开展此项工程,编纂办公室已编制成《中国古籍总目提要编纂纲目》,以便编纂工作能逐步走向规范化。又根据匡亚明同志的建议,全书拟聘请学术顾问若干人,以指导编纂工作的顺利进行。您是国家古籍整理出版

规划小组的顾问,现经匡亚明同志提议,特聘请您为《中国古籍总目提要》全书的学术顾问,今后的工作,希望得到您的大力支持与帮助。

附上《中国古籍总目提要编纂总纲》,请参阅。

国家古籍整理出版规划小组(章)

1996 年 3 月 1 日

根据广大同学的要求,吉林大学社会科学研究处决定邀请金景芳教授作一次学术报告。报告的题目请先生自己确定。先生高兴地接受了邀请,决定讲一讲"学术研究中的创新与挑战"这一题目。当时先生已经 95 岁高龄,但报告时思路清晰,声音洪亮。先生依据自己多年学术研究的实践,畅谈了学术研究中要破除迷信,勇于探索,不要随波逐流,依草附木;要敢于藐视学术权威,敢于向学术权威挑战,敢于走自己的路,这样才能形成自己的学术风格。当然,先生又强调:这一切都应当以自己坚实的学术功底和理论修养为前提,否则就会变得狂妄和无知。很

先生在吉林大学南校区逸夫图书馆学术报告厅作学术报告

多同学听后都说,没有想到这位九十多岁的耄耋老人讲话底气这样充沛,头脑这样清楚。先生的学术报告结束后,很多学生拿着笔记本请先生签字留念。

先生给同学们签字留念

　　当时先生所在的吉林大学古籍研究所办公室、会议室、资料室等都在南校区萃文楼五楼。学术报告结束后,先生提出要去古籍研究所办公室看看。因为办公室从北校区迁往南校区已将近两年,但先生从未去过。而萃文楼中又没有电梯,我们担心先生上五楼太吃力,就劝先生还是别去了。可先生坚持要去,我们只好陪先生从一楼一层层地爬上五楼。先生上到五楼,兴致颇高,笑着对我们说:"这不是上来了吗?人不分年轻年老,都要勇于攀登嘛!"先生在大家陪同下参观了古籍研究所的办公室、资料室,高兴地说:"鸟枪换炮喽,比北区的古籍研究所大有改观!"

　　5月中旬,上海社会科学院的顾蓓晔女士来长春,意欲采访先生。在上海出发前顾女士先找到了先生的学生、华东师范大学历史系谢维扬教授,谢维扬嘱她到长春后先给先生的学生吕文郁打电话,然后由吕文郁引见她谒见先生。吕文郁接到顾女士电话后来到顾女士下榻的宾馆,陪同顾女士前往先生住处,先生愉快地接受了顾女士的采访,回答了顾女士提出的问题,回顾了自己的求学的经历和治学的一些经验和心得体会。在两个多小时的采访中,顾女士做了录音,并为先生拍照。

与吕绍纲合著的《〈尚书·虞夏书〉新解》于1996年6月在辽宁古籍出版社出版。这是先生在早年写成《尚书戋春》、《经学概论·第三章尚书》和《尚书八论(上)》之后,时隔多年,又一部研究《尚书》的学术专著。

《谈礼》一文在《历史研究》1996年第6期刊出。

《社会科学战线》编辑部向吕绍纲教授约稿,吕绍纲教授写了一篇题目为《我师金景芳先生的学术精神》的文章,发表于该刊1996年第3期。吕绍纲教授在这篇文章中说:

> 先生有形的学术成果固然很宝贵,先生无形的学术精神更宝贵。先生身上执着而一贯的学术精神表现在多方面,一下子说不完全,这里就我体会最深的说三点:一、做有用的学问,不为学问而学问;二、独立思考,实事求是,绝不人云亦云;三、抓关键问题,关键问题中抓要害,不泥于枝叶。三点相互关联,无有隔限,不宜分章立节,只能浑沦地依次说开去。所谓做有用的学问,不为学问而学问,是我从先生的学术实践中体悟出来的,先生自己并不立言,只是默默地做。

吕绍纲在文章中还说:抗日战争期间,先生曾就读于四川乐山复性书院,师从马一浮先生,同学都是一时之英才。这当然是学习的好机会。但是书院的主课是宋明理学和佛学。理学、佛学固然是大学问,然而毕竟虚玄,易使人精神沉入消极,不如孔子的学问实在,因此先生把自己毕生的精力主要用于孔子及其学说的研究上。这是先生学术精神的突出体现。

6月初,先生指导的第一位外国留学的博士生崔在容(韩国人)通过博士学位论文答辩,获吉林大学历史学博士学位。崔在容的博士学位论文题目是《秦汉内史和三辅研究》。

崔在容在博士学位论文答辩通过后与答辩委员会成员合影

崔在容答辩委员会组成情况如下:

答辩委员会主席:

北京大学历史系吴荣曾教授

答辩委员会委员:

导师金景芳教授

东北师范大学詹子庆教授

吉林大学历史系柳春藩教授

吉林大学古籍研究所吕绍纲教授

吉林大学古籍研究所陈恩林教授

吉林大学古籍研究所吕文郁副教授

吉林大学古籍研究所张鹤泉副教授

　　崔在容,韩国大邱市人,1988 年韩国庆北大学历史系本科毕业,后师从韩国著名学者、庆北大学著名秦汉史专家金晔教授,1991 年获庆北大学历史学硕士学位。1993 年考入吉林大学古籍研究所,师从金景芳教授攻读中国古代史博士学位,成为金景芳教授指导的第一位外国留学的博士研究生,1996 年以《秦汉内史和三辅研究》的博士学位论文通过答辩,获吉林大学历史学博士学位。曾在韩国《庆州大学学报》1993 年 12 月号发表《关于秦内史性质的变化》一文,逐一考察了秦简中有关内史的职务、统属关系,从而反映出内史一职的变化,由内史掌管县的考课、太仓掌管都官的考课,渐渐演变为太仓掌管都官及县,而内史统管太仓及县,进而为内史统管大内(太仓)、都官、县。在《历史研究》杂志 1996 年第 4 期发表《西汉京畿制度的特征》一文。该篇论文从西汉京畿的特殊构成,西汉对京畿的特别控制措施,在京畿内不分封王国和列侯等三个方面考察了汉代京畿制度发展变化的过程。此外在《史学集刊》1998 年第 4 期发表题为《西汉初关中地区官营冶铁业探讨》的文章。现为韩国庆北大学教授。

**导师对答辩人学位论文的学术评语如下:**

　　作者倾全力来完成这篇学位论文,以至患了脑病,久治不愈,这种精神非同一般。

　　作者在下述三个问题上,下了很大功夫,查阅了有关的文献、金文、秦简及韩、日、中土近人论著等大量资料,提出自己的不少正确意见,是很难得的。

　　一、认为秦汉内史及三辅制度的行政官吏性质,渊源于西周内史。

　　二、认为秦内史地的形成比秦统一六国前后更早。

三、解决了汉内史左右分离及三辅制度的成立时期问题。特别是对《汉书》的《地理志》和《百官公卿表》中分歧的解释超越前人，最有说服力。

本论文已达到学位标准，应授予博士学位。

导师：金景芳

1995 年 12 月 1 日

7月31日至8月1日，吉林大学召开庆祝金景芳教授九五华诞暨国际儒学研讨会。有来自韩国、中国大陆和台湾、香港地区的学者 120 余人莅临大会。其中来自韩国的学者有 20 余人。

吉林大学党委书记王文金教授在庆祝大会上发表讲话，全文如下：

各位领导、各位来宾、女士们、先生们：

今天，我们在这里欢聚一堂，隆重庆祝国内外著名的易学家、孔学家、文献学家、历史学家金景芳教授九秩晋五大寿，同时举行国际儒学研讨会。我代表吉林大学对这次大会的胜利召开表示衷心的祝贺，同时对各位领导和朋友们光临大会表示热烈的欢迎！

金景芳教授 1902 年生于辽宁省义县一个贫苦农民家庭。1923 年毕业于辽宁省立第四师范学校，以后曾当过小学教员、初中教员、县教育局局长、省教育厅股长。"九·一八"事变后，又回到学校教书。1936 年，先生只身逃出东北，辗转于陕西、江苏、安徽、湖南、贵州、四川等地，在流亡的东北中学教过书。1940 年 9 月，入四川乐山复性书院学习，师从著名国学大师马一浮先生。一年后，经著名学者金毓黻先生介绍，到四川三台就任东北大学文书组主任，不久又被聘为该校中文系专任讲师。1945 年被聘为中文系副教授。日本投降以后，金老又回到了阔别十年的故乡。十年逃亡,颠沛流离,作为一名爱国的知识分子,金老饱尝了国破家亡的深重灾难。1947年春,东北大学迁回沈阳。金老于当年7月晋升为教授。1949年,被分配到东北文物管理处,不久又调任东北图书馆研究员兼研究组组长。1954年1月,经早年的学生、时任东北人民政府副主席的顾卓新介绍,先生到东北人民大学历史系任教,先后任东北人民大学基层工会主席、图书馆馆长、历史系主任。金老现任吉林大学历史系名誉系主任,古籍研究所顾问、博士生导师、中国先秦史学会顾问、中国孔子基金会顾问、国际儒学联合会顾问、东方易学研究院顾问、国家古籍整理出版规划小组顾问。

　　"文化大革命"结束时,金景芳教授已经是年过七旬的老人了。但先生精神振奋,斗志昂扬。他常用孔子的话自勉:"发愤忘食,乐以忘忧,不知老之将至。"金老真正的学术青春是"文革"之后才焕发的。金老已出版的学术著作和论文集到目前为止共九种,其中有七种是"文革"以后出版的,公开发表的学术论文近80篇,其中有60多篇是"文革"以后发表的。尽管金老在"文革"之前已经是蜚声学界的著名学者了,但是"文革"以后的学术成果产生的影响则更大、更深远。金老真可谓学养深厚、大器晚成。

　　金老的治学范围很广,早年研治经学,来我校后主要研究历史学和文献学,其史学研究又包括古代制度史、古代思想史和古代文化史。金老在学术界影响最大的研究成果主要集中在以下几个方面:第一是《周易》研究。金老在六十多年的易学研究中,形成了独特的易学思想体系。本世纪40年代出版的《易通》是金老的成名之作。50年代的《易论》、八十年代的《周易讲座》、《学易四种》和《周易全解》等,都是易学爱好者的必读之作。这些成果使金老成为学术界公认的易学大家。第二是孔子研究。金老认为孔子是中国传统思想文化的集大成者。他曾说："中国之有孔子，毋宁说，是中华民族的光荣。"金老认为《六经》是孔子留给后人的宝贵遗产。孔子思想有"时"和"仁义"两个核心；孔子的"仁义"思想既有时代性，又有超时代意义；认为应把孔学与儒学严格区分开来，等等。这些都是金老在孔学研究中的独到之处。此外，如金老的宗法制研究、井田制研究、关于古代典籍的研究、关于奴隶社会的阶级和阶级斗争问题的研究，关于中国古史分期问题的研究，这些成果都对中国的古史研究做出了不可磨灭的贡献。

金老治学严谨，对待学术问题一丝不苟。金老常说，"历史是一门科学，研究历史应把科学性、真理性放在第一位。"金老敢于坚持真理，敢于向权威挑战。金老一生与许多学术权威进行过学术争鸣。如在古史分期问题、宗法制度问题、井田制问题和诸子思想问题上，金老对王国维、郭沫若、范文澜、冯友兰等人的观点都曾提出过异议，甚至对斯大林的错误观点也敢于公开批评。金老在学术上不迷信、不盲从，坚持说自己的话，走自己的路，从不依草附木，随波逐流，表现了金老在学术上唯真理是从的理论勇气。金老的治学态度和治学方法与他的学术成果一样宝贵，是每一个后学者应当认真学习并不断发扬光大的。

金老不仅在学术研究上成就斐然，在人才培养上也同样硕果累累。金老自称是"一个地道的教书匠"。他曾说："我平生最大的乐事，一是我教出大批大批的学生，二是出版了十几本书。"金老把教书育人看得比学术研究还重要。"文革"以前，金老多年在教学第一线为本科生、研究生授课。亲聆金老教诲的学生遍布全国各地，可谓筚路春风，桃李满园。"文革"以后，金老以指导硕士研究生和博士研究生为主。自 1978 年以来,金老先后培养了硕士生 16 名,已获得学位的博士生 15 名。现在还有 6 位博士生正在金老指导下攻读学位。此外还指导了先秦文献进修班和《周易》研讨班。金老的这些弟子走上工作岗位后,很快就在学术界崭露头角,有的已成为所在单位教学和科研骨干,有的已走上教学和科研的领导岗位,还有的已被评聘为博士生导师。金老和他的学生们形成了一个有鲜明特色的学术流派,在金老的带动和指导下,这个学术流派已越来越为学术界所注目。

金老没读过大学,是靠自觉而成才的。七十多年来,金老孜孜矻矻,兢兢业业,为国家的学术事业和文化教育事业奋斗不懈,也为吉林大学的学科建设和人才培养做出了重大贡献。金老以卓越的学术成就、崇高的道德和诲人不倦的精神铸就了一代学术大师的风范,为后学者树立了楷模。

我代表吉林大学师生员工向金老九五华诞表示最诚挚的祝贺!祝金老成为跨世纪老人,我希望五年之后,我们再欢聚一堂,为金老祝贺百年华诞!

金老是研究孔子的专家,因此在祝贺金老九五华诞的同时,召开国际儒学研讨会,是有特殊意义的。海内外专家学者济济一堂,交流儒学研究成果,总结儒学研究的经验,探讨儒学在未来的发展趋势,研究儒学与现代化的关系,这对于推动学术发展,增进海内外的学术交流,加强两个文明建设都有重大意义。

祝金老健康长寿!祝大会圆满成功!

谢谢大家。

(吕文郁拟稿)

　　在大会上发言的还有:吉林省人大常委会副主任谷长春,中华书局总编辑、国家古籍整理规划小组秘书长、匡亚明组长的代表傅璇琮先生,吉林省教委副主任、高教工委书记张国学,台湾新党领袖、财团法人欧洲文教基金会董事长朱高正博士,韩国大邱市东洋古典研究所理事长曹皓哲博士,吉林省哲学社会科学联合会主席李少庚先生,吉林省社会科学院院长孙乃民先生,韩国岭南大学教授、岭南中国语文学会会长李章佑先生,民办东方大学校长、前吉林大学副校长朱日耀教授,台湾景德书院山长施纯德先生,金老学生、华东师范大学中国史学所所长谢维扬博士。

　　为大会发来贺信、贺电的有:

　　原国务委员、国务院副总理、第七届全国政协副主席、中国孔子基金会会长谷牧在贺电中说:

　　景芳先生:

　　　　欣闻您九五大寿,谨表衷心祝贺。先生研究学术,教育后生,贡献良大,学者所仰。谨祝健康长寿,万事如意。

谷牧

一九九六年七月二十二日

　　国际儒学联合会常务副会长宫达非在贺电中说:

　　吕绍纲先生并转金景老:

　　　　欣闻金老九五大寿,无任欢忭。金老是当代学界泰斗,数十年来在学术界、教育界辛勤耕耘,作出了卓越成就和贡献。高山仰止,景行行止。吉日寿诞,为海内外学者所共庆。

　　　　遵医嘱,近期我不宜远行,不能亲往祝寿,敬请原谅。遥祝金老健康长寿,生活幸福。

　　　　此祝

夏安！

宫达非

一九九六年七月二十日

台湾知名人士蒋纬国为先生九秩晋五大庆题辞：

景芳老先生九秩晋五大庆：

解易扬中道

硕学庆遐龄

八十一岁弟蒋纬国敬贺

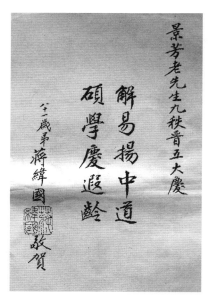

著名物理学家、台湾中研院院长吴大猷为祝贺先生九五大寿题辞：

景芳先生九五大庆

鹤寿高德　硕学华国

吴大猷敬贺

　　孔子第七十七代嫡孙、大成至圣先师奉祀官,台湾大学、台湾师范大学、辅仁大学、东吴大学、中兴大学教授孔德成为先生九五华诞庆典题辞云:

　　　　　　　　絜静精微
　　　　　　　　属辞比事

　　　　　　　　　　　　　　孔德成敬题

　　台湾著名学者、辅仁大学讲座教授、台湾大学哲学研究所教授、中国东方国际易学研究院名誉院长严灵峰为先生九五华诞庆典题辞:

　　景芳先生九秩晋五嵩寿

　　　　　　　　学称泰斗
　　　　　　　　寿比南山

　　　　　　　　　　　　　　严灵峰拜祝

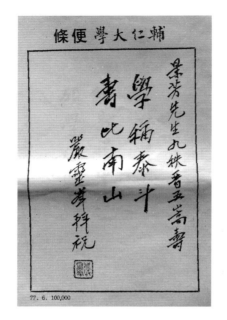

原吉林大学校长、国家古籍整理出版规划小组组长匡亚明教授在贺信中题辞：

祝贺金老九十五岁寿辰
　　　老骥伏枥，志在千里；
　　　烈士暮年，壮心不已。


　　借用曹操诗句

　　　　　　　　　　　　　　匡亚明敬书
　　　　　　　　　　　　一九九六年五月卅日

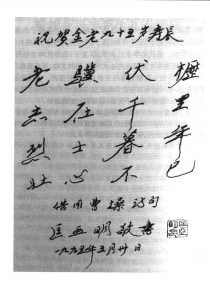

原吉林大学党委书记胡绍祖填词一首：

> 白山黑水，齐庆宗师寿。
>
> 泳学海，育华胄。
>
> 研经宣妙理，释史明玄宙。
>
> 人共祝，神清步健韶音奏。
>
> 两袖清风透，明月一轮守。
>
> 披风雨，知风候。
>
> 殚精扬皓首，竭智曜碧岫。
>
> 恁世变，江山永颂琼林秀。
>
> 赋《千秋岁》一阕，敬祝景芳学长九十五华诞

绍祖

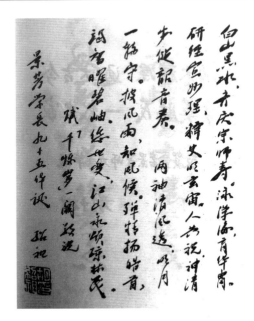

吉林大学校长刘中树教授为庆祝大会题辞：

博大精深　通达古今

蜚英腾茂　一代史家

敬贺金老景芳师九五华诞

刘中树

庆祝大会召开时，刘中树校长刚好出差在外，特地为大会写来贺信，内容如下：

金景芳教授九五华诞庆祝会主席：

我因出差在外，未能出席庆祝会，深致歉意。

金老为吉林大学人才培养和历史学科建设，为我国的史学发展，几十年执鞭教坛，笔耕不辍，成就斐然。金老学识博大精深，通达古今，堪称一代史学大师，值得全校师生员工敬仰、学习。

我作为晚辈学子,也代表全校师生员工,向金老表示衷心的祝贺和崇高的敬意,敬祝金老健康长寿。

学生 刘中树敬贺

一九九六年七月二十八日

著名哲学史家、中华孔子学会会长、北京大学教授张岱年先生的贺信如下:

金景芳先生学术湛深,品德高尚,对于易学、史学、孔学都有辉煌的贡献,誉满海内。值兹金老九五华诞,谨表示热烈的祝贺!愚因年老体衰,不能远行,不能躬与庆祝盛会,敬祈鉴谅!敬祝

金景老健康长寿!

张岱年

1996 年 7 月

著名哲学家、国家图书馆馆长任继愈先生在贺信中写道:

金景芳教授九五华诞庆祝大会:

金先生为人为学深受学术界的敬重。他为国家培养了大批中青年学者,都已成为学术研究的骨干。这也是他的重大贡献。像金先生这样德高望重的学者,乃国之重宝,祝愿他健康长寿。

任继愈敬贺

著名学者、中山大学李锦全教授在贺信中为金老题诗二首:

恭祝

景芳金老九十五高龄华诞兼为《纪念文集》献诗:

其一

九五依然老健身,寿翁学养日常新。

曾将铁笔惊流俗，每把金针渡世人。

易理详参知造化，文心历炼见精神。

儒门道脉传千古，天地长流草木春。

其二

书海遨游不计年，雄心未老志弥坚。

已随学府开新运，更向儒林续逸篇。

指点江山添秀色，缤纷桃李贺华筵。

文章传世非无我，得住人间自在天。

后学　李锦全敬贺

为大会写来贺信、发来贺电或为大会送来花篮的单位和个人还有：吉林省社会科学院、吉林省社会科学联合会、辽宁古籍出版社、吉林人民出版社、长春晚报社、东北师范大学出版社、延边大学古籍所、东北师范大学历史系、东北师范大学古籍所、辽宁大学历史系，韩国孟子学会会长赵骏河教授，韩国忠南大学教授金吉洛先生、洪禹钦先生，著名易学家、北京大学哲学系教授朱伯崑先生，原西北大学校长、清华大学教授张岂之先生，延边大学校长朴文一教授，著名学者、台湾师范大学文学院院长周何教授，清华大学思想文化研究所所长钱逊教授，兰州大学历史系赵俪生教授，复旦大学历史地理研究所邹逸麟教授，山东大学周易研究中心主任刘大钧教授，东北师范大学中文系吴伯威教授，台湾世界孔学会创始人刘方先生，南通孔子学会会长孔令炤先生等。

为庆祝金景芳教授九五华诞，吉林大学古籍研究所委托吕绍纲教授编辑出版了《金景芳九五诞辰纪念文集》。这部纪念文集由吉林文史出版社于1996年4月出版。

《金景芳九五诞辰纪念文集》书影

　　《创新与挑战》一文刊载于吉林大学社会科学研究处编《我的学术思想》一书,吉林大学出版社 1996 年 9 月出版。

　　是年先生写了一篇题为《缅怀老师马一浮先生》的文章。这篇文章因何而作,写作的确切时间,尚待考证。现仅存手稿一页,似是未完稿。手稿的内容如下:

缅怀先师马一浮先生

　　马一浮先生是我的老师,我曾在复性书院从马先生受业,亲身向马先生三鞠躬,递交过门生帖子,这一点,是终生不能忘记的。

　　马先生天资颖异,博学多能,是当代公认的国学大师。先生通晓七国文字,通读过《四库全书》。先生的诗文书法均属当代第一。先生平生以六经和孔子作为最高标的,而尤精于宋明理学和佛学。我从师问学的时间较短,不但未能升堂入室,简直还在数仞门墙之外。

我对马先生视若神明,终生崇拜,私心以为获从先生受业是莫大的光荣。

我今年已虚度九十四周岁,忝在大学任教,如与马先生相比,真似"泰山之于丘垤,河海之于行潦"。①

应《史学史研究》杂志编辑部邀约,吕绍纲教授撰写了《金景芳先生谈传统文化》一文,刊载于该刊 1996 年第 3 期。文中提到:先生的学术思想、学术精神前不久在《社会科学战线》1996年第 3 期上已有比较全面的介绍,这里着重介绍一下先生有关传统文化问题的一些见解。这篇文章在论述具体问题时,往往是以先生第一人称的口吻来表述的,这是读者务必要注意的。全文分为 3 个部分:(一)中国传统文化的渊源;(二)孔子是传统文化的焦点;(三)天人合一问题是传统文化中的大问题。其中第二部分"孔子是传统文化的焦点"里又分 5 个具体问题加以详细论述,这 5 个具体问题是:1.儒道两家在传统文化中的地位问题;2.关于孔子思想及其评价问题;3.怎样评价五四运动批孔的问题;4.孔子与六经的关系问题;5.关于孔子思想的几个具体问题。②

先生为著名历史学家赵俪生教授的《赵俪生史学论著自选集》作《序》。见《赵俪生史学论著自选集》,山东大学出版社1996 年 9 月出版。

先生与吕绍纲合作的《〈盘庚〉新解》一文在《社会科学战线》1996 年第 3 期发表。

———————————

①手稿止于此。这一页手稿是先生后人在清理先生遗物时偶然发现的。从手稿判断,应是一篇尚未写完的文稿。
②吕绍纲的这篇文章被编入《金景芳全集》第十册(附录),第 5009—5025页。

10月3日,华东师范大学文学与艺术学院副院长、《当代人文社会科学名家学述》丛书主编林在勇致函先生,商谈《金景芳学述》的编写和签订合同等事宜。全函如下:

金老:您好!

在您九十华诞之际,请允许我这个私淑弟子叩颂健康长寿。

前几个月,我妻子顾蓓晔同志出差到长春,经吕文郁教授引见,谒府亲炙先生,聆听教诲,这样的机缘使我非常羡慕。小顾带回的谈话录音,待我整理后用电脑大字打印出来,再寄呈您审阅。

小顾回沪后因接到资金赞助,现已赴美国纽约攻读博士学位。为此家中异常忙乱,未能及早写信给您汇报《当代人文社会科学大家学术述要》丛书计划。今寄上简要的说明,请您辱目。

此计划之未言明的目标,是若干年后撰写出版《20世纪学术史》。为此先由健在的各科大师开始,进而溯及已故的从王静庵、梁任公至朱光潜、王力先生,在三五年内出版数十本实在的学术总结,作充分之准备。我前天刚从北京回来,第一辑基本安排妥当,各学科代表人物如费孝通(社会学)、张岱年(哲学)、季羡林(文化)、邓广铭(史学)、张政烺(古文字)诸先生的,已经开始进行。

此计划尝承您俯允,又有吕文郁教授鼎力相助,我们深感荣幸。我想有巴蜀书社出版的《金景芳先生自传》为底本,此项工作之进行应较为顺利。

附寄的合同二份,其中交稿期限各款系参考意见,完全可以由您和吕文郁先生自行定夺,重新寄还。出版社负责人已先签字,待您老和吕先生签字后出版社加盖合同专用章生效,再寄还您一份。

　　我们衷心期望,能通过本书(印数初拟一万)弘扬您老的学术,并激励后进学子。

　　专此　即颂

躬安!

私淑　林在勇拜礼①

一九九六、十、三

　　先生收到林在勇信函后,即与吕文郁一同在出版合同上签字,并由吕文郁直接寄给浙江人民出版社。

　　《会科学战线》杂志1996年第3期刊出了一组图片,并附先生的小传,题目是:《历史学家金景芳》,以此祝贺先生九五寿辰。

　　12月18日,先生指导的博士生李景林、申屠炉明通过学位论文答辩,获吉林大学历史学博士学位,李景林的学位论文题目是《孔孟心性思想研究》。申屠炉明的学位论文题目是《周代学制研究》。答辩委员会组成情况如下:

答辩委员会主席:

中国社会科学院历史研究所李学勤研究员

答辩委员会委员:

导师金景芳教授

吉林省社会科学院历史研究所宋敏研究员

东北师范大学历史系詹子庆教授

吉林大学古籍研究所吕绍纲教授

吉林大学古籍研究所吕文郁副教授

吉林大学古籍研究所张鹤泉副教授

---

①林在勇现任上海音乐学院党委书记。

李景林(后排左)、申屠炉明(后排右)答辩后与答辩委员会成员合影

　　李景林,1954 年 11 月生,河南南阳人。1978 年考入吉林大学哲学系哲学专业学习,1982 毕业,获哲学学士学位。1982 年考取吉林大学哲学系中国哲学专业硕士研究生,师从乌恩溥教授研读先秦哲学,1985 年毕业,获哲学硕士学位,同年留系任教。1991 年师从金师景芳先生研读先秦思想史,1996 年毕业,获历史学博士学位,博士学位论文《孔孟心性思想研究》。曾任吉林大学哲学与社会学院教授,中国哲学史教研室主任。2001 年 7 月调入北京师范大学哲学系任教。现任北京师范大学哲学与社会学学院教授、博士生导师,院教学指导委员会主任、中国哲学与文化研究所所长、辅仁国学研究所所长。兼任国际儒学联合会学术委员会委员、中国哲学史学会理事、四川大学古籍所兼职教授及《儒藏》学术委员会委员、中国政法大学国际儒学院兼职教授、内蒙古大学客座教授等。为本科生、硕士生、博士生讲

授中国哲学、中国哲学专题研究、中国哲学方法论研究、中国哲学原典研究、哲学前沿等课程。在儒学、道家哲学、中国文化等学术领域取得了丰硕成果，出版有《教养的本原——哲学突破期的儒家心性论》《教化的哲学——儒学思想的一种新诠释》等多部学术著作，在海内外学术刊物上发表学术论文百余篇。曾获得吉林省哲学社会科学优秀成果一等奖、北京市哲学社会科学优秀成果一等奖、北京市高等学校教学名师奖、中国高校人文社会科学研究优秀成果三等奖等多种学术奖励。主持有教育部人文社会科学重点研究基地重大专案等多项学术研究专案。

**导师为李景林博士学位论文所写的学术评语：**

李景林《孔孟心性思想研究》一文运用逻辑与历史相结合的方法，系统地剖析了从孔子经曾子、子思到孟子的心性思想的传承、发展过程。其方法上的特点是举出重要的概念和有争议的问题，再引述文献，予以分析、廓清、重释。全文结构是严谨的，材料是充分的，分析是透辟的，解决了一些问题，而且多有体会，多有新意。具体说，可指出以下几点：

1.准确地指出了孔孟儒学与西方哲学之根本差异，西方主流哲学以讲物讲知识讲逻辑为主，把人作为一般的物来对待，结果人自身的修养不能自己实现，要靠神的力量。孔孟儒学重点是讲人，讲人如何反身修己，在反身修己的过程中认识客观世界。肯定人具有成性成德的内在力量，不须神来拯救。划清这一区别是极重要的。本文通篇贯穿这一精神。这是本文最为突出的特点和优点。

2.关于孔子与《易传》的关系问题讲得很好，很有新意。我是相信《易传》是孔子作的，《易传》的思想属于孔子。本文从一个新的角度,即从《易传》与《论语》对天道性命思想的不同表达方式来论证《易传》与《论语》一样,思想属于孔子。这是本文一大贡献。

3.对《易传》"穷理尽性以至于命"、天地人三才之道的解释有新意。文章说,"穷理"指人的自觉言,"尽性"指人的践行言。人在穷理尽性的前提下才能达到"至于命",即天人合德的境界。人须经过道德修养之完成实现天人合德,这就叫"穷理尽性以至于命"。就此而言,《易传》所说天地人三才之道,归根结底讲的是人道。这样的解释,是深刻的,也是正确的。

4.讲孔子的中庸思想,一般从方法论的角度讲的多,本文在方法论的意义之外又强调了中庸思想中的道德要求,我看是对的。

5.对孟子性善论的分析有新意。本文强调了三点,第一,孟子讲的仁义礼智四端,是人之类性的表现,并非与人的自然本性无关。第二,孟子的性善论不能说与孔子的"天生德于予"、"继之者善、成之者性"、"为仁由己"的思想没有关系。第三,冯友兰说孟子讲人禽之辨是讲人在生物本性上与动物同,人的本质属性在于道德性。本文指出这不是孟子的本义,孟子恰是认为人与动物有不同的生物本性。人的道德性存在于人的生物本性之中,不须外铄。唯其如此,孟子讲的才是人性,而不是神性。这样讲是符合孟子思想实际的。

本文的新意还有很多,不能一一列举。总之,这是一篇有学术价值、有理论深度的、写得好的论文。已达到博士学位水准。如果文字再简练些,语言再简明些,当会更好。

导师:金景芳

1996 年 12 月 13 日

申屠炉明,1963 年 9 月生,浙江省桐庐县人。1986 年毕业于杭州师范学院历史系。1989 年毕业于吉林大学古籍所,获历史学硕士学位,任教浙江师范大学历史系。1992 年从金老学习先秦史、先秦文献,1996 年获历史学博士学位。学位论文题目为《周代学制研究》。现任南京大学中国思想家研究中心副研究员,从事中国古代思想史教学与研究工作。现正参加南京大学 985 三期《中国学术思想史》专案,承担"经学史"卷撰写。已出版《孔颖达颜师古评传》(《中国思想家评传丛书》)、《清代常州学派研究》等。

**导师对申屠炉明博士学位论文所做的学术评语:**

申屠炉明《周代学制研究》一文,选题合适,材料充实,方法对头,持论允当,是经过长时间潜心研究的结果。非一般匆匆凑合者可比。具体地说有以下优点:

1. 周代学制问题古今人说梦然不一,且淆乱不成系统。今作者仔细爬梳,谨慎取舍,小心折中,一一提出自己的见解。终于理出头绪,勾画出周代学制发展变化的整体局面,本文的学术贡献即在于此。

2. 坚持马克思主义与中国历史实际相结合的基本原则,采取文献材料与考古材料并重,以文献材料为主,实事求是,无征不信的历史学方法,把旧时的礼学、经学纳入新史学的轨道。本文之所以取得成功,这是主要的原因。

3. 本文的另一个显著特点是材料极为丰富。古代经典、古人成说,今人论著、今人新意,搜罗几尽,无有遗漏。反映作者读书多,且大多有所体会。

4. 第二章《周代以前学校溯源》、第三、四、五三章《西周学制探讨》上、中、下写得最好,创获较多,颇解决了一些问题。例如说"上古政制简朴。宫室无多,明堂集多种功能于一身,大学也寓其中,但是不能说明堂等于大学,他们之间不能划等号。""后至周公制礼作乐,西周文化日益昌盛,大学与明堂所主各有所重,两者分立,也是符合发展规律的。"周公制礼作乐之后,"明堂不等于辟雍,辟雍也不等于太庙、太室","各有重点,可以说是分立了"。但它们"都是奴隶制王朝实行礼制的场所,其功用各有重点,但是也是分得很清楚的"。"黄以周说'古者学有二,曰国学曰乡学',是极有见地的。国学是天子、诸侯所立之学,分大学、小学。乡学即地方之学,也称乡校。为平民所设。王畿六乡为国人设学,六遂之野人则无学。""周代天子的大学经传中有四学五学之说,实际上他们不是各自独立的大学,而是一个大学的几个组成部分。因此可视为一个整体,可统名为辟雍或成均。""我们参证经传,结合当时的历史实际,可以认为诸侯列国是有大学的,它的名称叫泮。泮宫是周代诸侯大学的通称。"这些诊断是允当的,是解决了问题的。

　　总之,《周代学制研究》是一篇写得好的有价值的、有功力的论文,已达到博士学位水准。若能把东周学制问题的研究再加强一步,会更好。

导师:金景芳

1996 年 12 月 13 日

12 月 16 日,著名的马克思主义理论家、教育家、前吉林大学校长、南京大学名誉校长、《中国思想家评传丛书》主编匡亚明教授在南京逝世,享年 91 岁。匡亚明教授出生于 1906 年,比先生年轻四岁,是先生的知音和挚友。仅在半年之前,匡亚明还为祝贺先生九五华诞写来贺信,并亲笔题辞。讵料遽然作古,先生非常悲痛。12 月 21 日,吉林大学党委书记王文金赴南京参加匡亚明遗体告别仪式,先生和他的助手吕绍纲匆忙中合拟了一副挽

联,托王文金书记带往南京,挽联内容如下:

> 是老革命,早岁与恽代英邓中夏相交,九死一生,恨未
> 睹中华腾飞廿一世纪;亦大学者,终身共马列书孔孟文为
> 伴,朝乾夕惕,已预见丛书耀眼百五十篇。①

不久,《匡亚明纪念文集》组委会向先生约稿,先生遂撰《一个学者的缅怀》一文寄去。先生在这篇悼念文章中说:

> 我 1954 年春调来吉林大学教书,他 1955 年来吉林大学
> 当校长,1963 年调往南京大学。8 年当中我们结下了深厚
> 的友谊。他是校长兼党委书记,我是普通的教授。不是我
> 主动巴结他,而是他礼贤下士,屈尊交我做朋友。我是从旧
> 社会过来的知识分子,对新大学处处感到新鲜,也感到有许
> 多的不适应,心中不免产生一种莫名的孤独感。正在这时,
> 匡亚明同志给我送来了温暖。他是校长兼党委书记,他的
> 温暖在我看来就是党的温暖,我是从匡亚明同志那里认识
> 共产党、接近共产党的。我也知道他交我这个旧知识分子
> 朋友,不是私人间的感情,是体现党对知识分子的团结、改
> 造的政策。团结自不必说,即便说改造,亚明同志所做的,
> 我也心悦诚服,乐于接受。②

## 1997 年　96 岁

与吕绍纲合撰之《释"克己复礼为仁"》一文在《中国哲学史》1997 年第 1 期发表。

---

①金景芳:《一个学者的缅怀》,见《匡亚明纪念文集》,南京大学出版社
　1997 年版,第 118 页。"丛书耀眼百五十篇",指匡亚明主编的《中国思想
　家评传丛书》,匡亚明生前已出版 150 部,至 2006 年,全部 200 部都已出
　齐。
②金景芳:《一个学者的缅怀》,见《匡亚明纪念文集》,第 116 页。

《史学集刊》1997年第1期刊载了郭守信的《一部难得的好书——〈尚书·虞夏书新解〉评介》一文。文章说,吉林大学金景芳和吕绍纲两位教授合著的《尚书·虞夏书新解》于1996年6月由辽宁古籍出版社出版。作为一部古籍研究著作,它重视训诂考据,但不拘泥,更重视义理分析,却绝不尚空言。它在汲取古人旧说和今人新成果的基础上,运用历史学方法审慎地发掘义理,解决问题,提出新见解。就其方法和研究的重点而言,与其说它是古籍研究的书,不如说它是历史学著作更合适。文章特别指出:《尚书》难读、难治,前人研究成果很多,但以现代的学术眼光来衡量,令人满意的极少。本书摆脱了前人经学研究的老路,代之以现代历史学的新方法,从解决问题的角度出发,通贯联系文字训诂与义理分析,采取二者并行而以后者为依归的立场,同时特别注意汲取《尚书》研究的新成果,该书是《尚书》研究史上的一部新力作。①

《社会科学战线》杂志1997年第2期刊载了复旦大学历史地理研究所邹逸麟教授的文章,题目是《读〈《尚书·虞夏书》新解〉之〈禹贡〉篇一得》。文中说,《尚书·禹贡》是我国最早的地理著作,记述我国上古时期的地理区划、山川、土壤、植被、物产、交通、贡赋等内容。虽然总共只有1192个字,却是包括自然、人文两方面知识的综合地理作品,真可说是言简意赅、博大精深。因为是经书中的一篇,历来为学界所重视,唐宋以来以至近代,研究《禹贡》的不下数十家。新中国成立以后,辛树帜、顾颉刚、李长傅、刘起釪诸先生都有专著或专文问世,浸浸乎已成一专门之学。由于《禹贡》包含的内容十分丰富,再加上时代久远,地理环境、名物制度变化很大,虽然有了这么多的研究成果,还不能说所有的问题都已经解决了。随着我国自然和人文科学的发

①郭守信的文章被编入《金景芳全集》第十册(附录),第4968—4971页。

展,《禹贡》中不少令人困惑不解的问题,完全有可能得到新的、更为合理的解释。最近有机会读了金景芳、吕绍纲二位先生合著的《〈尚书·虞夏书〉新解》中的《禹贡》篇,获益良多。感到是近年来研究《禹贡》的诸著作中十分重要的一部,对研究上古史或者研究历史地理的同志来说,是很值得一读的。作者认为,书中的《禹贡》篇中有许多独到的见解,如关于《禹贡》篇的著作年代问题,关于碣石方位的考证,都极见功力。作者在《禹贡》篇研究中吸收了很多前人的研究成果,同时能做到详略得当,要言不烦,足见本书是一部精深、严谨的古籍研究专著,可为同类研究工作之范。①

　　《烟台师范学院学报(哲学社会科学版)》1997 年第 4 期发表了郭守信的文章,题目是《从〈尚书·虞夏书〉新解看金景芳先生对〈尚书〉研究的贡献》。文中指出,人们以"浩如烟海"赞叹我国传统文化典籍之丰富,而在这浩如烟海的文化典籍中,《尚书》则是最古老、最珍贵的一部。它记载了自尧舜以来到春秋之时的为政大事和旨要,可以算是我国有史以来的第一部信史。先生在 1989 年(时年八十有八)完成并出版《周易全解》一书之后,慨然以攻治《尚书》,整理这部最古奥、最艰涩的典籍,以阐明其精义为己任。可谓"学而不厌,诲人不倦,发愤忘食,乐以忘忧,不知老之将至"。文章指出,《尧典》是《尚书》的首篇。司马迁在《史记·五帝本纪》中说:"学者多称五帝,尚矣!然《尚书》独载尧以来。"这是说孔子编次《尚书》,是以《尧典》为中国信史的开篇。金景芳在对古史全面研究后,则认为孔子列《尧典》为《尚书》首篇,取义远非仅此,而是有极深远的意义。从《尧典》的内容看,有三项是主要的,一是制历,二是选贤,三是命官。而

---

① 邹逸麟教授的文章被编入《金景芳全集》第十册(附录),第 4964—4967 页。

第一项制历是划时代的大事,这件大事是尧完成的。这是金景芳治学的精彩发现,是金景芳先生学术研究的卓越成果,将遭秦火焚烧而沉沦丧失了 2000 余年的《尚书》精义再度揭示出来,从而使我国传统的天、天下、天子概念的形成和含义得到了历史的实际的阐明。可以说这是金景芳先生在历史研究工作上的一大贡献。①

林沄、陈光崇、邹逸麟、詹子庆等联名写的《金景芳先生及其〈尚书·虞夏书〉新解》在《中华读书报》1997 年 7 月 23 日第 4 版发表。

先生指导的博士生张全民通过学位论文答辩,获吉林大学历史学博士学位。学位论文题目是《〈周礼〉中所见法制研究(刑法篇)》。答辩委员会的组成情况如下:

答辩委员会主席:

中国社会科学院历史所李学勤研究员

答辩委员会委员:

导师金景芳教授

东北师范大学历史系詹子庆教授

吉林大学古籍研究所陈恩林教授

吉林大学历史系黄中业教授

吉林大学古籍研究所吕绍纲教授

吉林大学古籍研究所张鹤泉教授

张全民,1968 年 8 月生,安徽省桐城市人。1992 年吉林大学研究生院中国古代史专业先秦史方向硕士毕业(导师为陈恩林教授),并留古籍研究所工作。1993 年,师从金老在职攻读博士学位,1997 年 12 月通过论文答辩,获得博

---

① 郭守信的文章被编入《金景芳全集》第十册(附录),第 4972—4980 页。

士学位。毕业论文题为《〈周礼〉中所见法制研究（刑法篇）》，答辩评定成绩为"优秀"。1998 年初，曾整理金老口述的《〈周易·系辞传〉新编详解》（该书于当年由辽海出版社出版）。1999 年底，调至湘潭大学工作。现为湘潭大学法学院教授、博士生导师，法律史硕士点负责人。主要研究方向为中国法律史与法律古籍整理。已出版个人专著《〈周礼〉所见法制研究（刑法篇）》（法律出版社 2004 年版）、古籍整理著作《历代刑法考》（点校，中国检察出版社 2003 年版）。在《法学研究》、《社会科学战线》、《吉林大学学报》、《史学集刊》、《现代法学》、《法制与社会发展》等刊物上发表学术论文 20 余篇。其中，《秦律的责任年龄辨析》、《髡、耐、完刑关系考辨》、《中国古代直诉中的自残现象探析》、《郑克的法律思想初探》等为代表作。2004 年入选湖南省新世纪"121 人才工程"和湖南省新世纪青年社会科学研究人才"百人工程"，现为湖南省普法讲师团成员。

自是年年初开始，先生感觉视力大不如前。先生的右眼多年前已接近失明，看书、写字主要依靠左眼。现在左眼的视力又急剧衰退，先生很是焦急。学生吕文郁陪同先生去白求恩医科大学第一临床医院干部病房进行眼科检查，检查结果确诊为左眼白内障。吕文郁问眼科大夫能否手术治疗，大夫说，现在白内障切除手术技术比较成熟，成功率很高。但对于年近百岁的老人来说，还是有一定的风险，希望你们慎重考虑。吕文郁与先生家人商量，并征求先生本人的意见，决定暂时先不动手术，回去观察一段时间再说。但先生不能读书写字，每天都感到坐卧不安，非常苦恼。吕文郁见此情景，就注意搜罗有关白内障切除手术的相关资讯。后来在报纸上看到一则有关杭州市第三医院眼科大夫李元元的事迹报道，称李元元医术高明，曾先后为许多病人做白内障切除手术,他还为国内外一些知名人士做过同类手术,成功率百分之百,从未出现过任何失误。于是吕文郁在6月下旬给李元元大夫写了一封信,向他介绍了先生的学术成就、学术地位、在国内外的影响、年龄及身体状况,询问他是否可以做白内障切除手术。李元元大夫很快于7月6日写了回信,说他很愿意为金先生效劳。但金先生毕竟年事已高,不可贸然前往杭州。如果决心做手术,必须在长春权威医院先做好各项体检,特别要做好左眼光感的测试和检查,然后把测试、检查结果寄给他过目,最后再确定是否前往杭州及手术日期。吕文郁收到信后立即去先生家,向先生介绍了李元元大夫的医术和事迹,并给先生读了李元元大夫的回信,还就是否前往杭州一事听取先生的意见。先生说,这是件大事,我要跟家里其他人商量一下再作决定。后来先生告诉吕文郁,孩子们都不赞同去杭州,说年纪这么大了,为了做白内障手术去那么远的地方,不大值得。先生还对吕文郁说:虽然不去杭州了,但对这位李大夫的盛情还是应当表示感谢。吕文郁说:您老放心,我会给他写一封感谢信的。

## 1998年　97岁

5月,论文集《知止老人论学》在东北师范大学出版社出版。这部书的出版是由先生的助手吕绍纲教授提议,由原东北师范大学副校长、中国先秦史学会副会长、时任东北师范大学出版社总编辑的詹子庆教授回应、支持,由詹子庆教授和他的学生、本书的责任编辑包瑞峰初步拟定选目,并与吕绍纲教授商量,最后请金老过目拍板。这部书的特点是既有金老近年新发表的文章,也包含金老20世纪50年代至80年代发表的一些名篇。这是金老生前正式出版的第三本论文集。《知止老人论学》书前有张岂之先生的《金老与中国思想史研究(代序)》和先生助手吕绍纲先生的《序》,论文选目如下:

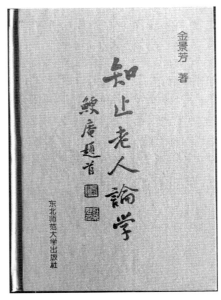

《知止老人论学》书影

甲子钩沉

古籍考辨四题

论宗法制度

中国古代史分期商榷(上)

中国古代史分期商榷(下)

商文化起源于我国北方说

中国古代思想的渊源

孔子的这一份珍贵的遗产——六经

释"二南"、"初吉"、"三浍"、"麟止"

关于长沙马王堆一号汉墓帛画的名称问题

《周易经传溯源》序

《周易与中国现代化》序

《赵俪生史学论著自选集》序

8月,《谈谈〈周易〉辩证法问题》一文在《社会科学战线》1998年第3期刊出。这篇论文节选自先生《〈周易·系辞传〉新编详解》一书。

10月,先生的《〈周易·系辞传〉新编详解》在辽海出版社出版。是书写作时因先生视力很差,由先生口述,先生的弟子张全民记录,然后再由先生反复修改润饰而成,是先生生前完成的最后一部学术著作。这部书的篇幅虽不算长,但学术价值却非同一般。先生在这部书中对自己多年研究《易》学的心得体会进行了概括和总结,指出"《周易·系辞传》作于两千年以前,流传日久,其中有错简、阙文、误增、误改和脱字之处",指出问题之所在,并一一地进行处理和改正。先生在该书《前言》中说:"我学《易》70多年,如今行年九十有六,始认识到《周易》一书实际是用辩证法的理论写成的。"紧接着,从《周易》经传中列举了八条证据来证明自己的这一结论。然后先生总结说:

由此八证可以相信,《周易》一书是用辩证法的理论写成的是千真万确的事实,无可怀疑。这个事实昭昭在人耳目。纵有持异议者,也无法说成是穿凿附会。①

先生在为《〈周易·系辞传〉新编详解》撰写《自序》时,面对自己晚年的这一研究成果喜不自胜。先生毫不掩饰自己内心的兴奋,宣称学易 70 多年"竟有所突破"。先生所说的"突破",就是指对《周易》一书有了全新的理解,其中最重要的"突破"之一就是认识到"《周易》一书是用辩证法的理论写成的"。这表明先生对《周易》辩证法的认识产生了质的飞跃。

《〈周易·系辞传〉新编详解》书影

---

① 金景芳:《〈周易·系辞传〉新编详解·前言》,《〈周易·系辞传〉新编详解》,辽海出版社 1998 年版,第 7 页。

从《易通》一书认定《周易》中有辩证法,到《易论》全面论证《周易》中为什么会有辩证法,以及辩证法在《周易》经传中有哪些体现,再到《〈周易·系辞传〉新编详解》确信"《周易》一书实际是用辩证法的理论写成的",不难看出,先生对《周易》辩证法的认识,一步一个台阶,晚年终于在认识上产生了质的飞跃,这就是先生所说的"突破"。

中国当代著名哲学家高清海教授曾对金老关于《周易》辩证法的研究作过这样的评价:

> 金老经过多年思考和研究得出的认识是:"《周易》一书是用辩证法的理论写成的,它所体现的是事物深层既对立又统一的辩证法本性:《易》与天地准,讲三才,讲天地人,实际目的在人身上。"我认为这些看法很精辟,都是对的。①

高清海教授还指出:

> "辩证法"问题主要不是个科学知识问题,而是一种理论思想问题,有无辩证法不在于辩证法的名称,应该主要看人如何对待自己和世界的思想关系和行为态度。辩证法可以说本质上是作为"人"自觉了的本能思维方式和行为方式,当着人已意识到自己为人,并试图要用人的眼光看待自己,对待世界,开始追求人的生活和行为方式之时,不论东方或西方,都会产生出辩证法理论来。西方古代希腊的哲学家公认多数都具有自发辩证法思想,人们承认他们有辩证法并不是根据他们最早使用了辩证法名称,赫拉克利特被称为"古代辩证法的奠基人",其实那时他根本还不知道"辩证法"为何物。辩证法一词是他之后的柏拉图创立的,而且它的最初含义与我们现在理解的"辩证法"也大不相

---

① 高清海:《〈周易·系辞传〉新编详解·序》,见该书第5—6页。

同。所以说"《易》经是用辩证法理论写成的",我看不出有
何不妥,希腊人说得为什么中国人就不可以?问题应该看
它实际上是有还是没有,这才是实事求是的态度。①

高清海教授最后总结说:

> 中国作为古老文明的大国,赋有丰富的辩证法思想传
> 统,我们不能不承认,对于这方面的思想资源过去我们开掘
> 得很不够。这里的原因有多方面,其中"思想障碍"不能不
> 认为是一个重要的因素。我们往往局限于辩证法、哲学的
> 名称、词语而遮蔽了它的特有内容和实质,对《周易》的认识
> 状况就说明了这一点。我认为金景芳先生以辩证法解《易》
> 是做了一件极为重要的开拓性工作,它会在未来的思想史
> 上结出丰厚的硕果。②

先生的助手吕绍纲教授为先生的《〈周易·系辞传〉新编详
解》一书写的《序》在《史学集刊》1998 年第 4 期发表。吕绍纲教
授在《序》中略谓:

> 金师景芳先生治《易》,七十余年孜孜求索,继继深入,
> 解决一个个难题,走出一个个迷宫。今九十六高龄,头脑犹
> 健,思考不少歇,最近完成的《〈系辞传〉新编详解》这部新
> 作,文不足十万,学术含量却有千斤重。我敢断言,人们不
> 久会发现,这部书在易学研究史上将有似一块里程碑。昔
> 日王引之用"精锐凿破混沌",阮元用"石破天惊"评价焦循
> "易学三书",我看不免名未副实,若用以衡量先生此书,倒
> 很贴切实在。书中对前人未曾解决的老大难问题,给以精
> 锐突破,真正是"凿破混沌","石破天惊"。具体而言,先生

---

① 高清海:《〈周易·系辞传〉新编详解·序》,见该书第 7 页。
② 高清海:《〈周易·系辞传〉新编详解·序》,见该书第 9 页。

此书作了三件事,均可谓前无古人。

第一,彻底整理《系辞传》,恢复《系辞传》原貌。《系辞传》义蕴深奥,文字芜杂,古今公认难读……就我所知见的范围而言,能安安静静地坐下来给繁衍丛脞、自相乖戾的《系辞传》做一番彻底清理工作的,目前只有先生一人。

第二,彻底揭开了《说卦传》的奥秘……把《说卦传》弄明白,是《易》学研究的一项重大突破。读懂《说卦传》,才有可能读懂《周易》。先生自谓读懂《说卦传》仿佛有发现新大陆的感觉,是可信的。

第三,既读懂、读通《系辞传》、《说卦传》,又进而论定《周易》是讲辩证法的书……《周易》讲辩证法,这话有人说过。《周易》辩证法的核心是对立统一,且强调统一不强调对立,则未见谁有过明确的论证。先生此书是第一次。

先生高寿九十有六,形神强健依旧,著述不懈依旧,实乃学界之奇迹,国人之福祥。先生这人和先生这书,都是国家之瑰宝,吾人自当珍重之、宝藏之。①

先生的学生朱红林在《世纪评论》1998年第3期发表了题为《更向儒林续逸篇——记著名史学家金景芳先生》的文章。

应中华书局编辑张世林先生之邀,先生撰写了《我和先秦史》一文。该文在张世林主编的《学林春秋》一书中刊出。该书在中华书局出版,分为初编、二编、三编,每一编又分上下两册,全书共六册。初编出版于1998年12月,二编和三编均出版于1999年12月。全书共收录中国现当代人文社会科学学者128人撰写的自述性学术传记,全书按照作者出生年月先后排列,先生的《我和先秦史》列于初编上册最前面,从而成为《学林春秋》

①吕绍纲:《〈周易·系辞传〉新编详解·序》,见《史学集刊》1998年第4期。

一书的开篇之作。

《史学集刊》杂志 1998 年第 4 期刊载了张岂之先生的文章,题目是:《做人与治学的完美结合——读金老〈知止老人论学〉》。文中说:我国著名的古史专家、古文献学家和思想史家金景芳先生,在九十六高龄时出版了他的第三部学术论文集——《知止老人论学》(东北师范大学出版社 1998 年出版)。金老的高足吕绍纲先生在本书的《序》中说,很可能这是先生最后一部论文集,"带有总结、集成之意,故用'知止'、'老人'题名。"张先生在文章中指出:《知止老人论学》是金老毕生从事学问研究的精粹。所选的论文都很有代表性,足以表现金老的学术创新精神。如果后学者想了解金老的治学途径,成果和经验,我作为后学者之一,想向朋友们推荐金老的《知止老人论学》这本书。我再说一遍:这是金老做人与治学完美结合的代表作。①

先生指导的博士生王雅通过学位论文答辩,获吉林大学历史学博士学位。学位论文题目是《周代礼乐文化研究》。答辩委员会组成情况如下:

答辩委员会主席:

东北师范大学历史系詹子庆教授

答辩委员会委员:

导师金景芳教授

吉林省社会科学院张秉楠研究员

吉林大学古籍研究所吕绍纲教授

吉林大学历史系黄中业教授

吉林大学古籍研究所陈恩林教授

吉林大学古籍研究所张鹤泉教授

---

① 张岂之先生的文章《做人与治学的完美结合——读金老〈知止老人论学〉》被编入《金景芳全集》第十册(附录),第 4871—4872 页。

　　王雅,女,现为辽宁大学教授,中国哲学专业博士生导师。

　　1994年考入金景芳先生门下,治经学与中国思想史。1998年毕业,获博士学位。2001年赴韩国庆熙大学做高级访问学者,2006年赴韩国成均馆大学做客座教授和博士后研究。2000年调入辽宁大学哲学系,从事中国哲学史的教学与研究工作,为本科生、研究生开设中国古代哲学史、中国现代哲学史、中国哲学原著导读、中国哲学基本问题、经与经学史等课程。先后被评为"辽宁大学优秀本科生教师"、"辽宁大学十佳教师";"辽宁大学巾帼建业先进个人"。作为辽宁大学中国哲学专业的学科带头人主持的"中国古代哲学史"课程被评为校级精品课。

　　在专业研究方面,先后主持和完成了辽宁省社科基金专案:伦理社会与法理社会、儒家的礼与日常生活、中国特色社会主义共同理想的中国哲学基础;辽宁省教育厅专案:传统伦理资源与公民道德建设、对少儿"读经热"的冷思考;教育部留学人员科研启动基金:韩国乡校模式对我国少儿"读经热"的启示;国家"211"工程项目子项目等。在《孔子研究》、《周易研究》、《儒教文化研究》、《退溪学报》、《文化中国》等杂志上发表学术论文20余篇,其中多篇被《新华文摘》、《光明日报》、《社会科学报》、《伦理学文摘》等转载和论点摘编;出版学术专著2部。

　　先后发表了《日常生活与儒家伦理的内在理路》(《儒教文化研究》第八辑)、《儒家之礼与日常生活——从价值理念到仪节规范》(加拿大《文化中国》)、《自然情感与道德原则的双向涵摄——儒家之仁对传统中国人的型塑》(《孔子研究》)等论文。

导师对王雅博士学位论文所做的学术评语：

王雅的博士论文《周代礼乐文化研究》选题有价值、有难度，完成的比较好，达到了博士论文的水准。具体地说，有以下优点：

一、对周代的礼乐制度从制定、实行、发展以至破坏的全过程做了历史性的论述。这是论文的主体部分，讲的全面、系统。

二、有些见解有新意，有创造性，例如说周代的礼乐非一人一时所做，是周公确定基本原则，设计框架大纲，然后经过几代人的努力，逐渐丰富、完善的。又如说周代礼乐制度至春秋遭到破坏，同时礼学思想却兴盛起来，把制度与思想分为两条线索讨论，这是对的。

三、书读的比较多，史料掌握的充分，故能做到论从史出，史论结合。

四、西周礼乐制度的实行一节讲得尤其好。史料本不多，该搜集的都搜集了。乐的问题有一定的专业性，本不好讲，而本文由乐而及于诗，讲的充分、妥当。

五、语言准确，流畅。

本文大体应予充分肯定。不足之处应当指出：最新考古成果，如郭店楚简提供的新材料、新问题未能纳入。文中有个别提法有待进一步斟酌。以后修改时要加以补正。

已达到博士论文标准，可进行答辩。

导师：金景芳

1998 年 11 月 15 日

# 1999 年　98 岁

1 月，由吕文郁编写的《金景芳学述》一书在浙江人民出版社出版发行。这部书是《当代人文社会科学名家学述》丛书中的一种。此前,这套书的主编、时任华东师范大学人文学院副院长林在勇先生来长春,约吕文郁和另外几位朋友一起聚餐。席间林在勇谈到他正在策划、组织《当代人文社会科学名家学述》丛书,他希望吕文郁能承担《金景芳学述》的编写任务。接着他交给吕文郁一本这套丛书的编写计划、体例、要求等资料。吕文郁愉快地接受了这一任务。回来后吕文郁把林在勇策划这套丛书的计划向先生作了汇报,并就此事征询先生的意见。先生听了表示赞同,对吕文郁说:这件事就交给你来办吧! 吕文郁旋即开始搜集资料、拟定大纲,并开始编写。这部书的主体部分是对先生一生的学术成果和学术思想的概述和总结。因为书前有先生的传记,书后附先生的《年谱简编》,故书的主体部分没有按照时

《金景芳学述》书影

间顺序来写,而是根据先生学术研究的领域分成若干专题来叙述。每一专题中尽可能选择先生最重要、最有代表性的学术成果进行总括、分析。先生在他的《学术自传丛书·金景芳自传》、《创新与挑战》、《我与中国 20 世纪》、《在我的历史科学研究作品中所反映的史学观》等论著中,对自己的一些学术成果曾做过回顾或概述。凡是先生自己回顾和概述过的学术成果,这部书中尽可能用先生现成的文字来表述,编写者只对这些文字做了些剪裁、连缀、补充和修饰的工作。先生自己没有提到的那些学术成果,编写者则按照先生的意见进行了补写。为遵循丛书的统一体例,编写者补写的文字仍使用第一人称,即以先生自己的口气进行叙述。有时为了使读者更全面地了解先生的学术思想或在学术上的重要创见,编写者则以第三人称的形式做了一些客观评介。凡属客观评介的文字一般都加上"文郁按"的字样,为的是便于读者与第一人称的文字区别开来。

1 月 10 日,著名考古学家、中国社会科学院考古研究所佟柱臣研究员致函先生。佟柱臣研究员是先生建国初期的同事和邻居。全信内容如下:

景芳先生:

好多年没有晤面了。仁者寿,想您一定很健康,向您问安!

回忆 45 年以后,我们共同住在沈阳博物馆东院。您住在小楼上,我住在小楼下,常有见面的机会。80 年以后,我到过长春,去看过您,见到您老那位壮实的研究生,正向您请教有关《周易》的问题。好像那时您著的易学著作已经出版。当时觉得我国懂《周易》的学者已经无多,而这位研究生能有向您就教的机会,实为幸事,为之窃喜。

昨天,9 日,中华书局在兆龙饭店梅林餐厅举行《学林春秋》出版发行座谈会,京中许多老先生出席了。我也拿到了这本书。一翻首篇,便是尊著,非常高兴,祝您康泰。

过去佟冬院长曾经告诉我,静庵先生的《千华山诗稿》,已经由近代史所转交了吉林省社会科学院,可惜在十年浩劫中丢失了,实为憾事。

我因频年到全国各地搜集新石器标本,祖国山川醉人,兴之所致,写了不得称之为诗的《医巫闾山诗集》,现在奉上一册,请多赐教。还写了一篇《金毓黻著〈静晤室日记〉书后》,也一并奉上,再请赐教。同时寄上宣纸,请您挥毫,为我写一张条幅,以便保存您的墨宝。

祝

阖府安吉!

佟柱臣　上
1999 年 1 月 10 日①

2 月 24 日,先生的弟子常金仓在《中华读书报》发表了《〈知止老人论学〉中的金景芳先生》一文。文中说:

> 金先生从成童时起便手不释卷披阅古籍,积七八十年之力,以他在文献上达到的熟练程度和深邃的洞察能力,比起那些一知半解而欣欣然以考据自诩的人,他更有资格成为现代考据的名家,收在本论集中的《释"二南"、"初吉"、"三涂"、"麟止"》、《长沙马王堆一号汉墓帛画的名称问

---

① 先生生前很少保留学界同行和故旧的信函。一般会在阅后定期销毁,或在"山雨欲来风满楼"之际集中销毁,这是那个年代久经政治运动洗礼的老先生们为了"安全"起见不得不采取的通常作法。那时因信函给自己或通讯的对方带来麻烦甚至灾难的事例太多了。这封信因为夹在佟先生寄来的一本书中,先生阅后未及时处理,才得以幸免。

题》等篇没有扎实的功底是做不出来的。但如果通览他的全部著作,我们就看出他的主要兴趣或整体风格并不在考据方面。金先生深知考据训诂的局限,故在他的《尚书新解》中虽不废文字释义,但更注重会通古籍,根据中国古代的文化精神解读古书,力避单纯考据带来的一叶障目、头脚颠倒之弊,其书名去"注"存"解"就体现了这种学术的立场。

这本论集也是了解和研究金景芳先生本人生平的极好材料。我读过金先生的自传多种,我感到收在本文集中的《我与中国 20 世纪》《在我的历史科学研究作品中所反映的史学观》两篇是胸臆最为敞开的两种,从这些自述式文字中,我们得知在中国历史的关键时刻,在他本人命运的关键时刻他的所思、所想、所为;从这些文字中,我们也得知他的某些作品的针对性,更有助于学者们在各家学说中有所比较,有所鉴别。这些文字把现代青年学人带进一个为他们很不熟悉的世界,在这个世界中曾对金先生产生过重要影响以及与他交往较多的学界名人,他们的事迹片段也展现在这里了,这都是研究当代学术史和传记作家感兴趣的材料。

是年 4 月中旬,先生的学生、时任辽沈书社编审的郭守信从沈阳市来长春市出差。郭守信攻读硕士学位时在同届四人中年龄最大,是其他三位的大师兄。他为人忠厚,办事稳妥,乐于助人,对先生感情深厚。4 月 14 日,他先到师弟吕文郁家,然后由吕文郁陪同去先生家看望先生。这一天先生精神很好,和两位弟子聊天时兴致颇高。他谈起当年在乐山乌尤寺复性书院读书时的往事,许多细节都还记得非常清楚。说着,先生从书桌下面的一个小橱柜中找出一个牛皮纸档案袋,从里面抽出两份手稿,分别送给了郭守信和吕文郁。先生说：这两份手稿我保存了大半辈子。在战乱年代，不得安宁，四处奔波、迁徙，但手稿始终保存在身边。我现在老了，把这两样东西送给你们吧，也算留个纪念。送给郭守信的是先生在复性书院读书时写的《春秋释要》的手稿，手稿的前面有先生业师马一浮的题辞。《春秋释要》的手稿用的是复性书院的稿纸，稿纸长 24.5 厘米，宽 15.5 厘米。版心朱栏高 19.3 厘米，宽 12.6 厘米，每面分为 9 栏，全稿都是先生用工整的小楷写成。送给吕文郁的是 1939 年先生撰写的《易通》一书的手稿。手稿的前面有先生业师谢无量的题辞。《易通》一书手稿的稿纸用宣纸印成，稿纸长 27.2 厘米，宽 19 厘米，中间印有朱栏，栏高 22.5 厘米，宽 15 厘米，每面分为十栏。全稿分装成四册，除谢无量的题辞外，全部是先生用毛笔行书写成。每一册的封面上都有先生的同窗、擅长书法的好友王准的题笺，题笺上并盖有王准的名章。"文革"期间，先生一家被赶到柳条路原住宅的门房居住，因门房低矮、潮湿，这部手稿左上角部位朱栏的红色向四周浸润、扩散，稍显模糊，但先生的墨迹却仍非常清晰。这正是岁月沧桑在这部手稿上留下的痕迹。郭守信和吕文郁得到先生赠送的手稿都喜出望外，忙请先生在书稿的封面题辞、签名。先生在送给郭守信的《春秋释要》手稿上的题辞内容，因郭守信业已作古，无法求证。先生在送给吕文郁的《易通》手稿第一册封面上写道：

这是我写的《易通》手稿，上有先师马一浮先生眉批和先师谢无量先生题辞。现赠与吕文郁亲友保存，永以为念。

金景芳（并加盖了先生的印章）

1999、4、14

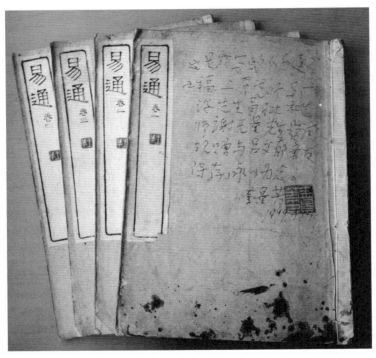

先生送给弟子吕文郁留存的《易通》手稿及封面题辞

者尊统下。"

观俄礼所说了知先王固人情以制礼非生自妄排。

（丙）祷礿

祷礿天子诸侯宗庙之祭名。夏商制：春曰礿。夏曰禘。

秋曰尝冬曰烝。周制春曰祠夏曰禘（同礿）秋曰尝冬曰烝。

至谛祭周制均有殷祭二（大也）曰禘曰祫五年一禘。

三年一祫。禘之为谛宙昭穆尊卑之差也。周制：大王王

季以上迁主祭于后稷庙文武以下则祧之迁于文王庙

昭之迁主祭于武王庙未毁之庙各於其庙石升合食故

须宙诸若遗失也。其尸：尸神像今以画像右稷庙稷尸一，

一〇二

《易通》手稿第 102 页

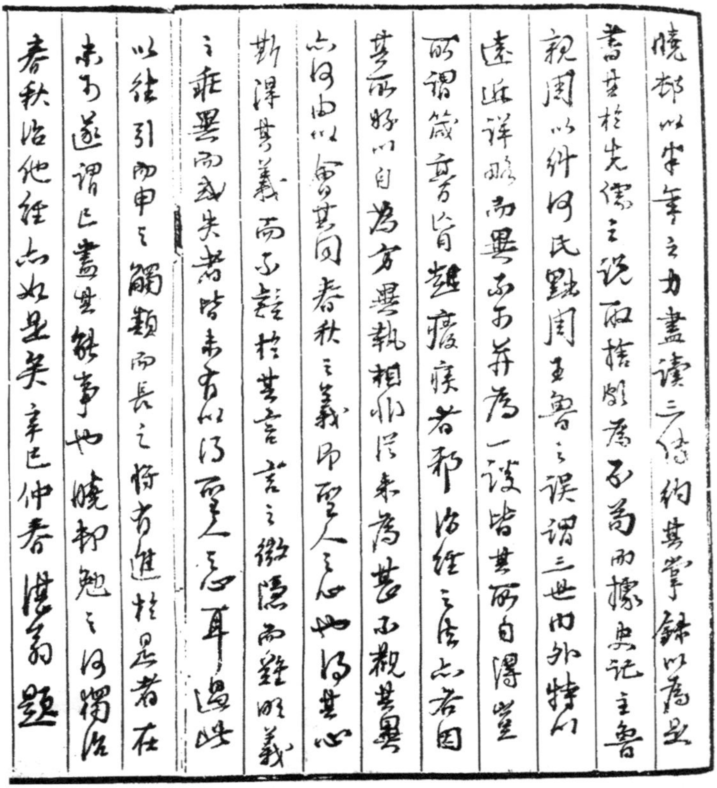
曉都以半年之力盡讀三傳約其掌錄以為是書並於先儒之說而撮[illegible]為[illegible]篇而據史記主魯親周以糾何氏黜周王魯之誤謂三世內外特以遠近詳略而異不可并為一談皆其所自得豈所謂箴膏肓起廢疾者邪治經之家亦各因其所好以自為方異執相非從來為其不觀其異亦何由以會其同春秋之義即聖人之心也得其心斯得其義而不惑於其言言之微隱而難明義之乖異而或失者皆未有以得聖人之心耳過此以往引而申之觸類而長之將有進於是者在未可遂謂已盡其能事也曉都勉之以獨治春秋治他經亦如是矣 辛巳仲春 湛翁題

先生送给弟子郭守信的《春秋释要》手稿（马先生在手稿前的题辞）

近昌（常金仓）在《史学集刊》1999 年第 2 期发表了一篇评介先生《知止老人论学》一书的文章，题目是《20 世纪中国史学的一面镜子——金景芳先生近著〈知止老人论学〉评介》。文章指出，疑古思潮是 20 世纪历史研究中不可忽视的现象。金景芳先生亲身经历了疑古思潮最为炽烈的时期，但是我们非但没有从他的著作中察觉任何在当时难以避免的疑古倾向，反而到处看到他坚决维护中国文化传统的立场。例如收在本论集中的一篇文章题为《中国古代思想的渊源》，作者把古代的思想萌芽追溯到史前图腾崇拜时代，对于笃信孔子之前中国文化无传统、对于笃信金甲文外无信史的人们来说，这是不可思议的。可是随着考古学的发展和学术研究的深入，越来越多的人开始放弃疑古的态度。于此我们试想，上述种种学术思潮主宰了整个 20 世纪的形势下，金景芳先生始终没有随波逐流，保持卓然独立，这不仅需要认识真理的智慧，而且需要坚持真理的勇气。

《中华读书报》1999 年 4 月 21 日刊载了廖名春的文章，题目是《另有一种辩证法精神在》，对先生前不久出版的新作《〈周易·系辞传〉新编详解》一书作了介绍和评论。后来这篇文章又收进了廖名春的《周易经传与易学史研究》一书，题目为《辩证法精神的新探索——评〈周易·系辞传〉新编详解》。该书由齐鲁书社 2001 年出版。①

黑龙江省社会科学院主办的《学习与探索》杂志创刊二十周年，该刊编辑部向先生约稿，先生与学生吕文郁合作，写了《论尧舜禹时代是由原始社会向国家过渡的中间环节》一文，发表于该刊 1999 年第 3 期。这篇文章涉及先生晚年对先秦史研究中一些重要问题的重新思考，特别是对 20 世纪 70 年代末完成的

---

①廖名春的这篇文章后来编入《金景芳全集》第十册（附录），第 4954—4957 页。

《中国奴隶社会史》一书中的若干问题进行了反思。事实上自
90 年代后期起,金老就曾萌生了修改《中国奴隶社会史》的念
头。金老认为《中国奴隶社会史》是他的代表作,是他大半生心
血的结晶。这部书出版后受到学术界的重视,并被教育部确定
为全国高等院校人文社会学科选用教材。然而这部书毕竟完稿
于 20 世纪 70 年代末,随着史学研究的深入和人们认识水准的
提高,金老认识到这部书中有些提法已经过时,有些章节需要补
充新的材料。比如书中第一章第一节把尧舜禹时代的社会组织
称作部落联盟,认为尧舜禹同族同源。这种观点显然太陈旧了。
先生说:"在撰写《中国奴隶社会史》时,由于误信《史记·三代
世表》,因而断定尧舜禹时代的社会组织为部落联盟。后来经过
仔细研究,始了解到这种说法是不正确的。"[1]实际上中国的尧
舜禹时代早已超越了部落联盟阶段,这个时代的社会组织不可
能是部落联盟,而是比部落联盟要复杂得多的更高级的社会组
织。但尧舜禹时代的这种社会组织究竟应当怎样命名,金老当
时尚未考虑成熟。他不赞同借用西方学者经常使用的"酋邦"一
词。金老认为中国早期国家形成的道路与西方的城邦国家是不
同的,套用西方的概念不能解决中国历史的实际问题,反而容易
引起更大的混乱。但当时又找不到更恰当的词语来表述尧舜禹
时代的社会组织。金老把这一问题交给学生吕文郁来考虑。吕
文郁为此重新研读了恩格斯《家庭、私有制和国家的起源》以及
《尚书》和魏晋以后的一些历史典籍,经过反复考虑和仔细研究,
向金老提出可否使用"部族联合体"这一概念。并向金老简要地
叙述了"部族"和"部族联合体"这两个词语的内涵和来源。指
出中国古代早期国家是领土国家,而西方早期国家主要是城邦

---

[1]金景芳:《论尧舜禹时代是由原始社会向国家过渡的中间环节》,见《金景
芳全集》第八册,第 3799 页。

国家。雅典国家的产生形式被恩格斯称为"最纯粹、最经典的形式"，这种在部落联盟基础上直接产生的国家只能是人口稀少、国土狭小的城邦国家。雅典由氏族社会进入文明社会的模式可以概括为：氏族──→胞族──→部落──→部落联盟──→城邦国家；而中国的模式则是：氏族──→胞族──→部落──→部落联盟──→部族──→部族联合体──→领土国家。尧舜禹时代的社会组织不是部落联盟，而是部族联合体。这种部族联合体实际上就是中国古代的早期国家。金老听后很高兴，连声说："好！好！就用这个概念。"金老对吕文郁说：刚好《学习与探索》杂志向我约稿，我们就写尧舜禹问题，由你来起草，我负责定稿，题目就叫做《论尧舜禹时代是由原始社会向国家过渡的中间环节》。文章写成后由金老做了删节。这篇文章可以说是修订《中国奴隶社会史》的前奏。可惜的是金老的这一修订计划最终未能完全落实。须知，把一部近40万字的学术著作从头到尾认真修订，对于这位年近百岁的老人来说，那是何等的艰难！

吕文郁的《论尧舜禹时代的部族联合体》一文发表于《社会科学战线》1999年第5期。这篇文章是对先生和弟子吕文郁合作的《论尧舜禹时代是由原始社会向国家过渡的中间环节》一文的补充和进一步阐发。发表后引起广大读者的关注，并被一些重要报刊摘要或转载。

先生的《我的处女作和成名作》一文在《中国图书评论》杂志1999年第8期刊出。早在是年春季，《中国图书评论》杂志的编辑便致函先生，向先生约稿。函件内容如下：

金景芳先生：

本刊《作家自述·我的书》专栏已在《中国图书评论》开始连载，1998年12期并1999年1、2期已作为样书寄奉。

　　关于开辟这一专栏的目的以及将出版单行本图书的信息在前寄的"约稿信"及刊物的编辑按语中,已反复说明,不另。今专函诚邀先生撰稿,自述"我的处女作和成名作"。

　　因为单行本的编辑工作即将开始,特此专请先生于百忙之中赐稿。

　　顺颂

文祺!

本栏目主持人:林　辰<br>李冬红<br>1999 年 3 月 3 日

　　先生的《儒家主和哲学与未来国际政治》一文在《文史知识》1999 年第 9 期刊出。

　　香港文汇报记者廖一女士是年秋季先后多次到先生府上去采访先生,并于是年 9 月 13 日在该报的《中华风采》副刊上以整版的篇幅报道了先生的事迹。文章的总题目是:《金景芳,研究〈周易〉权威》。文中说:无论在旧中国的乱世中,抑或"文革"期间,他始终以求真理的勇气,对错误、模糊的历史文化现象予以订正;老人一生未读过大学,却能从家庭教师一直当到大学教授,并带出众多的学士、硕士和博士。文章选配了一组精美的图片,并从以下三个方面概括一个完全依靠自学而卓然成家的学者不同寻常的一生:治学,掷地铿锵皆风骨;建树,孤桑好勇独撑风;弟子,根深叶茂果正丰。①

①廖一的文章被编入《金景芳全集》第十册(附录),第 5144—5148 页。

1999 年 9 月 13 日香港《文汇报》副刊报道先生事迹的版面

## 2000 年　99 岁

　　3 月,吕文郁整理、编写的《金景芳学术文化随笔》由中国青年出版社出版。这部书是北京大学王岳川教授主编的《二十世纪中国学术文化随笔大系》中的一种。入选这套丛书的学者都是经过当代著名专家学者推荐、评选出的大师级学术名家。他们的学术成果代表了 20 世纪中国学术的最高水准。这套丛书出版后在学术界和广大读者中引起广泛的注意。《金景芳学术文化随笔》是先生责成弟子吕文郁代为编选的。吕文郁按照这套丛书的统一体例拟定了编选框架和各编的细目,呈送先生过目,并寄给主编王岳川教授征询意见。金老和王岳川教授都很

《金景芳学术文化随笔》书影

满意。经过四个多月的努力,终于完成了全书的整理和编选工作,准时寄送中国青年出版社。

山东大学易学研究中心林忠军教授在《周易研究》2000年第3期发表了题为《立言广大　措意精微——读金景芳教授〈周易·系辞传〉新编详解》的文章。这篇文章认为,金景芳教授的《〈周易·系辞传〉新编详解》是对其一生易学研究成果最为绝妙的概括和阐发,也是对近千年来有关《系辞》研究最为精辟的总结和整合。其中他对《系辞》易理的哲学诠释、《系辞》疑难的详尽考辨及其版本的认真校勘,对当今《系辞》的研究具有很重要的价值。文章说:金老景芳教授是当代学界资深的易学大家。金老竭精殚思,探赜索隐,研《易》70余年而不缀。曾有《易通》、《学易四种》、《周易讲座》、《周易全解》等多种著作出版,又以惊人的毅力,于96岁高龄完成了力作《〈周易·系辞传〉新编详解》。该书倾注了金老毕生的易学智慧,是对易学研究做出的重大贡献。

先生因病住进吉林大学第一临床医院干部病房医治。

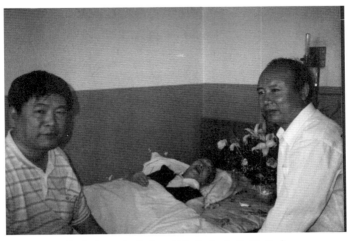

笔者和程奇立(丁鼎)在先生的病房中

先生的《论〈中庸〉的"中"与"和"及〈大学〉的"格物"与"致知"》一文在《学术研究》2000年第6期刊出。这篇文章是在学生朱红林的协助下写出的,也是先生生前完成的最后一篇学术论文。

四川大学刘文刚教授在《历史研究》2000年第3期刊出《孟子"夫妇有别"论小议——兼与金景芳先生商榷》一文。先生曾于1994年在《历史研究》第1期发表了《古籍考辨四题》。刘文刚教授对其中的"孟子'夫妇有别'说质疑"一节有不同的认识。刘教授认为《古籍考辨四题》暗示孟子的"夫妇有别"论是模仿"男女有别"说提出来的,而"孟子不能区别'男女有别'与'夫妇有别'的差异"。他认为:"夫妇有别"论是伦理学理论,并非仿效"男女有别"而成,是孟子继承孔子的"夫妇别"论提出来的。"夫妇有别"与"男女有别"是两个命题,其间虽有很多联系,却又完全不同,不能用"男女有别"否定"夫妇有别"。孟子的"父子有亲,君臣有义,夫妇有别,长幼有叙,朋友有信"的伦理理论是封建社会处理人伦关系的基本准则,也是支撑整个封建伦理理论体系的重要支柱,在中国历史上产生过巨大影响和作用,不可轻易否定。因先生已生病住院,对刘文刚教授的商榷文章未能回应。

是年6月,先生指导的博士生程奇立通过学位论文答辩,获吉林大学历史学博士学位。学位论文题目为《〈仪礼·丧服〉研究》。先生因病住院,未能参加丁鼎的博士学位论文答辩。答辩委员会组成情况如下:

答辩委员会主席:

北京师范大学历史系刘家和教授

答辩委员会委员:

东北师范大学詹子庆教授

东北师范大学任爽教授

吉林大学古籍研究所吕绍纲教授

吉林大学古籍研究所张鹤泉教授

吉林大学古籍研究所吕文郁教授

吉林大学古籍研究所陈恩林教授

程奇立,笔名丁鼎,1955年3月1日出生于山东省莱西县山口村。1982年毕业于曲阜师范大学中文系,获中国语言文学学士学位。1989年毕业于南京大学古典文献研究所,获古典文献学硕士学位。同年分配到烟台师范学院(后改名为鲁东大学)工作,初在中文系任教,后调入学报编辑部任编辑。1994年破格晋升副教授。1995年9月考入吉林大学古籍研究所,师从金景芳先生攻读博士学位,学位论文题目为《〈仪礼·丧服〉研究》,2000年6月通过答辩,获历史学博士学位。1997年11月破格晋升教授。1998年担任《烟台师范学院学报》(哲学社会科学版)主编。2004年9月调入山东师范大学齐鲁文化研究中心任常务副主任、教授、博士生导师。

社会兼职有山东孔子学会副会长、山东周易研究会副会长、中国孔子基金会学术委员会委员、中国民族学会汉民族分会常务理事、中国古都学会理事等。

多年来主要致力于经学史、中国古代文化史和中国古典文献学的教学与研究工作。迄今已出版学术专著7部;主编、参编著作10余部;在《中国社会科学》、《社会科学战线》、《文史哲》、《孔子研究》、《史学集刊》等学术刊物上发表学术论文100余篇,并已获得国家和省、市、校级科研成果奖29项(其中省部级奖励7项)。

10月,《金景芳晚年自选集》一书在吉林大学出版社出版。本书由先生的学生、吉林大学出版社编审黄曼萍提议并编辑,在先生入住医院前亲自审定选目,是先生生前出版的第四部也是最后一部论文集,共收论文 28 篇。所选论文的范围从 20 世纪 50 年代起直到先生谢世之前,内容涉及易学、历史学、文献学、诸子学、名物学、古代思想史、文化史、学术史、史学理论等学术领域,大体上涵盖了先生学术研究的各个方面。

全书的论文选目如下:

1.《〈周易·系辞传〉新编详解》自序
2. 论《周易》的实质及其产生的时代与原因
3.《系辞传》新编说明
4.《说卦传》略说
5. 谈礼

《金景芳晚年自选集》书影

6.《中国奴隶社会史》序

7. 我和先秦史

8. 论尧舜禹时代是由原始社会向国家过渡的中间环节

9. 中国古代史分期商榷(上)

10. 中国古代史分期商榷(下)

11. 论中国奴隶社会的阶级和阶级斗争

12. 论宗法制度

13.《易》论(上)

14.《易》论(下)

15. 释"二南"、"初吉"、"三浚"、"麟止"

16. 关于长沙马王堆一号汉墓帛画的名称问题

17. 商文化起源于我国北方说

18. 古籍考辨四题

19. 古籍考证五则

20. 甲子钩沉

21. 我与中国 20 世纪

22. 论孔老易学思想

23. 也谈老子哲学的两个问题

24. 关于荀子的几个问题

25. 孔子的这一份珍贵的遗产——六经

26. 孔子所讲的仁义有没有超时代意义?

27. 中国古代思想的渊源

28. "左史记言,右史记事,事为《春秋》,言为《尚书》"
詟言发覆

先生的《论〈中庸〉的"中"与"和"及〈大学〉的"格物"与"致知"》一文在《学术研究》2000 年第 6 期刊出。

## 2001 年　100 岁

吕文郁的《金景芳与中国古代史研究》一文发表于《烟台师范学院学报》2001 年第 1 期。这篇文章从六个方面对先生的中国古代史研究成果进行了总结、概括。这六个方面是：一、《周易》研究；二、孔子研究；三、史学理论研究；四、古代典章制度研究；五、中国古代思想文化研究；六、古代典籍考辨、研究。

《松辽学刊（人文社会科学版）》2001 年第 1 期发表了梁韦弦、康学伟的文章，题目是《金景芳的易学》。文章说：金景芳先生的易学研究继承了孔子《易传》开创的探求义理的学风，形成了自己系统的观点和学术风格，代表了二十世纪义理易学的水平。先生一直认为《周易》的价值在于它所讲的思想，而卜筮不过是它的躯壳。《周易》六十四卦的结构序列说明其哲学是乾坤对立统一的辩证法，《系辞》、《象传》中实际都讲到了辩证法的合二而一。《归藏》与《周易》二易由首坤次乾变为首乾次坤，是老子与孔子思想所自从出的不同，表明了商周社会意识形态与政治制度发育成熟程度的差别，《归藏》之占七八不变爻，《周易》之占九六变爻，反映了两种不同的思想方法。先生还对《易传》做了大量的考释工作，认为《周易》经传密不可分，说明了《易传》内容的构成及其与孔子的关系。文章最后说：先生易学之宏深，不是这一篇文字所能含容的。先生著书讲学以传《易》，要而言之，先生所传者道也，非"小术"也。今世、后世之达人知先生者，其以先生之易学乎！①

先生指导的博士生朱红林通过学位论文答辩，获吉林大学历史学博士学位。学位论文题目是《〈周礼〉中商业管理制度研

_____

① 梁韦弦、康学伟的文章被编入《金景芳全集》第十册（附录），第 5132—5143 页。

究》。答辩委员会组成情况如下：

答辩委员会主席：

北京大学历史系教授吴荣曾教授

答辩委员会委员：

东北师范大学历史系詹子庆教授

东北师范大学历史系任爽教授

吉林大学古籍研究所张鹤泉教授

吉林大学古籍研究所陈恩林教授

吉林大学古籍研究所吕文郁教授

朱红林，1972年出生，山西侯马人。1990年考入山西省忻州师范专科学校政史系，1992年通过专升本进入山西师范大学历史系，1994年6月获历史学学士学位。1994年9月考入吉林大学古籍研究所，师从陈恩林教授攻读先秦史方向硕士，1997年7月毕业，获硕士学位。1997年9月考入古籍所金景芳先生门下，攻读先秦史方向博士，2001年12月毕业，获博士学位，博士论文题目为《〈周礼〉中商业管理制度研究》。攻读博士期间，于1998年7月留校任教。现为吉林大学古籍研究所副所长，教授，博士生导师。2010年入选"教育部新世纪优秀人才"支持计划。出版学术著作《〈周礼〉中商业管理制度研究》、《张家山汉简〈二年律令〉集释》、《张家山汉简〈二年律令〉研究》等3部，发表学术论文30余篇，完成省部级项目6项，目前正负责1项国家社科基金项目《出土简牍所见战国秦汉之际的经济立法研究》和1项教育部新世纪优秀人才支持专案《新出秦简与秦代的法制建设》。

5月1日，先生在吉林大学第一临床医院干部病房病逝。

先生执教以来，先后教过的学生多达数千人。改革开放之后，金老为各类进修班、研讨班培训的学员共 16 人，亲自指导的硕士研究生有 17 人，博士研究生 23 人，可谓桃李满天下。金老培养的弟子绝大多数都已成为所在单位教学或科研的骨干，有一批人已经成为学术带头人或博士生导师。金老生前共出版学术著作 16 部，发表学术论文近 120 篇，可谓著作等身。

# 第九章　余响

金景芳先生病逝后,先生的生前友好、同事、学界同行、学生及许多机关和事业单位纷纷给吉林大学金景芳教授治丧委员会及家属发来唁电、挽联、悼词等,以表追思和悼念之情。兹选录如下:

吉林大学金景芳教授治丧委员会:

惊悉著名历史学家、文献学家金景芳先生不幸逝世,深为震悼。金先生学术造诣精深,著述宏富,嘉惠学林,泽被后人。他的逝世诚为学界之巨大损失。请代向家属转达慰问。肃此电达。

任继愈<br>2001 年 5 月 10 日

金景芳先生治丧委员会鉴:

惊悉金老不幸逝世,噩耗传来,我和我的家人都万分悲痛,以至于无法用言语来表达,谨向其家属表示我们的深深的哀悼和慰问。

我因公出,近期在台湾讲学,一时无法回大陆参加葬礼,只好遥向金老遗容再叩首。

泣上。

金景芳先生千古!

后学:李学勤及全家<br>2001 年 5 月 9 日

吉林大学金景芳教授治丧委员会：

惊悉金景芳先生仙逝，不胜悲痛，伯崑代表东方国际易学研究院全体同仁致电表示最深切的哀悼！并向先生的家属转达诚挚的慰问。

金景芳先生潜心治易近八十载，造诣精深，宣导易理学派，反对占卜迷信，传播科学精神，著作等身，桃李芬芳，为中国的传统文化的研究和教育事业作出了杰出的贡献，在海内外颇有影响。

近十年来，先生参加发起中国科学技术发展基金会东方国际易学研究基金委员会并且担任董事，还受聘东方国际易学研究院顾问，支持用科学精神研究易学的事业，以科学的态度和科学的方法对待传统文化，为社会主义精神文明和物质文明建设做出了贡献。

金景芳先生千古！

东方国际易学研究院　院长　朱伯崑

2001 年 5 月 8 日于北京


吉林大学金景芳教授治丧委员会：

惊悉金老晓村先生不幸逝世，不胜震悼。先生学贯经史，执教数十年，著作累卷帙，嘉惠士林，垂范后学，不愧大家。兹特驰函吊唁，并请向金老家属转致悼念及慰问之意。

敬礼

刘家和

2001 年 5 月 8 日


吉林大学金景芳教授治丧委员会：

讣告收悉，金老辞世，无限悲痛。金老之丧，为中国学术界重大损失,亦为鄙人丧一导师与爱护者。金老以(94)高龄为鄙著亲自撰序,殷殷垂爱,永世难忘。碍于路远时限,不能拜哭灵前,谨电致悼。

兰州大学 赵俪生<br>2001 年 5 月 8 日

吉林大学金景芳教授治丧委员会:

惊悉金老仙逝,不胜悲痛之至,谨致深切哀悼,并向金教授亲属表示诚挚慰问!

一代宗师的逝世,是我国教育战线的一大不幸,是我国人文科学事业的重大损失!金老的朋友们、弟子们,在金老人格力量的感召下,定必化悲痛为力量,沿着金老的治学与育人道路前进,以新鲜的成就告慰金老的英灵!金老精神千古!

中国社会科学院哲学所 辛冠洁<br>二〇〇一年五月六日

金景芳教授治丧委员会:

我在吉林大学从教四十年,一贯敬仰金老的为人和他的实事求是、敢于坚持真理的学风,同时,我从事的学问,虽与金老不同,但从他的巨著中得到教益,受到启发,长了智慧,一直尊金老为师。金老逝世,令我悲绝!

金老从教八十载,育人千万,对中国教育的贡献,无与伦比。金老巨著等身,为先秦文献的研究和先秦史学的发展作出了杰出的贡献,他对易经、孔子及井田制研究的贡献举世无双。金老是当代著名学者,是吉林省和吉林大学的骄傲,是吉林大学先秦史和先秦文献的导师,是吉林大学的一面旗帜,对吉林大学有着特殊的贡献。他的逝世,既是东北也是整个中国学界一大损失,更是吉林大学的惨痛损失。
今以如下挽联,敬于金老灵前,寸表敬仰之情,痛楚之意,悲
哉！当世夫子失矣！

金景芳老师千古！

育人成千万　朴学清风刚直不阿传世

讲易说井田　阐释孔子当世无人问鼎

弟子张忠培敬挽

2001 年 5 月 7 日

吉林大学第一医院告别厅外挂满了各界为悼念先生而送来
的挽联、挽幛

金景芳教授治丧委员会：

惊悉金景芳教授仙逝,无限哀痛。金先生教书育人,著
作等身,为一代国学宗师,素为学人所敬仰。作为后学,曾
多次聆听先生的教诲,耳提面命,受益良多。我愿与先生的
家属、学生、朋友一道,化悲痛为力量,把金先生的未竟事业

继承下来,并发扬光大。

河南大学教授 朱绍侯

2001 年 5 月 8 日

吕绍纲教授转呈金景芳先生遗属:

惊闻金景芳先生谢世消息,不胜悲痛。金老的仙逝是中国学术界的重大损失,更是易学界的巨大损失,作为本学会顾问,我们多年得到金老教诲,当本刊十几年前创办之际,金老立即赐稿支持,本"中心"在学术上更不断得到金老支持,当此悲痛时刻,我们除驰电表达无尽哀思外,更望金老家属节哀珍重身体。

金老永远活在我们心中!

中国周易学会

《周易研究》学刊编委会

山东大学易学与中国古代哲学

研究中心全体同仁哀呈

刘大钧悲撰

2001 年 5 月 9 日

吉林大学金景芳教授治丧委员会:

惊悉金景芳先生遽归道山,不胜哀惋。金先生是当代著名历史学家、文献学家,于古籍整理研究事业贡献颇多。先生一生教书育人,潜心学术,道德文章,世之楷模。愿先生学术事业薪尽火传,代有传人。谨致深切哀悼并祈家属节哀珍摄。

全国高等院校古籍整理研究工作委员会

2001 年 5 月 8 日

吉林大学金景芳教授治丧委员会：

　　惊悉金景芳教授不幸逝世，谨致深切哀悼。金景芳教授一切精心治学，著作等身；教书育人，桃李芬芳。他在诸多学术领域造诣精深，贡献卓著，为学界所敬仰，他的逝世是中国学术界的重大损失。哲人远去，伟绩永存。

中国史学会

2001 年 5 月 9 日

金景芳先生治丧委员会鉴：

　　顷闻我国著名历史学家金景芳先生溘然长逝，骇愧莫名，中国社会科学院历史研究所全体同仁深表哀悼，并向其家属致以亲切慰问。

　　金景芳先生在中国古代史领域研究中，独树一帜，造诣精湛，不但给党和国家培养了大批优秀人才，而且，还为历

吉林大学第一医院告别厅内摆满了各界送来的花圈、花篮

史科学的发展作了重要贡献。

望其家属节哀。

金景芳先生千古!

中国社会科学院历史研究所

2001 年 5 月 9 日

吉林大学金景芳教授治丧委员会:

惊悉著名历史学家、文献学家、吉林大学教授金景芳先生因病逝世,深感悲痛。金景芳先生一生教书育人,潜心学问,在马克思主义史学理论研究、孔学研究、易学研究、中国古代典章制度研究、中国古代文献研究、古代思想文献研究等学术领域均有精深造诣,并做出重要贡献,堪称一代国学大师。金先生曾在东北大学任教,为东北大学的建设发展做出了很大贡献。金景芳先生的逝世是吉林大学的重大损失,也是中国学术界和教育界的重大损失。特致电表示沉痛悼念,并向先生的家人表示深切慰问,望保重身体,节哀顺变。

金景芳先生千古!

东北大学

二〇〇一年五月八日

金景芳先生治丧委员会鉴:

惊悉我会原副会长、顾问金景芳先生不幸逝世,中国先秦史学会全体会员万分悲痛,谨向其家属表示最深切的哀悼和最诚挚的慰问。

金景芳先生长期从事于先秦史的教学和科研工作,著作宏富,桃李满天下,堪称国学大师,一代师表,他的逝世,不仅是我国历史学界,而且也是整个哲学社会科学界的一个重大损失。我们要化悲痛为力量,承继先生的遗志,为弘扬祖国优秀的传统文化,繁荣社会科学,振兴中华而奋斗。

望其家属节哀。

金景芳先生千古!

中国先秦史学会<br>中国社会科学院历史研究所先秦室<br>2000 年 5 月 9 日

吉林大学古籍所:

惊闻金景芳先生因病逝世,我们全馆职工十分悲痛。金老先生于解放初期曾在我馆工作,他的严谨、务实、不断进取的作风和学风至今还影响着我们。金老先生是东北、全国乃至世界的著名学者,他的逝世是学术界的巨大损失。我们要认真地学习和继承金老先生的作风和学风,使我国的教育事业和文化事业不断向前发展。

请转告金老先生的家属节哀保重。

辽宁省图书馆<br>二〇〇一年五月三日

吉林大学金景芳教授治丧委员会:

惊悉金景芳先生不幸病逝。深表哀悼。

金景芳教授是我国著名的历史学家、文献学家、一代国学大师,从教近 80 年,潜心学问,著作等身,桃李芬芳。他的逝世,不仅是吉林大学的重大损失,也是我国学术界的重大损失,作为先生家乡的义县人民,也为失去先生这位杰出人物而痛惜万分。先生的品德、操守、业绩将永垂青史,并激励家乡人民发奋图强,完成富民兴县的宏伟大业。

请转达家乡人民的哀悼之意和向先生家属及子女表示

慰问,并望节哀。

　　肃此电达

辽宁省义县人民政府

二〇〇一年五月九日

　　吉林省、长春市和吉林大学领导、各界来宾和先生的同事、友好及学生到吉林大学第一医院告别厅参加金景芳教授遗体告别仪式

古籍所金景芳治丧委员会:

　　惊闻金景芳先生仙逝,我们十分悲痛。金先生是杰出的一代史学大师,在先秦史、经学史和思想史研究领域,成果辉煌,独步史林,为海内外学人所崇仰! 先生执教数十年,弟子遍天下,在学界已形成风格独具的"金学"流派,为学术同行所瞩目。先生的逝世,是史学界的一大损失! 谨以我院全体同仁的名义,向金老的逝世表示深切哀悼,并请通过您们转达对金老家属的问候!

四川大学历史文化学院　杨民

金景芳先生治丧委员会：

　　惊闻百岁导师金景芳先生仙逝，涕泗终日；隔海北望，先生奖掖教诲犹在目前。我等挥泪扼腕，誓奋余烈以告慰先生于九霄。

　　恩师金景芳先生千古！

烟台大学<br>孔庆明　吴葆棠　刘国宾<br>二〇〇一年五月九日

吉林大学金景芳教授治丧委员会：

　　惊悉金景芳教授因病去世，痛悼无比。金景芳先生一生潜心学术，著述等身，对待工作鞠躬尽瘁，提携后学不遗余力，既是经师，更是人师。他的不幸去世，使吉林大学痛失长者，弟子学生痛失恩师，更使我国学术事业失去了一位领头人。泰山颓矣，哲人萎矣。如可赎兮，人百其身。

　　愿金先生英灵安息。

南京师范大学文学院<br>2001 年 5 月 9 日

敬悼知止老人金公金景芳先生千古

　　释要春秋　知命维怡　硕学苤筹挥劲笔
　　专精易系　立言不朽　斯人风度淼云山

景德书院山长　施纯德率门人泣拜稽颡

吉林大学金景芳教授治丧委员会：

　　惊悉金景芳先生不幸病逝，不胜悲恸。金先生是现代著名历史学家、文献学家、国学大师，在众多学术领域均有精深造诣，尤其是上古史研究成果卓著，甚得学界称誉。他

的逝世,是中国学术界的重大损失。谨向金先生家属表示
慰问,望节哀顺变。

华中师范大学历史文献研究所<br>2001 年 5 月 9 日

金景芳先生治丧委员会鉴:

惊悉一代国学大师金景芳先生不幸逝世,清华大学思
想文化研究所全体同仁深表哀悼,并向其家属致以诚挚
慰问。

金老作为马一浮先生的高足,敢于说自己的话,走自己
的路,治学严谨,宏论达人,创立和形成了金派学术体系,为
中国学术事业作出了巨大贡献。

我们望其家属节哀。

金景芳先生千古!

清华大学思想文化研究所<br>2001 年 5 月 9 日

吉林大学金景芳教授治丧委员会:

惊悉金先生仙逝,无任悲痛! 先生道德文章,冠绝四
海,学问人品,播在人口。宗师天下,当之而无愧。遥思风
献,同怀宗仰,哲人其萎,曷胜怆然! 谨致最深切哀悼,并请
向先生家属转致慰问。

南京大学古典文献研究所<br>2001 年 5 月 8 日

吉林大学古籍研究所:

惊悉景芳先生于近日在长春病逝,使我们失去一位尊
敬的前辈,不胜痛悼。今专函致唁,以慰哀衷。并请转致金

老家属,略尽慰问之意。

北京大学历史系　吴荣曾敬悼

2001 年 5 月 3 日

先生的遗体停放在告别大厅的花丛中

金景芳先生治丧委员会:

　　遽闻金景芳先生辞世,不胜悼念。金先生为当代治中国文史之大家,翩然仙逝是学界重大损失。谨致沉痛哀悼,并祈家属节哀。

全国高校古委会主任　安平秋

2001 年 5 月 8 日

金景芳教授治丧委员会:

　　惊悉金景芳教授不幸逝世,不胜悲痛! 谨此致以沉痛的哀悼,并向金景芳教授的家属表示诚挚的慰问。

中山大学哲学系　李锦全　李宗桂

2001 年 5 月 8 日

吉林大学古籍研究所：

　　吉林大学金景芳先生治丧委员会：

　　惊悉贵所名誉所长金景芳先生于 5 月 1 日逝世，不胜悲悼。金先生一生勤于治学，勇于探索，在史学，尤其是在先秦史领域取得了杰出成就，堪称国内著名马克思主义史学家和教育家。他的逝世不仅是贵所的损失，也是全国史学界的损失。为此特致电贵所，并请代转金先生的家属，以表我们的哀思之情。

　　　　辽宁社科院历史所　关嘉禄　张志强　廖晓晴
　　　　　　　　　　　　　　2001 年 5 月 8 日于沈阳

吉林大学金景芳教授治丧委员会：

　　惊悉金景芳教授逝世，不胜哀痛。金景芳教授一生教书育人，潜心学问，著述等身，为历史学、文献学做出了众所周知的巨大贡献。他的去世，是中国学术界的一大损失。谨致以深切的哀悼，并请代向其家属致以问候。

　　　　暨南大学中国文化史籍研究所暨张其凡
　　　　　　　　　　　　　　2001 年 5 月 9 日于广州

吉林大学金景芳教授治丧委员会：

　　金景芳教授是我系师生十分崇敬的史学大师，他的不幸逝世，是我国学术界的重大损失，特此表示我们的哀悼，并请向逝者的家属转达我们诚挚的问候。

　　　　　　　　　　　　　　复旦大学历史系全体师生
　　　　　　　　　　　　　　　　　2001 年 5 月 9 日

吉林大学金景芳教授治丧委员会：

　　惊悉金景芳先生不幸因病逝世，深表哀悼。先生从事教育事业近 80 年,培养各类学生数千人;桃李满天下,是贡献巨大的教育家;先生治学严谨,造诣精深,名闻中外,为一代国学宗师。先生的逝世是中国学术界教育界的重大损失。我们将以金景芳先生为楷模,教书育人,发扬光大其学术思想,推动教育事业和学术研究的发展。

金景芳先生永垂不朽!

辽宁师范大学历史系

2001 年 5 月 8 日

吉林大学金景芳先生治丧委员会:

惊悉金景芳教授溘然长逝,不胜悼惜。金先生是著名国学大师,《易经》研究专家,经历世纪风雨的世纪老人,一生著述宏富人格高尚,育人众多。金先生曾到辽大讲学,至今辽大人犹记其风采。金先生的作古不仅是吉大的损失,

吉林大学第一医院庄严肃穆的告别大厅

也是中国学术界的重大损失。谨表最诚挚的吊慰,并祝愿贵我两校系的友谊与合作进一步发扬光大。

辽宁大学历史系暨金先生受业弟子

2001 年 5 月 4 日于沈阳

### 吉林大学金景芳教授治丧委员会在金景芳教授追悼大会上的悼词

金景芳教授,字晓邨,辽宁义县人,1902 年 6 月 3 日出生。1923 年以优异的成绩毕业于辽宁省立第四师范学校。曾当过家庭教师,小学、初中教员。1929 年任通辽县教育局长。1931 年调往辽宁省教育厅,任第二科第一股股长兼第四科第二股股长。"九·一八"事变后,先生流亡关内,辗转于北京、陕西、江苏、安徽、湖北、湖南、贵州、四川等地。先后任东北大学工学院行政秘书,安徽省政府秘书处秘书。1938 年春,到东北中学任教。1940 年 9 月,先生入复性书院学习。复性书院由被誉为"千年国粹,一代儒宗"的国学大师马一浮先生主持。熊十力、贺昌群、谢无量、张真如等著名学者当时都曾在该院任教。1941 年年底,先生到避难于四川三台的东北大学工作,先后任文书组主任、中文系讲师、副教授、教授。全国解放后,先生在东北文物管理处任研究员。不久调任东北图书馆研究员兼研究组组长。1954 年 1 月,到东北人民大学(后更名为吉林大学)工作。先后任历史系教授、图书馆馆长、校工会主席、历史系主任。1956 年加入中国共产党。1980 年,先生任历史系名誉系主任、吉林大学社会科学学术委员会副主任委员、古籍研究所教授、顾问、中国古代史专业博士生导师。兼任国家古籍整理出版规划小组顾问、中国孔子基金会顾问、国际儒学联合会顾问、东方易学研究院顾问、中国先秦史学会顾问、吉林省史学会顾问、吉林省周易学会顾问。

先生在吉林大学工作凡 47 年,对吉林大学历史学科、人文社会学科的建设、发展做出了重要贡献。

先生是国内外著名的《易》学专家。1939 年撰写成《易通》一书,这是最早用马克思主义理论指导研究《周易》的著作之一,也是先生的成名之作。到吉林大学后先生陆续发表了《易论》、《说易》、《关于〈周易〉的作者问题》等易学论文 20 余篇,出版《学易四种》、《周易讲座》、《周易全解》、《〈周易·系辞传〉新编详解》等四种易学著作。在海内外易学研究领域独树一帜,他和他的团队被称为易学研究中的"金派"。

在孔子研究领域先生创获颇多。先生一直坚定地认为:"中国之有孔子,毋宁说,是中华民族的光荣。"先生研究孔子的代表作《孔子新传》及相关论文 20 余篇,在学术界产生了重要影响。先生认为孔子的思想有两个核心,一个是"时",一个是"仁义"。先生特别强调:在孔子研究中,应当把孔学与儒学严格区别开来,而不应把两者混为一谈。

先生在马克思主义史学理论研究方面的建树,主要有四点:其一,在中国古代史分期问题上创立了秦统一封建说。这是中国古代史分期的重要一派。其二,提出了由原始社会发展到文明社会有较长的过渡时期的理论。并依据这一理论论断夏代虽然建立了国家,但仍具有这种过渡的性质。其三,先生根据马克思、恩格斯和列宁的相关论述,对中国奴隶社会的阶级和阶级斗争问题提出了新的科学的论断。指出奴隶社会的阶级和阶级斗争是等级制阶级和各等级之间的斗争。其四,先生对先秦社会制度史的研究有重要贡献。先生用马克思"两种生产"的理论来解释宗法问题,认为宗法是在阶级关系充分发展的历史条件下,统治者对血缘关系加以改造、限制和利用,使之为维护君权服务的一种制度。这就道破了宗法问题的本质,从而廓清了史学界在这一问题上长期流行的错误观点。先生还以马克思主义唯物史观为指导,指出井田制度实际上就是马克思和恩格斯所论述的农村公社或马尔克土地制度在中国的具体表现形式,令人信服地解决了学术界长期争论不休的井田制度及与井田制密切相关的许多重要课题。

对古代思想文化的研究,也是先生的专长。先生关于中国古代思想渊源、关于西周在哲学上的两大贡献、关于商文化起源于我国北方说、关于经学与史学的关系等方面的论述,在学术界都有着广泛的影响。先生在中国古代思想史研究方面有三个显著特点:第一,注意文献学研究与思想史研究的结合;第二,注重经学研究与思想史研究的结合;第三,善于把思想史研究与社会史研究密切结合。先生的研究成果充分显示他是一位有系统的社会史理论的古史专家和思想史专家。

先生是著名的历史文献学家,共出版研究、考辨古代典籍的著作六种,文章近30篇。在这些论著中,既有对某些古代典籍编撰背景的分析介绍,也有对某一典籍思想底蕴的深入阐发,还有对典籍中疑难问题的详细考证。这些作品往往新意迭出,发前人所未发,充分显示了先生在古籍研究、考辨方面的深厚功力。

先生从教近80年,亲聆先生教诲的学生多达数千人,为国家培养了大批本科生、硕士研究生与博士研究生等有用人才。先生毕生潜心学问,共出版学术著作十六部,发表学术论文一百余篇,在学术上做出了不可磨灭的贡献。先生以其卓越的学术成就、崇高的道德理念和诲人不倦的精神境界铸就了一代学术大师的风范,为后学者树立了楷模。

先生治学严谨,一丝不苟。主张读书做学问要善于独立思考,坚持说自己的话,走自己的路,从不依草附木,随波逐流,敢于坚持真理,勇于向权威挑战。

　　金景芳教授的逝世,是吉林大学的重大损失,是吉林省文化教育事业的重大损失,也是中国学术界的一个重大损失。

　　金景芳教授虽然离开了我们,但是先生的崇高品德和学术成果作为宝贵财富已经留给了我们。他的治学态度、治学方法与他的学术成就一样宝贵,我们每一个后学者都应当认真学习并不断发扬光大!

　　安息吧,金景芳教授!

吉林大学金景芳教授治丧委员会<br>2001 年 5 月 9 日

# 2002 年

　　2002 年是先生诞辰一百周年和逝世一周年,吉林大学举办

纪念金景芳教授百年诞辰学术研讨会会场一角

了纪念金景芳教授百年诞辰和逝世一周年学术研讨会。参加纪念活动和学术研讨会的有先生生前的同事、友好、弟子和校内外各单位的来宾共一百余人。在金景芳教授百年诞辰纪念大会上发言的次序和内容如下：

吉林大学校长刘中树教授，题目是《纪念金景芳教授》。

吉林省社会科学院院长邴正教授，题目是《学贯世纪　风范长存》。

东北师大文学院院长、古籍研究所所长韩格平教授，题目是《师风犹在，硕果长存——纪念金景芳先生诞辰一百周年》。

吉林大学文学院副院长、当代国际关系研究中心主任、原历史系主任刘德斌教授，题目是《学习金老的时代精神》。

中国先秦史学会副理事长、东北师大历史系詹子庆教授，题目是《展现金老学术思想的轨迹——读〈知止老人论学〉》。

先生的学术助手、吉林大学古籍研究所吕绍纲教授，题目是《金先生的学术成就》。

吉林大学古籍研究所陈恩林教授，题目是《谈金景芳师对先秦史学的贡献》。

吉林大学古籍研究所吕文郁教授宣读各单位、团体给大会发来的贺信、贺电。刘中树校长在纪念金景芳教授百年诞辰纪念大会上的发言：

各位来宾、各位老师、各位同学：

今年是国内外著名的易学家、孔学家、文献学家、历史学家金景芳教授诞辰一百周年。为了纪念这位对学术事业和教育事业都做出了重大贡献的老前辈，我们举办了这次学术研讨会。首先，请允许我代表吉林大学全体师生员工对各位来宾光临这次大会表示热烈欢迎！

金景芳教授出身贫寒，小学未毕业便辍学在家，后来在亲属帮助下才勉强读完初级师范学校。为了谋生,先生早年曾做过家庭教师,教过初小、高小、初中、高中。在极其困难的情况下,先生靠顽强的自学使学业不断精进。东北沦陷后先生只身逃往关外,辗转于北平、陕西、江苏、安徽、湖北、湖南、贵州、四川等地。十年逃亡生涯,先生饱尝了颠沛流离、国破家亡的惨痛,但仍能自强不息,孜孜不倦地致力于学术和教育。四十年代初,先生曾在流亡于四川的东北大学中文系任教,由讲师、副教授而晋升为教授。1954年,先生来到吉林大学的前身——东北人民大学,执教于刚刚筹建不久的历史系,并长时间担任历史系主任。金景芳教授与吕振羽教授、佟冬教授、于省吾教授、丁则良教授、王藻教授、李时岳教授、罗继祖教授等一大批著名的史学家一起,筚路蓝缕,为吉林大学历史学科的创建和发展做出了卓越的贡献。

前不久,吉林大学文学院刚刚举办了纪念中文学科和历史学科创建五十周年的隆重庆典活动。吉林大学文史学科能有今天的规模和局面,是与金景芳教授等老一辈专家学者的艰苦奋斗分不开的。吃水不忘打井人。老一辈专家学者们的光辉业绩、他们的奉献精神、他们为吉林大学留下的优良传统,都是值得我们永远缅怀的。

金景芳教授在吉林大学历史系辛勤耕耘了将近半个世纪,是在吉林大学历史系工作时间最长的著名学者。可以说,他把自己后半生的全部精力都献给了吉林大学。金老不仅为我们留下了一大批丰厚的学术成果,而且还为国家培养了一大批专门人材。我的夫人黄曼萍编审是金老的学生,我本人也曾有幸多次亲聆金老的谆谆教诲。当年金老为我们传道、授业、解惑的情景至今犹历历在目。金老执教以来,教过的学生多达数千人。改革开放之后,金老为各类进修班、研讨班培训的学员共 16 人，亲自指导的硕士研究生有 17 人，博士研究生 23 人，可谓桃李满天下。金老培养的弟子绝大多数都已成为所在单位教学或科研的骨干，有一批人已经成为学术带头人或博士生导师。金老生前共出版学术著作 16 部，发表学术论文 100 余篇。可谓著作等身。金老在孔子研究、《周易》研究、古代社会制度研究、古代思想文化研究、古代典籍研究、史学理论研究等学术领域，都有精深造诣，并做出了重大的贡献。金老对古代宗法制度的研究，对井田制度的研究，对中国古代史分期问题的研究，对奴隶社会的阶级和阶级斗争的论述，对原始社会进入阶级社会的过渡时期问题的论述，都曾在学术界引起巨大反响。有人称金老《中国古代史分期商榷》一文的发表曾在学术界引起一场"大地震"。金老在学术上不迷信，不盲从，说自己的话，走自己的路，敢于坚持真理，勇于向权威挑战，不依草附木，不随波逐流，从而形成了自己独特的学术风格和鲜明的学派特色。金老和他的弟子们被称为先秦史学界的"东北军"。金老的学术成就为吉林大学历史学科赢得了荣誉，也为吉林大学赢得了荣誉。

金老出生于上个世纪之初的 1902 年，去年逝世时按照中国的传统算法刚好是一百岁。他是二十世纪历史的见证人。少年时代他经历了清王朝的统治，中青年时代在中华民国度过，解放后他成为中华人民共和国的公民。他的一生刚好在旧社会度过半个世纪，在新社会也度过半个世纪。他从自己的亲身经历中真诚地体验到：只有社会主义能够救中国，只有共产党能够领导中国人民走上富强之路。五十年代中期，金老毅然加入了中国共产党，并更加努力地学习马克思主义理论，自觉地运用马克思主义理论指导自己的学术研究。此后无论经历了怎样的风风雨雨，包括六十年代初对他的错误批判,"文革"期间的游街、批斗和"牛棚生涯",金老始终都没有动摇自己的坚定信念,他始终为发展国家的学术文化和教育事业而努力拼搏,不断进取。金老是靠自学而成名的。他没有读过大学,但却能够在著名的高等学府中培养硕士,指导博士。金老生前曾戏说自己是个"永不褪色的书生",是位普普通通的教书匠。他说自己一生只做了三件事,就是读书、教书、写书。金老的一生就是由普通教师而成长为深受景仰的一代国学大师的一生。金老虽已作古,但他却为我们留下了一大笔丰厚的宝贵精神财富。这些财富除了金老的等身著作外,还有金老的拳拳爱国之心,他的执着的敬业精神,他的严谨学风,他的道德风范,这些都为我们树立了学习的楷模。金老那种奋发向上和自强不息的精神也将永远激励着我们这些后学者。

最后,祝全体与会者身体健康,精神愉快!

预祝大会圆满成功!

谢谢!

(吕文郁拟稿,2002 年 11 月)

《学问》杂志 2002 年第 5 期刊载了朱红林的《怀念我的老师金景芳先生》一文。文中写道:今年是我的老师、吉林大学教授金景芳先生去世一周年,我在心中深深地怀念着他。我于 1997 年入金老门下攻读博士学位,当时他老人家已是 96 岁高龄,那一年金老招收的学生有我和关大虹两人。此前听张全民师兄说,金老要求学生非常严,所以,当我拿到博士录取通知书,第一次去拜访金老时,心中忐忑不安。见面以后,金老问我平时都读过哪些书,又问了问我的家庭情况。我的总体感觉是,金老并不像传说的那么严厉。接着,文章回忆了金老给他们上课、他和张全民协助金老写文章的场景、金老做学问的严谨、认真的态度以及金老的日常生活细节。文章还配发了两幅照片，图文并茂，显得真切、自然。

《金景芳教授百年诞辰纪念文集》书影

　　为纪念金景芳教授百年诞辰，吉林大学古籍研究所决定编辑出版《金景芳教授百年诞辰纪念文集》，并委托吕文郁教授负责编辑。这部《纪念文集》编成后由吉林大学出版社于2002年1月出版。

## 2003 年

　　先生指导的最后一名博士生张固也通过论文答辩，获吉林大学历史学博士学位。学位论文题目是《管子研究》。答辩委员会组成情况如下：

　　答辩委员会主席：

中国社会科学院历史所李学勤研究员
答辩委员会委员：
东北师范大学历史系詹子庆教授
吉林大学考古学系林沄教授
吉林大学文学院历史系许兆昌教授
吉林大学古籍研究所陈恩林教授
吉林大学古籍研究所张鹤泉教授
吉林大学古籍研究所吕文郁教授

　　张固也，1964 年生，浙江淳安人。中国民主同盟盟员。1986 年毕业于杭州师范学院政史系，获历史学学士学位。回家乡任中学教师四年。1990 年考入吉林大学古籍研究所，师从陈维礼先生攻读历史文献学专业硕士学位。1993 年毕业并留所任助教，1995 年晋升讲师。1998 年师从金景芳先生，在职攻读先秦史专业博士学位。2000 年晋升副教授，次年开始指导硕士研究生。2002 年获历史学博士学位。2004 年底晋升教授。2009 年年初被聘为博士生导师。曾任吉林大学古籍所历史文献研究室主任、吉林省历史学会理事。2010 年调入华中师范大学历史文献研究所，现为教授、博士生导师。主要从事历史文献学研究，涉猎较广，兼重传世文献与出土文献，擅长于文献考证和思想研究。在先秦文献、唐代文献、古典目录学三个研究方向都取得一定成就。出版学术著作和古籍整理作品 5 部，在《文献》、《国学研究》、《唐研究》、《社会科学战线》、《史学集刊》、《中国典籍与文化论丛》、《北京大学中国古文献研究中心集刊》、《孔子研究》、《宗教学研究》、《吉林大学学报》、《史学史研究》、《图书馆杂志》、《图书情报知识》、《古籍整理研究学刊》、《古典文献研究》等 30 多家刊物上发表学术论文 70 多

篇。主要著作有《新唐书艺文志补》(吉林大学出版社 1996
年,获吉林大学优秀社科著作奖、吉林省长白山优秀图书三
等奖)、《管子研究》(齐鲁书社 2006 年)。指导硕士研究生
30 多人,博士研究生 4 人。

《史学理论与史学史学刊》2003 年卷刊登了葛志毅的文章,
题目是《在 20 世纪史学思潮递嬗之际的学术追求——试论金景
芳先生的中国奴隶社会史体系》。文章说:对于一个人物的评
价,不能超出社会曾经赋予他的时代历史条件。如欲评价金景
芳先生的史学成就,必须对他生活过的社会历史环境,包括其时
的思想文化氛围,要给以充分注意。金景芳先生在史学上的最
大贡献,是他在马克思主义史学体系建立过程中所做出的非凡
努力,而这与 20 世纪下半叶,主要是 1949 年以后大陆的学术思
想环境密切相关。一个时期以来,由于极左思潮的不良影响,使
马克思主义的理论声誉受到损害,因此也导致对马克思主义理
论本身的误解与偏见。公正地说,金景芳先生乃是运用马克思
主义理论尝试解决中国历史问题较为成功的学者之一,他提出
了自己有特色的中国奴隶社会史体系。

2003 年 12 月,在先生逝世两周年之际,由吉林大学、四川大
学、吉林师范大学共同发起,由陈恩林、舒大刚、康学伟共同主编
的《金景芳学案》精装三册在线装书局出版。本书精选金先生代
表性论著 20 余篇,同时遴选活跃于学术界的金门弟子的学术成
果。每位作者皆自撰小传,自选作品。该书集中展现了金氏学
派的学术实力和学术成就。入选内容涉及中国上古历史、思想
史、易学、孔学、中国制度史、文化史、军事史、法制史以及经学、
文献学等领域。

## 2004 年

2004 年 4 月,《金景芳学案》首发式在长春举行。

《金景芳学案》书影

中共吉林省委宣传部副部长弓克在纪念金景芳逝世三周年
暨《金景芳学案》首发式上的讲话:

各位来宾,各位专家:

今天,我怀着十分崇敬的心情,来参加纪念我国著名历
史学家金景芳先生逝世三周年及《金景芳学案》首发式。借
此机会,我谨代表省委宣传部和我本人,对金景芳先生表示
深切的怀念,对《金景芳学案》的出版表示热烈的祝贺,向在
座的各位金门弟子和来宾表示诚挚的问候!

金景芳先生是我国著名的历史学家和中国古代思想史
专家,其中国古代史研究和思想史等方面的研究成果对历
史学界影响深远。金先生出生于 1902 年,仙逝于 2001 年,
正可谓百岁老人,世纪老人。金先生的一生经历了 20 世纪
中国四个重大历史阶段:满清王朝的解体,抗日战争的烽
火,国民党的覆灭和新中国的成立。因此,金先生的一生既
是不幸的又是幸运的。一方面,先生像 20 世纪的中国一

样,经历了颇多的坎坷和颇多的磨难。先生早年家境贫寒,学习生活条件艰难;先生壮年时,又遇日寇战火而颠沛流离于各地;解放后,先生又曾因学术问题而遭到过错误的批判;十年"文革"又无法专心于历史研究……如果仅仅从这里看,金先生一生也许是不幸的。因为对于一位中国古代史的学者来讲,他的一生有太多的时间被学问以外的东西耽误和干扰了。然而,金先生显然又是幸运的:他不仅经历了最后一个封建王朝满清的灭亡,经历抗日战争和解放战争,经历了国民党政权的垮台和新中国的成立,他也经历了我国的改革开放……作为一位世纪老人,金先生亲眼见到了我们的祖国在 20 世纪里,从衰败到新生,从贫弱到强大。对于一个历史学家而言,这又恰恰是一笔无法奢求的人生财富。想起金老,我心中油然而生三个字:

第一个字,"人"字。为人的"人"字。我崇敬金景芳先生,首先崇敬他的为人。他的为人可谓楷模。我们今天纪念金老,就要学习他这种高尚品格。金先生一生为人刚直、正派,光明磊落,不曲意奉迎什么人。无论什么时候,无论什么地方,无论做什么事情,他都表里如一。同时,金先生为人处事大器,从不计较和纠缠于小事、小利。金景芳先生能够与世纪同行,能够成为中国百年历史的见证人,他的长寿百岁,很可能与他的为人大器正直有直接关系。

第二个字,"学"字。治学的"学"字。我崇敬金景芳先生,还因为他的严谨的治学态度和丰硕的学术成就。我们今天纪念金老,就要学习他这种治学态度。金先生一生学古,其文献功底可谓深不可测。但是,先生的学术思想却从不迂腐。在长期的学术生涯中,先生不仅在治"经"治"易"方面取得了绝大的成果,而且他还学会并掌握了研究中国古代历史的最重要的理论武器:辩证唯物主义和历史唯物主义。

金景芳先生在解放以后，之所以能够在中国古代史研究、思想史研究、易学研究等诸多领域独树一帜，发他人所未见，与先生一向勇于坚持自己的观点，不随波逐流，同时又善于学习和把握唯物主义这个锐利的思想武器有关。作为一位老先生，能够抛弃旧有的思想观念，能够接受先进的思想方法，金先生是我们这些后学的榜样和典范。

金景芳先生治学一生，很讲究"认真"二字。他既不依附前人的旧说，亦不轻信别人的新说，凡事均需自己独立思考，所做研究也一定要是自己的心得。这正像先生自己所言："敢于坚持，敢于同错误的东西作斗争。"金先生所以能够成为我国史学界的泰斗人物，他所以会取得如此之高的学术成就，是与他一贯"较真"的治学态度紧密相联的。在宗法制度问题的研究方面，在井田制度问题的研究方面，在古史分期问题方面，在关于中国古代社会的结构问题方面，在易学研究方面，在中国古代思想史的研究方面，在经学研究方面……金先生所以能够在诸多的研究领域都取得很高的成就，就是他不信神，不信鬼，不信权威，不信历史成见，自己去独立思考和研究的结果。

金先生不仅学风严谨，同时也十分勤勉努力。正是先生的日积月累，正是先生的勤勉努力，才为我们后学留下了一笔丰厚的学术遗产。今天翻开《金景芳学案》，我感慨颇多。金先生研究学问一生，真可谓"著作等身"。然而叫我们这些后学感叹的是：由于历史动荡和建国后政治运动的原因，在上世纪 80 年代以前，金先生的研究成果只有少数几种。他的大多数的研究成果，都是出现在改革开放的 80 年代以后。可见中国历史的曲曲折折对一位历史学家，对一位学者的研究工作影响有多大。如果没有改革开放，金先生的许多宝贵的学术思想和研究成果就会成为永远的遗憾,也许,他就不会拥有一个属于他自己的学术春天了。在对金先生的学术生涯感慨之后,作为后学,我又十分汗颜。因为,金先生的大多数的研究成果都是在 1982 年以后发表的。而这时,金景芳先生已经是 80 岁高龄的老人了。看到金先生 80 岁以后的丰硕的研究成果,看到 2000 年先生 98 岁时发表的论文,我觉得金景芳先生不仅是一位治学严谨的学者,而且他也是我们后学的永远的楷模。先生这种一生思考不停,一生笔耕不辍的问学精神,实际上是我们面前一座无法企及的高峰。

第三个字,"师"字。导师的"师"字。我崇敬金景芳先生,还因为他的无私的教书育人。我们今天纪念金老,就要学习他这种可贵精神。作为我国著名的历史学家,金景芳先生不仅以自己毕生的精力去探究历史的奥秘,同时,他也倾注了大量的心血来精心培养学生。用先生自己的话说就是:"我平生最大的乐事,一是我教出了一大批的学生,一是出版了十几本书。"金先生一生执教,授业 60 余载,可谓桃李满天下。有名师,必有高徒。今天看到金先生的门生遍及海内四方,在各自的学术领域中均成就为俊杰人物,看到《金景芳学案》中所收录的金门弟子们的大作,我真为金先生感到高兴和自豪。高兴的是,金先生精心培育的学生都成人成才了。自豪的是,金门弟子不仅不辱师门,而且正在将先生的思想继承发扬光大。

逝水东去,师恩永志。在金先生离开我们三年以后,我们今天能够用《金景芳学案》出版的方式来缅怀和纪念先生,我感觉十分欣慰。感谢为《学案》出版做出了巨大努力的同志们。我想,金先生若是九泉之下有知,也会对学生们这种真诚的纪念而感到高兴。

最后,我预祝各位金门弟子继承金景芳先生的未竟事业,在各自的工作中取得更加辉煌的成就,预祝金派门庭更加繁荣昌盛!

2004 年 4 月 24 日

2004 年 9 月,吕绍纲、朱翔非的《守先待后,薪火常传——金景芳与马一浮的学术渊源》一文在《学术月刊》2004 年第 9 期发表。这篇文章是为纪念先生逝世三周年而作。文章说:"历史学家金景芳是一代通儒马一浮在复性书院的弟子。金景芳的学术成就既继承了马一浮的治学主张,也表现了与马一浮不同的学术趋向。探讨在金景芳与马一浮的学术关系中反映出的如何对待马克思主义、宋明理学、儒学传承方式等问题,可以得到如何在中国文化本位立场上吸收域外文明、如何运用发展的观点、历史地看待儒学在各历史阶段的价值及如何调整契入儒学的方法、选择更适合儒学的传播方式等多方面启发,对认识二十世纪中国学术史、探索如何进一步发展儒学均有重要的意义。"

应《学术月刊》杂志编辑部之约,吕文郁整理编写了《学术名家金景芳》一文,载于该刊 2004 年第 9 期。这篇短文以小传和一组图片向广大读者介绍了国学大师金景芳教授自学成才,成为著名的历史学家、文献学家、孔学家和《易》学家的传奇经历。

## 2005 年

2005 年 1 月,上海古籍出版社出版了先师金景芳教授和吕绍纲教授合著的《周易全解》(修订本)。此书第一版 1989 年由吉林大学出版社出版,当时适值风行全国的《周易》热方兴未艾,此书成为当时图书市场上为数不多的畅销书之一,吉林大学出版社为满足市场需求,连续翻印此书,但仍然供不应求。笔者曾多次在书摊上发现几种不同的盗版《周易全解》。作为一部学术著作,产生如此大的影响,这是极为罕见的。先生过世后,吕绍纲教授又花费两年多的时间对此书进行了删改、修订,从而提高了此书的学术价值。

修订版《周易全解》书影

几乎与先生的《周易全解》修订版问世同时,先生的《周易讲座》修订本也由广西师范大学出版社出版。此书是由先生的助手吕绍纲根据先生的讲课录音整理而成的。20 世纪 80 年代中期,先生受教育部委托,在吉林大学古籍研究所举办《周易》研讨班。先生每周坚持给《周易》研讨班学员和博士生讲授《周易》。先生的助手吕绍纲也跟随大家一起听课,并负责全程录音。之后把录音进行整理,并请先生仔细审阅,这就是后来由吉林大学出版社正式出版发行的《周易讲座》一书。此书问世后大受欢迎,并多次重印。先生过世后,经吕绍纲教授的加工、润色,交由广西师范大学出版社重新出版。此书的最大特点是通俗易懂,很适合广大《周易》爱好者学习、阅读。

修订版《周易讲座》书影

　　从上一年的 5 月开始,先生的再传弟子、当时在黑龙江人民出版社从事编辑工作的孙国志提出要在该社创立《金景芳师传学者文库》的设想。2005 年 1 月,《文库》第一辑正式出版发行,距开始策划还不到一年。至今这个《文库》已经出版了五辑,共推出了先生的弟子和再传弟子的著作 18 种。这 18 种著作目录如下:

　　第一辑

　　1.谢维扬《周代家庭形态》

　　2.葛志毅《周代分封制度研究》

　　3.常金仓《周代礼俗研究》

　　第二辑

4.梁韦弦《易学考论》

5.李景林《教化的哲学：儒学思想的一种新诠释》

6.葛志毅《谭史斋论稿三编》

第三辑

7.许兆昌《先秦史官的制度与文化》

8.薛柏成《墨家思想新探》

9.董平均《出土秦律汉律所见封君食邑制度研究》

10.梁韦弦《中国传统伦理思想研究》

第四辑

11.葛志毅《谭史斋论稿四编》

12.朱红林《张家山汉简二年律令研究》

13.许兆昌《先秦乐文化考论》

14.梁韦弦《清人易学二种：惠栋〈汉易学〉王夫之〈周易大象解〉评解》

第五辑

15.葛志毅《谭史斋论稿五编》

16.王刚《学与政：汉代知识与政治互动关系之考察》

17.梁韦弦《古史辨伪学者的古史观与史学方法》

18.葛志毅《谭史斋论稿六编》

先生的再传弟子夏保国曾在自己的博客中发表了题目为《李学勤先生与金景芳师传学者文库》一文。他这样写道：

> 金景芳先生是当代先秦史研究中的大家，先生培养的弟子、再传弟子已经成为先秦史领域的一支重要力量。这种力量的一个非常典型的表现，就是黑龙江人民出版社编辑出版的《金景芳师传学者文库》，目前已经出到了第五辑，每辑以 4 本计算，在以先秦史为主的学术领域内，影响力是可想而知的。昨天中午，胜团从呼兰来哈，使得在哈的金门

再传弟子 4 人相聚（郭胜团、何胜冰、孙国志、本人），谈金老门人弟子以及学界趣闻，实为不亦乐乎之事。而这个师传学者文库的责编，正是国志兄。

据我所知，金老的博士生多数都是从先秦制度史上下了大功夫的，第一个获得博士学位的为谢维扬先生，他的博士论文《周代的家庭形态》入选国家首批博士文库；陈恩林先生的论文则是《先秦军事制度研究》；第二届博士生有吕文郁先生和葛志毅先生，分别完成博士论文《周代采邑制度研究》和《周代分封制度研究》，吕师的博士论文还获得台湾最高学术奖的提名；其后有李衡眉的周代昭穆制度研究、张鹤泉的周代祭祀制度研究、常金仓的周代礼俗文化研究、康学伟《先秦孝道研究》，以及许兆昌的周代史官制度研究等等。现在看，制度研究是金门弟子的学术重点。当然，金老中期的弟子不乏在思想史研究领域用力者，如廖名春《荀子新探》、李景林《教化的哲学》、梁韦弦《孟子研究》等，都是这方面的力作。因此，将金老门人弟子及其再传弟子的著述加以系统出版，可谓是开创了一种新的书系品类。国志兄是葛志毅先生培养的第一个硕士，毕业后即接替南下大连大学主持中国史研究中心的葛先生的工作，到黑龙江人民出版社任责编，这套文库正由他策划、斡旋而成。

国志说，当下学界对这种"师传学者文库"的形式非常看重，李学勤先生不仅为"金门师传文库"做了总序，"李学勤师传学者文库"也开始了编辑出版，第一本书国庆节前已经下厂开印。这项工作正在由金老的博士、李先生的博士后宫长为从中协调。尽管"李学勤师传学者文库"的作者们与金门师传文库作者们的学术地位和资望还不好相比，但这两个师门之间还是非常亲近的。金老是由经学而入史学的,是反对疑古派的中坚,而李先生不止多次主持金老的博士生论文答辩,而且大胆提出"走出疑古时代"的重要学术史命题,都显示出二者相近的学术立场。①

《金景芳师传学者文库》的主要策划者和组织者孙国志,在黑龙江省出版集团内部刊物上发表了《做学术精品 创出版品牌》的短文。文章说:

> 重视学术上的师承关系乃是中国文化的一种优良传统,也是中国传统学术流派和学术思想研究的一个重要特点,对我们今日的学术流派和学术思想研究亦有重要意义。正是在此理念下,我社在成功运作由李学勤先生为总顾问的《金景芳师传学者文库》,分辑出版,目前已出版四辑,在学术界产生了强烈反响。金景芳先生是我国著名历史学家,在中国上古史研究、周易研究、孔子研究及先秦学术文化研究等方面成就卓越。自 1961 年开始,金先生即开始招收中国古代史研究生,"文革"后被国家教育部确定为首批博士生导师。至 2001 年共招收研究生 20 余届,可谓桃李满天下,形成了在学术界颇有影响的"金氏学派"。到目前为止,金先生的众多弟子已成为全国各大高校或科研机构中国古代历史、古文字、中国古代哲学研究的骨干力量。《文库》主要收录的即是金先生弟子各自的代表性著作,所收录的著作皆系中国古代史、中国古代思想史、古代学术史、中国史学史等方面的专题探讨,均有较高的学术价值,从中可以明显看出他们与师学的传承关系。《文库》的出版,将为我国今后研究现代学术史提供实例和佳话。同时,

---

① 夏保国的博客《三山二水斋》(日志),http://blog.sina.com.cn,http://hellowwei 2009.blog.163.com/blog/static/119911302200982722725399/。

将一位在学术界有重要影响的学者的众多弟子的著作汇集
起来,成为丛书出版发行,乃是近年来学术界与出版界罕见
的创举。虽然目前学术著作大量出版,但还没有其他出版
单位以或近似"师传学者文库"形式出版其他著名学者相关
学术著作。可以说,我社出版的"金景芳师传学者文库"将
在出版界和学术界独树一帜,并产生积极影响。

另外,我社在成功运作《金景芳师传学者文库》的基础
上,进一步策划、出版了收录我国著名历史学家李学勤先生
弟子代表性著作的《李学勤师传学者文库》,作为"师传学者
文库"品牌的接续图书。可以想见,《李学勤师传学者文库》
的陆续出版也将为我国今后研究现代学术史提供又一实例
与佳话,对进一步提高我社在出版界和学术界的知名度也
将起到积极的推动作用。①

2005年夏季,应仓修良、胡逢祥两先生约稿,谢维扬、吕文郁
合作撰写了《金景芳教授的〈古史论集〉》一文,该文载于仓修良
主编的《中国史学名著评介》(增订版)第五卷。《中国史学名著
评介》的增订版是在1990年版三卷本基础上修订完善而成。三
卷本原有86部史学名著的评介文章,出版后深受广大读者的欢
迎,在海内外都引起了热烈反响。首次印刷很快销售一空,再版
重印后,又很快售完。1993年台湾里仁书局购买版权后,在台湾
地区出版了繁体字本,甚至销售到东南亚一带。增订版补写了
古代和近代36部史学名著,并增补了现代部分史学名著70部,
篇幅比原版扩大了一倍。增订版仍由山东教育出版社于2006
年2月出版。《金景芳教授的〈古史论集〉》载于增订版第五卷第
279至291页。

———————————

①本文由金老的再传弟子、《金景芳师传学者文库》的主要策划者和组织者
孙国志提供,特此鸣谢。

## 2006 年

2006 年 1 月，长春出版社重新出版了先生和吕绍纲、吕文郁合著的《孔子新传》。此书第一版 1991 年 12 月由湖南出版社出版。这次再版由吕绍纲和吕文郁分别做了若干修订，并根据出版社的意见，由吕文郁为全书增配了一些插图。

长春出版社出版的《孔子新传》书影

2006 年春季，天津古籍出版社的编辑赵娜女士来长春找吕文郁教授，称他们社正在编辑、出版一套《名师讲义》丛书。她问吕文郁金老是否有未曾出版过的讲义可以编入这套丛书。吕文郁告诉她，金老在 20 世纪 50 年代和 60 年代曾给吉大历史系学生讲过中国古代思想史，听说有油印本讲义，但当时吕文郁并未见过这本讲义，现在要寻找非常困难。当时先生之子金庆斌因为动迁，把先生的全部图书资料装入纸箱中，封存在一个租用的房间里，无从查找，赵娜听后失望而归。但吕文郁觉得这部讲义是金老全集必收的重要资料，无论如何要设法找到。吕文郁为此曾走访了吉大历史系 20 世纪五六十年代的一些毕业生，他们之中有不少人都说当年听过金老讲先秦思想史的课程，也用过金老的那本讲义，但已经过了半个世纪，特别是经历了"文革"的劫难，这些东西早已荡然无存。吕文郁不得已，只好发动自己的学生们到旧书摊和网上进行搜寻。吕文郁对学生们说：只要发现这本讲义的踪影，不论对方开价多

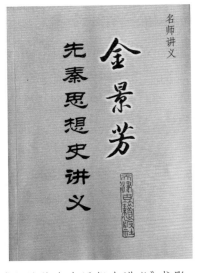

《金景芳先秦思想史讲义》书影

少，坚决拿下。最后终于有了收获，吕文郁指导的博士生张铮仅花了 5 元钱便在网上旧书店买到这本《先秦思想史讲义》。吕文郁大喜过望，马上通知赵娜，并立即吩咐另外两位博士生周粟和苏勇对这部讲义进行整理。整理后的这部讲义约 16 万字，于次年由天津古籍出版社正式出版。

## 2007 年

2007 年 1 月，长春出版社编辑出版了《周易通解》一书。这部书总共收入先生的易学著作两种，即先生早年写的《易通》和晚年写的《〈周易·系辞传〉新编详解》，这部书以"通解"命名，可能即分别取自《易通》和《〈周易·系辞传〉新编详解》这两部著作的最后两字。此外还收入先生的易学论文六种，即《易论》、《说易》、《关于〈周易〉的作者问题》、《孔子对〈周易〉的伟大贡献》、《〈周易〉的两个问题》、《论孔老易学思想》。

长春出版社出版的《周易通解》书影

　　《文化学刊》杂志 2007 年第 6 期刊载了上海科技文献出版社张树先生的文章，题目是《从〈《尚书·虞夏书》新解〉看金景芳先生对传统文化研究的贡献》。文章说，《〈尚书·虞夏书〉新解》是古文献大师、先秦史专家金景芳先生在古籍整理研究上的一部力作。

　　《通化师范学院学报》2007 年第 11 期刊载了梁启政的《金晓邨与金静庵先生交谊述略》一文。文章说，金晓邨（金景芳）和金静庵（金毓黻）是我国著名的东北籍历史学家和文献学家，在 20 世纪 30 年代由于工作关系相识、相知，进而结成甘苦与共，学兼师友之谊。文中根据二人关于彼此交往之记述，对两位史学名家之间之交谊作了简要叙述。

## 2008 年

　　2008 年 1 月，葛志毅的《谭史斋论稿四编》一书由黑龙江人民出版社出版,列入《金景芳师传学者文库》第四辑中。

是年6月,朱红林《张家山汉简二年律令研究》一书在黑龙江人民出版社出版,列入《金景芳师传学者文库》第四辑中。

## 2009 年

四川大学古籍所研究生彭丹在《儒藏论坛》2009 年第 1 期发表了《金景芳学术年谱》。这篇《年谱》全文约三万字,是彭丹的硕士学位论文。

原《历史研究》杂志主编、中国辽金史学会会长宋德金先生在《文史知识》杂志 2009 年第 10 期发表怀念先生的文章,题目是《布衣傲王侯——我的老师金景芳先生》。

《东北之窗》杂志 2009 年第 23 期刊载了杨永泉的《金景芳:给马王堆一个说法》一文。文中指出,东北著名国学大师金景芳在中国古史分期、《周易》研究、孔子研究、井田制度、宗法制度以及上古社会及其他文化研究领域,都卓有创见,自成特色。中国古代文化研究是金景芳先生学术研究的重要领域,也是他取得学术成就最多的领域。如马王堆一号汉墓文物出土后,他撰写了《关于马王堆一号汉墓帛画名称问题》一文,根据《周礼》等先秦典籍的记载,指出马王堆一号汉墓出土的所谓帛画,应称作"铭旌",纠正了当时一些权威学者的错误结论。

## 2010 年

2010 年 5 月,《金景芳儒学论集》上下两册由四川大学出版社出版。此书由舒星、彭丹选编,大体上囊括了先生有关经学、孔学的主要论著。当然也有一些重要的遗漏。

四川大学出版社出版的《金景芳儒学论集》书影

## 2011 年

中国人民大学国学院杨庆中教授在《现代易学大家金景芳》一文中说：

> 金景芳先生一生致力于中国古史与中国传统思想文化的研究和教学工作,读书遍及经史百家。早年曾潜心于经学研究,到东北人民大学历史系工作后,为适应教学和科研工作的需要,系统地学习了马克思主义理论知识,同时又充分发挥自己熟悉先秦典籍的优长,转攻史学,很快成为蜚声中外的历史学家。他的学术兴趣相当广泛,在马克思主义史学理论研究、中国古史分期、孔学研究、易学研究、中国古代典章制度,尤其是井田制度、宗法制度研究及中国古代文献研究、中国古代思想文化研究等学术领域均有精深造诣,并做出重要贡献。他于古史研究领域的著述《古史论集》、

《论井田制度》和《中国奴隶社会史》等，系统地解决了长期以来在中国古史研究中不能正确解决的很多重要的实际问题与相关的重大理论问题，奠定了先生于二十世纪中国古史研究学术史上不可动摇的地位。可以说金先生的治学道路，走的是"由经学入史学"之路。他的研究自成特色，学开一派，被史学界誉为"金氏学派"。

金景芳先生不仅是一位杰出的历史学家、文献学家，更是一位杰出的易学家。尤以《周易》研究和孔学研究的卓著成就而享誉国内外。他少时即从《周易》开始，通览前人各家著述，潜心研究七八十年，特别是将历史唯物主义理论运用到研究之中，逐步形成了自己具有鲜明特色的研究体系和易学思想，是国内较早运用马克思主义的理论与方法从事《周易》研究的学者之一。其有关易学的主要著作有《易通》、《学易四种》、《周易讲座》、《周易全解》、《〈周易·系辞传〉新编详解》等。并发表了《周易和老子》、《关于周易研究的若干问题》、《三易思想的产生不在尧前》、《周易的两个问题》、《论孔老易学思想》等多篇论文。

金景芳先生一生治学严谨，学而不厌，诲人不倦。他曾为自己定下了治学的八条戒律，即不自欺欺人，不枉己徇人，不立异，不炫博，贵创，贵精，贵平实，贵客观。这"四不"与"四贵"，始终贯穿在他几十年学术追求的生涯之中。不依草附木，随波逐流，说自己的话，走自己的路，就是他几十年来从事学术研究、追求学术真谛的如实写照。①

---

① 学书楼【三香草堂】的日志，2011年6月17日，网易博客，http://xiyangxi-aoyu.blog.163.com/blog/static/160997523201515315311456/，引用时略有删节。

# 2012 年

金景芳教授塑像揭幕仪式在长春举行。

金景芳教授塑像揭幕仪式

金景芳教授塑像底座铭文

金景芳教授塑像底座铭文如下：

　　金景芳（1902—2001），字晓邨，辽宁义县人，著名历史学家、文献学家、易学与儒学家，①靠刻苦自学而成名的一代宗师。先生把毕生精力都奉献给学术事业，留下了丰硕的学术成果，为国家培养了大批学术人才，开创了一个具有鲜明特色的金景芳学派，在当代史学大家中，一人而已。

据中国社会科学在线记者晁天义报道：9月22日，金景芳教授塑像揭幕仪式在吉林大学举行。吉林大学副校长吴振武、相关单位负责人、古籍研究所及文学院历史系全体师生、金景芳教授弟子、部分校友及金景芳教授家属参加揭幕仪式。揭幕仪式由古籍研究所所长冯胜君主持。吴振武、申晨星、张福贵、谢维扬、廖名春、康学伟共同为塑像揭幕。申晨星、陈恩林分别致辞。塑像由金景芳先生受业弟子及部分再传弟子捐款而建。

报道说：金景芳（1902—2001），当代著名古史研究专家、《周易》学家、思想史家，生前曾任中国孔子基金会顾问、先秦史学会顾问、吉林大学古籍所教授、首批部评中国古代史专业博士生导师。金景芳教授共出版专著十余部，发表论文百余篇，约五百万字，在中国古史分期、《周易》研究、孔子研究、井田制度、宗法制度及上古社会文化研究领域，都卓有创见，自成特色。金先生以毕生精力所开创的具有鲜明学术特色的史学流派"金景芳学派"在古史学界占有重要地位，影响深远。今年是金景芳教授诞辰一百一十周年。

---

①先生塑像底座的铭文为吕文郁拟稿，后经先生的几位弟子集体讨论定稿。在原稿和讨论定稿中，均无"与儒学"三字。

金景芳教授塑像揭幕仪式留念

## 2013 年

吕文郁的《吾师金景芳教授之家世》一文发表于《黑龙江社会科学》杂志 2013 年第 3 期。这一年恰好是吉林大学古籍研究所建所三十周年,所领导决定编辑出版《吉林大学古籍研究所建所 30 周年纪念论文集》,该文集也编入了吕文郁的这篇文章,题目改为《金老的家世》。①

应《周易研究》杂志主编刘大钧教授邀约,吕文郁撰写了《金老对〈周易〉辩证法的开拓性研究》,载于该刊 2013 年第 5 期(总第 121 期)。在该刊同一期还刊出了康学伟的《论金景芳先生的

吉林大学出版社新版《周易全解》书影

---

① 《吉林大学古籍研究所建所 30 周年纪念论文集》2014 年 11 月由上海古籍出版社出版。

易学思想及其学术地位》及舒大刚的《金景芳先生生平与学术简论》两篇文章。

2013年11月,吉林大学出版社重新出版了先生和吕绍纲合著的《周易全解》一书。这是该书自1989年在吉林大学出版社出版后首次改版。

## 2014 年

2014年7月7日,长春电视台播放了该台拍摄的系列纪录片《景芳先师》。这部系列纪录片共分四集:(一)青青子衿;(二)脱颖而出;(三)桃李春风;(四)吾生有涯。该片较为全面地评介了先生的生平事迹和主要学术成就。主要撰稿人为周宓,编辑为袁娜、刘海英,校审为梁磊。他们曾查阅、研究了先生的多种自传和传记资料,采访了吉林大学古籍研究所的领导和先生的几位学生、先生的家属和生前的同事,根据大量的采访记录和影像资料,制成了这部内容丰富、资料翔实的系列纪录片。这部系列纪录片播出后受到了广大电视观众的好评。下面是系列纪录片《景芳先师》解说词选录:

之一《青青子衿》:

> 他出生于书香门第,
> 却因为家道贫寒,求学之路步履维艰。
> 他发愤于弱冠之年,
> 终相遇良师益友,学问之道一日千里。
> 乱世之中,青灯之下,
> 他的学术著作让知音人击节赞赏,
> 半生执教,耿耿丹心,
> 他的道德风骨让后来人唏嘘感叹。
> 独树一帜的史学观点,

遍地开花的弟子门人，

后来人诗以赞之：

"曾将铁笔惊风雨，每把金针度与人。"

他，就是国学大师金景芳。

## 之二《脱颖而出》：

少年有志于学，万卷书读遍，

抗战颠沛流离，万里路踏破。

晚年，金景芳回顾自己这一时期的经历，

慨然感叹：渔夫下海遇飓风，奋力在惊涛骇浪中挣扎。

不饱鱼腹，已是幸事，谈不上什么英雄好汉。

身为海内知名的史学大家，

如此的胸怀气度令人感佩。

当然，后人也决不会忘记，

在那段风雨飘摇，生计堪忧的日子里，

先生留下的那些黄钟大吕的文字。

## 之三《桃李春风》：

金景芳平生之志，不过教书育人，

但是烽烟战火中，哪里有平静的讲台与书桌？

白发书生神州泪，

洒在了山峦河流城镇乡村。

滚滚红尘，颠仆流离中，

讲学难，求学亦难。

自己平生所学，难道就没有用武之地么？

已过不惑之年，却不时为这样的疑问所困扰。

几时才能守得云开见月明？

到底谁能为他点亮那一盏心灯？

之四《吾生有涯》：

景芳先生晚年，自号"知止老人"，
他常向家人弟子笑称，
我这样一大把年纪，
写完手上的这本书，
送走眼前的这批学生，
也该好好歇歇了。
可是，一生的学养积累，一生的治学经历，
每每令他欲罢不能。
每一次在历史文献中的发现，
每一位学生在学术上的成绩，
都让他由衷地欣慰，
这样的激情，
一直伴随先生走到人生的终点。

吉林大学的学子们在先生的塑像前向先生致敬

《船山学刊》杂志2014年第4期发表了薛柏成、孙泽宇的文章,题目是《金派易学对当代易学义理研究的贡献》。文章指出:自20世纪30年代开始,吉林大学金景芳先生治易,继承了孔子《易传》中求索易学义理的宗旨,精研《周易》经传义理,灵活运用马克思主义理论并结合经学、史学的研究方法,多窥古人未至之境,开创了金景芳易学学派,其弟子们继承并发扬了他的易学思想,治易坚持以探求义理为主的学风,全面系统地论述了《周易》的哲学与辩证法思想;具体揭示与说明了易是中国思想文化之源;对《易》与先秦诸子之学的关系多有阐扬;首次在学界提出了《易传》对《周易》神学卜筮体系改造的具体内容与方式;在当代易学出土文献及传世文本的释读、研究上见解独到,著述宏富,在当今经典易学研究领域独树一帜,可以说,金派易学对当代易学义理的研究作出了重要贡献。

## 2015 年

《金景芳全集》2015年8月由上海古籍出版社出版,全集分为10卷,共计约500万字,收录了金景芳教授一生12部著作、100余篇论文及已发现的未刊稿,附金景芳传略、学人回忆、书评文字及相关资料。出版《金景芳全集》,对于探讨金景芳教授学术思想,分析和总结20世纪学术发展的历程都具有重要意义。

据吉林大学社会科学处报道:

12月16日,由吉林大学古籍研究所主办、四川大学古籍研究所协办的"金景芳学术思想研讨会暨《金景芳全集》发行仪式"在长春举行。金景芳教授弟子、国内相关院校学者、金景芳教授家属、吉林大学相关职能部门负责人及媒体记者共60余人参加会议。

在上午的发行式上,吉林大学副校长吴振武教授发表致辞,他满怀深情的回忆了金老工作、生活的点滴,指出金景芳教授一生桃李满天下,其严谨的治学态度和孜孜不倦的探索精神值得后辈学者继承和发扬。随后,上海古籍出版社总编吕健先生介绍了《金景芳全集》的编纂过程,通化师范学院院长康学伟教授、大连大学葛志毅教授、金景芳教授家属代表金吉光先生等分别从不同角度追思了金景芳教授的学术业绩和治学道路。四川大学古籍整理研究所所长助理郑伟博士代表四川大学致贺辞,会议还宣读了中国先秦史学会发来的贺信。发行仪式由吉林大学古籍研究所所长冯胜君教授主持。

下午,与会专家学者们分别从金景芳先生的学术生平和学术贡献两个方面进行了研讨,探讨了金景芳先生的学术历程与中国社会历史变迁的关系及其在中国学术史上影响。讨论会由朱红林教授主持。

《金景芳全集》书影

参加《金景芳全集》发行仪式的全体代表合影留念

## 2016 年

先生早年的一篇重要文稿被发现。

2016 年 1 月 26 日,我的一位不愿透露姓名的朋友来到我家,向我出示了一本先师金景芳先生的手稿,篇名是《尚书戈春》。这部手稿为线装本,稿本长 27.5 厘米,宽 17.8 厘米。封面浅灰色,篇名题签为隶书,题签的落款是"辛巳季夏　王准",并钤有"王准"的红色名章。手稿的全文用毛笔小楷写成,稿纸为复性书院印制,栏高 19.2 厘米,栏宽 12.7 厘米,每页 9 行。每行正文 23 至 24 字,注释小字双行,稿本共 76 页。据这位朋友说,手稿是在先生的一摞线装书中偶然发现的。笔者见到稿本时异常惊讶,因为《尚书戈春》这篇文章先生生前未曾发表。我随侍先生二十余年,从未听先生谈起过《尚书戈春》一事。不仅我不知道,师门中其他师兄弟,甚至连先生的学术助手吕绍纲教授,还有与先生交往较多的黄中业教授,也同样不知道先生早年写过《尚书戈春》一文。但《尚书戈春》稿本又千真万确是先生亲笔所写。因为我见过先生在复性书院读书时写的《春秋释要》手稿,并留有这份手稿的复印件,对先生早年的小楷字体非常熟悉。而且《尚书戈春》手稿与《春秋释要》手稿所用的稿纸也完全相同。为稿本封面题签的王准以诗词和书法见长,是先生在复性书院读书时的同窗好友,题签上的名章与笔者保存的先生《易通》手稿封面题签使用的名章也完全相同。见到稿本后我一眼就能认定这确实是先生早年的文稿,于是我征得这位朋友的同意,立即到附近的复印社把全稿复印两份以备用。可惜当时《金景芳全集》业已出版发行,先生这一早年的重要作品未能编入《全集》,这是一大遗憾。

"戈春"出典于《荀子·劝学》篇。荀子说:"不道礼宪,以《诗》《书》为之,譬之犹以指测河也,以戈春黍也,以锥餐壶也,不可以得之矣。"先生释"以戈春黍"之义云："谓春不能尽，且亦未必中食也。"此乃先生之谦辞。实际上先生在《尚书戈春》中所阐释、考证者，皆为《尚书》中之重要而又关键的问题，往往都是前辈经学家众说纷纭、费尽口舌而又没有说清楚的问题，可谓先生研究《尚书》的攻坚之作。先生在《尚书戈春·序》的末尾写道："辛巳长夏，金景芳自序于嘉州复性书院学舍。"王准题签的落款亦云"辛巳季夏"，可证这篇文章写于1941年农历六月。当时复性书院主讲马一浮先生刚刚发布"六·二五"（公历）通告不久，宣布因办学经费无以为继，书院即将遣散全体生员。故先生在《尚书戈春·序》中说："兹以书院改变规制，不久便当离去，未知异日能有学益以否？"表明这篇文章写于即将离开复性书院的前夕，是继《春秋释要》之后的又一篇力作。

先生早年曾下工夫研究《周易》，因先生的《易通》一书获奖并正式出版而为学界所熟知。先生早年对《春秋》和"三传"也下过工夫，因先生曾在复性书院编印的《吹万集》中发表了颇受马一浮先生表彰的《春秋释要》一文，学界对此事也并不陌生。但先生早年曾下大力气研究《尚书》，学界却知者寥寥。笔者作为先生的及门弟子，也是在先生作古之后为先生编纂全集时，才得知先生在东北大学中文系曾讲授《经学概论》课程，并编写了《经

《尚书戈春》手稿封面

学概论》讲义,可知先生对全部儒家经典都比较熟悉。当时东北
大学曾印行了先生《经学概论》的油印本,可惜这部油印本《经学
概论》至今未能找到。1944 年 10 月,先生在东北大学主办的
《志林》杂志上发表过《尚书八论(上)》的长篇论文,即先生《经
学概论》中的《尚书》部分。这次由于《尚书戈春》稿本的发现,
我们终于知道,先生早年对儒家经典中最难读、学问最高深的三
部经典《周易》、《尚书》、《春秋》都曾下过大工夫。先生的《尚书
八论(上)》和晚年的《〈尚书·虞夏书〉新解》原来都肇始于早年
的《尚书戈春》一文。同时我们也更加清楚地认识到,先生作为
"由经入史"的历史学家,能够在中国古代史研究领域取得大成
就、做出大贡献,实得力于先生早年坚实的经学功底。

　　2016 年 11 月 3 日,由广陵书社承办的第十九届(2015 年
度)华东地区古籍优秀图书评奖会在扬州召开。上海古籍出版
社 2015 年出版的《金景芳全集》荣获一等奖。

　　获奖图书介绍资料说:

　　　　《金景芳全集》全十册,由金景芳学术传人吕文郁、舒大
　　刚等编订,《全集》汇集了金先生全部专著、论文及部分未刊
　　讲义。资料翔实,体例合理,是目前所见收集先生学术成果
　　最全的著作集,既能全面涵盖金景芳先生的毕生学术成就,
　　亦能充分体现其学术发展脉络,对传承其学术成就与促进
　　学术发展,无疑提供了一份严谨可信的文本。①

---

①http://www.guji.cn/web/c_00000019/d_16653.htm,中华古籍网。

# 附录一　金景芳先生佚文四篇

## （一）尚书戈春

### 序

　　近治《尚书》，迭有所获，不忍辄弃，萃为一帙，命曰《尚书戈春》。取《荀子·劝学》"以戈春黍"之义，谓春不能尽，且亦未必中食也。然下笔殊不敢苟，大抵取其坚节而攻之，兼采诸家，不苟同亦不苟异，私冀无负先圣，而一逢理乱丝、解连环之快。旧说已是者，不更发论，其未是而无大关系者，亦略之。如《君奭》"呜呼！君，已曰时我"。"我"当作"哉"。盖"天降丧于殷，殷既坠厥命，我有周既受，我不敢知曰：厥基永孚于休，若天棐忱。我亦不敢知曰：其终出于不祥。"为周公复述召公语。检《召诰》"我不可不监于有夏"一节，可知作"我"无义，此形近而讹。《洛诰》"公无困哉"，《汉书·元后传》、《杜钦传》、《后汉书·祭祀志》刘昭注引《东观书》皆引作"公无困我"，是其证。又经多用"迪"字，旧率释为"道"，为"蹈"，实则猷、尤、繇、由、迪古音义皆同，可通用。丕、不、否亦然。我、予、朕、印一篇互见，古人不以为嫌也。凡属此等，仅涉文字，故训非大义所在，悉不录。词取其达，不贵繁复。征引足资证佐而已，不求其备。兹编也但供覆瓿，随尘烟以灭则已。若犹有省览之人，则于古经虽未尽廓清之功,或不至更增障翳也。来学书院一年矣,丛愆积庆,无足齿数。然幸蒙师友之益,处心实不敢不端。日对简编,未尝掉以轻心。间有论议,必衷于正。邪诐固所甚恶,奢淫亦所不喜。理果是也,虽舆台皂隶,亦有取焉。如其非是,虽王公大人,亦不惮加以辨正。诚直简淡是尚,以攘善为耻,穿凿为病。文欲澄洁如水,此心亦欲如水也。然语好尽而别黑白甚严,则其所短。兹以书院改变规制,不久便当离去,未知异日能有学益以否。用存此编,并前草《春秋释要》为一集。暇日览之,倘亦雪中爪痕与? 辛巳长夏,金景芳自序于嘉州复性书院学舍。

《尚书戈春》目录

绪言

论删述

申若天

辨玑衡

释敷土

述九德

诠象刑

原五行

## 绪言

六艺之于教一也。皆所以尽性而成德也。《诗》、《书》、《礼》、《乐》为教已久,《易》及《春秋》则昉自仲尼,今之所传,又皆孔氏之书,不与在昔同也。《王制》"乐正崇四术,立四教,顺先王,《诗》、《书》、《礼》、《乐》以造士,春秋教以《礼》、《乐》,冬夏教以《诗》、《书》。"《左传》赵衰称郤縠"说《礼》、《乐》而敦《诗》、《书》"。[1]　而《易》之见于《左》、《国》者,第用之卜筮。《春秋》则

---

[1]僖二十七年。

羊舌肸、申叔时三数人外绝少习之,不似赋《诗》据《书》之数数觏也。《论语》"子所雅言,《诗》、《书》,执《礼》。"①《易》与《春秋》非所恒道,于可概见。孔子删《诗》、《书》,定《礼》、《乐》,赞《周易》,作《春秋》,手定"六艺",垂教万世。后有作者,蔑以复加。窃谓"六艺"一揆可分三等。"《礼》、《乐》不可斯须去身。"②"乐以修内,《礼》以修外。"③"《乐》统同,《礼》辨异。"④是为一等。"《诗》以道志,《书》以道事。"⑤是为一等。"《春秋》推见至隐,《易》本隐以之显。"⑥是为一等。《礼》、《乐》互备,《易》与《春秋》相表里,其意甚显,不烦解说。《诗》、《书》一等,兹申论之。《文中子》曰:"圣人述《书》,帝王之制备……述《诗》,兴衰之由显。"盖《书》以道事,帝王之大训存焉。《诗》以道志,世风之升降系焉。无《书》,则粲然之治具不传,无《诗》,则明畏之天心不见。故《书》之事多采录高明,《诗》之志特着重鳏寡。事存得失,感也。志有美怨,应也。感在朝宁而应及四竟。感裁一时,而应延数世。故《书》以著其源,《诗》以沿其流。《书》详一人之本,《诗》录四方之风。《书》之作者即篇可知,《诗》之作者率难确指。何则?《书》之旨在宪其事,《诗》之旨在知其世。事唯局于一人,世则通于有众。故三百篇其皆为谁氏所作,固多无考。即偶存一二,亦第以觇其一代风俗而已。初不过视其人之贤否也。盖风之形成乃积于多人之行,累代之习薰渐成俗,靡然一世。故《诗》之所示,实乃流动中整体之脔尝。说《诗》而泥于一人一时者,惑矣。尝谓《诗》有作诗、采诗、歌诗、赋诗、删诗之

---

①《述而》。

②《礼记·乐记》、《礼记·祭义》。

③《礼记·文王世子》。

④《礼记·乐记》。

⑤《庄子·天下》。

⑥《史记·司马相如列传》。

异。今所传者，乃圣人删定之《诗》也。学者不务究其义，顾作诗之人是求，抑独何欤？《风》首二南，周、召时诗也，乃多咏文王之事。《邶》、《鄘》、《卫》，卫诗也，离为三焉。《桧》、《郑》，郑诗也，而二之。《魏》、《唐》，晋诗也，而没晋号，且析之为二。经生不得其故，曲说滋漫，悍者且欲并《郑》、《卫》而删之，抑知《诗》以道志，而志乃发于真情，非同矫伪。故劳人思妇之歌吟，恒为兴衰所系。

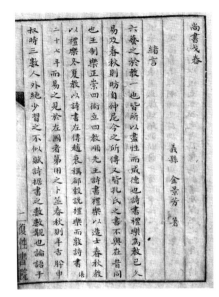

《尚书戈春》手稿之一，正文第 1 页

抚其迹，固雷同四竟，寻其本，实植根数代。执一人一时而说之，夫岂有合？故述《诗》之旨不与《书》同，而其用乃互足者也。盖《礼》、《乐》者，行也；《诗》、《书》者，故也；《易》、《春秋》者，理也。极深研几，精义入神，《易》、《春秋》近之；多识前言往行，以畜其德，《诗》、《书》近之，皆为《礼》、《乐》之资。孔子曰："君子博学于文，约之以礼。"[1]又曰："兴于《诗》，立于《礼》，成于《乐》。"[2]"君子曰：《礼》、《乐》不可斯须去身。""《乐》者，天地之和也；《礼》者，天地之序也。大人举礼则天地将为昭焉，天地诉合，阴阳相得，煦妪覆育万物，然后草木茂，区萌达，羽翼奋，角觡生。蛰虫昭苏，羽者妪伏，毛者孕鬻，胎生者不殰，而卵

①《论语·雍也》。
②《论语·泰伯》。

生者不殓。"①呜呼！至矣,学于"六艺"而不能反之一身,著之行事,合于《礼》、《乐》,以施及生民,是仲尼之罪人也。曷若巫医药师百工之人,执一技以自效之为得哉！兹因说《书》,故并论"六艺"如此。

## 论删述

孔子删书之事,首见述于《史记·孔子世家》。其言曰:

> 孔子之时,周室微而《礼》、《乐》废,《诗》、《书》缺。追迹三代之礼,序《书传》,上纪唐虞之际,下至秦穆,编次其事。曰:"夏礼吾能言之,杞不足征也;殷礼吾能言之,宋不足征也。足则吾能征之矣。"观殷夏所损益,曰:"后虽百世,可知也,以一文一质。周监二代,郁郁乎文哉！吾从周。"故《书传》、《礼记》自孔氏。

又《儒林传》曰:"孔子闵王路废而邪道兴,于是论次《诗》、《书》,修起《礼》、《乐》。"而郑君书论以为孔子求得黄帝玄孙帝魁之书,迄于秦穆公,凡三千二百四十篇,断远取近,定可以为世法者百二十篇。以百二篇为《尚书》,十八篇为《中候》,是则过信纬书之陋说。然其书赞称"三科"之条,"五家"之教,谓虞夏为一科,则非诬妄。盖孔子之述《诗》、《书》也,当概甄采旧文,非必如《春秋》有笔削之事。其寄意处端在"编次"、"论次"而已。故研诵《诗》、《书》而昧于编次,则大本不立,于义自多扞格,安能得圣人之用心？尝试考之《春秋》,有"据鲁亲周故殷"之义。②案之《诗》,则《鲁颂》、《商颂》次《周颂》,验之《书》,则得虞夏、商、周"三科"。颜渊问为邦,子曰:"行夏之时,乘殷之

---

①《礼记·乐记》。
②说详拙著《春秋释要》。

辂,服周之冕。乐则《韶舞》。"太史公记孔子定礼,亦三代并言。《乐记》述乐,止言《大章》、《咸池》、《韶》夏、殷、周之乐,而不及《云门》。《云门》见于《周礼》,《周礼》乃战国之书,非特非周公所作,并非孔子所传,其称《云门》当亦《立基》、《下谋》之比,不可为典要也。荀子曰:"王者之制道不过三代,法不贰后王。"①又曰:"欲观圣王之迹,则于其粲然者矣,后王是也。"②又曰:"五帝之外无传人,非无贤人也,久故也。五帝之中无传政,非无善政也,久故也。禹汤有传政而不若周之察也,非无善政者也,久故也。传者久则论略,近则论详。略则举大,详则举小。"③夫荀子法后王,人多议其非,而不知其深有契于圣人也。《春秋》之义,详近而略远,故三世异辞。《尚书》百篇,周得四十。④今所传伏生之书二十九篇中,自《牧誓》下二十篇悉周书,虞夏、商书裁九篇耳。《诗》三百五篇中,只录《商颂》五篇,《邶》、《鄘》略见遗俗。至虞夏之诗并阙焉不载。礼则《仪礼》所书,二戴所记,大都周制。是知圣人之意。信乎!荀子得之矣。刘逢禄曰:

> 《春秋》董仲舒说:圣王生则称天子,崩迁则存为三王,绌灭则为五帝,下至附庸,绌为九皇下极,其为民难绝也,庙号祝牲犹列于郊号,宗于岱宗。此六经之通义也。⑤然则由王而帝、而皇、而民,亲疏之称,远近之辞,尊卑之号也,此百王之所同也。有功德者,三代以来则有禘、郊、祖、宗之礼,子孙虽至绌绝,犹列于郊号,宗于岱宗,此伏羲、神农、黄帝、尧、舜、禹、汤、文、武所以百世祀也。董生书又云:"王者之

①《王制》。
②《非相》。
③《非相》。
④据郑君《书序》。
⑤原注:郑众《周礼解诂》云:"四类、三王、五帝、九皇、六十四民咸祀之。"

法必正号,绌王谓之帝,封其后以小国,使奉祀之。下存二王之后以大国,使服其服,行其礼乐,称客而朝。同时称帝者五,称王者三,所以昭五端、通三统也。三代之制以是推之。"太史公闻《春秋》于董生,故夏殷纪、表皆称帝,而周称王。褚少孙等不得其说,遂于《殷本纪》羼入周后世贬帝号为王以为之解,由不明《春秋》之义也。《春秋》传云:"《周礼》未改,今之王,古之帝也。"《尚书大传》云:"惟十有三祀,帝乃称王而入唐。"注云:"帝谓舜也。"是在当时亦称王也。《易》曰:"古者庖牺氏之王天下",是皇亦称王也。从后录之,或谓之帝,或谓之皇,非当时记事者所称名号然也。孔子序书据周太史所录,唐虞称帝,夏商周称王,其帝典及《大禹》、《皋陶谟》、《益稷》上纪唐虞之际,首以"曰若稽古"者,所以别之于三代也。故皆谓之《夏书》。

又曰:"帝王之号,古今之称,无优劣之别也。"[1]案:刘氏说帝王诸号之义甚谛,孔子序书唯有三科,亦亲疏远近之义应尔,《荀子》所谓"传者久则论略,近则论详,略则举大,详则举小"也。而上取二帝纪,唐虞之际以为五家者,则以禹之大功在抑鸿水,而抑鸿水乃在舜居摄时。又"若天"、"敷土"为开辟以来之盛治,置之可惜,故因夏及之。然所志已略矣。《费誓》郑依贾奏,《别录》在《吕刑》前,而伪孔则退之,次于《文侯之命》、《秦誓》二篇之间,盖以《冏命》、《吕刑》皆周穆书也,殊不知孔子序书以《费誓》、《吕刑》、《文侯之命》、《秦誓》四篇相次殿于末,亦犹《国风》以《齐》、《魏》、《唐》、《秦》相次之意。盖录《费誓》由鲁,录《吕刑》由齐。[2]《文侯之命》与《魏风》、《唐风》同为晋故。鲁为周公后,孔子之宗国也,故先之。《齐》、《晋》、《秦》则王室既卑,

---

[1]《书序述闻》。
[2]采刘逢禄说。

诸夏代兴之霸也。子产曰:"今周室少卑,晋实继之。"①《春秋》其事则齐桓、晋文,理亦如是,盖编次之微旨也。《书》之名篇与《三百篇》取义亦颇类。《诗》孔疏所谓"名篇之例义无定准,多不过五,②少才取一。③ 或偏举两字,或全取一句。偏举则或上或下,全取则或尽或余。亦有舍其篇首,撮章中之一言。或复都遗见文,假外理以定称。"案:仲达此语移以论《书》,极允,推之诸子之书,亦率如是。盖古人命篇之达例也。昧者不察,执太史公书"本纪"、"世家"之次第、比例求之,以为《尧典》定述尧事,因析出《尧典》言舜之部另标《舜典》之名,何其陋也!

## 申若天

自黄帝迎日推策,④帝喾序三辰,⑤历日月而迎送之,⑥至尧而命官,钦若昊天,历象日月星辰,益精。置闰正时,其法大备。举凡庶政皆则以行。《论语》:"子曰:'大哉!尧之为君也。巍巍乎唯天为大,唯尧则之。'"⑦盖叹其实,非虚誉也。《尧典》曰:"乃命羲和,钦若昊天,历象日月星辰,敬授人时。分命羲仲,宅嵎夷,曰旸谷。寅宾出日,平秩东作。日中,星鸟。以殷仲春。厥民析,鸟兽孳尾。申命羲叔,宅南交。平秩南讹,敬致,日永。星火,以正仲夏。厥民因,鸟兽希革。分命和仲,宅西,曰昧谷。寅饯纳日,平秩西成。宵中,星虚,以殷仲秋。厥民夷,鸟兽毛毨。申命和叔,宅朔方,曰幽都。平在朔易;日短,星昴,以正仲

---

① 《晋语》韦注谓"为盟主统诸侯也"。
② 《书》则多不过四。
③ 《书》率两字名篇,无取一者。
④ 《史记·五帝本纪》。
⑤ 《国语·鲁语》。
⑥ 《史记·五帝本纪》。
⑦ 《泰伯》。

冬。厥民隩,鸟兽氄毛。帝曰:'咨! 汝羲暨和:期三百有六旬有六日,以闰月定四时,成岁。允厘百工,庶绩咸熙。'"又曰:"在璇玑玉衡,以齐七政。岁二月,东巡守……肆觐东后。协时月,正日,同律度量衡。修五礼、五玉、三帛、二生、一死贽。如五器……南巡守,至于南岳,如岱礼。八月西巡守,如初。十有一月朔巡守,如西礼。"《皋陶谟》曰:"抚于五辰,庶绩其凝。"又曰:"无旷庶官,天工人其代之。天叙有典,勑我五典五惇哉! 天秩有礼,自我五礼有庸哉! 天命有德,五服五章哉! 天讨有罪,五刑五用哉……禹曰:'安汝止,惟几惟康。其弼直,惟动丕应。徯志以昭受上帝,天其申命用休!'"《甘誓》曰:"予誓告汝:有扈氏威侮五行,怠弃三正。天用剿绝其命。今予惟恭行天之罚。"《汤誓》:"有夏多罪,天命殛之。……夏氏有罪,予畏上帝,不敢不正。尔尚辅予一人,致天之罚。"《盘庚》曰:"先王有服,恪谨天命;今不承于古,罔知天之断命……天其永我命于兹新邑。"《高宗肜日》:"呜呼! 王司敬民;罔非天胤。"《西伯戡黎》:"祖伊恐,奔告于王,曰:'天子! 天既讫我殷命。'王曰:'呜呼! 我生不有命在天?'祖伊反,曰:'呜呼! 乃罪多参在上,乃能责命于天?'"《微子》:"父师若曰:'王子! 天毒降灾荒殷邦。'"《牧誓》:"今予发,惟恭行天之罚。"其在《周书》,称天尤多,不烦备举。夫一则曰"敬授人时",再则曰"以齐七政",巡守也,首重协时月、正日矣,谟也,亦言"抚于五辰",而况曰"天工人代","天叙五典"。礼曰"天秩",德曰"天命",罪曰"天讨"。夏启、商汤、周武之誓师,无不以"恭行天罚"为辞,而桀之僩然叹,哑然笑,亦曰"日有亡哉? 日亡吾乃亡"矣。① 纣亦曰"我生不有命在天",则尧之流风所被,远矣! 盖自剖判以来,唯尧为能则天,而治臻至极。孔子叹其"巍巍",特冠书首,自"曰若稽古"至"庶绩咸熙",为尧正

①《尚书大传》。

传。寥落二百余言，正《荀子》所谓"传者久则论略，略则举大也"。所记与《论语》宛然相应，则尧之大孰过于此乎？《论语·尧曰》"'咨尔舜！天之历数在尔躬。允执其中，四海困穷，天禄永终。'舜亦以命禹。"此之历数即《洪范》"五纪"之历数。说者惑于图谶，训同运数，谬矣！窃谓历者，时历也。"数"之义与《左》昭三年传张趯曰："善哉！吾得闻此数也"，《荀子·劝学》"其数则始乎诵经，终乎读礼，其意则始乎为士，终乎为圣人"，《周礼·天官·小宰》"四曰旅，掌官常以治数"诸文略同，非谓推步计数也。《洪范》五纪，岁、月、日、星、辰，皆可假以纪事。若乃厕入推步之法，则于类不伦，尚安得谓之纪？是知旧解"历数"义同"历象"，亦不可从也。历数之制，犹今行政历，古则谓之朔政。《月令》其遗象也。《周礼》太史"正岁年以序事，颁之官府及都鄙，颁告朔于邦国"。①《公羊》文六年注：《礼》：诸侯受十二月朔政于天子。藏于太祖庙。每月朔朝庙，使大夫南面奉天子命，君北面而受之。其仪详《礼·玉藻》。《周语》："古者先王既有天下，又崇立上帝明神而敬事之，于是乎有朝日夕月，以教民事君。"《谷梁》庄十八年传："故虽为天子，必有尊也。贵为诸侯，必有长也。"故天子朝日，受政于天也。诸侯朝朔，受政于王也。盖自尧以来如是矣。《洪范》曰："王省惟岁，卿士惟月，师尹惟日，庶民惟星。一岁之政，王所主省。故有朝日颁朔之事。一月之政，侯所主省。"②故有朝朔受政之典。师尹主省一日之政。《左》桓十七年传曰"日御不失日，以授百官于朝"是也。若夫庶民则不识不知，顺帝之则，朔政所不及。农功土功是所勤也，厥省惟星。《周语》虢文公曰："农祥晨正，日月底于天庙，土乃脉

---

① 《春官·宗伯》。
② 畿内卿士同，外诸侯异者，一掌官府、都鄙，一掌邦国。《左传》郑武公、庄公为平王卿士。

发。"又单襄公曰：

> 夫辰角见而雨毕，天根见而水涸，本见而草木节解，驷
> 见而陨霜，火见而清风戒寒。故先王之教曰："雨毕而除道，
> 水涸而成梁，草木节解而备藏，陨霜而冬裘具，清风戒寒而
> 修城郭宫室。"故《夏令》曰："九月除道，十月成梁。"其时儆
> 曰："收而场功，偫而畚梮，营室之中，土功其始。火之初见，
> 期于司里。"

《左》庄二十九年传："凡土功，龙见而毕，务戒事也；火见而致用，
水昏正而栽，日至而毕。"《尚书大传》曰："张昏中可以种稷，火
昏中可以种黍，虚昏中可以种麦，昴昏中可以收敛。"此其可考者
也。星有好风，星有好雨，日月之行，则有冬有夏，月之从星，则
以风雨，良以寒暑风雨，岁功所重，而冬夏则由于日月之运行，风
雨则视月离之宿可知。盖此与雨毕水涸之文不异，皆谓辨星定
时，而识风季雨季之去来。第彼以中星为定，而此以月离为准。
由古昔朔政不及庶民。庶民家无历书，故赖考星以知时也。夫
曰好风好雨，亦谓其时宜恒有风，恒有雨耳。陋者不会此意，又
见《诗》有"月离于毕，俾滂沱矣"与此相应，而妄撰孔子出使，子
路赍雨具之文。且以离阴，故雨，离阳，故不雨说之，一若月离
毕，阴天定雨者。善夫！盛百二之言曰：

> 月离之宿，每月必经，普天共见，使风雨之应，略无参差
> 同异，是人人可以预知，而九州之水旱一体矣。①

足以破惑，然犹滞于干支生克，及占云气之见，则仍未的。夫占
云气岂不可以知风雨？然经文固无此旨也。天子法天而正历
数，故曰"天之历数"。历数自天子出，为一切政教根本，"天之历

———
① 《尚书释天》。

数在尔躬",犹曰尔践阼假行其事,以明有其位也。《大戴记·虞
戴德》孔子曰:"天子告朔于诸侯,率天道而敬行之,以示威于天
下也。"又《用兵》孔子曰:"夏桀、商纣赢暴于天下,暴极不辜,杀
戮无罪,不祥于天,粒食之民,布散厥亲,疏远国老,幼色是与,而
暴慢是亲,谗贷处谷,法言法行处辟。忝替天道,逆乱四时,礼乐
不行,而幼风是御。历失制,摄提失方,邹大无纪。不告朔于诸
侯。"是知告朔者法天之实。帝尧创制,后王踵武,不告朔即威侮
五行,怠弃三正矣。①　鲁文四不视朔,《春秋》讥之,子贡欲去告
朔之饩羊,孔子曰:"尔爱其羊,我爱其礼。"载籍昭昭,皆足征也。
慨自晚周坏法,秦政燔书,学者掇拾烬余,未遑深考而术数乘隙。
苟以五行生克之说乱之,于是昔之历数大典,一变而为宜会亲
友,或诸事不宜之宜忌小道,荐绅先生难言之。抑知沿波讨源,
固是放勋之遗欤?盖自唐尧以来,天子法天,尊天为上帝,而尤
致礼于日。《中庸》孔子曰:

　　郊社之礼,所以事上帝也。宗庙之礼,所以祀乎其先
也。明乎郊社之礼,禘尝之义,治国其如示诸掌乎!

《穀梁》庄二十五年传:

　　天子救日,置五麾,陈五兵、五鼓,诸侯置三麾,陈三鼓、
三兵。大夫击门,士击柝。

《礼·曾子问》:

　　如诸侯皆在而日食,则从天子救日,各以其方色与
其兵。

***

① 三正即天地人之政。所谓司马主天,司徒主人,司空主土。解为子丑寅
　 三统者,非是。

《尚书戈春》手稿之二

夫所谓鼓兵救日，岂可以明征其效？亦所以教事君之意。汉儒不察，以为灾异。宰相翟方进至以日食赐死。① 则治经顾可不慎欤？至若因经有上帝，而臆撰"灵威仰"、"赤熛怒"、"含枢纽"、"白招拒"、"汁光纪"五帝之名，则纬书乱经，为害尤大，不可以不辨也。②

　　若天经文表解：
　　案：经文简古，精奥信出鸿笔之手。盛氏百二《尚书释天》备矣，兹复厘为简表，便览观焉。

---

①《汉书·翟方进传》。
②《周礼·天官》"祀五帝"贾公彦疏："为东方青帝灵威仰，南方赤帝赤熛怒，中央黄帝含枢纽，西方白帝白招拒，北方黑帝汁光纪。"

经旨分两层:一、若天之事;二、若天之功。若天之事又分两层:一、总述,二、分疏。羲和即"汝羲暨和",亦即仲叔四子,谓为"二伯"者非也。前凡后目,为此经措语通例。

| 要略目　事注　官项别 | | | 分命羲仲 | 申命羲叔 | 分命和仲 | 申命和叔 | 羲暨和 |
|---|---|---|---|---|---|---|---|
| 历象日月星辰 | 分道测候① | 测候处所 | 宅嵎夷曰旸谷 | 宅南交 | 宅西曰昧谷 | 宅朔方曰幽都 | 以闰月定四时成岁 |
| | | 测候方法 | 寅宾出日 | 敬致 | 寅饯纳日 | | |
| | 考昼夜及中星以正四时 | | 日中星鸟 | 日永星火 | 宵中星虚 | 日短星昴 | |
| | | | 以殷仲春 | 以正仲夏 | 以殷仲秋 | 以正仲冬 | |
| | 验之民 | | 厥民析 | 厥民因 | 厥民夷 | 厥民隩 | |
| | 验之鸟兽 | | 鸟兽孳尾 | 鸟兽希革 | 鸟兽毛毨 | 鸟兽氄毛 | |
| 敬授人时 | 历数之事 | | 平秩东作 | 平秩南讹 | 平秩西成 | 平在朔易 | 允厘百工,庶绩咸熙 |

"平秩东作"诸文,经与考星正时次比,盖省文以见意,表不同者,以欲与前后之文相顾也。

## 辨玑衡

《尧典》纪舜居摄,曰:"在璇玑玉衡,以齐七政。"旧解纷互,莫衷一是。兹约举左方,随加辨正,断以己意,识者察焉。

《尚书大传》云:"齐,中也。七政,谓春、秋、冬、夏、天文、地

---

①为后世测东西里差及南北里差之祖。

理、人道,所以为政也。旋机者何也? 传曰:旋者,还也。机者,几也,微也。其变几微,而所动者大,谓之旋机,是故旋机谓之北极。"

《史记·天官书》云:"北斗七星,所谓旋玑玉衡,以齐七政。"

《汉书·律历志》:"衡,平也。其在天也,佐助旋机,斟酌建指,以齐七政。"

马融云:"璇,美玉也。玑,浑天仪,可转旋,故曰玑。衡,其中横筒,所以视星宿也。七政者,北斗七星各有所主,第一曰主日,法天。第二曰主月,法地。第三曰命火,谓荧惑也。第四曰伐水,谓星辰也。第五曰煞土,谓填星也。第六曰危木,谓岁星也。第七曰罚金,谓太白也。日月五星各异,故名七政也。日月星皆以璇玑玉衡度知其盈缩进退。失政所在,圣人谦让犹不自安,视璇玑玉衡以验齐。日月五星行度,知其政是与否,审重己之事也。"

郑玄云:"璇玑玉衡,浑天仪也。七政,日月五星也。动运为机,持正为衡,皆以玉为之,视其行度,观受禅是非也。"

伪《孔安国传》云:"璇,美玉。玑衡,王者正天文之器,可运转者。七政,日月五星各异政,舜察天文、齐七政,以审己当天心与否。"

右六家,马、郑、伪孔大同,第马说七政较恼悗耳。综校诸家之释玑衡者,可分二宗:一以为星,伏生、司马迁、班固是也。一以为仪,马融、郑玄、伪孔安国是也。解七政者亦复二宗:伏生以为人之政,马、郑、孔以为星之政。迁、固之意未详,而以玑衡为星者又有斗、极之别。以七政为星之政者,又有北斗七星所主与日月五星之殊。兹表系于下:

（1）玑衡解 $\left[\begin{array}{l}\text{星}\left[\begin{array}{l}\text{北极——伏胜}\\\text{北斗——司马迁、班固}\end{array}\right.\\\text{浑天仪——马融、郑玄、伪孔安国}\end{array}\right.$

（2）七政解 $\left[\begin{array}{l}\text{人七政}=\text{春、秋、冬、夏、天文、地理、人道——伏胜}\\\text{星七政}\left[\begin{array}{l}\text{北斗七星所主——马融}\\\text{日、月、五星——郑玄、伪孔安国}\end{array}\right.\end{array}\right.$

以玑衡为浑天仪，七政为日月五星说本书纬，今孤行，尠有议者。然其说实误。兹辨明如次：

古之历象，首在正时，故甚重视经星，①而鲜言五纬。② 言五纬者，大抵不知掩犯之理，以为灾变，因而书之，与历无关。历家之测五纬，只就掩、食以推算诸星距地远近。所谓圜有九重③是也。非以正历，孔颖达曰：五星所行，下民不以为候。如谓七政为日月五星，则是取五纬而遗经星，无勤民之意，不可从者，此其一。五纬与历无关，马、郑等知其说之不可通，于敬授人时也，乃解为观受禅，是非审己当天心与否，显是图谶陋见。夫已受终于文祖，则受禅既定，何待观审？又日月五星迟疾盈缩，留伏掩食，历家持筹可以坐计，千载不与政事相干，则虽唐虞盛世，何以决其必无？将谓尧舜之圣，亦制日食赐死之法欤？不可从者，此其二。"在璇玑玉衡，以齐七政"，与"历象日月星辰，敬授人时"，"抚于五辰，庶绩其凝"文正一例。若解为日月五星行度之政，反觉牵强。不可从者，此其三。有此三不可从，故知马、郑、伪孔之说误也。

七政既非日月五星，则解玑衡为浑天仪，于文不顺。浑天仪古说无述，毕竟有无其物，以及体制如何，皆不可知。今所传者

①角亢等二十八宿。
②辰星、太白、荧惑、填星、岁星。
③《楚辞·天问》。

自汉始。扬雄《法言》所谓"洛下闳营之,鲜于妄人度之,耿中丞象之,几几乎莫之能违也"是已。然则以玑衡为浑仪,亦意必之辞,曷得执为定解?

马、郑、伪孔之说不可用,则伏生近是矣。《国语·楚语》曰:"天地民及四时之务为七事,正是七政确解,与伏生之说合。"盖四时之务,即"平秩东作"、"平秩南讹"、"平秩西成"、"平在朔易"之等。天地民所谓司马主天,司徒主人,司空主土①是也。或曰:司马、司徒、司空,官也;作、讹、成、易,事也。非不相通,并称七政,得无不可?曰:《左》文七年传郤缺引《夏书》释之曰:"六府、三事谓之九功,水、火、金、木、土、谷,谓之六府,正德、利用、厚生,谓之三事。"夫正德、利用、厚生可与水、火、金、木、土、谷并称九功,则司马、司徒、司空与作、讹、成、易自亦可并称七政,盖古恒言如是矣。

璇玑之义,《大传》曰:"旋者,还也。机者,几也,微也。"其诂甚谛。惟谓"其变几微,而所动者大,谓之旋机,是故旋机谓之北极"则误。夫北辰居其所而众星拱之,人视众星每日左旋,其变移由微而著。则旋机斥众星也决矣。北极之动,人所不见。纵可推知,亦无所用,舜而察此何为乎?今谓璇玑为周天之经星,玉衡宜从迁、固定为斗杓。② 在璇玑玉衡,即察斗杓建指经星,以正岁时,此与"历象日月星辰"同,为制历、正历之用。齐七政亦与授人时一例。是知旧说纷纭,仍以伏生为正。后世浑天仪实象天体为之,谓为璇玑固无不可。第解经则宜说为天体,不可即谓浑天仪也。古珠玉可以互称。玉衡盖象北斗魁杓星形而为名,不憭者误解为玉制之。横者适见浑仪有横筒,有旋机,因定其说。实则即璇玑二字,当亦后人据玉衡而改为玉旁。仍从

①《汉书·百官公卿表》或说。
②举全以言即北斗七星。

《大传》读为长也。

# 释敷土

治至唐虞之际极矣！孔子曰："大哉！尧之为君也。巍巍乎，唯天为大，唯尧则之。荡荡乎，民无能名焉。巍巍乎其有成功也，焕乎其有文章。"又曰："巍巍乎！舜禹之有天下也，而不与焉。"吾读《书》，申覆涵泳，而观其都、俞、吁、让，直是何等气象！夫曰恭己正南面，盖亦"天何言哉！四时行焉，百物生焉"之意。不然，何以其有文章，其有成功？吾又尝考其所谓有文章、有成功之事矣。曰：美矣，备矣，难具言矣！然其大端则有二：曰若天，曰敷土。《夏书》所谓"地平天成"，①岂谓是欤！"若天"前已申述，"敷土"于兹详之：

"汤汤洪水方割，荡荡怀山襄陵，浩浩滔天。"人皆以为尧时适然。吾观《吕览》所记，"昔上古龙门未开，吕梁未发，河出孟门，大溢逆流。无有丘陵沃衍，平原高阜，尽皆灭之；名曰鸿水。"②而太史公亦言："河灾衍溢，害中国尤甚……禹以为河所从来者高，水湍悍，难以行平地。数为败，乃厮二渠以引其河。北载之高地。"又曰："余南登庐山，观禹疏九江。"③则前是禹未疏凿，江河逆流，为害久矣。书缺有间，上世难稽。然《周语》载太子晋曰："昔共工欲壅防百川，堕高堙庳，以害天下。崇伯鲧称遂共工之过，伯禹念前之非度，厘改制量，象物天地，比类百则，仪之于民，而度之于群生，共之从孙四岳佐之，高高下下，疏川导滞。"又《鲁语》展禽曰："共工之伯九有也，其子曰后土，能平九土。故祀以为社。"盖洪水怀襄，不自尧始矣。禹之俾乂，功同再

---

① 《尚书·大禹谟》。
② 《爱类》篇。亦见《尸子》、《淮南子》。
③ 《史记·河渠书》。

造天地。史氏追记其初,故曰"浩浩汤汤"云尔。《禹贡》:"禹敷土,随山刊木,奠高山大川。"《吕刑》曰:"禹平水土,主名山川。"《尔雅》云:"从《释地》已下至九河,皆禹所名也。"《庄子》云:"昔者禹之湮洪水、决江河而通四夷九州也,名山三百,支川三千,小者无数。"①盖古之时,平陆多被水患,仅高山大川可识,余则儳互灭没,不可分别。至禹治之,而九山刊旅,九川涤源,九泽既陂,斯得各施名目。然则怀襄之患,益信不自尧始也。禹之敷土,功分三节:一、乘四载,随山刊木。二、决九川,距四海,浚畎浍,距川。三、弼成五服,至于五千,州十有二师,外薄四海,咸建五长。兹依次释之。

**一、乘四载,随山刊木**

乘四载,所以利行。《史记·夏本纪》曰:"陆行乘车,水行乘船,泥行乘橇,山行乘檋。"橇之制,张守节曰:如船而短小,两头微起,人曲一脚泥上擿进。檋,《汉书·沟洫志》作梮。韦昭曰:"如今舆床。人举以行也。"②有此四载而行不困矣。此亦治水要务,故书传群籍,咸特载之。

随山刊木,先奠定高山大川。本干既立,然后相度形势,随设方略区处,自乃无碍。盖禹之目已营八极,禹之胸已括四海,故能指麾若定,人乐赴功,异乎共工、伯鲧之为矣。共工、伯鲧,以邻国为壑之计也,神禹则以天下为一家之心也。怀抱既异,成就自别。刊,《说文》作栞,曰:槎识也。段注:槎识者,衺所以为表志也。如孙膑斫大树,白而书之曰"庞涓死此树下",是其意。《禹贡》道山即随山刊木之事,此为治水第一步。

**二、决九川,距四海,浚畎浍,距川**

禹之施工,首其大者、急者,故决九川先于浚畎浍。《禹贡》

---

① 《天下》篇。
② 陈第辨四载甚晰,见《尚书古文疏证》九十三。

九州山川之志,以先后为次,而缓急亦寓焉。至于三江、九江之辨,大别、陪尾之异,岐山、梁山之疑,黑水、三危之处,先儒聚讼,是正为难。若夫沟洫之制,水地之记,前人论之已详,兹亦不复赘举。

### 三、弼成五服,至于五千,州十有二师,外薄四海,咸建五长

此为俾乂之极功,敷土之盛事。《诗·长发》云:"洪水芒芒,禹敷下土方,外大国是疆,幅陨既长。"《左传》襄四年,魏绛述虞人之箴云:"芒芒禹迹,画为九州,经启九道,民有寝庙,兽有茂草,各有攸处,德用不扰。"又昭元年:"天王使刘定公劳赵孟于颍,馆于洛汭,刘子曰:'美哉禹功!明德远矣。微禹,吾其鱼乎?吾与子弁冕端委以治民,临诸侯,禹之力也。'"《庄子·天下》云:"禹亲自操橐耜而九杂天下之川,腓无胈,胫无毛,沐甚雨,栉疾风,置万国。"《书序》云:"帝厘下土方,设居方,别生分类。作《汩作》、《九共》九篇,《稿饫》。"《尧典》云:"肇十有二州,封十有二山,浚川。"《禹贡》云:"中邦①锡土姓,祗台德先,不距朕行。五百里甸服:百里赋纳总,二百里纳铚,三百里纳秸服,四百里粟,五百里米。五百里侯服:百里采,二百里男邦,三百里诸侯。五百里绥服:三百里揆文教,二百里奋武卫。五百里要服:三百里夷,二百里蔡。五百里荒服:三百里蛮,二百里流。东渐于海,西被于流沙。朔南暨声教,讫于四海。"案:此段经文诸家说亦纷错,总由强以《周礼》比傅,而不知《周礼》为战国之书。虽颇蒐采旧闻,大体出自私制,非先王之典。而《职方》九服,尤不可信。兹参稽群书,覃精研覈,定其说如下。其旧说之失,亦间加辨正焉。

洪水既治,幅陨拓展,旌德策勋,别生分类。而赐土姓、弼五

---

①孙星衍云:史迁"邦"作"国"者,非避讳字。后人遇国字率改为邦,误矣。案孙说是。

服之事兴焉。弼者,辅也;服者,事也。五服:甸、侯、绥、要、荒,是谓九州。其外则为四海。甸服为天子服治田。侯服:服,斥候。斥候者,屏卫也。绥服:服,怀远。要服差简,听约束而已。荒服益简,荒,忽;若无事然。《周语》:祭公谋父曰:"先王之制,邦内甸服,邦外侯服,侯卫宾服,蛮夷要服,戎翟荒服。"无异此经注脚。宾服即绥服也。史迁谓甸服为天子之国以外五百里,其说不合。韦昭、郑玄等以《职方》乱之,尤误疑经文。旧作五百里甸服,五百里侯服,五百里绥服,五百里要服,五百里荒服。下即紧接"东渐于海"。其"百里赋纳总,二百里纳铚,三百里纳秸服,四百里粟,五百里米""百里采,二百里男邦,三百里诸侯""三百里揆文教,二百里奋武卫""三百里夷,二百里蔡""三百里蛮,二百里流",当是经师注语,后人羼入正文。何以知之?以"百里赋纳总"至"五百里米",即释甸服赋法。其百、二百、三百、四百、五百为序数。绥服之"三百里揆文教,二百里奋武卫",要服之"三百里夷,二百里蔡",荒服之"三百里蛮,二百里流",其三百、二百皆为实数。而侯服"百里采,二百里男邦,三百里诸侯",则又百里、二百里为序数,三百里为实数。一人执笔,文例不应如此错杂也。五服之甸、侯、绥三服为中国,亦曰华夏。要、荒二服为四夷,亦曰四裔。中国、四夷同处九州,其外为四海。海,晦也。[1]夷,易也。[2] 裔,边也。华夏可以互称。《公羊》成十五年传:"《春秋》内其国而外诸夏,内诸夏而外夷狄。"《晋语》魏绛曰:"劳师于戎而失诸华,虽有功,犹得兽而失人也。"华夏之意,谓礼义、文章、光华也。[3] 故夏、夷、海三名,第以文野、远近为差。四夷之外皆为四海,不定指海水。求海水于西、北两方,固须曲说。

----

[1]《释名》。

[2] 马融说。

[3] 约《尧典》孔疏意。

即今之南海，禹迹亦未尝至也。兹图示如下：

中国之外为四夷，四夷之外为四海，中国、四夷同处九州，区分为五服。神禹创制，殷周因之未尝改也。撰《职方》者盖见《康诰》有侯、甸、男、邦、采、卫，《酒诰》有"越在外服，侯、甸、男、卫、邦伯"之文，缘饰以为侯、甸、男、采、卫、蛮、夷、镇、藩九服。实则《康诰》"侯、甸、男、邦、采、卫"即《禹贡》之侯、甸、男、采，卫犹邦也。《酒诰》之侯、甸、男、卫、邦伯，即斥侯、甸、男诸分土之君，"越在外服"，与下"越在内服"相对为文，止谓非在官府服事臣工而已，非谓并在畿甸以外也。《周语》祭公谋父谏穆王，即举本朝典礼，非越称虞夏之制，其言先王之制与先王，非务武之先王一例，皆斥周之先王，后世所谓祖宗法度是也，曷有九服之事？况篇末明言"自是荒服不至"，而不言蛮、夷、镇、藩不至。则九服无稽，断可知矣。且《职方》所言九服，若并王畿计之，则是十服，亦非九服。征诸经籍，既无合案之名，实亦乖牾，其为妄作无疑。郑氏本此以说五服，谓弼为辅广，大误。史公谓甸服天子之国以外，则与五千之数相戾。涉"越在外服"而失之。兹绘图于后以明其略：

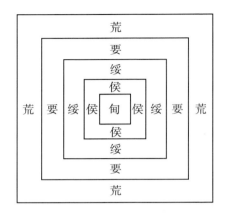

五服方五千里,分十有二州,外薄四海,咸建五长

　　甸服面五百里,两面合计则千里。《诗·玄鸟》所谓"邦畿千里,维民所止",《周语》所谓"规方千里,以为甸服"是也。弼成五服,谓辅佐天子制定五服。至于五千,则五服四面共方五千里,幅陨之广,前古所无。故《诗》曰"外大国是疆,幅陨既长"也。锡土锡姓,止限于中国,四夷不以锡,故曰:"中国锡土姓。"州十有二师,即肇十有二州。肇,《大传》作"兆",郑注:域也。域者,疆理之谓。郑说为祭十二州分星,非是。先儒释九州、十二州亦复不一。有谓尧时九州、舜分十二州,禹平水土,还为九州者,陈祥道《礼书》是也。有谓尧时天下分绝为十二州,禹平水土,更制九州者,班固《地理志》是也。有谓禹平水土置九州,舜分为十二州者,伪孔《传》、《晋书·地理志》是也。诸说杂然,其实悉非通论。阎若璩曰:"禹以山川定九州之域,随其势以四方之土画帝畿,惟其形各有取尔也。"①此言得之。以今说明之,则一为自然区划,一为政治区划。自然区划非陵谷变迁,终古不易。政治区划则分合增损,代有不同。一为治水之用,一以弼成

────────────────

①《尚书古文疏证》九十五。

五服。同由禹定,不相妨也。不然,尧都平阳,舜都蒲坂,邦畿千里,岂局促河东一隅哉? 即"弼成五服",亦言其辜较,非谓可如幅裂纸画,取其一切也。咸建五长,谓于十二州中,皆设置公、侯、伯、子、男五等之国,其十二州牧盖象十二月,四岳盖象四时,此虽敷土,又通于则天之事矣。①

## 述九德

　　法天之教,发于黄帝,②而大成于尧。敷土之业,兴于共工,而底绩于禹。皆奇功也。然皋陶矢谟,独详人事。采采九德,亦诣其极。虽未足比肩前二,亦允堪垂宪后昆。兹述其略焉。

　　皋谟九德之前,有命夔之四德。其后有《洪范》之三德。命夔示其端,《洪范》综其要。其详则《皋谟》为备。《立政》曰:"古之人迪惟有夏,乃有室大竞,吁俊尊上帝,迪知忱恂于九德之行。"此周公述皋谟之九德也。《吕刑》曰:"惟敬五刑,以成三德。"此穆王述《洪范》之三德也。命夔四德主育才。《皋谟》九德主选贤。《洪范》三德则兼摄人己,通于政教。其实德则一揆,止所用之异耳。选贤以观行为要,故曰"亦行有九德"。亦言其人有德,乃言曰"载采采"。"载采采"者,迹其所行某事。某事有可征验,非凭虚誉、任私意也。《易·乾文言》曰"君子以成德为行,日可见之行也",意亦同此。德目有九,综归三条,皆相反以合于中,其分则十有八。三条以《洪范》为准,曰正直,曰刚克,曰柔克。兹表列于左,其次则依郑氏移"扰而毅"于前,系之"柔克"焉。至"乱而敬","直而温",亦前后易置者。以如此则与

①《周语》:胙四岳国,命为侯伯,赐姓曰姜,氏曰有吕。谓其能为禹股肱心膂,以善物丰民人也。此应是禹敷土、锡土姓之四岳。
②《吕氏春秋·序意》曰:"尝得学黄帝之所以诲颛顼矣。爰有大圜在上,大矩在下。汝能法之,为民父母。"

《洪范》吻合,秩然有序。非敢窜乱经文,亦非谓原文定如是也。

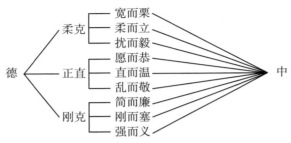

△附说:九德之中,初非一概,因材而笃,所成不同。

正直三德,直最近中。愿则向柔,乱则向刚。柔克、刚克,亦复以渐为次。

强为刚之极,宽为柔之极。相反而相成,亦所谓文也。宽者宽绰其长,在大度阔节,其失在阐缓疏略。能密栗则德成矣。柔者,柔顺。其长在易从。有亲其失,在和同而流,能树立则德成矣。扰者,驯扰。其长在巽说以习,其失在狎昵召侮。能严毅则德成矣。愿者,愿悫。其长在木讷近仁,其失在径情直行。能容恭则德成矣。直者,正直。其长在守正不阿,其失在与物多忤。能温藉则德成矣。乱者,治也。其长在理烦治剧,其失在一往察察。能敬慎则德成矣。简者,狂简。其长在抗志高尚,其失在玩世不恭。能廉隅则德成矣。刚者,刚决。其长在果决明断,其失在色厉内荏。能塞实则德成矣。强者,坚强。其长在堪任艰巨,其失在务求一切。能率义则德成矣。德成则合于中。然九德之中,初非一概,因材而笃,所成不同。《易》曰:"君子以同而异。"《论语》曰:"君子和而不同。"《郑语》史伯曰:"夫和实生物,同则不继。以他平他谓之和,故能丰长而物归之;若以同裨同,尽乃弃矣。故先王以土与金、木、水、火杂,以成百物。是以和五味以调口,刚四支以卫体,和六律以聪耳,正七体以役心,平八索以成人,建九纪以立纯德,合十数以训百体。出千品,具万方,计亿事，材兆物，收经入，行姟极。故王者居九畡之田，收经入以食兆民，周训而能用之，和乐如一。夫如是，和之至也。于是乎先王聘后于异姓，求财于有方，择臣取谏工而讲以多物，务和同也。声一无听，物一无文，味一无果，物一不讲。"《左》昭二十年传"公①曰：'唯据与我和夫！'晏子对曰：'据亦同也，焉得为和？'公曰：'和与同异乎？'对曰：'异。和如羹焉，水、火、醯、醢、盐、梅，以烹鱼肉，燀之以薪，宰夫和之，齐之以味，济其不及，以泄其过。君子食之，以平其心，君臣亦然。君所谓可，而有否焉，臣献其否，以成其可。君所谓否，而有可焉，臣献其可，以去其否。是以政平而不干，民无争心。故《诗》曰："亦有和羹，既戒既平。鬷嘏无言，时靡有争。"先王之济五味、和五声也，以平其心，成其政也。声亦如味。一气，二体，三类，四物，五声，六律，七音，八风，九歌，以相成也。清浊，小大，短长，疾徐，哀乐，刚柔，迟速，高下，出入，周疏，以相济也。君子听之，以平其心。心平德和。故《诗》曰："德音不瑕。"今据不然。君所谓可，据亦曰可。君所谓否，据亦曰否。若以水济水，谁能食之？若琴瑟之专壹，谁能听之？'"案：史伯、晏子之论，尤畅。故经复曰："日宣三德，夙夜浚明有家。日严祗敬六德，亮采有邦。翕受敷施，九德咸事；俊乂在官，百僚师师。百工惟时，抚于五辰，庶绩其凝。"是正以兼容为盛，不贵尽同也。三德六德，郑谓皆乱而敬以下之文，其说胶固且以理言之，覆悚者恒患力薄。割鸡者不须牛刀，位大者以健为贵，职细者以顺为正。故浚明有家，柔德已足。而庶绩其凝，必备刚德。郑氏之说，偏其反矣。

## 诠象刑

皋陶刑官，乃深明九德，懔于天命、天讨，可觇见古明王用刑

①齐景公。

本旨。司马温公诗曰:"由来法官少和泰,皋陶之面如削瓜。"盖
一时谑语。诗人兴象,不可便据以为经训也。《康诰》曰:"惟乃
丕显考文王,克明德慎罚。"又曰:"呜呼! 敬明乃罚。"又曰:"非
汝封刑人杀人,无或刑人、杀人。非汝封劓刵人,无或劓刵
人。"①又曰:"要囚服念五六日,至于旬时,丕蔽要囚。"《立政》一
篇"庶狱庶慎",凡四见。末复正告:"太史、司寇苏公,式敬尔由
狱,以长我王国。兹式有慎,以列用中罚。"丁宁付嘱,无非恤刑。
而《吕刑》亦曰:"尔尚敬逆天命,以奉我一人。虽畏勿畏,虽休勿
休。惟敬五刑,以成三德。"夫耄荒修刑而称逆天命、成三德,犹
去古意不远。此千载用刑之楷式也。惟象刑义训,旧说多歧。
兹详核经文,诠释如下:

案:《虞夏书》凡三言刑:一、"象以典刑,流宥五刑,鞭作官
刑,扑作教刑,金作赎刑,眚灾肆赦,怙终贼刑。钦哉! 钦哉! 惟
刑之恤哉! 流共工于幽州,放驩兜于崇山,窜三苗于三危,殛鲧
于羽山。四罪而天下咸服。"二、帝曰:"皋陶! 蛮夷猾夏,寇贼奸
宄。女作士,五刑有服,五服三就,五流有宅,五宅三居,惟明克
允。"三、"皋陶方祗厥叙,方施象刑,惟明。"前一似出史氏之笔,
后二则为帝舜口敕。象刑即象以典刑之简语。流宥五刑,其目
也。象犹《齐语》"设象以为民纪"之象,略当今之刑律。《左》昭
六年传叔向诒子产书曰:"昔先王议事以制,不为刑辟。"盖古时
无成文法,有罪时议之,轻重出入难免失平。至是而假想罪犯,
豫制科条,依之审处,昭示大公,前后如一,彼此无别,不因时而
殊,不因人而异。是所谓典刑。典者,常也。以制此典刑之时,
非实有此等罪人,乃假设其象而拟议之,故曰象以典刑。《大传》
承诸子之误,释为画象,固非。马融谓无犯之者,但有其象,无其
人也。蔡沈谓象如天之垂象以示人,亦未得经旨。"流宥五刑",

---

① 从刘逢禄《今古文尚书集解》校。

目上"象以典刑",流四罪是也。宥即"眚灾肆赦",流宥不在五刑之中。故既曰"五刑有服",又曰"五流有宅",宥不加刑也。马融解"典刑"为五常之刑,非是。五刑之目:"鞭作官刑,扑作教刑,金作赎刑,怙终贼刑"是也。其详则鲁人臧文仲有述焉。《鲁语》纪文仲之言曰:"刑五而已,无有隐者。隐乃讳也,大刑用甲兵,其次用斧钺;中刑用刀锯,其次用钻笮;薄刑用鞭扑,以威民也。故大者陈之原野,小者致之市朝。五刑三次,是无隐也。"文仲之说,正本此经。"五刑三次",即"五服三就"之义。"三次"为原野、市、朝。"五刑"分大、中、薄三等,亦犹"列爵惟五,分土惟三"之意。文仲博于雅,故其称五刑之目,定别有据。稽诸经文,则鞭扑,薄刑也,贼刑,大刑也。金其刀锯钻笮之中刑钦?蔡九峰尝疑赎刑,《书集传》曰:"当刑而赎,则失之轻。疑赦而赎,则失之重。且使富者幸免,贫者受刑,又非所以为平也。"其言甚正。《吕刑》为衰世之作。《序言》训夏赎刑,夏乃夷夏之夏,诂为国号,失之。金作赎刑之金,当即刀锯钻笮之类。犹《中庸》"衽金革",非谓黄金。赎刑之"赎"字疑有误。何则?纳金赎罪,以金为货币也。而夏之币不以金。《盐铁论》曰:"夏后以玄贝,周人以紫石。"后世或金钱刀布,盖古货贝宝龟。《禹贡》荆、扬贡金三品,梁贡璆、铁、银、镂,直贡土物,为铸兵、铸器之用,非以铸币。金非人家恒有,无为用此为赎也。管仲治齐,患甲兵不足,因制重罪入以兵甲、犀胁、二戟,轻罪入兰盾、鞈革、二戟,小罪入以金钧。分宥薄罪,入以半钧之法。此霸者权宜之制,不可以例古也。又以文求之,鞭扑皆为刑具,金似与一类。作官刑,官之刑也;作教刑,教之刑也。赎作非刑,作赎刑之赎,不得不以动词解之,非但失例,于义亦曲。是故赎刑之赎,不应与《吕刑》罚锾同视也。"五流有宅,五宅三居",以马融之说为正。谓五等之差,亦有三等之居,大罪投四裔,次九州之外,次中国之外。

# 原五行

五行始见《洪范》，其言精约质近，无怪迂之义。自驺衍称五德而推及符应，燕齐海上之方士，更附益之，遂滋异说。秦皇、汉武，以雄才大略之主，推波助澜，而光武中兴，亦复惑信谶纬。两京诸儒，能矙然涅而不缁，独有一桓君山，然以是谴逐道死。自余虑无不阿谀承旨，以涂附汩经诬圣，其祸仅次于焚书。而方伎术数之流，遂以此为根本大理，休咎祸福，咸依之以为说，积数千年不少衰。晚近西学东渐，国人群骛趋之于是，于向之说五行者，多鄙视之，以为不足道。而笃信者则仍奉为秘宝也。兹经撢索本原，正其义如次。

水、火、木、金、土是谓五行。行者，列也，亦类也。先民以其形、质、性、用足以该摄一切物，而微著有等，生克循环，性用殊功，可假以为区分庶物之标符。以简驭繁，以显阐幽，无论如何，凌杂赜隐，苟辨其性而标此五符，则条贯井井，其相互之关系，亦昭然可察。类族辨物之功，与八卦实同工异曲。然故神其说，以为顺天行气，洛龟原文，复欲与八卦相配。横造天一生水于北，地二生火于南，天三生木于东，地四生金于西，天五生土于中。阳无耦阴，无配未得相成。地六成水于北，与天一并，天七成火于南，与地二并，地八成木于东，与天三并，天九成金于西，与地四并，地十成土于中，与天五并也[1]之说，则陋矣。窃谓五行起于五官。《左》昭二十九年传蔡墨对魏献子曰："夫物物有其官，官修其方，朝夕思之。"又曰："故有五行之官，是谓五官，实列受氏姓，封为上公。祀为贵神，社稷五祀，是尊是奉。木正曰句芒，火正曰祝融，金正曰蓐收，水正曰玄冥，土正曰后土。"又曰："少暤氏有四叔，曰重、曰该、曰修、曰熙。实能金、木及水。使重为句

---

[1]《礼记·月令》疏引郑注。

芒,该为蓐收,修及熙为玄冥。世不失职,遂济穷桑,此其三祀
也。颛顼氏有子曰犁,为祝融。共工氏有子曰句龙,为后土。此
其二祀也。后土为社;稷,田正也。有烈山氏之子曰柱,为稷,自
夏以上祀之。周弃亦为稷,自商以来祀之。”观此可知五行为五
官所掌。其兴也,盖因世之何急,古或止具一二,官渐远渐增,久
乃大备。《禹贡》六府即六范,五行所本。谷统于士也。《洪范》
者,大法也,为尧、舜、禹三圣致治之秘要。九畴凡目皆即行之已
效者。归纳之,整齐之,以为万世政经。禹受之舜,箕陈之武,初
非冥想结构,况可说为符瑞? 书缺多矣。然皇极本于“允执其
中”,五纪本于“钦若昊天”,三德本于九德,五行本于六府,皆班
班可考。他虽不尽见经,亦必有躬行心得之实,非同妄撰。更安
有元龟负书,赤文朱字之事?《易》与《洪范》为中国千古二大杰
作。言理者莫外于《易》,言政者莫外于《洪范》,乃俱为图书所
乱。作俑于汉,煽毒于宋,反覆沉痼,牢不可拔,良足慨已。故五
行实肇五官,后世圣人以天下之物类尽于此,遂假为辨物之资。
今人别物体为三态,曰固体、液体、气体,亦据其分子之密度而
分,其理与五行之判微著相类。又如古希腊人分气质为四种,曰
胆汁质、多血质、神经质、黏液质。中土据五行分之,则曰水性流
动,火性发扬,木性条畅,金性坚刚,土性厚重,①亦殊途同归。方
伎术数本此推演,用辄有验,自诩玄奥,而轻之者斥为鄙妄,总由
未得其故也。五行、八卦,其辨物之功略同,原并行而不悖。乃
昧者必欲混之为一,牵强配合,徒乱人意,似犹治丝而棼之,殊不
足取也。

①吕坤《呻吟语》。

# （二）论仁者人也为孔学仁字的确诂①

## 一

"仁者人也"，我认为是孔子对其思想核心仁字所作的确切解释。此义详见《中庸》"哀公问政"章。当然，自古文字学来看，古代仁字有几种写法，在造字时取的都是什么意义，可能有人知道，至少我是不知道。但有一点我相信，孔子所使用的这个仁，一定与《说文·人部》所列的仁字是相同的。许慎在仁字下加注说："亲也，从人二。"我看许慎对仁字的解释与孔子说"人也"的意思完全一致。为什么这样说呢？因为仁字的构形是两个人，这两个人是一个人表示自己，另一个人则表示与自己相对的那个人。当然，这个人既可以是一个人，也可以是一群人，或者是整个社会。"亲也"表示人与人之间应当亲爱，不亲爱就不是仁。从字形看是如此，从字音看，与人相同。实际上，仁字的字形与字音就表明它的意义应当是"己欲立而立人，己欲达而达人"，"己所不欲，勿施于人"。《说文·心部》恕下加注说："仁也。"无疑就是依此取义。《论语·里仁》说：

> 子曰："参乎！吾道一以贯之。"曾子曰："唯。"子出，门人问曰："何谓也？"曾子曰："夫子之道，忠恕而已矣。"

所谓忠恕，实质上就是仁。从这条材料也可以看出，孔子的思想核心决是仁，而不是别的什么东西。

此外，如《论语·述而》说："子曰：'仁远乎哉？我欲仁，斯

①这篇佚文根据先生的手稿整理录入，手稿发现于 2016 年 10 月，先生生前未曾发表。

仁至矣。'"同书《颜渊》说:"子曰:'克己复礼为仁。一日克己复礼,天下归仁焉。为人由己,而由人乎哉!'"同书《雍也》说:"子曰:'夫仁者,己欲立而立人,己欲达而达人,能近取譬,可谓仁之方也已。'"《中庸》说:"子曰:'道不远人,人之为道而远人,不可以为道。《诗》云:"伐柯伐柯,其则不远",执柯以伐柯,睨而视之,犹以为远,故君子以人治人,改而止,忠恕违道不远,施诸己而不愿,亦勿施于人。'"以上所述,都是孔子对仁的诠释,而这些诠释都是从"仁者人也"和"仁,亲也,从人二"的根本意义出发的。

《孟子·尽心上》说:"孟子曰:'万物皆备于我矣。反身而诚,乐莫大焉。强恕而行,求仁莫近焉。'"这是孟子言求仁之方,与孔子说"能近取譬"是一个意思。什么是"万物皆备于我"呢?朱熹《孟子集注》错误地解释为"此言理之本然也。大则君臣父子,小则事物细微,其当然之理,无一不具于性分之内也"。实际上这就是"能近取譬",是说你要行仁,固然不知道别人有没有这个要求,但是你总知道自己,你自己饥欲食,寒欲衣,劳欲休息,对方也是人,他对一切事情,同你的好恶完全一样,这就叫做"万物皆备于我矣"。"反身而诚,乐莫大焉",是说对待别人能够真诚地像对待自己一样,是莫大的快乐。"强恕而行,求仁莫近焉",说明上文几句话不是别的,就是强恕而行,这才是求仁的最切近的办法。这个"求仁莫近焉",用孔子的话说,则是"可谓仁之方也已"。

《吕氏春秋·不二》说"孔子贵仁",无疑是对的,可以证明这是战国人的共同看法。同书《爱类》说:"仁于他物,不仁于人,不得为仁;不仁于他物,独仁于人,犹若为仁。仁也者,仁乎其类者也。"

《孟子·尽心上》说:"君子之于物也,爱之而弗仁;于民也,仁之而弗亲。亲亲而仁民,仁民而爱物。"可见,"仁者人也"不但孔子这样解释,战国时的孟子和《吕氏春秋》也都是这样解释,而孟子辨析得尤为精核。

<h1 style="text-align:center">二</h1>

如上所述,"仁者人也"为孔子思想的核心。下边就谈谈与这个核心密切联系的义和礼两个德目。

上举《中庸》"哀公问政"章,不止谈了"仁者人也",还在"仁者人也"之下谈了"亲亲为大,义者宜也,尊贤为大,亲亲之杀,尊贤之等,礼所生也"等等完整的一段话。实际上这是孔子十分精确地谈了仁、义、礼三者的定义、内容及其相互之间的关系。

首先要看到的,这段话所说的都属于人,即都属于人类社会中间的问题,离开人就谈不到这些问题。因此,近世有人说,孔子之学是人学,或者说是人本主义,人道主义,尽管这些概念不是中国固有的,我看是对的。

关于这段话里的"仁者人也",上文已经谈过了,现在准备从"亲亲为大"谈起。什么是"亲亲"呢? 实际上是指血亲关系。这个问题,应溯源于我们居住的这个星球之上最初出现人类之日。由于种的繁衍,所谓亲亲,主要应指的是母子之爱,特别是母爱。我认为在世界上只有母爱最真诚、最纯洁、最伟大。远的不说,我亲身经过我母对我的爱,我亲眼看到我妻对她子女的爱,深深感到人间的爱都不能与母爱相伦比。当然,子女亦爱母,孟子曾说过"赤子之心",又说过"孩提之童无不爱其亲也"。这也是事实,但是依我看,这远远比不上母爱子女。自人类历史来看,原始人是不能孤立生活的,必须有群。尽管这时的群,还不稳定,据我推测,这个群一定是靠血亲关系来维持的。以后发展为氏族、胞族、部落、部落联盟,如恩格斯所说它们都是以血缘团体为基础的。足见仁即人爱人,亲亲的意义是最重大的。

"义者宜也,尊贤为大",在说这句话之前,有必要先说一下,上文本是说仁,为什么又说义呢? 我认为这是由于仁和义二者之间有密切关系。《礼运》说:"仁者义之本也。"自人类历史来看,如恩格斯所说:"以血族团体为基础的旧社会,由于新形成的社会各阶级的冲突而被炸毁,组成为国家的新社会取而代之,而国家的基层单位已经不是血缘团体,而是地区团体了。"①正由于国家出现之后,其基础单位不是血族团体而是地区团体,所以,光讲亲亲为大,就不完全适用,于是讲"尊贤为大"就是必须的了。

"义者宜也,尊贤为大",宜是正当、合理,这与"人也"的人显然不同。其所以不同,在于有了国家之后,国家的基层单位已经不是血族团体,而是地区团体。基层单位是地区团体,就说明这个单位不光是同姓,兼有异姓。有异姓就不能光讲"亲亲",而要合乎事理的"尊贤为大"。"尊贤为大"就是把尊重贤者看作是国家大事,而使贤者在位,能者在职。

为什么在一个国家里尊重贤者最为正当、合理呢? 因为社会是一个大的群体,这个群体如果是治,安定有序,个人就能享有幸福生活,反之,如果是乱,杀伤掠夺,个人就一定遭到灾难祸害。因为在一个群体之中的个人是有强弱、壮老、智愚、贤不肖种种差别的,只有尊重贤者,才能保证治而不乱。

"亲亲之杀,尊贤之等,礼所生也",这是说由于实行仁义而产生了礼,"亲亲之杀,尊贤之等",正是礼的基本内容。等杀是指等级差别。"亲亲之杀"是说"亲亲"在实行时,应辨明亲疏远近等的等级差别,"尊贤之等"也是说尊贤在实行时应辨明高低、高下等的等级差别。例如《礼记·丧服小记》所说:"亲亲以三为

---

①恩格斯《家庭、私有制和国家的起源》。

五,以五为九,上杀、下杀、旁杀,而亲毕矣。"①就是"亲亲之杀"。如《左传》庄公十八年所说:"王命诸侯,名位不同,礼亦异数。"这就是"尊贤之等"。孔子殁后,在战国,孟子、荀子则大讲礼,说明孔子之学虽极其深广,语其纲要,实为仁、义与礼三者。归结到一点,可以说就是一个仁字,实际上讲的就是人。

## 三

如上所述,孔子之学以仁为核心,一切都是为了人。但是,孔子平生并不是只言人道,而是兼及天道和地道。这是由于人和天地有密切关系,人生天地间,一刻也离不开天地。

孔子言天地人三才之道详见《易传》。司马迁说:孔子晚而喜《易》,读《易》,韦编三绝,著成《易传》。孔子在《系辞传》中说:"《易》之为书也,广大悉备。有天道焉,有人道焉,有地道焉。兼三材而两之,故六。六者,非它也,三材之道也。"于《说卦传》说:"昔者圣人之作《易》也,将以顺性命之理,是以立天之道曰阴与阳,立地之道曰柔与刚,立人之道曰仁与义。兼三才而两之,故《易》六画而成卦。"须知《周易》虽有此义,固未明言。把天地人三才之道合在一起来讲,实自孔子始。

必须指出,孔子用"《易》六画而成卦",说明这是"兼三材而两之",这只是举一隅以见其余,其实,所谓"三才之道",贯穿全《易》,曷止六画而成卦!

试看,《系辞传上》言筮法说:"分而为二以象两",这个"象两"是象什么?不就是象两仪,也就是象天地吗?"挂一以象三",这个"象三"无疑是象三才,这不是分明说"分二"以后,又"挂一",也就是有天地万物以后,又有了人,因而构成天地人三

①郑玄注说:"己,上亲父,下亲子,三也,以父亲祖,以子亲孙,五也,以祖亲高祖,以孙亲玄孙,九也。杀谓亲益疏者,服之则轻。"

才。同篇孔子于谈"夫《易》何为者也？"说："是以明于天之道而察于民之故，是兴神物，以前民用。"这个"明于天之道"，显然包括地道，也就是明于天道和地道。"察于民之故"则是明于人道。

《周易》六十四卦由乾坤两卦开始。《系辞传上》开篇第一句话就说："天尊地卑，乾坤定矣。卑高以陈，贵贱位矣。"显然乾卦是象天道，坤卦是象地道，贵贱则是人道。《序卦传》第一句话说："有天地，然后万物生焉。"如与《序卦传》在下经篇首说"有天地然后有万物，有万物然后有男女，有男女然后有夫妇，有夫妇然后有父子，有父子然后有君臣，有君臣然后有上下，有上下然后礼义有所错"相对照，则整个六十四卦正是反映三才之道。

此外，乾卦从卦辞"元亨利贞"来看，本来是专言天道。《彖传》说："大哉乾元，万物资始"就是证明。坤卦从卦辞"利牝马之贞"来看，本来是专言地道，《彖传》说："至哉坤元，万物资生"就是证明。二卦爻辞的内容姑不论，即观《乾卦·大象》说"天行健，君子以自强不息"，《坤卦·大象》"地势坤，君子以厚德载物"，可以清楚地看出，即便是乾坤两纯卦中，也反映三才之道。

关于"立天之道曰阴与阳，立地之道曰柔与刚，立人之道曰仁与义"，我体会这是说，天地人三者从其变化发展来看，是各有特点，又相互联系，在宇宙中，构成一个统一的整体。从其特点来说，"立天之道曰阴与阳"，应是指"阴阳之义配日月"及"日往则月来，月往则日来，日月相推，而明生焉，寒往则暑来，寒暑相推，而岁成焉"，相当于《中庸》所说"上律天时"的"天时"；"立地之道曰柔与刚"，在孔氏遗书中，谈这一点的比较少。我猜测可能是相当于《中庸》所说"下袭水土"的水土。因为大地的变化发展就是水土的变化发展，而水恰是柔，土恰是刚；"立人之道曰仁与义"，应指人类社会的变化发展，只有遵行仁义，才能长治久安。从其相互联系来说，天道与地道之间有联系，例如《益卦·彖传》说："天施地生，其益元方"，《乾卦·彖传》说："大哉乾元，

万物资始,乃统天",《坤卦·象传》说:"至哉坤元,万物资生,乃
顺承天",以及《系辞传下》说:"子曰:'乾坤其《易》之门耶? 乾,
阳物也,坤,阴物也,阴阳合德,而刚柔有体,以体天地之撰,以通
神明之德'",都是说在变化发展时,天与地是相互联系的。天地
与人,也是相互联系,不能分离的。例如,《系辞传上》说:"在天
成象,在地成形,变化见矣,是故刚柔相摩,八卦相荡,鼓之以雷
霆,日月运行,一寒一暑,乾道成男,坤道成女。"筮法在"分而为
二以象两"后,就说"挂一以象三",说明天地与人在变化发展中
是相互联系的。因此,《乾文言》说:"夫大人者,与天地合其德,
与日月合其明,与四时合其序,与鬼神合其吉凶,先天而天弗违,
后天而奉天时。"特别是《革卦·象传》说:"天地革而四时成,汤
武革命,顺乎天而应乎人",把汤武革命与四时变化看成等同,认
为这都是不可抗拒的规律,在无产阶级革命导师马克思以前二
千余年,居然认识到这个问题,简直是不可思议。《论语·公冶
长》说:"夫子之文章,可得而闻也;夫子之言性与天道,不可得而
闻也。"这个"性与天道"是什么呢? 自《说卦传》说把"立天之道
曰阴与阳,立地之道曰柔与刚,立人之道曰仁与义"叫做"顺性命
之理"来看,则性指人性,即是人之道;命指天命,即是天之道。
古人恒言在天之道中可以包括地之道,则子贡不可得而闻的,实
际就是三才之道,也就是《周易》的全部内容。据我看,《周易》
有此精湛的内容,虽以言语著称的孔子大弟子子贡都不能了解,
是不足为怪的。我们还可以观察一下,这时所说的"阴与阳"、
"柔与刚"、"仁与义",其共同点是什么呢? 据我看,这就是辩证
法的对立统一。从整个三才之道可以说地之道是受天之道决
定,人之道又受天地之道决定。因此,辩证法的对立统一,是天
之道、地之道、人之道的共同规律,表现在《周易》的各个方面,可
以看得非常清楚,为了节省篇幅,就不在这里一一枚举了。

# 四

从孔子遗教的《六经》来考察,其中也存在三才之道的问题。例如《史记·滑稽列传》说:

> 孔子曰:"《六艺》于治一也。①《礼》以节人,《乐》以发和,《书》以道事,《诗》以达意,《易》以神化,《春秋》以道义。"

《庄子·天下》说:

> 《诗》以道志,《书》以道事,《礼》以道行,《乐》以道和,《易》以道阴阳,《春秋》以道名分。

二书所说的"《易》以神化","《易》以道阴阳",虽说法不同,其实都是说《易》是讲天道的。其余五经,二书的说法基本上相同。都是讲人道的。更具体地说,"《六艺》于治一也"是说《六经》都是为政治服务的。《荀子·劝学》说:"《礼》、《乐》法而不说",是说《礼》、《乐》二经是应遵照实行的法定的东西,而不要随意议论;"《诗》、《书》故而不切"是说《诗》、《书》二经是过去的历史,而不切近于当今。《史记·司马相如列传》说:"太史公曰,'《春秋》推见至隐,《易》本隐以之显'。"这两句话前人解说多误,实际上是说《春秋》和《易》二经的表现手法不同,而很相似,都是对理论与实际二者的表达问题。"《春秋》推见至隐"是说《春秋》把二百四十二年的行事的见(实际)推衍到"礼义之大宗"的隐(理论),《易》则反是,是把本来三才之道的隐(理论),用卦爻符号的显(实际)表达出来。

《中庸》说:"仲尼祖述尧舜,宪章文武;上律天时,下袭水

---

① 《六经》原名《六艺》。

土。"这就是说孔子之学兼备三才之道。"祖述尧舜,宪章文武",说的是孔子在人道方面是继承唐尧、虞舜与姬周文王、武王的,"上律天时,下袭水土",说的是孔子在天地之道方面是效法自然界的,这种说法,我看是最完备、最符合实际的。

在这里,我还准备谈两个问题,其一谈在所谓孔氏遗书《大学》中所提出为治方案,即自"格物"至于朱熹所说的"八条目"。我看这个方案,是最完整、最具体,本末兼该、内外交修,很值得注意。其二,是散见《周易》《论语》《中庸》《孟子》诸书中所说的时与中和,是值得注意的方法论问题,前者属于人道论的结晶,后者属于三才之道论的精髓。

在八条目中的格物一条至为重要,而宋明理学家用唯心的观点来解释,所以,说者虽多,始终没有人能说对。我认为,格应释为至,格物就是至物,也就是接触外部事物。"致知在格物",是说知识是从感觉得来的,一个闭目塞听的人是不会有知识的,这是用唯物的观点写出来的。用唯心的观点来解释,怎能解释对?知至而后意诚,是说有了知识之后,每发生一种意念,才能诚实而不虚伪,即主观与客观一致。"意诚而后心正",是说意念兴起一律都诚实,作为主宰的心,自然是正的,而无邪僻。"心正而后身修",是说心是身之主,所以心正,身自然有了好的修养。"身修而后家齐",是说家是由若干人构成的,个人的身心得到修养,这个家就不是乱七八糟的。"家齐而后国治,国治而后天下平"都是说集体是由个体构成的,个体好,集体自然好了。值得注意的,在这八个条目中,一环扣一环,整然有序,其中共同的一点,就是每一个组成部分,都是自己如何管束自己,从不干涉别人。应是孔子之学的特点,或者可以说是东方文化的特点。

下面谈第二个问题,也就是时与中和的问题。

首先说时。《孟子·万章下》评骘伯夷、柳下惠、孔子等几位先哲,说:"孔子圣之时者也。"即认为孔子作为圣人,其特点是时。下面即用事实来说明，说"孔子之去齐，接淅而行；去鲁，曰：'迟迟吾行也。去父母国之道也。'可以速而速，可以久而久，可以处而处，可以仕而仕，孔子也"。就是说孔子之所以是圣之时，是因为他在处理速、久、处、仕等问题上，没有固定的方法，而是随着时间和地点不同为转移的。这种方法用今天的哲学语言来说，就是辩证的，而不是形而上学的。又《论语·微子》孔子在论述逸民伯夷、叔齐、虞仲、夷逸、朱张、柳下惠、少连七人后，说："我则异于是，无可无不可。"这个"无可无不可"同孟子所说的"可以速而速，可以久而久，可以处而处，可以仕而仕"的实质完全一致。《论语·子罕》说："子绝四：毋意，毋必，毋固，毋我。"这个意、必、固、我是形而上学的特点，孔子绝无此四者，更足以证明孔子的思想是辩证的。至于在《周易》里，则言时的地方更多，最主要的，如《丰卦·彖传》说："天地盈虚，与时消息，而况于人乎？"《艮卦·彖传》说："时止则止，时行则行，动静不失其时，其道光明。"

从上述《孟子》和《论语》二书所说，孔子的思想，自方法论来看，是时，即辩证的。从《周易》一书来看，也是极端重视时字，说明从方法论来看，所谓三才之道是共同的，即在方法论上都是受辩证法的支配。毛泽东说："事物矛盾的法则，即对立统一的法则，是自然和社会的根本法则，因而也是思维的根本法则。"不料像这样的伟大思想，中国思想家孔子竟然有一定的认识。

其次说中。宋人说："不偏之谓中。"近人多把中理解为折衷主义。当然，中有不偏的一面，例如《论语·先进》"子贡问：'师与商也孰贤？'子曰：'师也过，商也不及。'曰：'然则师愈与？'子曰：'过犹不及'。"这个"过"和"不及"当然不是不偏之中。但是在《中庸》孔子又说过："君子之中庸也，君子而时中。"《孟子·尽心上》说："孟子曰：'杨子取为我，拔一毛而利天下，不为也。墨子兼爱，摩顶放踵利天下，为之。子莫执中，执中为近之，执中无权,犹执一也。所恶执一者,为其贼道也,举一而废百也。'"这就说明光知道"不偏之谓中"不行,还要知道"时中"和有权之中,否则,执中犹执一也,执一之患在举一而废百。

最后说和。中华民族的优秀分子自古以来,就主张和而反对同。早在西周末年周幽王史官史伯就对郑桓公谈过这个问题。《国语·郑语》记史伯说:"夫和实生物,同则不继。以他平他谓之和,故能丰长而物归之。若以同裨同,尽乃弃矣……于是乎先王聘后于异姓,求财于有方,择臣取谏工而讲以多物,务和同也。声一无听,物一无文,味一无果,物一不讲。"春秋时晏子向齐景公也谈过这个问题。《左传》昭公二十年说:

> 齐侯至自田,晏子侍于遄台,子犹驰而造焉。公曰:"唯据与我和夫!"晏子对曰:"据亦同也,焉得为和?"公曰:"和与同异乎?"对曰:"异。和如羹焉,水、火、醯、醢、盐、梅,以烹鱼肉。燀之以薪,宰夫和之,齐之以味,济其不及,以泄其过。君子食之,以平其心,君臣亦然。君所谓可,而有否焉。臣献其否,以成其可。君所谓否,而有可焉。臣献其可,以去其否。是以政平而不干,民无争心。故《诗》曰:'亦有和羹,既戒既平。鬷嘏无言,时靡有争。'先王之济五味、和五声也,以平其心,成其政也。声亦如味:一气,二体,三类,四物,五声,六律,七音,八风,九歌,以相成也。清浊大小,短长疾徐,哀乐刚柔,迟速高下,出入周疏,以相济也。君子听之,以平其心,心平德和。故《诗》曰:'德音不瑕。'今据不然,君所谓可,据亦曰可。君所谓否,据亦曰否。若以水济水,谁能食之? 若琴瑟之专壹,谁能听之? 同之不可也如是。"

与晏子同时的孔子,更以极简洁的语言,谈了这个问题。《论语·子路》说:"子曰:'君子和而不同,小人同而不和。'"

自此以后,和而不同这句格言,成为孔子遗教,长期在中国传诵不衰,直到中华人民共和国成立以后,周恩来总理出席万隆会议,在大会上提出"求同存异"作为口号,向大会发出号召博得与会者一致称赞。其实,这个求同存异,实质上就是和而不同。求同的所谓同,是指和平发展,是与会各国的共同要求,这不正是和吗?存异的异,则是指参加大会的各个国家制度可以是各种各样,不管是民主,还是君主,社会主义或是资本主义,因为这是各国人民自行选择,都应准许存在,不宜横加干涉。

不仅如此,我们国家把实行自主和平外交,永不称霸,作为国策,良由我国文化传统如是,是认为这样做是合理的,有益的,并不是权宜之计,应当得到国际友人的信任。

1996 年 1 月 17 日于吉林大学

时年九十有四

## （三）向续编《辽海丛书》致贺，兼怀念
## 《辽海丛书》原作者金毓黻先生①

　　沈阳辽沈书社有续编《辽海丛书》之议，我闻之额手称庆。我认为书社诸位先生是做了一件大好事，不光保存乡邦先贤文化遗产，对全国文化发展也起促进作用。我欢庆续编《辽海丛书》之际，不禁忆起《辽海丛书》原作者金毓黻先生。

　　金先生字静庵，辽宁辽阳人。早年在北京大学中国文学系从国学大师黄季刚先生受业，长于文学，兼攻历史。先生为人恂谨，学术湛深，长年从事编摩，著作等身，人们咸称是中国东北近百年来首屈一指的学者。

　　我认识先生于1931年，先生由辽宁省政府秘书长继任吴家象为辽宁省教育厅厅长。前此我已在该厅工作。先生到任不久，即召见我谈话，主要内容是先生对我于1929年参加教育厅举办的教育局长考试名列榜首投以青睐。我们自此建立了良好关系。"9·18事变"后，我们的关系不仅没有间断，而且更加亲密。先生身在沦陷区，朝夕心系祖国。1936年4月间，先生邀我一同逃出沦陷区。以后于7月间先生取道日本，前往上海。先生在离开日本时，寄给我一封信，我随即取道山海关，直赴西安。我在关内，首尾十年，始终受到先生的关怀与庇荫。1937年，先生任安徽省政府委员兼秘书长，聘我为秘书处秘书。我与先生同桌对面办公，同桌吃饭。1938年，我在东北中学任教员，就是先生推荐的。特别是1941年11月，我在复性书院读书，由于书

---

①《辽海丛书续编》出版于1993年5月，先生此文约写于1991年前后。此篇依据新发现的先生的一篇油印稿整理、录入。油印稿未注明写作和打印日期。

院经费困窘,吃饭都成问题。经先生向东北大学校长臧启芳介绍,我到东北大学任文书组主任。逾年,我被任为中文系兼任讲师,以后一帆风顺,由讲师升任副教授,由副教授升任教授。我本是初级师范本科毕业,没有上大学,居然在大学教课,做正式教授,显然是先生在暗中起作用。这样的厚恩我怎能忘怀? 犹记在 1931 年,我在教育厅时,先生编辑《辽海丛书》,邀我帮忙,我以不能胜任辞掉。这时我将我高祖讳朝觐,字午亭的《三槐书屋诗钞》和族高祖金科豫,字笠庵的《解脱纪行录》进献,先生俱收入《辽海丛书》。当时的情景宛在目前,而岁月不拘,忽忽已六十多年了。先生辞世已三十多年了。先生辞世时,先生的夫人及四子一女俱健在,而今无一存者,言之伤心。

今听见续编《辽海丛书》,我以为这是继承先生遗志,十分欣喜。不过我已老耄,只能乐观其成,不能有所助益了。

# （四）自传[①]

我姓金，名景芳，字晓村，汉族，生于一九零二年，清光绪二十八年。自我初生，以至今日，已度过八十年了。这八十年是一个不平凡的八十年。在我国，它不仅是多事之秋，而且是翻天覆地，把一个半封建半殖民地的旧中国变为社会主义的新中国的伟大时代。

当我刚上小学的时候，国文课本的第一课，还写着"张龙旗，乘长风，大风泱泱"。不久，发生了辛亥革命，清廷退位，民国代兴。这时悬挂的不是龙旗，而是五色旗了。以后，经过北伐战争，国民党执掌政权，又换上青天白日旗。以后，又经过抗日战争，解放战争，终至中华人民共和国成立，飘扬在中国上空的，才是今日这个最鲜艳的五星红旗。

在这个翻天覆地的大时代里，我没有做过对不起人民的事。但是，也没有起来革命，站在历史的前头，不顾万死一生，推动历史前进。而只是作为狂风恶浪中的一叶扁舟，东西南北，一任飘荡。未饱鱼腹，已云至幸，实在没有什么好处可说的。

就我个人的生活小天地来说，也罕可称述。我出生在今辽宁省义县农村一个贫苦的家庭。我的父亲是银匠，终年劳动，不得温饱。因此，我不但不能出国留学，也没有上过大学。我自一九二三年七月由初级师范本科毕业，即从事教学工作。五十多

---

① 先生的这篇《自传》最初发表于《中国当代社会科学家》第二辑，书目文献出版社 1982 年 6 月第 1 版。从严格意义上讲，本文不属于佚文。但是这篇《自传》因种种缘故未能编入《金景芳全集》，因此按佚文处理亦无不可。考虑到这篇《自传》发表于 30 多年前，原书已不易搜寻，且这部《金景芳先生编年事辑》也需要附有一篇先生的自传，因此一并收入先生的佚文之中。文字略有润饰，并删除了原文之后的《金景芳著作目录》。

年以来,我教过初小、高小、初中、高中、大学和研究生。除幼儿园以外,所有各级学校我都教遍了。如果说有什么经验的话,也只能是在这个狭小的范围内来谈谈。下面准备着重地谈几件事。

一、一九二九年,我已经在初中和小学教了五年以上的书了。适值前吉林省政协副主席吴家象同志任辽宁省教育厅长。他为了刷新教育,举办教育局长考试。报考条件是,大学毕业,从事教学工作三年以上;高等师范毕业,从事教学工作一年以上;初级师范本科毕业,从事教学工作五年以上。当时我正好符合报考条件,因前往报考。经过初试、复试、口试三场考试,结果我侥幸以第一名录取。旋即委任为辽宁省通辽县教育局局长。

一九三零年冬,调任辽宁省教育厅第二科第一股股长兼第四科第二股股长。一九三一年四月间,金毓黻先生由辽宁省政府秘书长调任教育厅厅长。金先生是东北著名的绩学之士,奖掖后进,不遗余力。他来教育厅后,曾召见我谈话,并曾命我代为起草一篇序文。自此以后,我受特知于金毓黻先生。首尾近二十年,我在工作上、业务上,一直得到他的帮助。例如,"九·一八"事变后,我在沈阳市第二初级中学任教,就是他的介绍。一九三六年八月,我从东北逃往关内,事前也是同他约好了的。一九三七年,金毓黻先生任安徽省政府委员兼秘书长,我作为他的秘书。一九三八年二月,我到鸡公山东北中学任教,他是我的介绍人。一九四一年十一月,我由乐山复性书院,调来三台东北大学任文书组主任,一九四二年转任东北大学中文系讲师,也是他的介绍。我们做学问的路子不相同,但在方法上和师友见闻等方面,他给予我的影响是很大的。

二、一九三九年我在东北中学任教时写了一本小书,名为《易通》。它帮了我很大的忙。

第一,我依赖它获得一九四一年教育部学术奖励三等奖。

第二，一九四零年我在东北中学任教务主任时，有人攻击我没有上过大学，不合格。我获奖后，不但作中学教师合格，作大学教授也合格了。原因是，当时教育部新发文件规定，大学毕业可作助教，作助教四年，提出相当于硕士的论文，可作讲师。作讲师三年，提出相当于博士的论文，可作副教授。作副教授三年，提出相当于学术奖励的论文，可作教授。我已经获得学术奖励，当然作教授合格了。

我写《易通》一书，在于写出我多年读《易》的心得。我最初学《易》是听人家说《易经》最难读，我偏要找来看看。我从小学算术养成一种习惯，老师出的算题越难，我算上时，越有兴趣。当我开始接触《易经》这部书时，确实感到古怪。左看右看，也看不懂。但我不泄气，借了许多注释书，冥思苦索，逐渐摸到门径。但对全书的思想体系及若干具体问题，依旧不得要领。一九三九年，我所在的东北中学由湖南邵阳桃花坪迁至四川自流井静宁寺。在迁校途中，从生活书店购得胡绳同志著的《唯物辩证法入门》，傅子东译的列宁著《唯物论与经验批判论》等书。读来觉得格外新鲜。特别是傅译附录中有列宁著的《谈谈辩证法的问题》，引起我极大的兴趣，从而悟到应用辩证法的理论解释《易经》，过去有很多长期不能解决的问题，这回可迎刃而解了。寒暑得闲，欣然命笔，因写成《易通》一书。

三、一九四零年九月，我考入四川乐山乌尤寺复性书院学习。书院主讲是马一浮先生。马先生为江南耆宿，人品甚高，于书无所不读，文章、诗词、书法、篆刻、医药皆精，而尤深于宋明理学。我的志趣本在经学。先生教我读《传灯录》、《法华经》，我有抵触情绪。我读了熊十力先生著的《新唯识论》和《佛家名相通释》以后，又妄加评论，以是不为先生所喜。然我用半年的工夫阅读三传，最后写出《春秋释要》，先生则慰勉有加，特为制序。略谓：

晓村以半年之力，尽读三传，约其掌录，以为是书，其于先儒之说，取舍颇为不苟。而据《史记》"主鲁亲周"以纠何氏"黜周王鲁"之误，谓三世内外，特以远近详略而异，不可并为一谈，皆其所自得。岂所谓箴膏肓，起废疾者邪？

一九四二年，我在东北大学中文系讲授"经学概论"，写了一篇《研制经学之方法》在东北大学《志林》上发表，曾寄呈先生教正。先生赐笺，誉为"辞义并茂，不为苟作"。证明先生对我属望甚殷，不抱成见。而我受业一年半，没有从先生学到什么，至今思之，深以为憾！

四、一九四五年，日本帝国主义投降。逾年，我随东北大学从三台迁回沈阳。一九四八年，由于解放战争，东北大学又从沈阳迁到北平。一九四九年，北京解放，我随东北各院校回东北。这时我考虑我一贯在故纸堆里讨生活，不懂得文艺理论，对小说、戏剧等，更是一窍不通，不宜于在新中国的大学中文系任教，因在填写志愿表时，请求另行分配工作。我说最好是做中国古代经籍的研究工作。大概领导上同意我的请求，我被分配到东北文物管理处作研究员。后来东北文物管理处改为东北人民政府文化部文物处，又改为东北文化事业管理处。当改为东北文化事业管理处的时候，不设研究机构，我被调到东北图书馆作研究员，并担任研究组组长。由于这个研究员只是研究如何利用图书供别人使用，而不让自己使用图书作学术研究，有违初衷，一九五四年一月，经领导上同意，我又从东北图书馆调来东北人民大学历史系。东北人民大学后来改为吉林大学。

我来到吉林大学历史系，转眼间，已历时二十八年。我刚来时，如果说"始见二毛"，而今日已年登八秩，须发皆白，不服老，不行了。

在过去的二十八年中，从职务说，我以历史系教授先后兼任过基层工会主席、图书馆馆长、历史系主任。现在还兼任历史系名誉主任、先秦史研究室主任、哲学社会科学学术委员会副主任委员。

在业务上,我意识到,解放后与解放前不同,历史系与中文系不同,一切都要从头学起。首先,应当从思想上来一个大转变,把为大地主大资产阶级服务变为为人民服务,这就要求努力学习马列主义理论和党的方针政策,并积极参加各种政治活动。其次,在教学工作和科学研究工作上,也要来一个大转变,一定要用辩证唯物主义和历史唯物主义作指导,要求我所说的和所做的,尽可能地符合科学、符合真理。

一九五五年,我破天荒第一次用语体写了一篇文章,题为《易论》,分为上下两部分,上《论易的起源和发展》,下《论〈周易〉的组成和应用》,分别在《东北人民大学人文科学学报》1955年第 2 期和 1956 年第 1 期发表。这篇文章是学了更多的马列著作以后,在旧作《易通》的基础上,经过继续研究而写成的。自今日看来,当时把殷代说成是氏族社会,把周代说成是封建社会,是错误的,应当改正。其余的论点,问题不大,特别是《论〈周易〉的组成和应用》部分,是我几十年来研究《周易》的结晶,其中有很多见解是前人没有说过的,我相信能经得起历史的考验。

一九五六年,《东北人民大学人文科学学报》第 2 期发表了我一篇题为《论宗法制度》的文章。宗法制度是研究中国古代史必须重视的一个问题。遗憾的是,当时在社会上流行的一些历史著作,没有一个讲对的。因此,我发愤写这篇文章,检出若干原始资料,作了系统的阐述。以今日看来,其错误也在于把周代说成是封建社会。其余的论点,可以肯定,基本上是正确的。

五、一九五七年,我讲授先秦思想史,并参加是年七月我校举办的科学讨论会,写了一篇题目为《论孔子思想》的文章。这篇文章总的说,对孔子评价偏高,特别是说孔子的世界观基本上是辩证唯物主义,具有原则性错误。但是,这个错误是属于什么性质呢? 是不是有意识地抬高孔子、贬低马克思主义,猖狂地向党向社会主义向毛泽东思想发动进攻呢? 绝对不是。这种错误主要是出于我对马列主义的无知。我不知道在马克思以前没有辩证唯物主义,纵然有辩证的思想和唯物的思想也不等于辩证唯物主义。这种错误很似初学文化的人写错别字。写错别字当然是错误,但是,也是难以避免的。它和故意犯错误本质上是不同的。然而我的这一错误,却不被原谅。一九五八年开展资产阶级学术思想批判,我的这篇文章被列为重点批判对象之一。最初我以为我已经承认错误,作了检讨,写了自我批判的文章,就可了事。不料怎的也不行,非批不可。而且批判的调子越提越高,断断续续地一直批我十几年。高潮的时候,竟至作为"三反"分子来打。其实,我这篇文章并不全错,有若干内容是我多年研究的成果,得来不易。可惜,从不见有人注意及此。

一九六二年在济南开纪念孔子逝世二千四百四十周年的学术讨论会,邀我出席。我写了一篇正题为《关于孔子的评价问题》,副题为《兼与关锋、林聿时两同志商榷》。目的是向关锋、林聿时二人挑战。自今日看来,这篇文章语多偏激,后来没有发表,是对的。

同年,我写的《中国奴隶社会的几个问题》小册子,由中华书局出版。后来我写《中国古代史分期商榷》和《中国奴隶社会史》的基本观点,已在这时初步形成。

同年,《吉林大学社会科学学报》第 3 期,发表了我写的《关于荀子的几个问题》的论文。这篇论文是针对《新建设》1957 年第 6 期刊载的《中国哲学史讲授提纲》的关于荀子的几点论述而提出来的。第一,不同意杜国庠同志说"荀子是新兴的统治者——封建地主阶级利益的拥护者";第二,不同意郭沫若同志说,荀子"关于心的见解,主要是由宋钘的《心术》承受过来的";

第三不同意杜国庠同志说"我们在荀子的思想中,就可以看出由礼到法的发展的痕迹。这是历史发展的反映。所以韩非虽事荀卿传其学,却一转而为法家的集大成者"。现在我还坚持这一观点。

六、一九七七年,粉碎"四人帮"后的第一年,为了从根本上批判"四人帮"关于儒法斗争的谬论,我写了一篇《论儒法》,在《历史研究》1977年第5期发表。

一九七八年,《社会科学战线》创刊号发表我一篇旧作《长沙马王堆一号汉墓帛画的名称问题》。这篇旧作原是"四人帮"横行时期《考古》杂志的约稿。稿寄出后,该杂志复信提了两点意见,并告已决定在最近一期上发表,嘱修改好在限期内交还。及稿在限期内寄去后,不解何故,只用"不拟刊用"四个字给退回了。经过修改以后,又寄给《文物》杂志。该刊扣压了几年,结果依旧退回来了。实际上,关于这个问题《考古》、《文物》两个刊物发表了很多文章,都没有解决问题,倒是我这篇文章解决了问题。《社会科学战线》发刊很好,我的这篇文章终于和广大读者见面了。

一九七七年,我写了一篇《谈谈中国由原始社会向奴隶社会过渡的问题》,先后在吉林大学学报《理论学习》1977年第11—12期和《光明日报》1978年2月2日第三版发表。发表后收到兰州大学刘文英同志《关于中国原始社会向奴隶社会过渡问题的讨论——同金景芳同志商榷》的文章,因又写了一篇《关于中国原始社会向奴隶社会过渡问题的讨论——答刘文英同志》。两篇文章一并在《吉林大学学报(社会科学版)》1978年第5—6期发表。我的基本观点是:1.启杀益夺权建立夏王朝是中国奴隶社会的开始;2.有夏一代是过渡时期。总的说是想解决中国奴隶社会的上限问题。

一九七八年,《中华文史论丛》复刊索稿,我写了一篇《商文化起源于中国北方说》在该刊第七辑(复刊号)发表。这是学术界没有解决的一个重大问题,我提出这个问题意在与学术界同仁共同商讨。

一九七九年,《历史研究》第二第三两期连续刊载我写的《中国古代史分期商榷》的上、下两部分。上部分题目为《对郭老的分期说提出八点意见》,下部分题目为《秦统一是中国奴隶社会和封建社会的分界线》。这篇文章从写成到发表,中间经过多少道关卡,最后终于发表了。我感谢《历史研究》编辑部的同志,尤其感谢党的十一届三中全会坚决贯彻执行"百家争鸣"的方针。

一九八零年,《中国社会科学》第3期发表我一篇题为《论中国奴隶社会的阶级和阶级斗争》的文章。不自揆度,文章里边竟触犯了斯大林。为什么这样做? 这就用着孟轲的一句话,就是"予岂好辩哉? 予不得已也"。

一九八零年,《社会科学战线》第二期把我写的《〈中国奴隶社会史〉序》发表了。我写的《中国奴隶社会史》是去年八月底完成的。上海人民出版社审阅后提了一些意见。今年我又作了修改,已于六月十三日改完寄去。

现在我的任务是,出成果、出人才。我所主持的先秦史研究室,现有助手一人,研究人员一人。没有办公室,只能在宿舍工作。一九七八年,招收先秦史研究生六人,一九八零年又招收先秦史研究生四人。前者是三年制,后者是两年制。我年已老耄,计划指导这两期研究生毕业为止,不再招了。

今后我的科学研究计划,重点项目有《中国古代思想史》、《易论》、《春秋论》、《礼论》、《读书札记》、《中国古代名物制度大辞典》。前五种都带有总结性,后一种须待条件成熟,才能动手。

我自幼学习,有多方面兴趣。但是,由于家境贫困,又住在乡下,不但没有条件学新科学,并自处于五四新文化运动之外。

　　我做学问是从学作文章开始的。当时的东北,桐城派古文还有广阔市场。我学文章就是从学作桐城派古文开始的。学桐城派古文不能不读唐宋八家的文章。后来渐觉唐宋文章多空腔滑调,不如魏晋文章精严,因转而学魏晋人文章。后来渐觉魏晋人文章不如两汉人文章质实,魏晋两汉人文章又不如先秦诸子都讲学术,有内容。最后,我相信"大文章从六经得来"的说法,因肆力于经学。

　　我读书有一个怪脾气,就是不怕难。越难我越想读。又由于我得力在自学,我喜欢独立思考。我认为对的东西,敢于坚持,敢于同错误的东西作斗争。

　　当我开始和读书人接触,和古书接触时,总有一种神秘感,觉得他们或它们都是全知全能,高不可攀。接触多了,久而久之,发现他们或它们并不神秘。相反,还有很多缺点、弱点。从此,在我的头脑里,逐渐没有了神的位置。到后来我认识到,不论古人也好,今人也好,他们都不是神,而且世界上根本就不存在神。我们尊重某人,是尊重他能发现真理、捍卫真理,为人类造福,而不是对他盲目崇拜。

　　对我们今天新中国的历史学应当怎样估计? 依我看,不应估计过高。如果真正用马克思主义历史科学作准绳,恐怕还处在大辂椎轮阶段,不能说已经发展到某种高度。以中国奴隶社会历史研究为例来说吧,中国奴隶社会是什么样的奴隶社会? 其上限、下限应划在哪里? 对中国奴隶社会的阶级和阶级斗争应当怎样理解,才是符合马列主义观点? 以及其它如井田、宗法、若干有代表性思想家的思想等等具体问题都没有很好解决。特别是长期以来存在一种"一言堂"现象,或利用社会地位、政治力量来推行学术观点的习惯,极不利于历史科学的发展。这样怎能说已经发展到某种高度?

　　我认为今天的当务之急,应提倡求实,力戒虚夸,继续解放思想,破除迷信,正确执行"百花齐放、百家争鸣"的方针。不要怕否定成绩。果真是成绩,谁也否定不了。不是成绩,而是吹起来的,迟早免不了被否定。

一九八零年七月十二日　于长春
一九八二年一月二十六日校

# 附录二　本书作者有关金景芳先生学术评介的几篇文章

## （一）金景芳教授传略①

　　金景芳，字晓邨，辽宁义县人。1902 年 6 月 3 日（清光绪二十八年农历四月二十七日）出生于义县白庙子乡项家台村。因家中贫困，断断续续地读完小学后即辍学务农。三年后在亲属资助下考入半公费的辽宁省立第四师范学校。1923 年以优异的学习成绩毕业。曾当过家庭教师，教过初级小学、高级小学和初级中学。1929 年通过招聘考试，被委任为通辽县教育局局长。1931 年被调往辽宁省教育厅，任第二科第一股股长兼第四科第二股股长。"九·一八"事变后又回到中学教书。1936 年，先生因无法忍受日本侵略者的暴行，只身逃往关外，辗转于北京、陕西、江苏、安徽、湖北、湖南、贵州、四川等地。在师友的帮助下，曾先后在西安任东北大学工学院行政秘书，在安庆任安徽省政府秘书处秘书。1938 年春，到张学良将军创办的东北中学任教。当时的东北中学流亡于豫鄂交界的鸡公山。同年夏，因徐州战局紧张，东北中学经武汉迁往湖南邵阳县桃花坪。不久因武汉陷落和长沙大火，立足未稳的东北中学又继续转移，经贵州迁至

①本文写于 1998 年，载于《〈周易·系辞传〉新编详解》。

四川威远县宁静寺。先生随东北中学一路迁徙流荡,历尽艰辛。1939 年,先生任东北中学教务主任,因反对"三青团"特务分子在校内猖獗活动,被当时的教育部勒令革职离校。1940 年 9 月,先生入复性书院学习。复性书院位于四川乐山乌尤寺,在当时颇负盛名,主讲人是被梁漱溟称为"千年国粹,一代儒宗"的国学大师马一浮先生。熊十力、贺昌群、谢无量、张真如等著名学者都曾在这里授课。1941 年年底,经著名学者、恩师金毓黻的介绍,先生到流亡于四川三台的东北大学工作,先后任文书组主任、中文系讲师、副教授。1945 年日本投降后,先生又回到了阔别已久的东北故乡。十年亡命生涯,漂泊异乡,颠沛流离,作为一名爱国的知识分子,先生饱尝了国破家亡的深重灾难。东北大学迁回沈阳后,先生继续在该校任教,并晋升为教授。全国解放后,先生被分配到东北文物管理处任研究员。不久又调任东北图书馆研究员兼研究组组长。1954 年 1 月,经先生早年的学生、时任东北人民政府副主席顾卓新的介绍,到东北人民大学(后更名为吉林大学)工作。先后任历史系教授、校工会主席、图书馆馆长、历史系主任。1956 年加入中国共产党。十年动乱结束后,先生任历史系名誉系主任、吉林大学社会科学学术委员会副主任委员、古籍研究所教授、顾问、博士生导师。兼任国家古籍整理出版规划小组顾问、中国孔子基金会顾问、国际儒学联合会顾问、东方易学研究院顾问、中国先秦史学会顾问、吉林省史学会顾问、吉林省周易学会顾问。

金景芳先生没有上过大学,初级师范学校毕业后完全靠刻苦自学而成名。先生读书遍及经史百家,学术兴趣相当广泛,在许多学术领域都卓有建树。

先生是国内外著名的《易》学专家,自称"读《易》成癖"。1939 年读了列宁的《谈谈辩证法问题》,深受启发,遂写成《易通》一书,该书是最早用马克思主义理论指导《周易》研究的著作之一,也是先生的成名之作,曾获 1942 年教育部颁发的"著作发明及美术奖励"三等奖。解放后先生陆续发表了《易论》、《说易》、《关于〈周易〉的作者问题》等研究易学的论文 20 余篇。改革开放以来,先生连续出版了《学易四种》、《周易讲座》、《周易全解》、《〈周易·系辞传〉新编详解》等易学著作。这些论著全面系统地阐述了先生在易学研究上的重要创见和独特的易学思想体系。《〈周易·系辞传〉新编详解》一书是先生晚年易学研究的最新成果。先生在这部书中提出了"《周易》一书是用辩证法的理论写成的"这一著名论断。著名哲学家高清海教授在为该书撰写的《序》中说:"中国作为古老文明的大国,赋有丰富的辩证法思想……我认为金景芳先生以辩证法解《易》,是做了一件极为重要的开拓性工作,它定会在未来的思想史上结出丰厚的硕果。"

　　孔子研究也是先生创获较多的学术领域。五十年代先生因研究孔子曾遭受错误的批判,"文革"期间更被称为"孔教徒"。但先生却坚定地认为:"中国之有孔子,毋宁说,是中华民族的光荣。"1991 年出版的《孔子新传》是先生研究孔子的代表著作,此外,与孔子相关的论文有 20 余篇。先生指出,孔子的思想并不是孔子个人的思想,孔子是中国传统思想文化的集大成者,他在研究、整理和传播中国传统文化方面有伟大的贡献,"六经"就是孔子留给后人的珍贵遗产。先生认为孔子的思想有两个核心,一个是"时",一个是"仁义";"时"是基本的,表现孔子的宇宙观;"仁义"是从属的,表现孔子的历史观。先生特别强调:在孔子研究中,应当把孔学与儒学严格区别开来,而不应把两者混为一谈。这些都是先生在孔学研究领域的重要创见和独到之处。

　　先生在马克思主义史学理论研究方面的建树颇多,其中最主要贡献在于:(1)在中国古代史分期问题上创立了秦统一封建说。1979 年,《历史研究》杂志连载了先生的《中国古代史分期商榷》一文。文章首次对郭沫若的古史分期说公开提出批评,并系统地阐述了自己对古史分期问题的意见。这篇文章引起了巨大反响,有人称这是学术界发生的一次"大地震"。史学界称先生的分期意见为"秦统一封建说",先生由此成为一派的代表人物。(2)提出了由原始社会发展到文明社会有较长的过渡时期的理论。这一理论是先生在七十年代末发表的两篇文章中提出的。这一理论涉及了古代文明的产生和早期国家形态问题。近年来先生对这一理论又做了补充和发展。先生认为尧舜禹时代就是这样的过渡时期,夏代虽然建立了国家,但仍具有过渡的性质。(3)对奴隶社会的阶级和阶级斗争问题提出了科学的论断。先生根据马克思、恩格斯和列宁的相关论述,指出奴隶社会的阶级是等级的阶级,而资本主义社会的阶级是非等级的阶级。因而研究奴隶社会的阶级斗争问题,决不能套用资本主义社会阶级斗争的公式。中国史学界长期以来把一种极其错误的观点当作金科玉律,其根源在于斯大林的错误论断。先生对上述错误观点的批判在理论上起到了正本清源的作用。

　　先生早年重点研究经学,对儒家经典下过大工夫。这为后来先生对中国古代典章制度的研究打下了坚实的基础。如宗法制度问题在先秦历史文化研究中占有重要地位。古今许多学者都论述过宗法问题,但大都不得要领。先生1956年发表了《论宗法制度》一文,用马克思"两种生产"的理论来解释宗法问题,认为宗法是在阶级关系充分发展的历史条件下,统治者对血缘关系加以改造、限制和利用,使之为维护君权服务的一种制度。这就抓住了宗法问题的要害,道破了宗法问题的本质,从而廓清了史学界在这一问题上长期流行的错误观点。又如井田制度问题,也是史学界长期争论不休的问题。先生在六十年代发表了《井田制度的产生和发展》一文,八十年代初又出版了《论井田制度》一书。先生指出:井田制度的本质特征就在于把土地分配给单个家庭并定期重新分配,这种制度实际上就是马克思和恩格斯所论述的农村公社或马尔克土地制度在中国的具体表现形式。先生以大量的历史事实批驳了否定井田制度存在的错误观点,令人信服地解决了与井田制度密切相关的许多重要课题,从而在史学界产生了重大影响。

对古代思想文化的研究也是先生的专长。先生关于中国古代思想渊源、关于西周在哲学上的两大贡献、关于商文化起源于我国北方说、关于经学与史学等方面的论述,在学术界都有着广泛的影响。原西北大学校长、著名思想史专家张岂之教授在《金老与中国思想史研究》一文中指出,金老在中国古代思想史研究方面有三个显著特点:第一,注意文献学研究与思想史研究的结合,第二,注重经学研究与思想史研究的结合,第三,善于把思想史研究与社会史研究密切结合。张岂之教授说:"金老在中国社会史研究中,是做出了很大成就的……而金老关于中国古代思想史和经学史的若干观点都与他的社会史观点密切联系着,形成了一个整体。金老的研究成果充分显示他是一位有系统的社会史理论的古史专家、古文献学家和思想史家。"张教授的论述是对先生关于中国古代思想文化研究的成就和特点所作的最精确、最全面的概括。

先生熟谙中国古代文化典籍,是著名的文献学家,共出版研究、考辨古代典籍的著作六种,文章近 30 篇。《释"二南"、"初吉"、"三浍"、"麟止"》、《古籍考证五则》、《孔子与六经》、《古籍考辨四题》等都是这方面的代表作品。在这些论著中,既有对某些古代典籍编撰背景的分析介绍,也有对某一典籍思想底蕴的深入阐发,还有对典籍中疑难问题的详细考证。这些作品往往新意迭出,发前人所未发,充分显示了先生在古籍研究、考辨方面的深厚功力和卓越贡献。

先生自称是"永不褪色的书生",常说自己一生只做了三件事,即读书、教书、写书。先生从教近80年,亲聆先生教诲的学生多达数千人,为国家培养了大批有用的人才。毕生潜心学问,共出版学术著作16部,发表学术论文100余篇,在学术上做出了不可磨灭的贡献。先生以其卓越的学术成就、崇高的道德理念和诲人不倦的精神境界铸就了一代学术大师的风范,为后学者树立了楷模。

先生治学严谨,一丝不苟。主张读书做学问要善于独立思考,敢于坚持真理,勇于向权威挑战。先生在其学术生涯中,曾与许多权威人物公开争鸣,对王国维、郭沫若、范文澜、冯友兰等权威人物学术观点都曾提出异议,甚至对斯大林的错误观点也敢于公开批评。先生在学术上不迷信,不盲从,坚持说自己的话,走自己的路,从不依草附木,随波逐流,表现了先生唯真理是从的理论勇气。先生的治学态度和治学方法与他的学术成就一样宝贵,是每一个后学者应当认真学习并不断发扬光大的。

# （二）金景芳与中国古代史研究①

　　金景芳先生字晓邨，1902 年 6 月 3 日出生于辽宁义县一个贫苦农民家庭。先生 1923 年毕业于辽宁省立第四师范学校，此后做过家庭教师，教过初级小学、高级小学、初级中学，曾任县教育局局长、省教育厅股长。"九·一八"事变后又回到中学教书。1936 年流亡到关内，辗转于陕西、江苏、安徽、湖北、湖南、四川等地。1940 年 9 月入四川乐山复性书院师从"一代儒宗"马一浮先生学习。1941 年 11 月到流亡于四川三台的东北大学任教，先后任讲师、副教授、教授。解放后曾先后任东北文物管理处研究员、东北图书馆研究员兼研究组组长。1954 年 1 月到长春东北人民大学（1958 年更名为吉林大学）历史系任教。曾任吉林大学工会主席、图书馆馆长、历史系主任。"文革"后曾任中国先秦史学会副理事长、中国孔子基金会副会长、吉林省史学会名誉理事长。现任吉林大学历史系名誉主任，吉林大学古籍研究所顾问、教授、博士生导师，中国先秦史学会顾问，中国孔子基金会顾问，吉林省史学会顾问，国际儒学联合会顾问，东方国际易学研究院（前美芝灵国际易学研究院）顾问，国家古籍整理出版规划小组顾问。

　　先生是当代著名的历史学家、文献学家，尤以《周易》研究和孔学研究的卓著成就而享誉国内外。现已出版学术著作 14 种，发表论文近百篇。他的许多学术成果获得国家和省部级奖励。其中《中国奴隶社会史》获国家教委第一次社会科学研究成果二等奖，此书还与先生所著《学易四种》共同获得吉林省社会科学优秀成果特别奖，《周易全解》获国家教委优秀学术著作奖和光

---

①原文发表于《烟台师范学院学报》2001 年第 1 期，2006 年略作修改。

明杯优秀哲学社会科学著作奖,吉林省图书一等奖,《〈尚书·虞夏书〉新解》获教育部第二次社会科学优秀科研成果二等奖。

先生早年读书,遍及群经和诸子百家。就读于复性书院时,先生集中精力研读清人的经学著作,并撰写了《春秋释要》一文,深受复性书院主讲马一浮先生赞许。执教于东北大学时,先生为中文系学生讲授经学,并在东北大学《志林》学刊上发表了《研治经学的方法》等论文。可见先生早年的学术兴趣主要在经学。调入东北人民大学历史系之后,先生为适应教学和科研工作的需要,系统地学习了马克思主义理论知识,同时又充分发挥自己熟悉先秦典籍的优长,从而开始了对中国古代社会、古代的典章制度和古代思想文化的深入研究,并不断开拓新的研究领域,很快成为蜚声中外的历史学家。清人张之洞说:"由经学入史学者,其史学可信。"先生走过的治学道路,正是"由经学入史学"之路。

现将先生的主要学术成就概述如下:

## 一、《周易》研究

先生是国内外著名的易学专家。早在 20 世纪 20 年代,先生就开始钻研《周易》,自称"读《易》成癖"。然而《周易》是一部奇特之书,先生当时虽然读了许多研究或注释《周易》的书,但有些问题一直弄不清楚。1939 年夏,先生读了列宁的《谈谈辩证法问题》,深受启发,遂觉《周易》中的许多难题都可以涣然冰释、怡然理顺了。于是利用寒假时间写成《易通》一书。该书是最早用马克思主义理论指导《周易》研究的著作,也是先生的成名之作。1942 年,《易通》一书获国民政府教育部著作发明及美术奖励三等奖。1945 年,该书由商务印书馆正式出版。解放后,先生陆续发表了《易论》、《说易》、《关于〈周易〉的作者问题》等研究易学的论文 20 余篇。80 年代,先生连续出版了《学易四种》、《周易讲座》、《周易全解》等易学著作。最近,先生又出版了《〈周易·系辞传〉新编详解》一书。先生在70多年的易学研究中,形成了独特的易学思想体系,对《周易》的研究做出了重大贡献。先生的易学思想可以简要地概括为以下几点:(1)《周易》是蕴含丰富、思想深刻的古代哲学著作。它产生于原始宗教,卜筮只是它的外壳,哲学才是它的本质。(2)汉人在易学研究中搞"象数学",宋人在易学研究中搞"图书学",清人又回头搞汉易,把易学研究引向了歧路,这是应当彻底批判的。由孔子奠基,由王弼、程颐发扬的义理派的易学观点和方法是应该加以继承的。(3)《易传》是解释《易经》的,没有《易传》,后人就无法理解《易经》。《易经》与《易传》产生的时代不同,但两者的思想是一致的。(4)孔子对《周易》有伟大的贡献,《易传》基本上是孔子所作,孔子通过《易传》对《周易》所蕴含的思想进行了全面深入的阐发。(5)《周易》六十四卦的排列结构包含着深刻的思想内容。《系辞》说:"乾坤其《易》之蕴耶!"又说:"乾坤其《易》之门耶!"表明乾、坤两卦在六十四卦中有特别重要的地位。其余各卦都是乾坤两卦的发展和变化。六十四卦以既济、未济两卦结尾,也含有深义。从乾、坤到既济、未济,表示事物发展的全过程,《序卦》云:"物不可穷也,故受之以未济终焉。"这反映了《周易》作者深刻的辩证法思想。(6)殷易《归藏》(又名《坤乾》)首坤次乾,《周易》首乾次坤,反映殷周两代思想观念和政治制度的重大区别。首坤次乾,反映"殷道亲亲",表明殷代氏族社会残余较多,重视血缘关系;首乾次坤,反映"周道尊尊",表明周代政治统治已居于主导地位,更重视阶级关系。《归藏》和《周易》一书实际上是用辩证法理论写成的。《周易》的作者虽然并不知道什么是辩证法,可是他创作的《周易》却无意中与辩证法暗合。先生认为《周易》的作者不是自觉地而是自发地表达了辩证法思想。著名哲学家高清海教授在该书的《序》中对金老在易学和中国传统文化研究方面作出的重要贡献给予高度评价："中国作为古老文明的大国,赋有丰富的辩证法思想传统。我们不能不承认,对于这方面的思想资源过去我们开掘得很不够。这里的原因有多方面,其中'思想障碍'不能不认为是一个重要的因素。我们往往局限于辩证法、哲学的名称、词语而遮蔽了它的特有内容和实质,对《周易》的认识状况就说明了这点。我认为金景芳先生以辩证法解《易》,是做了一件极为重要的开拓性工作,它定会在未来的思想史上结出丰厚的硕果。"

## 二、孔子研究

孔子是中国古代伟大的思想家和教育家,他的思想对中华民族乃至全人类都有极其深远的影响。先生对孔子的研究曾下过大力气。"文革"期间,先生因研究孔子而被称为"孔教徒"。除《孔子新传》外,先生研究孔学的文章有将近 20 篇。其中比较重要的有:《论孔子思想》(1957)、《论孔子学说的仁和礼》(1962)、《关于孔子研究的方法论问题》(1979)、《孔子对〈周易〉的伟大贡献》(1987)、《孔子所说的仁义有没有超时代意义?》(1989)、《论孔子的思想有两个核心》(1990)、《孔子的天道观与人性论》(1990)、《孔子的这一份珍贵遗产——六经》(1991)、《论孔子》(1994)、《关于孔子及其思想的评价问题》(1995)、《论孔子的仁说及其相关问题》(1996)等等。先生曾说:"中国之有孔子,毋宁说,是中华民族的光荣。"先生认为,孔子思想并不是孔子个人的思想。孔子是中国传统思想文化的集大成者。孔子"信而好古",他"祖述尧舜,宪章文武",中国古代全部优秀的思想文化都经孔子继承并发扬光大。孔子在研究、整理和传播古代思想文化方面有伟大贡献。"六经"就是孔子留给后人的珍贵遗产。研究孔子思想必须研究"六经",而不能仅依据《论语》。"六经"中的《周易》与《春秋》对研究孔子思想尤为重要。先生认为孔子学说有两个核心,一个是"时",一个是"仁义"。由"时"派生出"中",由"仁义"派生出"礼","时"是更基本的,表现孔子的宇宙观;"仁义"则是从属的,表现孔子的历史观。孔子所说的"仁义"既有时代性,又有超时代的意义,在今天甚至将来仍有其存在的价值。先生认为孔子的世界观和人生观是正确的,应该说基本上是唯物的、辩证的。今日欲弘扬中国的传统思想文化,应当很好地继承孔子的这笔精神财富。孔子的政治思想有其保守的一面,因而每当社会面临重大变革时,孔子及其学说往往遭到激烈批判,这是必然的。孔子强调伦理道德,强调社会秩序的稳定,因此每当革命风暴过后或动荡局面结束,统治者总要搬出孔子,宣传孔子的学说,用以维护自己的统治。一般说来,孔子思想适用于"治"世而不适用于"乱"世。历史的发展总是一"乱"一"治",因而孔子及其学说的历史命运就是这样:不断地被批判,又不断地被尊崇,这恰好反映了不同历史时代不同的政治需求。先生特别强调,在孔子研究中,应当把孔学与儒学严格地区别开来。孔学是指研究孔子及其思想学说的学问,而儒学主要是指汉儒之学和宋儒之学。汉儒和宋儒虽然打的都是孔子的旗号,实际上他们所传承的多半是孔子学说中的糟粕。因此,绝不能把孔学和儒学混为一谈。此问题先生在《孔子新传·序》中有详细的论述。

## 三、史学理论研究

先生在自己的史学研究实践中深刻体会到:理论工作者必须认真学习马克思主义理论,必须努力掌握马克思主义的基本原理,深刻领会马克思主义的精神实质,而不能仅在词句上下工夫。作为史学工作者,必须用马克思主义理论武装自己,用马克思主义理论去指导史学研究。先生的史学研究能够取得丰硕成果,特别是在史学理论研究上作出重大贡献,直接得益于马克思主义理论学习。先生在史学理论研究上的重要贡献主要有以下三个方面:(1)关于中国古史分期问题。这个问题是建国以来史学界争论最多的问题之一。争论的最大焦点是中国奴隶社会向封建社会转变的时间问题。50年代初,史学界曾召开过全国规模的古史分期问题学术讨论会,很多著名的史学家都参加了当时的大论战。《历史研究》编辑部先后编辑了《中国的奴隶制与封建制分期问题论文选集》和《中国古代史分期问题讨论集》,由三联书店分别于1955年和1957年先后出版。后来关于古史分期问题的讨论一度中断,原因是毛泽东曾公开表示赞同郭沫若的古史分期说。一时间,古史分期问题几成定论。郭沫若的古史分期说被当作官方认可的学术观点写进了各种历史教科书,原先积极参加讨论的多数学者只能三缄其口。先生没有参加50年代古史分期问题的讨论。在1962年出版的《中国奴隶社会的几个问题》一书中,先生已经概括地阐述了关于古史分期问题的基本意见。1979年,《历史研究》在第2期、3期两期连载了先生的《中国古代史分期商榷》一文。先生在这篇文章中首次对郭沫若的古史分期说公开提出异议,并系统地论述了自己对古史分期问题的意见。这篇文章在史学界引起很大反响。之后,先生又在《社会科学战线》1985年第1期发表了题为《马克思主义关于奴隶制社会的科学概念与中国古代史分期》的文章,对古代分期问题讨论中的一些错误观点提出了批评意见。先生认为,由原始社会进入奴隶社会,应以国家的产生为标志。私有制和阶级的出现是阶级社会产生的原因,而不是标志。因此,中国奴隶社会以夏启杀益夺权,建立夏朝为开端。先生认为战国时代是中国奴隶社会向封建社会转变的过渡时期。中国的封建制度全面确立是由秦始皇统一六国完成的。先生对中国奴隶社会和封建社会的特征作如下概括:"中国奴隶社会的经济基础主要是井田制,即土地公有制,而中国封建社会的经济基础则是土地私有

制;中国奴隶社会的政治制度是分封制,而中国封建社会的政治
制度则为郡县制;中国奴隶社会的意识形态主要是礼治,而中国
封建社会的意识形态则主要是法治。所以,中国奴隶社会向封
建社会的转变,从经济基础和上层建筑来说,实际上就是从井田
制、分封制和礼治向土地私有制、郡县制和法治的转变。"先生的
这种分期意见被学术界称为"秦统一封建说"。这种分期说已经
在史学界产生越来越广泛的影响。(2)关于原始社会向奴隶社
会过渡问题。由原始社会向阶级社会的转变,其间必然要经历
一个漫长的过渡时期。中国是怎样由原始社会过渡到阶级社会
的? 这一过渡时期从何时开始? 又到何时完成? 在以往的史学
研究中,很少有人对此进行过系统论述。先生认为这是研究中
国古代史无法回避的重要课题。先生在着手撰写《中国奴隶社
会史》时,遇到的第一个难题也就是这个过渡时期的问题。1977
年,先生写成了《谈谈中国由原始社会向奴隶社会过渡的问题》,
发表于该年《理论学习》第 11 期、12 期合刊。《光明日报》1978
年 2 月 1 日也刊登了这篇文章。先生认为:中国由原始社会向
奴隶社会转变是由夏后启杀益夺权开始的。夏、商、周虽然都是
奴隶社会,但夏代与商、周两代是有差别的,夏代具有由原始社
会向奴隶社会过渡的性质。当时兰州大学的刘文英先生看过这
篇文章后,写了一篇与先生商榷的文章,寄给了《吉林大学社会
科学学报》编辑部。先生读后,建议《吉林大学学报》发表刘文英
先生的文章,同时又写了一篇《关于中国原始社会向奴隶社会过
渡问题的讨论——答刘文英同志》,与刘文英的文章一同发表于
该刊 1978 年第 5 期、6 期合刊。先生在这篇文章中重申了自己
的观点,并就刘文英文章提到的一些具体问题作了进一步探讨、
商榷,从而使过渡时期这一问题的研究进一步深化。先生指出:
由无阶级的社会向阶级社会的转变不同于阶级社会内部的一种
社会形态向另一种社会形态的转变。它势必要经历一个相当漫

长的过渡时期,这个过渡时期由国家部分出现开始,到国家完全
形成为止。在过渡时期内以氏族为基础的社会和以领土为基础
的国家并存;经过若干世纪变革,才逐步由后者完全取代了前
者。古代典籍中记载夏代有伯明氏、斟寻氏、豢龙氏、有穷氏、有
鬲氏、昆吾氏等等,正是夏代还大量存在氏族制度的证明,因此
不能说夏朝的建立是过渡时期完成的标志。(3)关于中国奴隶
社会的阶级和阶级斗争问题。关于中国奴隶社会的阶级和阶级
斗争问题的精辟论述,是先生在古代史研究中的重大理论创见
之一。先生根据马克思、恩格斯和列宁的有关论述,结合中国奴
隶社会的历史实际,明确指出,奴隶社会的阶级是等级的阶级,
而资本主义社会的阶级是非等级的阶级。因此,资本主义社会
的阶级斗争表现为两大对立阶级的公开对抗。一些史学家在研
究奴隶社会阶级斗争问题时,总是套搬资本主义社会阶级斗争
的公式。实际上,在奴隶社会,不存在用胜利的奴隶起义来消灭
奴隶制的事情。中国的奴隶社会与希腊、罗马不同。中国古代
的奴隶制是家庭奴隶制,不存在大规模的奴隶劳动,因而也不可
能出现足以推翻奴隶主阶级的大规模奴隶起义。长期以来,史
学界流行一种错误观点,即认为奴隶革命把奴隶主消灭了;把奴
隶主剥削劳动者的形式废除了。先生研究了这种错误观点的来
源,发现提出这种错误观点的是斯大林。后来苏联经济学家列
昂节夫在一本普及读物中对斯大林的观点加以引用,遂在中国
广泛传播。此后在相当长的时期内,这种违背马克思主义的错
误观点竟被当作金科玉律。先生率先对此提出质疑,于1980年
在《中国社会科学》第3期发表了题为《论中国奴隶社会的阶级
和阶级斗争》一文,对上述观点进行了尖锐的批判,在理论界起
到了正本清源的作用。

## 四、古代典章制度研究

先生在中国古代典章制度研究方面取得了丰硕成果。其中成就最突出、在史学界影响最大的是关于宗法制度的研究和井田制度的研究。

（1）宗法问题在先秦史研究中占有重要地位。古今许多学者都论述过宗法制度，但大都不得要领。与宗法制度相关的很多重要问题长时间未能解决。先生1956年在《东北人民大学人文科学学报》第2期发表了《论宗法制度》一文。这篇论文用马克思主义的"两种生产"的理论来解释宗法制度。认为宗法制度产生于周代，是在阶级关系充分发展的历史条件下，统治者对血缘关系进行的改造、限制和利用，目的是隔断血缘关系对天子、诸侯之君权的干扰，同时发挥宗族对君权的捍卫作用。这就抓住了问题的要害，道破了宗法的本质。关键问题解决了，与此相关的一系列问题也就迎刃而解。例如，宗统与君统的区别与联系；为什么大宗百世不迁，而小宗五世则迁；宗法制与周代分封制、嫡长子继承制有何关系；宗法制实行的范围和起止的时代等等。这些问题前人花费很多心血都未能论述清楚，而先生却举重若轻，把这些纷纭复杂、长期争论不休的问题解释得一清二楚。《论宗法制度》一文充分显示了先生在史学研究方面的雄厚功底和真知灼见。先生是以《论宗法制度》一文为起点正式步入史学论坛的。先生在史学论坛上甫一亮相，便引起学术界的广泛注意。因为《论宗法制度》一文在古代史研究的重大难点问题上取得了突破性进展，廓清了史学界长期流行的一些错误观点。

（2）井田制度是先秦史研究中的重要课题。因为井田制度实质上涉及中国奴隶社会土地所有制问题，是中国奴隶社会赖以存在和发展的根本问题。对井田制度缺乏了解，研究中国奴隶社会的历史就无从着手。20世纪初，学术界曾就井田制度展开激烈的争论。当时很多学者都否定井田制度的存在,有的学者虽然承认井田制度的存在,但却对井田制度的具体形态做了错误的解释。先生在《历史研究》杂志 1965 年第 4 期发表了《井田制度的发生和发展》一文。1981 年,《吉林大学社会科学学报》1 至 4 期连载了先生的《论井田制度》。1982 年,齐鲁书社出版了《论井田制度》的单行本。先生认为,井田制实际上就是马克思和恩格斯所论述的农业公社或马尔克的土地制度在中国的具体表现形式。井田制度的本质特征就在于把土地分配给单个家庭并定期重新分配。胡适戏称井田为"豆腐干块",其意在否定井田的存在。"豆腐干块"虽非庄语,但却恰当地道出了井田的最大特点。古代耕地之所以要划分为"豆腐干块",与欧洲的"棋盘状耕地"或"大小相等的狭长带状地块"一样,都是为了便于把这些耕地分配给单个家庭并定期重新分配。这种制度的实行不是出于某种政治的需要或某个大人物的设想,而是由当时的生产力水平决定的,是历史发展的必然。先生认为,中国井田制度从夏初开始实行,经商代到西周,井田制达到充分发展。春秋时期井田制开始瓦解,到战国时期井田制出现全面崩溃的趋势。至秦统一中国,井田制在全国范围内被土地私有制取代。因此,井田制与奴隶社会相始终,是中国奴隶制时代的土地制度。先生以大量历史事实批驳了否定井田制存在的错误观点。《论井田制度》一书对于和井田制密切相关的一些问题,诸如国与野,国人与野人,公田与私田,畇亩,南亩、东亩,井田法、沟洫法,贡、助、彻,"五十"、"七十"、"百亩","九一"、"什一",圭田、余夫,耦耕,籍田等等,都进行了深入的研究和考证。对于井田制发展过程中出现的一些重要问题,诸如隶农,作爰田,作州兵,初税亩,作丘甲,为田洫,作丘赋,用田赋,卖宅圃,相地而衰征,书社等等,也都做了全面、细致的论述,解决了一些长期争论不休的重要问题。

## 五、中国古代思想文化研究

中国古代思想文化研究是先生学术研究的重要领域,也是先生取得学术成果最多的研究领域。1996 年,著名学者、西北大学名誉校长、清华大学中国思想文化研究所教授张岂之先生写了一篇题为《金老与中国思想史研究》的文章,被编入《金景芳九五诞辰纪念文集》(吉林文史出版社 1996 年 4 月出版)中。张岂之教授在文章中指出:金老在中国古代思想史研究方面有三个显著的特点。第一,金老很注意文献学研究与思想史研究的结合。前人从事中国文化学术研究的,没有不在文献学上下功夫的。但前人研究文献,往往过于偏重训诂考据,而忽视了文献的思想内涵。金老在学术研究上力戒汉学与宋学的偏颇,兼取二者之长,将文献学的研究与思想文化的探讨融为一体,从而提出许多新的见解。第二,金老注重经学研究与思想史研究相结合。如果不研究经学,而要求在思想史研究中取得重大成果,那是不可能的。金老能把经学研究与思想史研究融为一体,使我们从经中看到古代思想的渊源,又从古代思想文化中看到经的学术价值。第三,金老善于把中国思想史的研究与中国社会史的研究密切结合。张岂之先生指出:在历史上,任何一种有体系的思想理论都是植根于一定的社会历史土壤。因此,思想史研究的难点就是科学地揭示历史演变和逻辑演变的一致性。张教授说:"金老在中国社会史研究中,是作出了很大成绩的。他的《中国奴隶社会的阶级结构》、《中国古代史分期商榷》、《论井田制度》、《马克思主义关于奴隶制的科学概念与中国古代史分期》等论文,实际上构成了金老关于中国古代社会史理论体系的基础。而金老关于中国古代思想史和经学史的若干观点都与他的社会史观点密切联系着,形成了一个整体。金老的研究成果充分显示他是一位有系统的社会史理论的古史专家、古文献学家和思想史家。"张岂之教授的论述可以说是对金老关于中国古代思想文化研究的成就和特点所做的最精确、最全面的概括。先生有关中国古代思想文化方面的论文有 30 多篇，其中比较重要的有《也谈关于老子哲学的两个问题》、《关于荀子的几个问题》、《关于马王堆一号汉墓帛画名称问题》、《商文化起源于我国北方说》、《中国古代思想的渊源》、《经学与史学》、《谈礼》、《论天和人的关系》、《论中国传统文化》等，这些文章发表后都在学术界产生很大反响。如《关于马王堆一号汉墓帛画名称问题》一文，先生根据《周礼》等典籍的记载，指出马王堆出土的所谓帛画，实际上是古代的一种旗帜，应当称作"铭旌"，纠正了当时一些权威历史学家、考古学家的错误结论。在《商文化起源于我国北方说》一文中，先生依据大量的文献记载和考古资料，提出商人祖先昭明所居的砥石即今内蒙古自治区赤峰市克什克腾旗的白岔山，而昭明之父契所居的番即燕亳，今辽宁、吉林两省都出土不少商代文物，证明商文化起源于我国北方，这一新说受到学术界的重视，其后有不少学者对先生的商文化起源于我国北方说表示赞同或提出新的证据对此说加以补充。

## 六、古代典籍考辨、研究

先生熟谙中国古代文化典籍，是著名的文献学家。对古籍的考辨研究是先生学术研究的重要组成部分。先秦典籍中的群经、诸子及历史著作先生都曾下过苦功，其中在儒家经典上所下工夫最多，取得的成就也最大。先生考辨、研究古籍的著作共 6 种，文章 20 余篇，其中研究《周易》的论著所占比重最大。先生在这些论著中，既有对某种先秦典籍编纂背景的分析介绍，如对《尚书》中《尧典》和《禹贡》的研究；也有对某一典籍思想底蕴的深入系统的阐释，如对《周易·系辞传》的研究；还有对这些典籍中某些关键问题的详细考证，如先生在《释"二南"、"初吉"、"三滮"、"麟止"》一文中的精彩辨析,以及对《易传》中因错简、缺文、误增、误改、移入等造成的多处讹误的考证,都极富创见,能发前人所未发,这些都充分显示了先生在古籍研究和考辨方面的深厚功力。

按照我国传统虚岁记岁法,先生今年已经高寿百岁。回顾自己近一个世纪的生活和学术历程,先生说自己主要做了三件事,即读书、教书、写书。先生常说自己是个"永不褪色的书生"。先生治学的最大特点是:说自己的话,走自己的路,从不依草附木,随波逐流。在学术上勇于创新,敢于坚持自己的独立见解,敢于向任何学术权威挑战,故能自成一家,以其独特的学术风格赢得学界的尊重。

# （三）金老晚年的学术追求①

　　我 1964 年考入吉林大学中文系,学的是汉语言文学专业,那时我最感兴趣的是中国古典文学。入学不到两年,"文革"开始了。1970 年,我们这些人通统被当作"废品"扫地出门。我被发配到一个地处偏远山区的"三线"工厂,从事与所学专业毫不相干的行政工作。工厂的军代表知道我是学文科出身的,很注重发挥我的"一技之长",让我为厂领导写总结、写报告,写"讲用材料"之类,一干就是十年。改革开放之后,蒙金老不弃,收我作研究生,开始跟随金老学习先秦史,至今已 20 余年矣。20 多年来,金老学术根底之深厚,学术兴趣之广泛,理论修养之精湛,学术思想体系之恢宏博大,以及探讨学术的那种孜孜矻矻的勤奋精神,都使我极为叹服。我生性驽钝,自归金老门下之后,虽不敢稍懈,但自愧至今尚在金老学术殿堂的宫墙之外,离登堂入室还差得很远。几年前,应一家学术刊物编辑之约,我写了一篇评介金老学术思想的短文。在文章的结尾处,我就当时的认识,对金老治学的主要特点作了如下的概括:

　　一、治学态度严谨。金老常说,历史是一门科学,研究历史"应把科学性、真理性放在第一位"(《中国奴隶社会史序》)。又说:"历史与小说不同。小说允许虚构,历史则要求事事都有根据。"(同上)金老研究历史总是以大量的历史资料为依据,反对从主观愿望出发,"随心所欲地寻找几个材料,用来证明自己的论点"(同上)。认为那种"任意割裂、任意曲解"史料的作法绝不是严肃的马克思主义史学工作者应取的态度。金老研究任何

①本文是应吉林大学研究生会主办的刊物《秋泓》编辑部约稿而作,载于该刊 2005 年第 2 期。

一个问题,总是先钩稽全部相关的史料,然后仔细研究、反复斟酌,再下结论。金老反对那种在史学研究中只挑选对自己有利的史料,而对那些与自己观点相左的史料则不闻不问,或避之唯恐不远的作法。金老不仅对学术研究一丝不苟,对人才的培养也特别严肃认真。我们跟金老学习时,金老每周都亲自授课。金老给我们开设的专业课程每讲完一个单元,都要求我们写一篇文章或读书心得,为的是培养我们分析问题和解决问题的能力,提高我们文字表达的水平。我们完成后,金老总是认真批改,对我们习作的思想内容、篇章结构、文字、语法、标点以及资料的引用有不当之处,金老都一一指正。不合格的,金老就严厉批评,或者退回重写。我们在学业上能很快进步,是与金老的严格要求分不开的。

二、金老向来主张搞学术研究要说自己的话、走自己的路,反对依草附木,随波逐流。金老在学术上不迷信,不盲从,敢于坚持真理,敢于向权威挑战。1978年,金老写成了《古代史分期商榷》一文,本拟在一家创刊不久的学术刊物上发表。但这家学术刊物的主管领导不敢发表,因为金老在这篇文章中对郭沫若的中国古代史分期说进行了十分尖锐的批判。一年后,这篇文章连载于《历史研究》杂志。在70年代末,人们的思想尚未完全解放,金老敢于对郭沫若那样的学术权威指名道姓地进行批判,是需要有足够勇气的。文章发表前,有人曾告诫金老不要贸然行事。文章发表后,在学术界引起极大反响。当时有人说金老的文章在史学界"引起一场大地震"。在《论宗法制度》、《论井田制度》等文章中,金老对王国维、郭沫若、范文澜、吕振羽、周谷城等著名史学家的一些观点,也都曾提出过尖锐批评,甚至对斯大林的错误也敢于公开批评,这充分表现了一个学者应有的唯真理是从的理论勇气。

三、金老主张研究中国古代史必须认真读古书,并且要读深、读透,做到融会贯通。金老是依靠自学成名的,在古书上下过苦功。金老读古书,喜读无注释的白文。金老总结自己的经验说:"不要认为注释都对。读书应从本文开始,最后还要回到本文上来,只有这样,才能真正了解本文的思想,并能识别注释的对错。我认为读书贵在抓住要点,发现问题,解决问题,尤贵独立思考。"不认真读古书,往往容易产生误解,或跟着前人的注释犯错误而懵然不知。金老指出:一些有影响的史学著作把井田说成是"分配给臣下的俸禄",把天子说成是"天下的大宗",把周宣王"不籍千亩"说成是"井田制在王畿内开始崩溃的标志",把鲁国的"四分公室"说成是封建制取代奴隶制的标志,等等,都是因为不认真读古书,曲解或误解古书而产生的谬误。

四、金老认为研究中国古代史,特别是文明社会的历史,应当坚持文献与实物并重,而以文献为主。地下出土的文物对于古史研究是非常珍贵的,但文物史料本身有较大的局限性,远不及文献史料系统、详尽。文献史料当然存在真伪的问题,运用文献史料应首先鉴别真伪。对古代留传下来的历史文献不能盲目信从,但也不可毫无根据地全盘否定。金老认为,中国古代历史文献绝大多数是可信或基本可信的,对研究中国古代史是极其宝贵的。金老对全盘否定中国古代典籍的民族虚无主义态度深恶痛绝。1992 年 5 月,我陪金老去北京西郊的香山饭店参加第三次全国古籍整理出版规划会议。这次大会由吉林大学前校长、国家古籍整理出版规划小组组长匡亚明教授主持。大会邀请了全国最著名的专家学者一百多位,共商古籍整理出版工作大计,真可谓群贤毕至,名流荟萃。金老在会议发言中指出,要把古籍整理出版工作做好,首先要肃清疑古派的余毒。这些人把许多古代文化典籍都称之为伪书,对古书制造了许多冤假错案。要整理出版古籍,首先要为古籍正名。疑古派的遗毒不肃清,古籍整理出版工作将举步维艰。金老的发言得到许多与会代表的赞同。当时在座的恰好有一位疑古派主帅顾颉刚的弟子，他听了金老的发言后马上站起来为顾颉刚的疑古观点进行辩解，说金老的发言是对顾颉刚学术思想的误解，云云。后来，这位先生还不止一次地在他的文章中提到金老的发言，可见他对此事耿耿于怀。近年来，随着地下出土文献的大量问世，以无可辩驳的事实证明了当年被疑古派宣布为伪书的许多古籍其实不伪，而且有很高的史料价值。著名历史学家、文献学家李学勤先生倡导"走出疑古时代"，金老是非常赞同的。

　　以上这几点，不过是我当时的一点粗浅认识，远不足以反映金老治学的全部优长。后来，我受金老委托，为北京大学中文系王岳川教授主编的《二十世纪中国学术文化随笔大系》编写《金景芳学术文化随笔》一书，把金老的著述从头浏览一遍。紧接着，又协助金老完成了由浙江人民出版社出版的《金景芳学述》，再次仔细体味金老的学术思想体系，大有"仰之弥高，钻之弥坚；瞻之在前，忽焉在后"之感。

　　金老总结自己一生的历程，认为主要做了三件事，即读书、教书和著书。金老一生都在和书打交道，自称是"永不褪色的书生"。直至98岁高龄时，仍头脑清晰，思维敏捷，每月仍坚持给博士生讲课两次。金老几乎每天都在思考学术问题。我每次到金老家，金老经常谈论的话题往往是：我最近又有了新的观点。关于某某问题，我经过仔细思考，现在又有了新的体会。接着，金老便滔滔不绝地向我讲述他的新观点，新体会。每当此时，我的心头总是不由自主地涌起对这位学术老人的由衷敬意。同时也常常为我有这样的导师而感到幸运。

　　1998年1月28日是春节，即旧历正月初一，我依照惯例到金老家去拜年。那天我去得稍早，金老刚刚吃过早饭。我拜完年后，坐下来陪金老喝茶、聊天。金老兴致颇高，三五句话之后便和我谈起学问。他说最近读《周易》又有新的收获，准备写一部书,重点阐述《周易·系辞传》的辩证法思想。接着,便拿出一本大字本的《周易程氏传》,详细地向我讲解《系辞传》的辩证法思想究竟体现在哪里,并一一举出证据。金老还向我讲述拟议中的这本书将如何写,书中包括哪几个部分,甚至连每一章的题目都已心中有数。这就是后来由金老讲述,由他的学生张全民等记录、整理而成的《〈周易·系辞传〉新编详解》。那一天金老谈得很投入,我听得也很入神,我们似乎完全忘记了那一天是大年初一。若不是因为给金老拜年的人陆续到来,金老关于《周易》的话题还会继续下去。

金老晚年生活起居很有规律,身体一直很健康,在学术园地里始终笔耕不辍。金老很欣赏孔子的这几句话,并常用这几句话自勉:"发愤忘食,乐以忘忧,不知老之将至。"金老年过九旬之后,仍常常构筑自己新的研究规划,可谓雄心勃勃。金老曾计划编纂一部《名物大辞典》,为学习和研究先秦历史文化的人提供方便。还计划写一部纪传体的《春秋史》,已经设计好了编纂体例和整体框架,并且已经在研究室内进行了初步分工。后来由于研究室人手少,每个人各自承担的科研和教学任务都很沉重,这样任务重而又工期长的大部头的著作终难完成,最后不得不放弃。金老晚年想做的事情很多,但毕竟年龄不饶人,长时间伏案写作,金老已感到体力有所不支,因而也时时向我们流露出"终焉"之志。1991年,巴蜀书社为编辑、出版《学术自传丛书》,向金老约稿。金老在《自传》的末尾说:"我这个学术自传写毕,就不准备再写什么了。"可事实上自那以后,金老每年都有新作问世。从1992年到1996年这五年时间里,金老又发表学术论文18篇,其中还没有包括与助手吕绍纲教授合作完成的8篇论文。这18篇论文中,有的长达3.7万字,都是金老一字一句亲笔写成。在此期间,还出版了与吕绍纲合著的《〈尚书·虞夏书〉新解》。

　　1996 年 9 月,金老突然感到左眼视线模糊,物像变形。我陪金老到白求恩医科大学第一临床医院干部病房作检查,确诊为眼底出血。金老的右眼因患白内障多年,已丧失视力,看书、写字全靠左眼。现在左眼又出了问题,连读书、看报都不能了,这对一辈子都离不开书本的金老无疑是个重大打击。后来经过积极治疗,眼底出血被有效控制,眼底的血斑开始被慢慢吸收,金老左眼的视力稍有恢复。报刊上三号字以上的标题能够看清,大字的线装书也可以勉强阅读,但写字则很困难了。1997 年年初,东北师范大学出版社主编、中国先秦史学会副会长詹子庆教授决定为金老出一部学术论文集,向金老征询书名,金老定书名为《知止老人论学》。金老自名其书房曰“知止斋”。“知止”一词最早似见于《老子》。《老子》云:“知止不殆。”(第三十二章)《庄子·庚桑楚》亦云:“知止乎其所不能知,至矣!”《礼记·大学》则说:“知止而后有定。”这“知止”二字是金老“终焉”之志的再次流露,同时也表达了金老晚年不甘寂寞却又力不从心的情境。然而事实上金老对学术的追求和思考却从未停止过。这似乎是一种巨大的惯性力量在发挥着作用,正如一艘在海洋中高速行驶的巨轮,让这艘巨轮突然停止前进,谈何容易!巨大的惯性力量仍会使这艘巨轮乘风破浪,向前航行很远很远。金老这艘在学术海洋中游弋了一辈子的巨轮,至今仍在向前行驶。学无止境啊!在学术的海洋中航行,似乎永远也达到不了彼岸。前进就是追求,探索就是乐趣!这也许就是金老在治学的道路上欲止而不能止的奥秘所在!

　　20 世纪 90 年代后期,金老曾萌生修改《中国奴隶社会史》的念头。金老认为《中国奴隶社会史》是他的代表作,是他大半生心血的结晶。这部书出版后受到学术界的重视,并被教育部确定为全国高等院校人文社会学科选用教材。然而这部书毕竟完稿于 70 年代末,随着史学研究的深入和人们认识水平的提高,金老认识到这部书中有些提法已经过时,有些章节需要补充新的材料。比如书中第一章第一节把尧、舜、禹时代的社会组织称作部落联盟,认为尧、舜、禹同族同源。这种观点显然太陈旧了。事实上中国的尧、舜、禹时代早已超越了部落联盟阶段,这个时代的社会组织不可能是部落联盟,而是比部落联盟要复杂得多的更高级社会组织。但尧、舜、禹时代的这种社会组织究竟应当怎样命名,金老当时尚未考虑成熟。他不赞同借用西方学者经常使用的"酋邦"一词,但又找不到更恰当的词语来表述。金老把这一问题交给我来考虑。我重新研读恩格斯《家庭、私有制和国家的起源》等著作,经过反复考虑和仔细研究,向金老提出可否使用"部族联合体"这一概念。我向金老简要地叙述了这一词语的内涵和来源。我认为中国古代早期国家是领土国家,而西方早期国家主要是城邦国家。雅典国家的产生形式被恩格斯称为"最纯粹、最经典的形式",这种在部落联盟基础上直接产生的国家只能是人口稀少、国土狭小的城邦国家。雅典由氏族社会进入文明社会的模式可以概括为:氏族──→胞族──→部落──→部落联盟──→城邦国家;而中国的模式则是:氏族──→胞族──→部落──→部落联盟──→部族──→部族联合体──→领土国家。尧、舜、禹时代的社会组织不是部落联盟,而是部族联合体,这种部族联合体实际上就是中国古代的早期国家。金老听后很高兴,连声说:好! 好! 就用这个概念。当时恰好金老刚刚收到黑龙江省社会科学院《北方论丛》编辑部的一封约稿函,为纪念创刊二十周年,该刊要出版纪念专号,邀请金老赐稿。金老说:好吧,我们就写尧、舜、禹问题,由你来起草,我负责定稿,题目就叫做《论尧舜禹时代是由原始社会向国家过渡的中间环节》。文章写成后由金老做了删节。这篇文章可以说是修订《中国奴隶社会史》的前奏。可惜的是这一修订计划最终未能完全落实。须知,把一部将近40万字的学术著作从头到尾认真修订,对于这位年近百岁的老人来说,那是何等的艰难啊!

金老离开我们已经将近四年了。这位百岁老人带着他丰硕的学术成果,带着他不懈的追求,也带着他些许的遗憾,永远永远地离开了我们。金老生于 1902 年,卒于 2001 年,是 20 世纪的历史见证人,也是 20 世纪中国一代学人的优秀代表。金老以其卓越的学术成就、崇高的道德修养和诲人不倦的精神,铸就了一代学术大师的风范,为后学者树立了楷模。

我为我有这样的导师而骄傲。

# （四）金老对《周易》辩证法的开拓性研究①

　　吾师金景芳教授学习、研究《周易》七十余年,在《易》学研究领域创获极多,形成了自己独特的《易》学思想,在学术界被称作"金派《易》学"。我在这里只想简要地回顾金老对《周易》辩证法的开拓性研究。

　　关于《周易》中的辩证法问题是金老在《易》学研究中始终关注的一个重要问题,金老在自己的许多《易》学论著中都曾涉及这一问题。如上个世纪 80 年代后期写的《孔子对〈周易〉的伟大贡献》、《〈周易讲座〉序》、《〈周易全解〉序》等都与《周易》的辩证法问题相关。但最有代表性又比较集中地探讨这一问题论著主要有三部,即《易通》、《易论》和《〈周易·系辞传〉新编详解》。《易通》写于 1939 年,是金老学术生涯中的处女作,也是先生的成名之作。此书 1941 年曾获教育部学术著作三等奖,1945年在重庆商务印书馆正式出版。《易论》分上下两篇,上篇的副标题为《论〈易〉的起源和发展》,下篇的副标题为《论〈周易〉的组成和应用》。全文连载于《东北人民大学人文科学学报》1955年第 2 期和 1956 年第 1 期,是一篇长达 45000 字的学术论文。《〈周易·系辞传〉新编详解》是金老口述,由学生记录,再由金老亲自修改、润饰而成,出版于 1998 年,是金老总结一生学《易》心得的重要著作,也是先生治学七十余年的封笔之作。从这三部论著中我们可以清晰地看出先生对《周易》辩证法问题的认识是一个逐步发展和不断深化的过程。

---

①本文是应《周易研究》杂志主编刘大钧教授邀约而作,发表于该刊 2013年第 5 期(总第 121 期)。

# （一）

先生早年即嗜读《周易》，但常感到《周易》深奥难懂，很多问题虽冥思苦想，仍不得其解。后来读了胡绳的《唯物辩证法入门》、列宁著的《唯物论与经验批判论》、《谈谈辩证法问题》等著作，感到豁然开朗。过去研读《周易》时无法理解的许多问题，如用唯物辩证法加以解释，顿觉涣然冰释，怡然理顺。于是利用1939年暑假时间，写成了《易通》书稿。先生在《易通》中专门设《〈周易〉与唯物辩证法》一章，对《易经》和《易传》中的辩证法问题进行了较为详细的阐发。先生指出：唯物辩证法之基本法则有三：曰对立的统一，曰质变与量变，曰否定之否定。这三条法则在《周易》中都有充分的体现。金老说："《易》之命名，已含对立统一之意，而其训为变易，则又寓质变、量变及否定之否定之义焉。"[1]关于《周易》中的对立统一法则，金老在《易通》中有更加详细的论述：

> 《系辞传》曰："《易》有太极，是生两仪，两仪生四象，四象生八卦。"按"太极生两仪"，意谓在太极中孕有阴阳对立之两种性质也。（"仪"，匹也；亦示对立。）"两仪生四象"意谓每一仪中，又孕有阴阳之两种性质，合称四象。"四象生八卦"理亦犹是；惟兼以表示其向上发展而已。斯义也，与唯物辩证法之第一法则对立统一适相符合。[2]

《系辞传》中的这几句话是讲八卦的构成及其产生的过程。无论是两仪、四象还是八卦，乃至在八卦基础上"因而重之"产生的六十四卦，其构成的基本因素都是阴阳。正是由于阴阳的对

---

①金景芳：《易通》，见《周易通解》，长春出版社2007年版，第84页。
②金景芳：《易通》，见《周易通解》，第83页。

立统一才导致六十四卦无穷无尽的变化。对立统一是唯物辩证法的基本规律，没有阴阳的对立统一，也就不会有《周易》。金老还指出，《易经》中有既符合否定之否定法则，又符合对立统一法则的例证。金老说："全《易》六十四卦，可视为一链，以乾、坤为始，既济、未济则为向出发点之复归，仍与否定之否定相合。而其每卦中所构成之质料，则为阴阳两种符号，是又合于对立统一也。"①

关于质变量变法则，金老以六十四卦之排列为例：

> 《易经》六十四卦之排列，皆两两相对……每环之前一卦，可视为一种事物现象、过程所规定之质；其卦之初爻至上爻递进可视为其质之量逐渐变化而继长增高；后一卦可视为突变转化之新质，而否定其前卦之质。以下各环，依此方式向上发展，适与唯物辩证法之第二法则质变与量变（由量到质及由质到量之转化）相符合。②

关于《周易》中的质变量变、否定之否定法则，金老还有更进一步的论述：

> 《系辞传》曰："《易》穷则变，变则通，通则久。"按，此数语，实为《易》之通则，亦与唯物辩证法之法则相合。盖"穷"谓旧质之量已变至极端，"变"则谓其量已转化为新质也。"通"与"久"是既成为新质，其量又继续变化也。"穷则变，变则通"，反复无已，此与质变与量变及否定之否定法则何殊？③

由上面的引述我们可以看出，金老早在 20 世纪 30 年代就

---

①金景芳：《易通》，见《周易通解》，第 84 页。
②金景芳：《易通》，见《周易通解》，第 84 页。
③金景芳：《易通》，见《周易通解》，第 84 页。

已经运用马克思主义指导《周易》研究,确凿地指出《周易》的
经、传中都存在唯物辩证法,而且唯物辩证法的三大法则在《周
易》经传中都有充分体现,这实属不易。

（二）

　　新中国成立之后,先生在新的形势下更加努力、自觉地学
习、研究马克思主义理论,对马克思主义的基本原理有了全面、
系统的掌握,因而对《周易》中的唯物辩证法思想也有了更加深
入的理解。先生调入东北人民大学（后更名为吉林大学）历史系
以后,研究方向从经学转向史学。《易论》就是先生在新的历史
条件下写成的《易》学研究成果。先生在《易论》中详细地考察
了《周易》产生和发展的历史过程以及《周易》的组成和应用,对
十几年前写成的《易通》既有修正,也有发展。《易论》开门见山
地指出《周易》一书的本质特征:

　　　　《周易》是历史的产物,是人类认识在具体历史条件下
　　长期发展的结果。论其形式,不可否认,是陈旧的、落后的
　　卜筮形式,而其内容在当时却是新生的、先进的哲学内容。
　　这个具有旧的卜筮形式与新的哲学内容的矛盾统一体,就
　　是《周易》一书的本质特点。①

　　先生把《周易》放在特定的历史条件下加以考察,对《周易》
一书的性质和特点有了全新的认识。在十几年前写成的《易通》
一书中,先生仅仅指出《周易》中存在唯物辩证法,并列举了《周
易》经传中符合唯物辩证法三大法则的具体例证。而在《易论》
中先生则进一步指明《周易》一书实质上就是讲矛盾的。先
生说:

---

①金景芳:《易论》上,见《古史论集》,齐鲁书社1981年版,第181页。

　　《周易》是讲什么的？很早在《庄子·天下》篇里就已
明白地回答了这个问题。它说"《易》以道阴阳"，这"道阴
阳"，如果用今天大家都懂的话来说，就是讲矛盾……阴阳
又叫"两仪"，是表明矛盾的两个方面。这个阴阳（亦即矛
盾），从卦来说，它贯穿在八卦、六十四卦中；从蓍来说，它贯
穿在小衍之数（天一地二至天九地十）、大衍之数（天地之数
五十又五）中。而蓍与卦本身又是《周易》构成的两部分。
"蓍……以知来"，"卦……以藏往"，这也是阴阳，即也是矛
盾。再从全《易》六十四卦的结构来考查，六十四卦从首到
尾，两两相反相对，秩然有序，分成三十二个环节。每一个
环节中包括两个六画卦（反对卦），每一个六画卦中包括两
个三画卦（内外卦），每一个三画卦不消说是由两个基本细
胞"- -""—"发展而来的。而六画卦又是"因而重之"，"兼
三才而两之"，有"分阴分阳，迭用柔刚"之义。显然，都是贯
穿着矛盾。①

　　所谓"矛盾"实质上就是对立统一，因为对立统一是辩证法
的核心，是事物发展变化的基本规律。为进一步论述《周易》中
的辩证法，金老在《易论》中还特别揭示了《周易》的发展观。
《周易》认为，任何事物都是在不断地发展变化的，世间万物都有
一个由低级向高级发展变化的过程。而事物发展变化的根本原
因在于事物内部的矛盾运动。金老在《易论》中指出：

　　《易传》说："生生之谓易"……生生的意思，实际就是
发展。初由太极发展为八卦，继又由八卦发展为六十四卦，
八卦叫做"小成"，六十四卦当然就是大成了。小成是完成
了简单的机体，大成就是完成了复杂的结构。六十四卦是

————————

① 金景芳：《易论》上，见《古史论集》，第187—188页。

八卦发展的继续,而其发展方式则是"因而重之","引而伸之",与前此不同。……《易》由乾坤运动开始,乾纯阳,坤纯阴,运动的动力,在阴阳相摩,即在于内在的矛盾。至既济而矛盾解决,六爻当位,阴阳均停,《杂卦》所谓"既济定也。"同时新的矛盾已产生,即未济阴阳相错,六爻皆不当位,《序卦》所谓"物不可穷也,故受之以未济终焉。"①

这是对《周易》辩证法最通俗、最透彻的解释。《易通》仅通过具体实例指出《周易》经传中哪些地方与唯物辩证法"相通"或"相符合",而《易论》则从理论上论证了《周易》中为什么存在辩证法,这比起《易通》对辩证法的解说是一次重大的超越。

有人认为《周易》是卜筮之书,不可能有什么哲学。更有人认为说《周易》有辩证法是牵强附会,是今人硬加在《周易》上面的,违反了严格的历史性。金老的《易论》初稿送交《东北人民大学人文科学学报》编辑部后,编辑部按照惯例把金老的文稿寄给北京大学的冯友兰先生进行审查,冯友兰先生虽对文稿基本上予以肯定,但却说:《周易》中不可能有辩证法。金老不同意冯友兰先生的意见,在修改稿中强化了自己的观点,对冯友兰的观点给予严厉的批驳。金老引用马克思在《剩余价值学说史》中有关"刚从意识之宗教形态中挣扎出来的哲学"的重要论述,阐明中国早期的哲学如何从卜筮中产生的道理。对这个问题,后来金老在另一篇文章讲得更为明确:"马克思说:'哲学最初在意识的宗教形式中形成。'②……不仅哲学的产生如此,医学的产生当亦如此。《吕氏春秋·勿躬》说:"巫彭作医",就是证明。由此可见,卜筮产生哲学,这种情况,毋宁说是一条规律,

---

① 金景芳:《易论》上,见《古史论集》,第 188—189 页。
② 《马克思恩格斯全集》第 26 卷(1),人民出版社 1972 年版,第 26 页。

没有什么奇怪的。"①

　　《周易》是一部奇特的、充满神秘感的古代典籍,而它所反映的辩证法却是那样的平凡和直白。但平凡不等于平庸,直白也不意味着浅薄。金老在《易论》明确中指出,《周易》的哲学是通过"卜筮的语言,隐约地表达出来"的,因而并非成熟的哲学。但金老进一步指出:"如果有人看到了'不成熟'三个字,便以为这意味着浅薄、平凡,那就完全错了。其实,我所说的'不成熟'三字概念,仅仅限于上述内容,并不指其思想实质。如论其思想实质,则《周易》的哲学思想,不但不能说是浅薄、平凡,毋宁说是深刻、卓越。在当时的历史条件下,它的哲学思想实创造了最高峰。它在哲学上的成就,如与古希腊哲学家相比,正像赫拉克里特。"②

　　辩证法是世间万物发展变化的基本规律,也是人们的世界观和思维方式。辩证法并非神奇诡秘、高深莫测的东西,恰恰相反,辩证法的特点在于它的简明和质朴。越是简明质朴的东西越能真实地反映纷纭复杂的大千世界的真相和本质。这一事实本身也是唯物辩证法的生动体现。作为事物发展变化的基本规律和思维方式,世界各国的许多先哲都对辩证法有不同程度的认知和掌握。可见,辩证法绝非古希腊圣贤们的专利。因此,说《周易》中有辩证法,丝毫不值得大惊小怪。印度的佛教经典中也有丰富的辩证法智慧。生前任中国佛教协会会长、中国佛学院院长的赵朴初,就曾谈过佛教创始人释迦牟尼的辩证法思想。刘梦溪先生在一篇悼念赵朴初的文章中有这样的记述:

　　　　我和朴老(按:指赵朴初)最后这次见面,他还并非偶然

①金景芳:《〈周易讲座〉序》,《金景芳古史论集》,吉林大学出版社1991年版,第75页。
②金景芳:《易论》上,见《古史论集》,第185页。

地讲起了佛教的"因缘"与"因果"。《中国文化》第十四期上刊有庞朴先生笺释方以智《东西均》的文章,题目为《黑格尔的先行者》。朴老一边翻看一边说道:"方以智、黑格尔,已经晚得多了。辩证法是从释迦牟尼来的。佛教讲缘,缘就是条件。任何事物的存在,都需要条件,都有其成因。因上面还有因,可以不断地追上去。但要问最初的因是什么,回答是没有的。佛教不承认第一因,也不主张有最后的果。我们讲事物的因果,是指在长河中截取一段,这一段有因有果,万事万物,无始无终。"朴老说着哈哈大笑,说他在讲佛学了。①

由此可见,无论是希腊的赫拉克利特,还是印度的佛陀,抑或是中国《周易》的著作者,他们都是在彼此相互隔绝的状态下,各自独立地表述了自己的辩证法思想。尽管他们使用的名词概念各不相同,但其思想实质却完全一致。印度的佛教始祖释迦牟尼②大约与《易传》作者孔子③为同时代人,古希腊哲学家赫拉克利特④则略晚于孔子。金老认为《易经》的作者是殷周之际的周文王。⑤ 如此说来,中国辩证法思想的产生大约早于印度和希腊将近六百年。

---

① 刘梦溪:《悼朴老》,见《书生留得一分狂》,作家出版社 2010 年版,第244—245 页。

② 释迦牟尼的确切生卒年学界尚多争议,但多数学者认为释氏约生于公元前 565 年,卒于公元前 486 年。

③ 先生坚定地认为,《易传》基本上是孔子所作。孔子生于公元前 551 年,卒于公元前 479 年。

④ 赫拉克利特约生于公元前 530 年,卒于公元前 470 年。

⑤ 周文王约生于公元前 1152 年,卒于公元前 1056 年。

# （三）

　　1998 年，金老以九十六岁之高龄完成并出版了《〈周易·系辞传〉新编详解》一书。在这部书中，金老对自己的多年研究《易》学的心得体会进行了概括和总结，指出"《周易·系辞传》作于两千年以前，流传日久，其中有错简、阙文、误增、误改和脱字之处"，指出问题之所在，并一一地进行处理和改正。金老在该书《前言》中说："我学《易》七十多年，如今行年九十有六，始认识到《周易》一书实际是用辩证法的理论写成的。"紧接着，从《周易》经传中列举了八条证据来证明自己的这一结论。然后金老总结说：

　　　　由此八证可以相信，《周易》一书是用辩证法的理论写成的是千真万确的事实，无可怀疑。这个事实昭昭在人耳目。纵有持异议者，也无法说成是穿凿附会。①

　　金老在《〈周易·系辞传〉新编详解》一书的《自序》中回答了《周易》为什么能用辩证法的理论来写成。金老经过深入研究，坚信司马迁《报任安书》和《史记·自序》中关于"西伯拘而演《周易》"的记载是可信的，认为《周易》是周文王被囚羑里时所作。周文王被殷纣王囚于羑里时，内心充满了危机感和忧患意识。《系辞传》下说："易之兴也，其当殷之末世，周之盛德邪？当文王与纣之事邪？是故其辞危。危者使平，易者使倾，其道甚大，百物不废。"周文王成了殷纣王的阶下囚，要想摆脱这种危机，文王意识到必须彻底推翻昏庸无道的殷商政权。即所谓"危者使平，易者使倾"。周文王感到自己的责任和使命非常重大，推翻殷商统治是悠悠万事中的头等大事，故曰"其道甚大，百物

①金景芳：《〈周易·系辞传〉新编详解·前言》，见该书第 7 页。

不废"。于是周文王下定决心"演《周易》"。《史记·梁孝王世家》(褚少孙补)说"殷道亲亲,周道尊尊"。"殷道亲亲者立弟,周道尊尊者立子。"这表明殷周两代的社会制度和思想观念存在重要差别。殷道亲亲,表明殷代突出母权,更看重血缘关系;周道尊尊,表明周代突出父权,更看重阶级关系。殷易《归藏》的卦序首坤次乾,是殷道亲亲的反映。文王拘羑里为什么要"演《周易》"呢? 先生说:

> 文王被囚羑里时,思想上发生了根本变化。被囚以前,是《论语》所说的"三分天下有其二,以服事殷",被囚以后,是《尚书》所说的"西伯戡黎",即文王被囚以后,思想发生了根本的变化,他想推翻殷商的王权,因而也想推翻殷商王权的指导思想,即殷商哲学《归藏》易。①

周文王究竟是怎样改造殷易《归藏》,使之变为适合周人需要的《周易》呢? 先生说:

> 《归藏》认为在背后起主导作用的是帝和神,而表面上起作用的是六子。文王把帝、神的作用改成天地自身的作用,把六子的作用归属于乾坤。那么,天地怎么能生长万物呢? 主要在天地相交。天地是对立的,天地交则是统一的。文王用天地的对立统一作《周易》,本来是为了反对《归藏》,事实上就变成了创造辩证法。②

先生认为周文王正是在改造《归藏》为《周易》的过程中创造了辩证法,并把辩证法思想贯穿于《周易》的始终。

金老在为《〈周易·系辞传〉新编详解》撰写《自序》时,面对自己晚年的这一研究成果喜不自胜,金老说:"书写成后,我反复

---

① 金景芳:《〈周易·系辞传〉新编详解·自序》,见该书第21—22页。
② 金景芳:《〈周易·系辞传〉新编详解·后语》,见该书第172页。

审阅,可喜的是我学《易》七十多年,于行年已九十有六之际,竟有所突破。"金老所说的"有所突破",就是指对《周易》一书有了全新的理解,其中最重要的突破之一就是认识到"《周易》一书是用辩证法的理论写成的"。这表明金老对《周易》辩证法的认识产生了质的飞跃。

从《易通》一书认定《周易》中有辩证法,到《易论》全面论证《周易》中为什么会有辩证法,再到《〈周易·系辞传〉新编详解》确信"《周易》一书实际是用辩证法的理论写成的",不难看出,金老对《周易》辩证法的认识,一步一个台阶,晚年终于在认识上产生了质的飞跃,这就是金老所说的"突破"。

中国当代著名哲学家高清海教授曾对金老关于《周易》辩证法的研究作过这样的评价:

> 中国作为古老文明的大国,赋有丰富的辩证法思想传统,我们不能不承认,对于这方面的思想资源过去我们开掘得很不够。这里的原因有多方面,其中"思想障碍"不能不认为是一个重要的因素。我们往往局限于辩证法、哲学的名称、词语而遮蔽了它的特有内容和实质,对《周易》的认识状况就说明了这一点。我认为金景芳先生以辩证法解《易》是做了一件极为重要的开拓性工作,它会在未来的思想史上结出丰厚的硕果。①

作为著名的历史学家、文献学家,金老一生的研究兴趣相当广泛。先生的论著涉及中国古代的制度史、社会史、思想史、文化史、断代史,还有史学理论、经学、诸子学、文献学、名物学等诸多领域。然而先生的处女作和封笔作却都是《易》学著作。这两部《易》学著作的时间跨度刚好为一个甲子,而这两部著作共同

---

① 高清海:《〈周易·系辞传〉新编详解·序》,见该书第 5—6 页。

关注的课题之一恰恰就是《周易》的辩证法问题。古今中外研究《易》学的专家学者无计其数,但是对《周易》辩证法问题给予如此多的关注、下过如此大的功夫、取得如此大的成就者,除先生之外,恐怕找不出第二位。先生对《周易》辩证法的研究,真可谓天下独步。

# （五）《金景芳全集》前言①

## 一

　　恩师金老离开我们已经十三年了。自金老谢世至今，我和同门的许多师兄弟一样，内心中仿佛有一副沉重的担子无法卸下，那就是尽快为恩师金老编纂、出版全集。我们都知道，让先生的全集早日问世，不仅仅是我们全体金门弟子的共同愿望，也是学界同仁和广大读者的殷切期盼。

　　我硕士毕业后被先生留在教研室里与先生共同工作，紧接着又在先生指导下在职攻读博士学位。1988年获得博士学位后曾与先生及其助手吕绍纲共同完成了《孔子新传》的撰写任务。之后除从事自己的研究课题外，曾陆续发表过多篇研究和评介先生论著及其学术思想的论文。后来，又应两家出版社的约邀编写了《金景芳学述》和《金景芳学术文化随笔》等书。多年来在教学和学术研究中每有疑难，常到先生府上请益，先生也经常与我交流在学术研究中的心得体会。特别是在学术上每当有了新的发现，或在学术观点上有了新的变化，先生总愿意原原本本地向我讲述他的新发现、新观点。有时先生正在研究、探讨，尚未最终解决的一些学术问题，乃至正在酝酿中的研究课题，也愿意和我交流，征求我的看法，并希望我协助他继续研究这些问题，以求问题的圆满解决。我有时也斗胆向先生略陈浅见，不料却时而被先生认可或欣然接受。我从中深切地体会到探讨学术问题的乐趣。多年来我真切地感受到什么是先生的耳提面命，

---

① 本文是笔者为编纂、出版《金景芳全集》而撰写的《前言》。由于种种原因，未能刊入全集。作者不得已而将此文另刊于《孔子研究》2015年第5期。

什么是先生的谆谆教诲,这真是我的幸运。我作为先生的及门弟子,先后亲炙先生20余年,对先生的治学方法、治学理念和学术思想体系逐渐有了比较全面、深入的理解。因此,对于编纂先生全集的事我深感责无旁贷。更何况,能为先生编纂全集,也是我对恩师多年教诲的一种回报。

为先生全集的编纂而进行的准备工作事实上从先生去世之后就已经开始了。各项准备工作千头万绪,大体上可分为以下三大类:一、奔走呼号,为先生全集的编纂大造舆论;二、筹措全集编纂所需的经费;三、搜集、整理全集编纂所需的资料。这三类准备工作在时间上并非截然分开的,有时是齐头并进,有时又是交叉进行。

2002年,是先生诞辰100周年,又是先生逝世一周年,同时也是吉林大学文史学科创立50周年。吉林大学先后举办了文史学科创立50周年庆祝大会和金景芳教授百年诞辰纪念大会。吉林大学古籍所安排我负责编辑《金景芳教授百年诞辰纪念文集》。众所周知,先生为吉林大学历史学科的建设和人才培养做出了重大而又卓越的贡献。在筹备这两次纪念活动时,我曾向有关部门和当时的主要校领导呼吁,希望重视《金景芳全集》的编纂和出版工作,并在资金方面给予必要的支持。与此同时,编纂全集的前期准备工作也随即开始。

2004年4月,在纪念先生逝世三周年之际,由同门陈恩林、舒大刚、康学伟三位主编的《金景芳学案》首发式在长春举行,在会上我们曾讨论过为先生编纂全集的事。

之后不久,先生的再传弟子、当时在黑龙江人民出版社从事编辑工作的孙国志提出要在黑龙江人民出版社创办《金景芳师传学者文库》。我当时曾参与这个《文库》的策划与协调。2005年1月,《文库》第一辑正式出版发行。至今这个《文库》已经出版了五辑,共推出了先生的弟子和再传弟子的著作17种。李学勤先生被出版社聘为《文库》总顾问。李先生是金老的忘年交，他常称赞金先生学问深、功底厚、路子正。金老曾为李先生的《周易经传溯源》一书作《序》，李先生则多次应聘来吉林大学主持金先生指导的博士生学位论文答辩会，是我们大多数金门弟子名副其实的"座师"。李学勤先生在《总序》中这样赞誉这套丛书："把一位在学术界有重要影响的学者众多弟子的著作汇聚起来，成为丛书印行，乃是近年罕见的创举。"李先生在这篇《总序》中还说：

> 　　最后我还想向作为金先生弟子的各位学者提一个建议，便是尽快编辑金先生的全集。金先生的论著，有的早已风行，但印数有限，今天大家想读，苦于搜求不易；还有一些文章，尤其是早年所撰，久归散佚，更需要下功夫辑集。全集的完成，将同这部《金景芳师传学者文库》一起，成为对这位世纪学人的最佳纪念。

李先生的这一建议在客观上促使先生全集的编纂加快了步伐。

2005年7月，我以《金景芳全集》编辑委员会的名义，起草了《关于筹措〈金景芳全集〉编辑和出版经费的几点意见》。我请了三位外国专家，分别将这份文件翻译成英语、日语、朝鲜语，还有一份转换成汉语繁体字。然后分别寄往韩国、日本、香港、台湾和新加坡、马来西亚等国家和地区，并分别提供了相应的电子文本，请朋友们代为散发、刊布，或在网上转载。这一方面是为了加强宣传，扩大先生在海外的影响，另一方面也试图寻求全集编纂的经费赞助。

2006年，适值吉林大学建校六十周年，学校为此提前一年就成立了校庆筹备办公室。我曾找到校庆办公室负责人，建议把先生全集的编纂、出版列入校庆的开支计划，以解决我们编纂先生全集的燃眉之急。

2006 年 12 月，我以吉林大学古籍研究所的名义给高校古委会秘书处起草了一份报告，为编纂先生全集向秘书处申请专项经费，经所负责人同意后盖章上报。高校古委会秘书处回复说：古委会所属各单位老先生比较多，如都资助老先生全集出版，古委会现有的经费将入不敷出。我们对高校古委会的困难表示理解，决定另想办法筹集经费。

2008 年 6 月，先生家乡辽宁义县县志办公室派人到吉林大学找到我，说他们要编写新的《辽宁义县县志》，希望我为他们写一篇《金景芳传》。我把以前为先生写过的各种不同体裁的传记，还有一些有关先生生平事迹的资料和论著目录等，毫无保留地全部从电脑中拷出送给了来者。同时提到我们正在为金景芳教授编纂全集，遇到了经费困难，希望先生故乡的县政府能提供些许经费赞助。他答应回去后向县领导请示、汇报，结果一去便没了下文。

2009 年年初，我在一次会议上遇见了吉林大学的一位校领导，向他简要地汇报了金老全集的编纂情况，并诉说了遇到的经费困难，希望他能设法帮助解决。这位领导回答说：你们可以先做着，等编纂工作接近完成时，再以后期成果资助项目向国家社科基金申请资助。我是国家社科基金成果评审专家，每年都参与全国哲学社会科学规划办公室组织的项目成果和后期成果资助项目的评审工作，知道国家社科基金后期成果资助条例中明确规定不资助全集类项目。当然，我知道这位校领导绝非故意用这样的话来搪塞我，而是因为他对国家社科基金后期成果资助条例不甚了然。

以上诸多为编纂先生全集而筹措资金的努力最终都未能收到实效。但我已经为此而竭尽全力了，而且无怨无悔。我知道当年的吉林大学背负 40 多亿的国家债务，成为当时闻名全国的高校欠债大户,这些债务仅每年需要偿还银行的利息就多达数亿,学校领导被高筑的债台压得喘不过气来,很多校领导都谈钱色变,我作为吉林大学的普通一员,对此本应表示"理解之同情",又何怨哉!

虽然编纂全集的准备工作并未因缺少经费而停止,但经费问题在当时确实已成为制约全集编纂全面展开的瓶颈。在此期间凡是涉及全集的筹备和资料搜集、整理而产生的费用,全部都由我个人承担。但毕竟只是杯水车薪。为了给恩师出版全集,这点花费本来算不了什么。我曾发过这样的感慨:先生要是有一两位经商或搞企业的弟子就好了,或者晚年的弟子中有一两位掌握实权的政要也行,就像先生早年的学生、50年代东北人民政府副主席,财经委员会主任顾卓新,或者80年代初的铁道部部长郭维城等等。假如他们如今仍在任上,编纂先生全集所需的区区一点经费又何足道哉!试想当年能与诸侯"分庭抗礼"的富商巨贾子贡要为孔子出全集,还会像我辈一样为这点钱而犯难吗?无奈的是先生晚年的弟子犹如孔门中的"后进",都是些既无权、又无钱,只会做学问或从事文化工作的穷书生!我曾一度准备自筹经费为先生出版全集。我自己虽然并不富裕,但觉得想想办法,求助于亲友,先筹集十几万元作为全集编纂的启动经费,或许并不是特别困难的事。我曾就此向一位老资格的财会人员作过咨询,他告诫我说:凡是牵涉钱财的事,你要特别多加小心,别以为你是在为老师做好事,弄不好到头来很可能惹一身官司。我听后倒吸了一口凉气,只好打消自筹资金这一念头。

2009年夏季,舒大刚知道我近年来一直在为编纂先生全集的事而奔波、忙碌,便主动打电话向我了解相关的情况。我把当时先生全集的进展情况以及遇到的主要问题向他做了简要介绍。他说川大古籍所现在承担几个大项目,他可以设法解决金老全集编纂的经费问题。于是,我们两人决定互相合作,共同完成先生全集的编纂任务。

2011 年 5 月,舒大刚和我商定,在川大召开一次《金景芳全集》编纂座谈会。除大刚和我之外,还邀请了陈恩林、常金仓、廖名春(谢维扬等因事缺席)几位编委参加。我在会上就全集前期准备工作,特别是编纂全集的资料准备情况向大家做了汇报,其他几位编委也都对先生全集的编纂表示大力支持,并出谋划策,对如何编好全集提出了很好的建议。

2012 年,为了签订先生全集的出版合同,我和舒大刚以全集整理者、编纂者的身份,在上海古籍出版社和先生著作的诸位版权继承人之间先后进行了多次协调、商议,费尽了周折,最终才签订了出版协议,为先生全集的出版铺平了道路。

二

资料的搜集、整理是先生全集编纂的一项最基础、最重要的工作,也是全集编纂所有准备工作中难度最大、任务最重、最为琐碎和细致的一项工作,是关乎全集编纂成败和质量水准的关键。先生已经出版和发表的论著在先生生前我们就曾进行过统计、著录,并在《金景芳学述》等书的附录中刊载,以后又陆续对先生的论著目录进行过多次增补。把这些论著搜集起来并不困难。搜集和整理工作的最大难点是先生未曾正式出版的讲义、未曾公开发表的文稿、会议论文和讲话稿、书信等。这些资料不仅搜集不易,整理也很困难。有的手稿是先生写的论文初稿,未经誊清或助手抄写,文稿中增删、修改、涂抹之处比比皆是,字迹很难辨认,这为文稿的整理和录入增加了很大难度。先生过世之后,遗留的图书资料都由先生之子金庆斌掌管。我们为了搜集这些必需的资料,曾先后六次去先生之子金庆斌家。我们当然不能自己动手到处翻找,只能向金庆斌详细说明我们大概需要哪些东西,或哪一类东西可能对编纂全集有用,如先生的手稿、油印稿、笔记本、讲义、会议论文、讲话稿、助手抄写的文稿之类，请他留意查找。有一段时间金庆斌家动迁，先生遗留的全部图书、资料等等全都装入纸箱，封存在一个租用的房间里，一封存就是三四年，在此期间，先生遗留的任何资料都无从查找，我们再着急也没用。我们为了搜集编纂全集必需的资料，曾先后六次去金庆斌家求助。

2006年春季，天津古籍出版社的编辑、我们的校友、系友赵娜女士来长春找我，称他们社正在编辑、出版一套《名师讲义》丛书。她问我金老是否有未曾出版过的讲义可以编入这套丛书。我告诉她金老在上个世纪50年代和60年代曾给吉大历史系学生讲过中国古代思想史，听说有油印本讲义，但我从未见过，现在要寻找非常困难。当时恰好金庆斌家因改建而动迁，把金老的图书资料全部装箱封存在一个租用的房间里，无法查找，赵娜听后失望而归。但我觉得这部讲义是金老全集必收的重要资料，无论如何要设法找到。我除了走访50年代、60年代吉大历史系的一些在校学生外，还发动我的学生们到旧书摊和网上进行搜罗。我对学生们说：只要发现这本讲义的踪影，不论对方开价多少，坚决拿下。最后终于有了收获，我的学生张铮仅花了5元钱便在网上旧书店买到了这部油印本讲义。我大喜过望，马上通知赵娜，并立即吩咐我指导的博士生周粟和苏勇对这部讲义进行整理。整理后的这部讲义约16万字，于2007年由天津古籍出版社正式出版。

2010年年底，我第三次去金庆斌家查找资料，金庆斌在一个破旧的档案袋里发现了三本讲义，这是我们在资料搜集开始以来最重要的收获。这三本讲义分别是：

1.《先秦思想史》讲义。此讲义为手工打字油印稿，编写、打印时间为1957年。这本讲义与我们在网上购得的那本讲义基本相同，但内容比我们在网上购得的那本讲义略少，缺最后一节

《老子》部分,仅 80 页,约 8 万字。但这本讲义上有先生亲笔修改的错、漏、衍、讹文字一百多处。这对已经整理、出版的《中国思想史》讲义的校改有重要参考价值。

2.《先秦思想史专题讲授提纲》。此讲义也是手工打字的油印稿,署名是金景芳、田居俭,油印时间是 1962 年 8 月。这本《讲授提纲》与《先秦思想史》讲义体例不同,内容也不同。《先秦思想史》讲义从原始社会讲到老子,其后阙如。而《讲授提纲》则从原始社会讲到儒家的孔、孟、荀。

3.《经学概论》讲义手稿。此稿大约写于上世纪 40 年代初,是先生在东北大学中文系任教时讲授经学的讲义。原稿毛笔行书,每页 10 行,每行二十二三字。总字数约 8 万。手稿分装成上下两册,第 2 册缺首页。稿本中只有《绪论》、《尚书》和《诗经》三部分,并非一部完整的《经学概论》讲义。据先生档案记载,《经学概论》讲义曾有东北大学印刷组印制的油印本,遗憾的是这个油印本讲义我们虽经多方努力,至今未能找到。

后两种讲义发现后,我随即安排我指导的博士生孙希国和苏勇进行了整理和文字录入。并及时把经过整理的 WORD 文档寄给了舒大纲。

2011 年 12 月 7 日下午,我第四次到金庆斌家去查找资料,金庆斌从先生留下的一个旧布包中,发现了一大捆先生的文稿,总共约有一百多份。这些文稿中既有先生的亲笔手稿,也有助手或学生代为誊清的抄写稿;既有已发表的论文的初稿或修改稿,也有未曾发表的论文手稿,还有《中国奴隶社会史》等著作某些章节的手稿或抄写稿,以及几篇科研规划、写作提纲之类的手稿。因为我对先生已发表过的文章或著作都比较熟悉,我从这些文稿中重点挑选那些未曾发表过的文稿或对编纂先生全集、撰写先生年谱有参考价值的资料,我从中仔细挑选出 44 种。金庆斌还按照我的要求,找出金老当年用过的各种笔记本或工作手册共 7 种,我征得金庆斌的同意,把这些手册、笔记本带回家中进一步挑选、清点、摘抄、编目、复印,并按照约定把原件及时还给金庆斌。

此后,我又陆续到金庆斌家去过两次,虽然也各有收获,但均无重要发现。在先生全集编纂的资料准备过程中,除先生已经出版的著作、已经发表的论文外,我们总共发现先生未曾正式出版过的讲义 3 种,未曾发表的各类文稿、会议论文 16 种,先生的旧体诗词 7 首,还有征集到的先生信函 37 封。先生的论著虽不敢说已搜罗无遗,但大体完备。此外,通过其他各种途径搜罗到先生手稿 9 种,手稿复印件 30 余种,先生的题辞或题辞照片、复印件 10 余幅,先生的工作照、生活照、家庭照共 200 余幅,以备全集和年谱编纂、出版时选用。

## 三

先生的全集能够在上海古籍这样一家名牌出版社出版,作为先生的弟子和先生全集的主编者之一,我深感荣耀。众所周知,全集类的出版项目从经济效益上讲多为亏本生意,即便是名家的全集也不例外。自先生的全集开始筹备以来,我曾先后与多家著名的出版社联系先生全集的出版事宜。提起先生的大名,各家出版社都表示很有兴趣。但前提是需要向国家新闻出版署申请出版补贴,如果申请不成则出版便无法付诸实施。就这样,先生全集的出版迟迟未能落实。上海古籍出版社的领导以非凡的胆识和魄力,毅然决然地承担了先生全集的出版任务,这让我对该社领导肃然起敬。在这里我谨代表全集编委会的全体成员对上海古籍出版社的领导表示由衷的敬意和谢忱,并向先生全集的责任编辑们致以诚挚的谢意!

记得四年前在《金景芳全集》编纂座谈会上我曾说过:恩师金老离开我们已经快十年了,可是先生的全集至今未能问世,我深感惭愧，甚至有一种负罪感。现在大功告成，我们可以高举这沉甸甸的十卷典册来告慰先生的在天之灵了。

先生全集的编纂、出版先后经历了十余年的漫长岁月。在遇到了种种困难、遭受了种种挫折之后最终得以胜利完成，我特别要感谢的是大刚兄的适时加盟。如果没有大刚兄在经费问题上的慨然应允，先生全集的编纂很可能至今仍应停留在筹备阶段。

谢维扬师兄对全集的编纂一直非常关注，在全集编纂过程中积极出谋划策，提出了过许多宝贵的指导意见。

先后担任过先生学术助手的田居俭研究员、王治功教授和先生的学生、著名红学家胡文彬先生为我们提供了一些先生的信札原件或复印件、题辞的复印件，还有一些重要的参考资料。

长春出版社的张中良先生为我们提供了《孔子新传》一书完整的电子文本，从而大大地减轻了全集重新录入和校对的麻烦。

大刚兄的女公子舒星在大刚的指导下勇敢地承担了全集编纂中的日常编务工作。尤其令人感佩的是，在全集编纂过程中适逢舒星怀孕、分娩，但仍坚持处理全集编纂中纷纭繁复的事务，为先生全集的编纂付出了艰辛的劳动。川大古籍所的教师、工作人员以及大刚兄指导的学生也都在全集编纂、排版过程中承担了大量的组织或校勘工作，为全集的编纂贡献良多。

在全集编纂过程中，先生之子金庆斌和儿媳王继华先后多次为我们提供了编纂全集急需的珍贵资料，这对提高全集的品质、丰富全集的内容尤为重要。先生嫡长孙金吉光为我们提供了先生讲述家史的影像光碟，对研究先生之家世也有重要参考价值。

师门中的很多师兄弟知道我们在编纂先生的全集，都在各方面给予积极的支持和配合。有的经常向我们打听先生全集的编纂进度，询问是否有需要他们做的事情。我们每有需求，大家总是各级响应。没有众位师兄弟的大力支持，全集的编纂不可能顺利竣工。前不久，上海古籍出版社把经过责任编辑审阅的

《金景芳全集》的十卷样稿寄回,我们按照原定的计划,把样稿分别寄给了十位编委,请这些编委每人负责审订一卷。为了使审订工作能有所遵循,保证全集各卷体例统一,我们事先拟定了一份审订条例,对审订中遇到的各类问题的处理方式做了统一规定。负责各卷审订的编委们都能以高度的责任心和严肃认真的态度对待全集的审订工作,为保证全集的编纂质量做出了贡献。负责各卷审订工作的编委分别是:

第一卷:廖名春;

第二卷:梁韦弦;

第三卷:张全民;

第四卷:许兆昌;

第五卷:申屠炉明;

第六卷:李景林;

第七卷:程奇立;

第八卷:朱红林;

第九卷:张固也;

第十卷:舒大刚。

我指导的博士生夏保国、陈剑、周粟、苏勇、林荣、张铮、陈卫、孙希国、曲文、赵萍等诸位,或为我提供信息,或承担金老讲义、文稿的整理、录入,或协助我查找、购买、复制相关资料,各以自己的方式为金老全集的编纂做出了贡献。

在此,我谨对所有为先生全集的编纂和出版提供帮助、做出贡献的单位和个人表示最真诚的感谢!

二零一四年八月十二日

# 附录三　本书主要参考文献

**著作**

马毓华修、郑书香等纂:《宁羌州志》,清光绪十四年(1888)刊本。

王文藻监修、陆善格纂修:《锦县志》,奉天关东印书馆中华民国九年(1920)石印本。

金景芳:《古史论集》,齐鲁书社 1981 年版。

北京图书馆《文献》丛刊编辑部、吉林省图书馆学学会会刊编辑部合编:《中国当代社会科学家》第二辑,书目文献出版社 1982 年版。

金朝觐:《三槐书屋诗钞》,见金毓黻主编:《辽海丛书》,辽沈书社 1985 年影印本。

金毓黻主编:《辽海丛书》,辽沈书社 1985 年影印本。

徐世昌编、李澍田等点校:《东三省政略》,吉林文史出版社 1986 年版。

吉林大学校史编委会:《吉林大学史志(1946—1986)》,吉林大学出版社 1986 年版。

胡文彬:《红边脞语》,辽宁人民出版社 1986 年版。

金景芳:《学易四种》,吉林文史出版社 1987 年版。

梁玉飞主编:《名家谈自学》,兰州大学出版社 1988 年版。

东北大学北京校友会、沈阳校友会合编:《东北大学建校 65 周年纪念专刊(1923—1988)》,1988 年印制。

王振乾:《东北大学史稿》,东北师范大学出版社 1988 年版。

金吉尧:《重修金氏家谱》,1991 年油印本。

金景芳:《金景芳古史论集》,吉林大学出版社 1991 年版。

长春市政协文史资料委员会编:《胜友懿范各千秋》,《长春市文史资料》1991 年第 3、4 辑,总第 36、37 辑。

金毓黻:《静晤室日记》(全十册,另加索引一册),辽沈书社 1993 年版。

金景芳:《学术自传丛书·金景芳自传》,巴蜀书社 1993 年版。

柏杨:《柏杨杂文集·顶礼拥戴》,中国友谊出版公司 1993 年版。

许明主编:《知识分子丛书·我与中国 20 世纪》,河南人民出版社 1994 年版。

丁敬涵校点:《马一浮集》,浙江古籍出版社、浙江教育出版社 1996 年版。

吉林大学社会科学研究处编:《我的学术思想》,吉林大学出版社 1996 年版。

吉林大学校史编辑室:《吉林大学大事记(1946—1995)》,吉林大学出版社 1996 年版。

吕绍纲主编:《金景芳九五诞辰纪念文集》,吉林文史出版社 1996 年版。

《匡亚明纪念文集》编委会主编:《匡亚明纪念文集》,南京大学出版社 1997 年版。

马一浮:《复性书院讲录》,山东人民出版社 1998 年版。

钱穆:《八十忆双亲·师友杂忆》,三联书店 1998 年版。

金景芳:《知止老人论学》,东北师范大学出版社 1998 年版。

金景芳:《〈周易·系辞传〉新编详解》,辽海出版社 1998 年版。

张世林编：《学林春秋》初编，中华书局 1998 年版，朝华出版社 1999 年再版。

吕文郁：《金景芳学述》，浙江人民出版社 1999 年版。

宁思成：《百年回首》，东北大学出版社 1999 年版。

金章、董秉清监修、王绍沂纂修：《永泰县志》，民国十一年（1922）排印本，《中国地方志集成·福建府县志辑》十九，上海书店出版社 2000 年版。

金景芳：《金景芳晚年自选集》，吉林大学出版社 2000 年版。

吕文郁：《金景芳学术文化随笔》，中国青年出版社 2000 年版。

杨庆中：《二十世纪中国易学史》，人民出版社 2000 年版。

侯德础：《抗日战争时期中国高校内迁史略》，四川教育出版社 2001 年版。

江林昌：《夏商周文明新探》，浙江人民出版社 2001 年版。

吉林大学古籍研究所编：《金景芳教授百年诞辰纪念文集》，吉林大学出版社 2002 年版。

陈恩林、舒大刚、康学伟主编：《金景芳学案》，线装书局 2003 年版。

杨佩祯、王国钧、张五昌：《东北大学八十年（1923—2002）》，东北大学出版社 2003 年版。

仓修良主编：《中国史学名著评介》（增订版五卷本），山东教育出版社 2006 年版。

吉林大学校史编委会：《吉林大学校史（1946—2006）》，吉林大学出版社 2006 年版。

金景芳：《周易通解》，长春出版社 2007 年版。

程不来：《抗战时期东北大学内迁三台研究》，四川大学历史文化学院中国近现代史专业硕士学位论文，导师曾瑞炎，2007 年 4 月。

来新夏、韦力、李国庆:《书目答问汇补》,中华书局 2011 年版。

吴光主编:《马一浮全集》,浙江古籍出版社 2013 年版。

霍明琨:《东北史坛巨擘金毓黻——〈静晤室日记〉研究》,黑龙江大学出版社 2013 年版。

吕文郁、舒大刚主编:《金景芳全集》1—10 册,上海古籍出版社 2015 年版。

罗继祖:《"文革"日记》,载于长春市政协文史和学习委员会:《长春市县(市)区政协文史资料选编》,《长春文史资料》总第 57 辑,吉林省内部资料第 99022045 号。

杨庆中:《论二十世纪中国的易学研究》,http://xiyangxiaoyu.blog.163.com/blog/static/1,网易博客。

诎然:《金氏家乘》,见 http://www.douban.com/people/47874655/。


**论文**

金景芳:《自传》(1956 年),见吉林大学档案馆保存的金景芳档案 1956 年卷。

张博泉:《关于殷人的起源地问题》,《史学集刊》1981 年复刊号,1981 年 9 月。

干志耿、李殿福、陈连开:《商先起源于幽燕说》,《历史研究》1985 年第 5 期。

李尧东:《东北大学内迁三台》,《三台文史资料选辑》第一辑,三台县政协文史资料征集委员会 1985 年版。

金景芳:《从抗日战争时期的复性书院谈起》,见《岳麓书院一千零一十周年纪念文集》第一辑,湖南人民出版社 1986 年版。

金景芳:《金毓黻传略》,《社会科学战线》1986 年第 2 期;另见《金景芳古史论集》,吉林大学出版社 1991 年版。

干志耿、李殿福、陈连开：《商先起源于幽燕说的再考察》，《民族研究》1987 年第 1 期。

蒋天枢：《故友金静庵诞辰百周年纪念志感》，《社会科学战线》1987 年第 3 期。

徐志锐：《读〈学易四种〉与〈周易讲座〉——介绍金景芳先生两部易学专著》，《社会科学战线》1989 年第 2 期。

吕绍纲：《历史学家金景芳的治学道路》，见《治学之路》，吉林文史出版社 1990 年版。

黄中业：《从考古发现看商文化起源于我国北方》，《北方文物》1990 年第 1 期。

吕文郁：《金景芳教授学术思想述要》，《吉林大学社会科学学报》1990 年第 5 期。

吕文郁：《金景芳学术成就记略》，《古籍整理研究学刊》1991 年第 1 期。

吕绍纲：《金景芳先生与孔子研究》，《孔子研究》1991 年第 3 期。

金景芳：《在我的历史科学研究作品中所反映的史学观》，原载《史学家自述》，武汉出版社 1994 年版；后收入《知止老人论学》，东北师范大学出版社 1998 年版。

金景芳：《我与中国 20 世纪》，收入许明主编：《知识分子丛书・我与中国 20 世纪》，河南人民出版社 1994 年版。

吕绍纲：《我师金景芳先生的学术精神》，《社会科学战线》1996 年第 3 期。

吕绍纲：《金景芳先生谈传统文化》，《史学史研究》1996 年第 3 期。

邹逸麟：《读〈《尚书・虞夏书》新解〉之〈禹贡〉篇一得》，《社会科学战线》1997 年第 2 期。

金景芳：《我和先秦史》，见张世林主编：《学林春秋》初编，中华书局 1998 年版。

张岂之:《做人与治学的完美结合——读金老〈知止老人论学〉》,《史学集刊》1998 年第 4 期。

高清海:《〈周易·系辞传〉新编详解·序》,见《〈周易·系辞传〉新编详解》,辽海出版社 1998 年版。

吕文郁:《金景芳教授传略》,见《〈周易·系辞传〉新编详解》,辽海出版社 1998 年版。

朱红林:《更向儒林续逸篇——记著名史学家金景芳先生》,《世纪评论》1998 年第 3 期。

常金仓:《〈知止老人论学〉中的金景芳先生》,《中华读书报》1999 年 2 月 24 日。

廖一:《金景芳,研究〈周易〉权威》,香港《文汇报》1999 年 9 月 13 日《中华风采》副刊。

吕文郁:《论尧舜禹时代的部族联合体》,《社会科学战线》1999 年第 5 期。

林忠军:《立言广大　措意精微——读金景芳教授〈周易·系辞传〉新编详解》,《周易研究》2000 年第 3 期。

吕文郁:《金景芳教授年谱简编》,见《金景芳学术文化随笔》,中国青年出版社 2000 年版。

梁韦弦、康学伟:《金景芳的易学》,《松辽学刊(人文社会科学版)》2001 年第 1 期。

吕文郁:《金景芳与中国古代史研究》,《烟台师范学院学报》2001 年第 1 期。

吴荣曾:《记金景芳先生》,见《金景芳教授百年诞辰纪念文集》,吉林大学出版社 2002 年版。

朱红林:《怀念我的老师金景芳先生》,《学问》2002 年第 5 期。

葛志毅:《在 20 世纪史学思潮递嬗之际的学术追求——试

论金景芳先生的中国奴隶社会史体系》,《史学理论与史学史学刊》2003 年卷。

吕绍纲、朱翔非:《守先待后,薪火常传——金景芳与马一浮的学术渊源》,《学术月刊》2004 年第 9 期。

吕文郁:《学术名家金景芳》,《学术月刊》2004 年第 9 期。

艾春明、傅亚庶:《再说商先起源于幽燕》,《社会科学辑刊》2005 年第 3 期。

吕文郁:《金老晚年的学术追求》,载吉林大学研究生会主办的思想文化期刊《秋泓》第 15 期,2005 年 6 月。

谢维扬、吕文郁:《金景芳教授的〈古史论集〉》,见仓修良主编:《中国史学名著评介》(增订版五卷本)第五卷,山东教育出版社 2006 年版。

龚晓:《马一浮主持"复性书院"始末》,《乐山师范学院学报》2007 年第 2 期。

梁启政、王峰:《金毓黻执教中央大学和东北大学经过》,《通化师范学院学报》2007 年 5 月(第 28 卷第 5 期),第 24 页。

刘仰东:《宋振庭其人其才》,《炎黄春秋》2007 年第 10 期。

赵庆云:《〈静晤室日记〉流出的经过》,《博览群书》2011 年 2 月。

曾江:《"应叫青史有专篇"——探访抗战时期中国大学内迁办学旧址》,《中国社会科学报》2015 年 7 月 17 日。

岳定海:《78 年前东北大学转战三台县》,《华西都市报》2016 年 9 月 17 日。

初国卿:《辽东文人之冠——纪念金毓黻先生逝世 50 周年》,http://blog.sina.com.cn/hjyhc。

刘先澄:《金玉麟和他的诗》,老 liu 的博客,http://blog.sina.com.cn/lxc1945324。

夏保国:《三山二水斋(日志)》,http://blog.sina.com.cn,http://hellowwei2009.blog.163.com/blog/static/。

　　诎然:《国学大师金毓黻和〈静晤室日记〉》,http://www.douban.com/people/47874655/。

### 其他

　　金景芳:给长孙金吉光讲家史的录音影像光碟。

　　周宓等:系列纪录片《景芳先师》,长春电视台 2014 年 7 月拍摄。

# 后　记

  《金景芳先生编年事辑》这部书的初稿原本是我为《金景芳全集》撰写的《金景芳教授年谱》。初稿完成于 2012 年。受全集附录卷篇幅的限制，原稿不足 20 万字。对原稿进行了大幅度的加工改造后，变成了现在这部《金景芳先生编年事辑》。这部书的篇幅比原稿扩大了一倍以上，其内容的丰富程度和可读性也远远超过了原稿。

  其实，我为金老编写年谱的念头由来久矣。上个世纪末，金老尚健在，北京大学王岳川教授主编《二十世纪中国学术文化随笔大系》丛书，约我编著《金景芳学术文化随笔》。适逢当时浙江人民出版社正在策划出版《当代人文社会科学名家学述》丛书，这套丛书的主编、时任华东师范大学文学院副院长的林在勇先生邀请我撰写《金景芳学述》。这两部书的编写、整理差不多是同时进行的。两书初稿完成后，我都呈请金老过目，并征得金老的同意，在这两本书的后面都附录了《金景芳教授年谱简编》，这是我为金老编写年谱的最初尝试。限于这两部书的体例和当时掌握的资料，这篇《年谱简编》写得极为简略，全篇仅五千余字，是名副其实的"简编"。但自此之后，我便开始有意识地搜集、整理与金老生平事迹及学术研究相关的各种资料，准备在适当时机为金老编写一部较为详尽的年谱。

  先生去世之后，我开始张罗为先生编纂全集的事。筹备工作艰难而又繁重。于是在为金老编纂全集的同时，开始重新整理多年来积累的相关资料,并继续努力搜寻那些编写年谱必需的资料,就这样,为先生编写年谱的事终于提到日程上来。我感到给金老编写年谱的最大困难就是第一手资料匮乏。熟悉金老的人都知道,金老生前没有写日记的习惯,也很少写读书笔记。在经历了一次又一次的政治运动之后,人们心有余悸,金老和那个时代的大多数学者一样,都不保留相互交往的信函,一般看过之后或者定期销毁,或者在一场新的政治运动来临之前集中销毁。这样做在"阶级斗争天天讲"的岁月里,既是自我保护也是保护通讯对方的一种必要手段。而日记、读书笔记和信函等等都是年谱写作必需参考的第一手重要资料。因为没有这些重要资料,要考查若干年前甚至几十年前某些事情发生的时间、地点那是非常困难的,对这些事情的原委、过程、结局及相互关联的探讨也都失去了基本线索,这必然使年谱的写作举步维艰。所幸的是金老生前曾先后写过几篇自传,如《金景芳自传》、《学术自传丛书·金景芳自传》、《我与中国 20 世纪》等等,这便成为我构筑金老年谱最主要的依据。但仅仅依靠这几篇自传是远远不够的。为此我购买了先生的恩师金毓黻先生洋洋十一大卷(含索引)的《静晤室日记》,还购买了先生业师马一浮先生的三卷本《马一浮集》及吴光主编的十卷本《马一浮全集》,此外还买了几种不同版本的《吉林大学校史》和《大事记》及《东北大学八十年》等校史资料。我在此期间,曾到吉林大学图书馆查阅并摘录了编写年谱需要的相关资料。为了搜罗金老生前的视频资料,我曾到吉林大学校办、社科处和电化教研室寻访,可惜收获甚微。我还到吉林大学档案馆借阅并复印了先生的大部分档案资料。还专门走访了一些与先生有过交往的人士,以及先生的一些亲属,从他们那里得到了一些有关先生的重要信息。

金老在为《金景芳学术文化随笔》一书写的《跋》中曾说:"回想我在 20 世纪九十多年的历程中,主要做了三件事:第一是读书,第二是教书,第三是著书。总之,始终没有离开书。如果论身份,可以说,我是永不褪色的书生。"献给读者的这部《金景芳先生编年事辑》便是以先生读书、教书、著书为主线,力图全面、真实地再现一位初级师范学校毕业的贫苦书生是怎样通过顽强自学而成为一代国学大师的成长历程。

写先生读书,既要写先生读过哪些书,更要写先生怎样读书;不仅要写出先生读古书不轻信前人注疏、喜读"白文"、善于独立思考的读书方法,还要写出先生刻苦自砺、锲而不舍、越是难读的书越肯于攻坚的韧劲和毅力,更要写出先生对古书内涵的反复钻研、不断探索、精益求精的进取精神。

至于教书,先生从初级师范学校毕业后就开始了教书生涯,执教共七十多年,从家庭教师开始,初小、高小、初中、高中、大学本科生、硕士生、博士生,先生都教过,先生自称是"地地道道的教书匠"。先生教过的学生多达数千人,从政者有的当过东北人民政府副主席、财经委员会主任、中共东北局书记,有的当过中国人民解放军铁道兵副司令员、铁道部部长;搞专业的,有媒体的记者、报刊或出版社的编辑、著名红学家、文献学家、专职作家、不同专业的研究员、教授、硕士生导师、博士生导师,先生为国家培养的人才数不胜数!先生晚年在人才培养方面主要是指导硕士生、博士生、进修生和研讨班学员。为了彰显先生在教书育人方面的突出成果,本《编年事辑》中对先生历年招收的硕士研究生、博士研究生、进修生、研讨班学员均有记载。具体的记载方式是:在这些学生入学的当年,记载其姓名和所在单位,在学业结束或获得学位的当年,附有该生的小传或简历,简历或小传的内容包括姓名、籍贯、出生年月、入师门之前的主要经历、毕业或结业后的去向、从事的职业、主要业绩或论著目录等等。博士生除上述内容外还记载其博士学位论文的题目,答辩委员会主席和答辩委员会委员名单,导师对其学位论文的评语等。导师对博士学位论文的评语,多数是从吉林大学研究生院转交给吉林大学档案馆的档案资料中拍照或复印的,但有一些导师评语虽经多方努力未能查到,只好缺载。绝大多数先生弟子的小传或简历由传主本人提供,笔者在编辑、整理过程中未作任何改动。有的同门师兄弟为慎重起见,先后寄来几个简历或小传的修改稿,则一律以最后寄来的为定稿。有少数几位提供的小传或简历未按照事先约定的体例撰写,笔者只做了些技术处理。已去世者,其小传或简历则由其学生按照统一体例代写。只有少数几位因种种缘故未能提供简历或小传,则由笔者从《金景芳学案》等书中截取先生弟子小传的相关部分充数,截取的部分亦尊重原文,未作任何更动。凡跟先生读完硕士学位,后来又继续攻读博士学位者,为避免重复,其简历或小传一律放在获得博士学位的当年。金老招收的先秦文献进修班和《周易》研讨班的学员,因结业多年,部分学员逐渐与师门失去联系,在这次金老《编年事辑》的编撰过程中,虽经多方努力,始终无法与他们取得联系,他们的小传或简历只能暂付阙如。

　　说到著书,先生从上个世纪 30 年代末撰写《易通》开始,直到 2000 年《金景芳晚年自选集》印行为止,出版的学术专著和论文集共 16 部,未曾正式出版的讲义 3 部。先生过世后,长春出版社于 2007 年 1 月出版了先生的易学论集《周易通解》,天津古籍出版社于 2007 年 3 月出版了先生的《先秦思想史讲义》,四川大学出版社于 2010 年 5 月出版了《金景芳儒学论集》,先生的论著总共多达 21 种。先生已发表和未曾发表的学术论文将近 120 篇。先生的学术兴趣相当广泛。1949 年以前,先生的学术兴趣主要在经学。调入东北人民大学以后,先生研究的重点开始转向史学。先生从研究制度史入手,逐步扩展到社会史、思想史、文化史、史学理论、历史文献学等诸多领域。在本书写作过程中,笔者逐渐体会到,仅仅把先生的学术成果按照时间顺序依次排列出来,那是远远不够的。要全面地反映先生学术研究的深度、广度和在学术界产生的影响,必须深入揭示先生这些学术活动的相关背景,这些学术成果问世所经历的曲折,以及这些学术成果问世后在学术界产生的震撼和影响。不能只注意学术界对先生某些学术观点、学术成果的赞扬、回应和支持,还要注意学术界对先生这些学术观点和学术成果的商榷、批评或反驳。这样才能全面、真实、立体地反映先生学术活动的本来面貌。

这部《编年事辑》的初稿完成之后,曾寄呈金老最早的学术助手、中国社会科学院当代中国研究所著名历史学家田居俭先生过目。田先生在百忙中仔细地审阅了全稿,提出了许多重要而又中肯的修改意见。我还就书中涉及的一些具体事件的细节和疑问向田先生当面请教、求证,田先生都耐心细致地回答了我的问题,并把他保存的一些金老信函的原件送给了我。这些都对本书的写作帮助很大。

在这部《编年事辑》写作过程中,我曾先后三次到吉林大学档案馆查阅相关资料,这些资料对本书的撰写至关重要。每次去查阅资料,档案馆的领导和工作人员都积极配合、热情服务,为我提供了极大方便。2016年11月下旬,为了查找、核实先生抗日战争期间在三台东北大学工作时的相关资料,我曾专程去四川省三台档案馆查阅相关资料,同时又去在东北大学旧址新建的三台中学走访。两个单位的领导和工作人员非常热心,毫无保留地为我提供了不少有价值的档案资料。我对吉林大学档案馆、三台档案馆和三台中学的领导和工作人员的热情服务表示衷心感谢!

著名的红学家胡文彬先生是金老上个世纪60年代教过的学生。我虽久闻大名,但未曾谋面。2009年5月在庆祝赵锡元先生八十寿辰的宴会上与胡先生相识。他听说我正在准备编纂《金景芳全集》,非常高兴,并表示大力支持。还建议我牵头张罗在吉林大学校园里为金老塑一铜像或立一大理石雕像。不久他